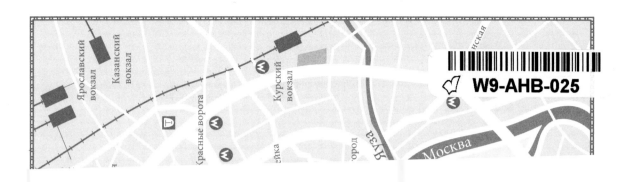

W9-AHB-025

Москва

Ⓜ Станции метро

Ⓣ Театры

▮ Железнодорожные вокзалы

Парки; скверы

0 _____ 1км

НАЧАЛО

НАЧАЛО

...EN IN RUSSIA...

Gerard L. Ervin
Ohio State University

Sophia Lubensky
State University of New York—Albany

Donald K. Jarvis
Brigham Young University

The McGraw-Hill Companies, Inc.
New York   St. Louis   San Francisco   Auckland   Bogotá
Caracas   Lisbon   London   Madrid   Mexico City   Milan
Montreal   New Delhi   San Juan   Singapore   Sydney
Tokyo   Toronto

This is an  book.

McGraw-Hill

A Division of The McGraw·Hill Companies

НАЧАЛО: When in Russia . . .

This book is printed on acid-free paper.

1 2 3 4 5 6 7 8 9 SEM SEM 9 0 9 8 7 6

ISBN 0-07-039040-1 (Student Edition)
ISBN-0-07-039041-X (Instructor's Edition)

This book was set in Excelsior Cyrillic by GTS Graphics, Inc.
The editors were Thalia Dorwick, Larry McLellan, Christopher Putney, and
    Carol Dondrea.
The designer was Vargas/Williams Design.
The production supervisor was Diane Renda.
The cover was designed by Vargas/Williams Design.
Cover photos were done by David Sutherland/Tony Stone Images (Red Square, St.
    Basil's Cathedral) and Aleksandr Zudin.
The photo researcher was Roberta Spieckerman.
Illustrations were done by Yuri Salzman and Rick Hackney;
    maps were done by Joe LeMonnier.
Project supervision was done by Carol Dondrea.
The printer was Semline.
The binder was Book Press.

Library of Congress Cataloging-in-Publication Data
Ervin, Gerard L.
    [НАЧАЛО]: When in Russia . . . /Gerard L. Ervin, Sophia Lubensky,
Donald K. Jarvis.
        p. cm.
    English and Russian.
    ISBN 0-07-039040-1
    1. Russian language—Textbooks for foreign speakers—English.
I. Lubensky, Sophia.   II. Jarvis, Donald K., 1939– .   III. Title.
PG2129.E5L8 1995
491.782′421—dc20
                                            95-41041
                                              CIP

CONTENTS

УРОК 1

ЕДЕМ ИЛИ ИДЁМ?   1

УРОК 2

ХОЧУ СТАТЬ БИЗНЕСМЕНОМ   42

УРОК 3

С НОВЫМ ГОДОМ 81

УРОК 4

ЯЗЫК — ЭТО НЕ ВСЁ!   118

УРОК 5

СКОРЕЕ ВЫЗДОРАВЛИВАЙТЕ!   157

УРОК 6

8 МАРТА   192

УРОК 7

МЫ ИДЁМ В БОЛЬШОЙ ТЕАТР!   228

УРОК 8

ДО СВИДАНИЯ, МОСКВА, ДО СВИДАНИЯ! 263

ГРАММАТИКА

(There is no new grammar in Lesson 8.)

КОММУНИКАТИВНЫЕ ЦЕЛИ

Summer plans

Dining out

To the Instructor

A New Look at the Teaching of Russian

_____ over the past decade have been nothing short of as-
_____ political and economic upheavals
_____ country and saw the
_____ Major

tors, and _____
    During the same _____,
undergone significant reevaluation, _____
proficiency movement and increasing calls for account _____
language classes have caused many language instructors to reexamine the
purposes and methods of their language teaching.
    The traditional goals, scope, and sequencing of first-year Russian
courses have not escaped this scrutiny, nor has the manner of presentation of Russian grammar and vocabulary. As a result, there have been
changes in the way instructors see their roles, plan their classes, and
structure entire courses and curricula.
    Accelerating advances in technology have made the centralized lan-
guage lab, with its reel-to-reel audiotapes and instructor/technician-
oriented operation, a thing of the past on most campuses. Instead, multi-
media learning centers—where students check out materials and use
them on their own, for as long as they want and in the way they want—
now predominate. Personal audio (such as cassette tapes and players) allows students to hear and practice the language whenever and wherever
they wish, as often as they wish. Weekly or even daily use of video in the
classroom is a reasonable possibility, if not a reality, on almost every
campus. Computer technology, which began to appear in educational settings in the mid-1980s, has flourished, though effective pedagogical application of this technology still lags well behind the capabilities of the
hardware. And the use of at least some authentic materials—target language materials prepared for consumption by native speakers of that language—is now accepted (indeed, expected) by most modern language
educators.
    These evolutionary developments regarding both what to teach in a
first-year Russian course and how to teach it have been fundamental to
the conception and writing of _НАЧАЛО: When in Russia_ . . . , a two-book
series for beginning Russian courses.

Major Features of *НАЧАЛО: When in Russia . . .*

▲ *Balanced Approach:*   Vocabulary is current and useful. Functionally based grammar explanations grow directly from the storyline. Grammar is spiraled; that is, a given feature is treated in a limited way when it first occurs, then reentered as it appears in more advanced form in later readings. Small-group and partner/pair classroom exercises (*divergent* activities) encourage students to use Russian, with the guidance of the instructor, in meaningful, communicative situations. More traditional fill-in, completion, and translation exercises (*convergent* exercises), especially those located in the Workbook/Laboratory Manual, are intended for written homework.

▲ *Storyline/Readings:*   The basis of the text is an engaging storyline that involves readers in the lives of an American student (Jim) in Russia and his Russian friends. This device constantly places the student users in the Russians' and Jim's shoes both linguistically and culturally.

▲ *Video Supplement:*   Approximately one episode per chapter of the storyline has been shot in Moscow using professional Russian actors. This semiauthentic footage allows students to develop a sense of who the characters are and conveys a vivid impression of Russia today. An optional Video Guide accompanies the videotape supplement.

▲ *Annotated Instructor's Edition:*   The Instructor's Edition provides extensive on-page helps and hints. These annotations anticipate students' questions, expand on grammar or vocabulary in the student edition, and suggest modified or additional activities to keep the pace of classroom activities lively.

▲ *Testing Materials:*   For each lesson there are two sample tests in the Instructor's Manual.

Organization of the Student Text

The sixteen lessons in *НАЧАЛО: When in Russia* . . . are divided into Book 1 (Lessons 1–8) and Book 2 (Lessons 1–8). Lesson 1 of Book 1 is an introduction to the Russian language. It uses simple greetings, basic vocabulary, and classroom phrases to present the basic sound and writing systems of the language. The next seven lessons of Book 1 and the first seven lessons of Book 2 follow a consistent format:

Opening Page. This page introduces the lesson through photographs and a general description of what students will be learning to say and do.

Части (Parts).   There are four parts to each lesson, each essentially following this format:

▲ *Чтение (Reading)*. The reading material is presented in the form of a play, an ongoing story that helps tie together the Части within and across the lessons. In Lesson 2 we meet the residents of a new apartment building as they move in and become acquainted with one an-

other. Among them are a professor of history, Илья Ильич Петровский; the four-member Силин family; a retired couple and their grandson, who is a piano student at a conservatory; and a woman who rents out a room to two students, Таня and Света. Additional interest is provided by Виктор, a hustling young businessman of the post-Soviet era, and by Jim, a young American, in Moscow for a year of graduate work in history. Jim is a student of Илья Ильич and thus becomes acquainted with the Russians in the apartment building. ~~~h the daily interaction of these characters, students using ~~~Russia . . . are exposed to contemporary, conversa-
~~~ variety of vivid and realistic

▲ *Грамм~~~*
are generally introduced ~~~
examples often accompany the explana~~~
short and nontechnical. Each is followed by at least one ~~~
able for in-class use.

▲ *Диалоги (Functional Dialogues).* These dialogues recombine and further illustrate the grammar, vocabulary, and culture of the lesson. It is suggested that students work in pairs to adapt and perform one or more of the Диалоги, making at least one change, however slight, according to their own preferences.

  • *Ваш диалог (Your Dialogue).* A situation is described in English, and students are to create a dialogue around it.

  • *Перевод (Translation).* English sentences (often dialogues) are given for students, working in pairs or small groups, to translate into Russian. Idiomatic English is used to encourage students to translate not words but rather expressions and ideas.

▲ *Новые слова (New Words).* At the end of each lesson is a word list of suggested active vocabulary from that lesson. Students should be encouraged to add to this list related words that are of particular interest to them and that they may want to use in dialogues and conversations about themselves. The Topics lists at the end of Новые слова encourage students to integrate new words with semantically related words they already know.

In addition to these standard sections, the following special sections appear at various places in the lessons:

▲ *О России (About Russia).* Explicit cultural observations about contemporary Russian societal and behavioral norms ("small-c culture") and formal elements of Russian culture ("large-C culture") expand on the cultural information in the readings. Some observations are accompanied by cultural exercises in the Workbook/Laboratory Manual.

▲ *The Art of Conversation.*   Presented in these sections are useful, high-frequency conversational gambits and turns of phrase that are occasioned by a reading, dialogue, or exercise: they are neither "grammar" nor "vocabulary" in the strict sense.

▲ *Word Study.*   Productive word formation patterns, as well as other kinds of semantic information, are highlighted in these sections.

▲ *Study Tips.*   Found principally in Book 1, these sections help students structure their language study by offering techniques and principles many language learners have found to be effective.

Lesson 8 of Book 2 summarizes the course. It presents no new grammar; rather, it allows students to use the considerable amount of Russian they have learned to read the conclusion to the storyline they have been following and to engage in communicative activities surrounding the characters in the storyline.

Both books contain grammar tables and charts, a Russian-to-English and English-to-Russian vocabulary list, and an index. The vocabulary lists and index in Book 2 integrate the information from Book 1 with that presented in Book 2. Both books are richly illustrated with recent photographs, culturally authentic drawings, maps, and diagrams.

Annotated Instructor's Edition

The Annotated Instructor's Edition for each book is identical to its respective Student Edition, except it is enriched by the addition of extensive on-page information and resources for the instructor. On-page helps include Discussion Starters, three or four fact-questions in Russian about each reading that students who have done the reading can be realistically expected to answer. These can be used as a whole-class discussion activity to start each new Часть. Also, commentary beyond that in the Student Edition is given on matters of grammar and usage, and ideas are offered for classroom activities that build on or enrich the exercises. In addition, answer keys are provided for some of the convergent activities (especially translation) that are intended to be done in class.

Supplementary Materials

▲ *Student tapes* containing the readings of each lesson are shrink-wrapped with the Student Edition—one C-90 cassette with Book 1 and one with Book 2.

▲ *Laboratory tapes* are provided for use in the language laboratory or media center of adopting institutions. These tapes contain functional dialogues, the Новые слова material for listen-repeat practice, as well as the audio for the listening comprehension activities found in the Workbook/Laboratory Manual. (These tapes are also available for student purchase.)

▲ The *Workbook/Laboratory Manual* presents written exercises—in general, one exercise for each grammar point in the text—intended for use as homework. The Manual also contains the printed part of the listening comprehension and functional dialogue exercises found on the laboratory tapes, as well as optional cultural exercises keyed to the О России sections of the main textbook.

▲ A one-hour VHS *videocassette* is also available. The video program—presenting selected scenes from the story comprising the readings—was professionally filmed on location in Moscow with professional Russian actors; it offers students an engaging way to hear and see the story they are following.

ⁿd postviewing exercises to keep stu-

- Selected *illustrations*, enlarged from ... able for making overhead transparencies.
- A *testing program*, consisting of two alternative tests for each lesson. The tests may be photocopied and used directly or may be adapted by the instructor.
- *Tapescripts for the lab tapes*—that is, the printed form of the listening comprehension exercises and answers.
- An *answer key* to the written exercises in the Workbook/Laboratory Manual. (The instructor may, at his or her option, photocopy these answers for distribution to the students for self-checking, either before or after a given written homework assignment has been completed.)

A Special Note About Book 2

The basic format of *НАЧАЛО: When in Russia . . .* , Book 2, remains essentially unchanged from that of Book 1. The following highlights and suggestions should, however, be noted:

▲ The end-of-book vocabulary lists and index are cumulative, integrating Book 1 with Book 2 material.

▲ The use of contextually sensitive marginal glossing in the readings becomes increasingly apparent. Thus, when working on a reading, students may see a gloss for a word or phrase that differs from the basic meaning of that word or phrase as given, for example, in a vocabulary list.

▲ To encourage students to use contextual clues to guess at words they do not recognize, the symbol †, which marked guessable words in Book 1, is not used in Book 2.

▲ The use of idiomatic English in the end-of-**часть** translation exercises continues. Students should be encouraged, when they encounter English they do not know how to render precisely in Russian, to think of other ways to convey the same thought using the Russian they *do* know. (One approach is to have students work in pairs or small groups to prepare translations, then compare the translations of the various groups in class. The answers in the Instructor's Edition give at least one solution, but students may come up with others and should be encouraged to do so.) Paraphrasing is a valuable skill to develop in learning to communicate in a foreign language.

▲ Students should be strongly encouraged to review the material from Book 1. For example, they might listen to the Book 1 readings on their cassettes—with or without their books open—to refresh their passive recognition of the words, structures, and events presented there. As an added benefit, students will recognize that what had been difficult for them to read and comprehend aurally only a few months ago has now become nearly 100 percent comprehensible.

▲ Any new structure in Book 2 that can be related to one presented in Book 1 should be introduced by recalling the context in which that structure was used earlier, perhaps by briefly redoing part of an exercise from Book 1. Depending on the complexity of the material, students can be invited to summarize, either in English or by providing examples in Russian, what they remember about the structure.

▲ Finally, and perhaps most importantly, student originality and creativity in using Russian as it relates to them—to describe their lives, to ask questions, to create dialogues—should be nurtured. The characters and events in this book's storyline serve only to contextualize the vocabulary and structures being presented; students should continually apply this vocabulary and these structures to their own situations.

Using *НАЧАЛО: When in Russia . . .* in the Classroom

The writing of this textbook was based on a number of assumptions about foreign language learning and teaching in the classroom setting. These include the following:

• Language learning is a gradual, spiraled process of exposure, practice, learning, integrating, forgetting, more exposure, more practice, deeper learning, further integrating, and so on. Hence, this textbook first treats a given grammar feature or lexical item to the extent needed to enable students to carry out a linguistic activity (such as comprehending a reading or completing an exercise). Then, as these same topics are encountered again in later readings and exercises, they are enlarged upon and integrated into more sophisticated treatments.

- Language learning in a classroom context involves both skill (rote) and cognitive (intellectual) learning. Hence, we suggest students be asked to memorize and perform dialogues (adapted to their own situations), as well as to read and understand formal grammatical presentations in the text. All the readings are on a student audiocassette, and students should be encouraged to listen to them repeatedly—on a daily basis—until the new grammar, new vocabulary, and correct intonation patterns have become as familiar as the lyrics and melodies of favorite songs. *Повторенье — мать ученья.*

- Formal grammatical knowledge need not be acquired in traditional sequences or paradigms. Because, so far as we know, no optimum sequence for the acquisition of grammar has ever been demonstrated in ⌐⌐⌐⌐⌐⌐⌐⌐⌐ ⌐⌐⌐⌐⌐⌐ of grammar in this text

life-like settings. If these ⌐⌐⌐⌐ ⌐⌐⌐⌐ ⌐ much the better. The characters in the textbook represent a variety of social classes, ages, and interests. The grammar is that which students will find useful in discussing their own lives in Russian. The selection of vocabulary for active mastery was based in part on recent word count research (see, for example, В.В. Морковкин, *Лексические минимумы современного русского языка* [Moscow: Russkii iazyk, 1985]), but was modified by requirements of the storyline, pedagogical needs, and the reality of the surroundings in which students using this textbook will find themselves. Students should be encouraged to build on the active vocabulary lists to reflect their own lives, interests, and surroundings.

- Developing cultural knowledge and sensitivity is no less important than developing formal linguistic sophistication and practical language skill. Hence, much attention is paid—both implicitly in the readings, exercises, and dialogues, as well as explicitly in culture notes and culture exercises—to imparting a sense of contemporary Russian society. Instructors with recent personal experience in Russia are encouraged to expand on or update, via their own observations, the cultural information presented in this book.

- The most effective role of the instructor is that of coach or mentor ("the guide by your side") rather than that of presenter or lecturer ("the sage on the stage"). Thus, the instructor should leave to the materials (printed, audio, and visual) the task of providing basic information and repetitive, structured practice, and should expect students to spend at least as much time preparing, studying, and doing homework outside of class as they spend in class.

- The classroom is the only place for most students to engage in contextualized, personalized, communicative activities in a supervised setting where they can get live feedback from a proficient speaker of Russian. For this reason, the instructor should use Russian to the maximum extent possible—even when it is likely students will not understand every word—and should encourage students to practice their Russian with the instructor and with other students at every opportunity. Instructors should also help students learn to use context and other linguistic and nonlinguistic clues to guess at words, phrases, and structures they do not know, and should encourage them to rephrase and paraphrase what they want to say so that it falls within the bounds of their evolving linguistic competence. Both abilities are long lasting and of great value.

- Students can learn a great deal by interacting in Russian with one another, as long as appropriately structured learning activities are provided. Hence, a high percentage of the exercises in this textbook are marked with the symbol 🐾 , which indicates that the students should do the activities in pairs or small groups. To get the class started, the instructor should do one or two items with students as a whole-class activity; then, as the class continues the activity in pairs or small groups, the instructor should circulate around the room, answering questions and keeping students on-task. Finally, the instructor brings the class back together so students can share the results of their activity.

Acknowledgments

Many organizations and individuals made significant contributions to the production of *НАЧАЛО: When in Russia* . . . and its ancillary materials. Early funding was received from the Geraldine Dodge Foundation, the National Endowment for the Humanities, the U.S. Department of Education, and the Defense Language Institute. These funds were administered through the Office of the Vice President for Research, University at Albany, State University of New York; we are grateful to Dr. Jeanne Gullahorn for her unwavering support. Within the Office for Research at Albany, Margaret O'Brien and Joanne Casabella were especially attentive in the preparation, processing, and day-to-day monitoring of the grants. The College of Humanities at Brigham Young University and the Department of Slavic and East European Languages and Literatures at the Ohio State University were very generous with research assistance and logistical and communications support. Substantial funding specifically for the video, whose enhancement to this set of materials will immediately be clear to all, was received from the Film Committee of Brigham Young University. All of these contributions are deeply appreciated. We also gratefully acknowledge the particularly important conceptual and administrative roles played by William F. Snyder, Executive Director of the New York Network, and by Henryk Baran, Slavic Department, University of Albany, State University of New York, in the early stages of this project.

Vladimir Savransky provided extensive assistance in developing and writing the storyline. Valuable suggestions that helped shape the writing and the final form of the printed materials also came from Nelly Zhuravlyova, Benjamin Rifkin, and Lena Jacobson. Further substantive suggestions were received from Gary L. Browning, David K. Hart, Janelle J. Jarvis, Michael R. Kelly, Alexander Propp, Yury Tretyakov, and from the instructors and students who field-tested early versions of the manuscript at Ohio State University, Brigham Young University, Utah Valley State College, and Provo (Utah) High School. Olga Belianko of Moscow State University made many insightful suggestions for Book 1.

Invaluable assistance with manuscript preparation and compilation of the glossaries was provided by Marjorie McShane of the University at Albany and Princeton University. Additional assistance with manuscript preparation was provided by Katherine Meech, Adam Perri, James Williams, and Julie Mugavero at the University at Albany and by Elisabeth Browning, Sergei Mariev, Marshall Murray, Mark Perry, and Kurt E.

and Martin Bohunicky. Thomas J. Garza, The University of Texas at Austin, offered helpful advice in the early stages. The audiotaping was done at Ohio State University with partial support from University Technology Services, and would not have been possible without the help of Carol Hart, Anelya Rugaleva, and especially Eric Todd.

Finally, the authors would like to express their appreciation to the following individuals, whose assistance in the later stages of this project was invaluable: Natalya Bragina of the Pushkin Institute, Moscow, provided many useful and up-to-date cultural insights; David Patton of the American Council of Teachers of Russian and of Ohio State University was an invaluable contact in Moscow who selflessly answered many queries via electronic mail at very short notice; and Thomas K. Reese of Brigham Young University, who compiled the Answer Key to the Workbook/Laboratory Manual volumes.

In addition, the publishers wish to acknowledge the suggestions received from the following instructors and professional friends across the country, who reviewed parts of the manuscript at an earlier stage:

Thomas R. Beyer, Jr.
  Middlebury College
William D. Buffington
  Purdue University
Julie Christensen
  George Mason University
Catherine V. Chvany
  Massachusetts Institute of
  Technology
Brett Cooke
  Texas A&M University

Gary Cox
  Southern Methodist University
George R. Egan
  U.S. Air Force Academy
Olga Kagan
  University of California, Los
  Angeles
H. H. Keller
  Indiana University

John Kolsti
   The University of Texas at
   Austin
Ed Kumferman
   Ricks College
Maria Lunk
   Emory University
Kevin J. McKenna
   The University of Vermont

Slava Paperno
   Cornell University
Sandra Rosengrant
   Portland State University
Barry Scherr
   Dartmouth College
Hanna Stroutinsky

The appearance of their names in this list does not necessarily constitute their endorsement of the text or of its methodology.

It would be impossible for us to overstate the contribution to the project that was provided at McGraw-Hill by Thalia Dorwick, whose patience, encouragement, guidance, and sound advice sustained us throughout our work. As the printed materials entered production, Larry McLellan, Christopher Putney, and Carol Dondrea put in many hours of careful proofing and editing. All three of them gave us many valuable suggestions, and for the time they spent in the trenches with us we owe them more than we can express. Special thanks are also due to Gregory Trauth, Francis Owens, Richard Mason, Tanya Nigh, and Suzanne Montazer, all at McGraw-Hill, who worked on aspects of the project.

Finally, to family and friends who listened to us, supported us, and tolerated us during the years of planning, writing, and revising, we offer the deepest gratitude of all.

TO THE STUDENT

About Book 2

sians.

As you continue to learn about Russian, Russia, and Russians in Book 2, you should periodically review what you learned in Book 1. One easy way to do this is to listen again to the lessons on the audiocassette that came with Book 1 (with or without your book open to follow along), and/or to review the video presentations of the Book 1 episodes. (Bear in mind that only the audiocassette presents all the episodes, and hence all the language and structures you studied in Book 1.) If you review on a regular basis—say, beginning with Lesson 2 of Book 1 and moving forward each time you begin a new lesson in Book 2—you will be amazed at how easy and familar the material from Book 1 now appears.

Of course, there is still much to learn. You do not yet—and should not expect yourself to—know how to ask or say everything you might want to, and you should not be discouraged that you still have to look up words and structures. No matter how long you continue with Russian or how proficient you become, you will continue to encounter words and phrases you do not understand. (Ask any foreign language teacher about his or her experiences in learning a foreign language.) Rather than being overwhelmed by what you do not know, however, learn to focus on what you *do* recognize and to guess at the rest. You will see that in many cases your overall comprehension of Russian is relatively good.

Finally, remember that our storyline characters are a means to an end. They are not real, though the settings in which they live and the situations they encounter are quite realistic. Try to picture *yourself* in Jim's shoes, meeting Russians and dealing with them in the kinds of situations in which he finds himself. Or think about the Russians in our storyline— what questions would you like to ask them? What would you like to tell them about your life and surroundings if you were to meet them?

Just as a reminder, here are the main characters in our "soap opera":

Professor Petrovsky and his American graduate student, Jim. Jim already speaks Russian fairly well because this is not his first trip to Russia. But, as you'll see, he still has a lot to learn . . . and is having a good time doing so!

The Silin family, consisting of Mr. and Mrs. Silin, their daughter, Lena, who studies journalism, her little brother, Vova, and their dog, Belka.

Grandma and Grandpa Kruglov and their grandson, Sasha, a piano student at a Moscow conservatory, whose musical tastes run from classical to jazz.

Tatyana Dmitrievna, who rents out a room in her apartment to two young women, Sveta and Tanya. And . . .

Viktor, a hustling young entrepreneur of the post-Soviet era, who always seems to know how to provide hard-to-find goods and services.

ABOUT THE AUTHORS

Gerard L. Ervin is Associate Professor Emeritus of Slavic Languages at the Ohio State University, where he founded the Foreign Language Center. He has taught French and Spanish at the secondary school level and Russian, foreign language methods, and English as a second language at the college level. A past president of the American Council on the Teaching of Foreign Languages (ACTFL), Ervin has also taught at the U.S. Air Force Academy and the University of Arizona. In addition to authoring or co-authoring a variety of instructional materials for several languages, Ervin has written reviews, articles, and book chapters on language teaching, is Associate Editor of the *Modern Language Journal,* and is co-founder of the Foreign Language Education Forum on CompuServe.

Sophia Lubensky is Associate Professor of Slavic Languages and Literatures at the State University of New York at Albany, where she teaches language, translation, and stylistics. She received her Ph.D. in linguistics from the University of Leningrad (now St. Petersburg), and holds M.A.'s in Classics and English as well. She has published articles on linguistics, translation, and language teaching, and has reviewed numerous linguistic and literary publications, including a wide scope of monolingual and bilingual dictionaries. In 1995 Lubensky culminated fourteen years of research in bilingual lexicography with the publication of her *Russian-English Dictionary of Idioms* (Random House). In addition to teaching and researching, Lubensky has worked as a translator, interpreter, and editor in the United States and Russia.

Donald K. Jarvis is Professor of Russian and director of the Faculty Center at Brigham Young University. He has also served there as dean of General Education and chair of the Department of Asian and Slavic Languages. He is the author of *Junior Faculty Development: A Handbook* (Modern Language Association 1991) and other publications dealing with language teaching and faculty development, including *Teaching, Learning, Acquiring Russian,* edited with Sophia Lubensky (Slavica 1984). A past president of the American Council of Teachers of Russian as well as of the American Association of Teachers of Slavic and East European Languages, Jarvis consults for a range of universities, professional organizations, and government agencies.

1 ЕДЕМ ИЛИ

Метро́. а. Москва́. б. Ни́жний Но́вгород. в. Санкт-Петербу́рг.

In this chapter you will learn

▲ to ask and answer *Where are you from?*

▲ to express *with*

▲ to express need and obligation

▲ more about verbs of motion

▲ some comparatives

▲ superlatives

▲ conversational transitions

▲ conventions for standing in line

▲ about public transportation in Russia

ЧАСТЬ ПЕРВАЯ

ЧТЕНИЕ

Джим в метро°

(At a metro station. Jim bangs his briefcase against one of two women waiting for a train.)

subway

Discussion starters (see also WB/LM).

1. Как вы ду́маете, что у Джи́ма в портфе́ле? (Наве́рно, кни́ги — ведь он аспира́нт.)
2. Как вы ду́маете, почему́ Джи́му нра́вится разгова́ривать с же́нщинами в метро́? (Он лю́бит говори́ть по-ру́сски, и ему́ нужна́ пра́ктика.)
3. На како́й ста́нции выхо́дит Джим? (На пло́щади Ногина́.) Это ста́рое и́ли но́вое назва́ние э́той ста́нции? (Это ста́рое назва́ние.) Как сейча́с называ́ется э́та ста́нция? (Кита́й-го́род.)

ДЖИМ.	Извини́те, пожа́луйста.
РА́Я.	Ничего́. Молодо́й челове́к, у вас тяжёлый портфе́ль°? **Поста́вьте**° его́ **сюда́.**°
ДЖИМ.	Спаси́бо.
РА́Я.	*(She puts his briefcase next to her.)* А вы отку́да, молодо́й челове́к?
ДЖИМ.	Из Аме́рики. А что, я говорю́ с **акце́нтом**?
РА́Я.	По-мо́ему, у вас почти́ нет акце́нта. Пра́вда, Тама́ра?
ТАМА́РА.	Пра́вда. Вы зна́ете, моя́ сестра́ Ра́я — **настоя́щий**° Ше́рлок Холмс. Она́ всегда́ узнаёт **иностра́нцев,**° да́же е́сли у них нет никако́го акце́нта.

briefcase / Put / here

real
foreigners

2

РА́Я. Мы лю́бим **разгова́ривать**° с иностра́нцами, слу́шать, как   *to talk*
они́ живу́т, что де́лают. Пра́вда, Тама́ра?

ТАМА́РА. Э́то ты, Ра́я, лю́бишь разгова́ривать — и не то́лько с
иностра́нцами.

назва́ния ста́рые, а каки́е но́вые.   *forgetting*

(*They board the train.*)

АВТОМА́Т. **ОСТОРО́ЖНО,**° ДВЕ́РИ **ЗАКРЫВА́ЮТСЯ.**°   *Be careful / are closing*
СЛЕ́ДУЮЩАЯ° СТА́НЦИЯ — ТРЕТЬЯКО́ВСКАЯ.   *Next*

РА́Я. На како́й ста́нции вы выхо́дите?

ДЖИМ. На **пло́щади**° Ногина́.   *square*

РА́Я. Э́то ста́рое назва́ние, а тепе́рь э́то Кита́й-го́род.

(*While they are talking, the train stops, and people get in and out.*)

АВТОМА́Т. ОСТОРО́ЖНО, ДВЕ́РИ ЗАКРЫВА́ЮТСЯ. СЛЕ́ДУЮЩАЯ
СТА́НЦИЯ — КИТА́Й-ГО́РОД.

ТАМА́РА. Ме́жду про́чим, Ра́я, э́то была́ на́ша остано́вка.

УПРАЖНЕНИЕ 1.1.   **Вопро́сы и отве́ты**

1. Вы говори́те по-ру́сски с акце́нтом?
2. В ва́шем го́роде мно́го люде́й, кото́рые говоря́т по-англи́йски с акце́нтом?
3. Вы лю́бите разгова́ривать с иностра́нцами?
4. В ваш го́род ча́сто приезжа́ют (*come*) иностра́нцы? Отку́да они́ приезжа́ют?
5. Что иностра́нцы осо́бенно лю́бят смотре́ть в ва́шем го́роде? В ва́шей стране́?
6. Как вы ду́маете, Джим хорошо́ говори́т по-ру́сски? А вы?
7. Кто в ва́шем кла́ссе хорошо́ говори́т по-ру́сски?
8. В ва́шем го́роде есть метро́? Е́сли да, то како́е оно́? (Краси́вое, но́вое... ?)

ГРАММАТИКА И ПРАКТИКА

THE ART OF CONVERSATION: ОТКУ́ДА ВЫ?

— А **вы отку́да**, молодо́й челове́к?
— **Из Аме́рики.**

"And where are you from, young man?"
"From America."

Use **из** + genitive to tell where you or someone else is from. If the geographical name is not Russian, it may not decline readily. In such a case (and especially if the name is unfamiliar to a Russian speaker), you can say **из го́рода** or **из шта́та** followed by the name of the city or state in the nominative case.

Я из шта́та Миссу́ри.

I am from the state of Missouri.

Я из го́рода Сент-Лу́ис.

I am from the city of St. Louis.

Canadians, of course, would say **из прови́нции**.

УПРАЖНЕНИЕ 1.2.   **А вы отку́да?**

Here is a list (in Russian alphabetical order) of American states, Canadian provinces, and major cities in the United States and Canada as they would appear on a Russian map of North America. Note that spellings and stresses in Russian sometimes differ from those in English. Find out

Отку́да вы? Have students prepare **отку́да?** quiz items for one another, using the names of currently popular national and international figures in sports, the arts, show business, politics, and so on.

where your classmates and/or their relatives are from by asking
Скажи́(те), а ты (вы) отку́да? and so on.

АМЕРИКА́НСКИЕ ШТА́ТЫ

А́йдахо	Калифо́рния	Нью-Йо́рк
А́йова	Ка́нзас	Нью-Ме́ксико
Алаба́ма	Кенту́кки	Нью-Хе́мпшир
Аля́ска	Колора́до	Ога́йо
Аризо́на	Конне́ктикут	Оклахо́ма
Арка́нзас	Луизиа́на	О́регон
Вайо́минг	Массачу́сетс	Пенсильва́ния

Иллино́йс	Нева́да	
Индиа́на	Нью-Дже́рси	

КАНА́ДСКИЕ ПРОВИ́НЦИИ

Альбе́рта	Манито́ба	Онта́рио
Брита́нская	Но́вая Шотла́ндия	О́стров При́нца
Колу́мбия	Нью-Бра́нсуик	Эдуа́рда
Квебе́к	Ньюфаундле́нд	Саска́чеван

АМЕРИКА́НСКИЕ И КАНА́ДСКИЕ ГОРОДА́

Атла́нта	Майа́ми	Про́виденс
Би́рмингем	Ме́мфис	Реджа́йна
Бо́стон	Милуо́ки	Ри́чмонд
Бу́ффало	Миннеа́полис	Ро́ли
Ванку́вер	Монреа́ль (m.)	Ро́честер
Вашингто́н	Моби́л	Сан-Дие́го
Викто́рия	На́швилл	Сан-Франци́ско
Гонолу́лу	Неа́поль (m.)	Сент-Лу́ис
Да́ллас	Но́вый Орлеа́н	Сент-По́л
Де-Мо́йн	Нью-Йо́рк	Сиэ́тл
Детро́йт	Нью́арк	Солт-Лейк-Си́ти
Де́нвер	Оде́сса	Та́лса
Дувр	О́кленд	Торо́нто
Индиана́полис	О́ксфорд	Уи́лмингтон
Ка́нзас-Си́ти	О́лбани	Филаде́льфия
Квебе́к	О́маха	Фи́никс
Кли́вленд	Отта́ва	Хью́стон
Лас-Ве́гас	Пи́тсбург	Цинцинна́ти
Литл-Ро́к	Пли́мут	Чика́го
Лос-А́нджелес	По́ртленд	Э́дмонтон
Лу́исвилл	По́ртсмут	

ОН ГОВОРИ́Т С АКЦЕ́НТОМ: THE INSTRUMENTAL CASE

Мо́жет быть, ты зна́ешь **с кем** у неё свида́ние?	*Perhaps you know with whom she has a date.*
Кто после́дний?... Я **за ва́ми**.	*Who's last? . . . Then I'm behind you.*
А что, я говорю́ **с акце́нтом**?	*What, do I speak with an accent?*
Мы лю́бим разгова́ривать **с иностра́нцами**.	*We love to speak with foreigners.*

Instrumental case. Students already know many instrumental noun forms, having learned the adverbs у́тром, днём, ве́чером, но́чью, ле́том, which have the same form as the instrumental case of the corresponding nouns.

The last of the six cases in Russian is the instrumental. It occurs in a variety of contexts, including after the prepositions **за** (*behind*) and **с** (*with*), and others. Here is a table of instrumental case forms.

INSTRUMENTAL CASE FORMS

	SINGULAR		PLURAL	
Pronouns	(я)	(со) мно́й	(мы)	(с) на́ми
	(ты)	(с) тобо́й	(вы)	(с) ва́ми
	(он, оно́)	(с) ним	(они́)	(с) ни́ми
	(она́)	(с) ней		
	(кто?)	(с) кем?		
	(что?)	(с) чем?		

	MASCULINE/NEUTER (MOST COMMON SINGULAR ENDINGS)	FEMININE (MOST COMMON SINGULAR ENDINGS)	PLURAL
Nouns	**-ом/-ем** с акце́нтом с му́жем с учи́телем	**-ой/-ей** с соба́кой с Та́ней **-ью** с две́рью[1]	**-ами/-ями** с кни́гами с гостя́ми
Adjectives	**-ым/-им** с типи́чным америка́нским (бизнесме́ном)	**-ой/-ей** с краси́вой ста́ршей (сестро́й)	**-ыми/-ими** с симпати́чными америка́нскими (студе́нтами)
Possessives	мои́м на́шим твои́м ва́шим	мое́й на́шей твое́й ва́шей	мои́ми на́шими твои́ми ва́шими

---

[1] This ending applies to only a few nouns you know (дверь — две́рью, ночь — но́чью), but it is actually a very common ending which occurs with a large number of feminine nouns ending in **-ость**. (See Word Study following **Но́вые слова́**.)

Some common nouns have irregular or unusual instrumental forms.

	SINGULAR	PLURAL
брат	(с) бра́том	(с) бра́тьями
друг	(с) дру́гом	(с) друзья́ми
мать	(с) ма́терью	(с) матеря́ми
дочь	(с) до́черью	(с) дочерьми́
челове́к (*sing.*)/ лю́ди (*pl.*)	(с) челове́ком	(с) людьми́
ребёнок (*sing.*)/ де́ти (*pl.*)	(с) ребёнком	(с) детьми́

...unlike **друг**—is regular in both singular and plural

VOWELS AND CONSONANTS

Just as Russians change **о** to **об** before words beginning with **а, э, о,** and **у** (and to **обо** before **мне**), they also change the prepositions **в, к, с,** and **пе́ред** to **во, ко, со,** and **пе́редо,** respectively, before many words beginning with a consonant cluster. These so-called buffer vowels and consonants, like *a/an* in English, help make certain word combinations easier to pronounce.

О РОССИИ

Кто после́дний?

*B*ecause standing in line still occurs in Russia, it has a set of protocols. In Lesson 8 of Book 1, Jim was instructed by Russians on what to say when joining a line (**Кто после́дний?** [*Wait for response.*] **Я за ва́ми.**) It is not unusual for Russians to join a line, then ask the person in front of them to hold their place so that they can do a quick errand elsewhere and come back to rejoin the line. In light of the many socioeconomic changes taking place in Russia today, however, standing in line appears to consume less time out of a Russian's day than it did just a few years ago.

Кто после́дний? Have students draw numbers out of a hat. Then they ask each other **У тебя́ како́й но́мер?** and answer **У меня́ 2 (5, 7, и т.д.).** Then have them form actual lines (**Я за тобо́й, Она́ пе́редо мной, Вы за мной**), and so on (students may not show their actual numbers to each other). Provide some duplicate or even triplicate numbers to elicit **Мы с ним (с ней, с ни́ми), Мы вме́сте,** and so on. Make a contest by dividing the class in half to see which half can form their line first.

УПРАЖНЕНИЕ 1.3.   С кем... ? С чем... ?

Answer the following questions, putting the suggested answers (or answers of your own) in the instrumental case:

1. С кем вы лю́бите игра́ть в те́ннис — с сестро́й, с бра́том, с... ?
2. С кем вы обы́чно обе́даете — с друзья́ми, с роди́телями, с... ?
3. С чем америка́нцы пьют (*drink*) ко́фе[2] — с молоко́м, с лимо́ном, с... ?
4. С чем америка́нцы пьют чай (*tea*) — с лимо́ном, с молоко́м, с... ?
5. С кем вы хо́дите (*go to*) в кино́ — с друзья́ми, со свои́м профе́ссором ру́сского языка́, с... ?
6. С кем вы лю́бите говори́ть по телефо́ну — с дру́гом, с подру́гой, с... ?

УПРАЖНЕНИЕ 1.4.   **Positions, locations**

In addition to **за** (*behind*), two other prepositions describing position that take the instrumental case are **ме́жду** (*between*) and **пе́ред** (*in front of*). With four or five classmates, imagine you're in line for theater tickets. Practice the following:

1. — Вы за кем?
   — Я за э́той же́нщиной.
2. — А вы за кем?
   — Я за тем мужчи́ной.
3. — Вы пе́редо мной?
   — Нет, я за ва́ми.
4. — Кто пе́ред ва́ми?
   — Вот э́та же́нщина.

Упражне́ние 1.4. Variation: Provide one student or a small group with a picture (of a street scene, for example). Have this person or group describe the locations of people and objects shown in that picture (buildings, pets, people, and so on) to another student or small group. Remind them of words such as **сле́ва, спра́ва, за, ме́жду, пе́ред/пе́редо.** The "listener(s)" must draw the picture as it is described to them or must select from a group of similar pictures a duplicate of the one being described.

УПРАЖНЕНИЕ 1.5.   С кем... ? С чем... ?

Fill in the blanks with correct forms of the nouns in parentheses.

1. — С кем разгова́ривает Джим?
   — Со (Све́та) _____ и с (Та́ня) _____ .
2. — С кем лю́бит разгова́ривать Ра́я?
   — С (иностра́нцы) _____ .
3. — С кем Джим ча́сто разгова́ривает по телефо́ну?
   — С (Ле́на) _____ и с (профе́ссор) _____ .
4. На у́лице стои́т авто́бус с (тури́сты) _____ .
5. Поста́вьте портфе́ль с (кни́ги) _____ сюда́.
6. Кто э́тот челове́к с (газе́та) _____?
7. Вон стои́т же́нщина с (соба́ка) _____?
8. Хоти́те ко́фе с (молоко́) _____?
9. Мне, пожа́луйста, бутербро́д с (колбаса́) _____ .
10. Ве́ра игра́ет в те́ннис с (подру́ги) _____ .

---

[2] **Ко́фе**, like some other nouns of foreign origin, never changes form. Its masculine gender is shown in adjectives that modify it: **Де́душка лю́бит чёрный ко́фе.**

Он занима́ется оди́н.

Она́ занима́ется с друзья́ми.

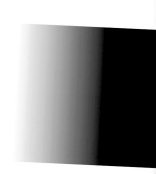

УПРАЖНЕ́НИЕ 1.6.   С како́й... ? С каки́м... ?

Fill in the blanks with correct forms of the adjectives and the nouns in parentheses.

1. Кто э́тот челове́к с (большо́й портфе́ль) _____
   _____ ?
2. Вот ка́рта с (но́вые назва́ния) _____ _____ ста́нций моско́вского метро́.
3. Ле́на разгова́ривает с (краси́вый иностра́нец) _____
   _____ .
4. Он говори́т по-ру́сски с (небольшо́й акце́нт) _____
   _____ .
5. Мы ча́сто разгова́риваем с (ру́сские тури́сты) _____
   _____ .
6. — С кем вы идёте в кино́?
   — С (симпати́чная де́вушка) _____ _____ ,
   кото́рую зову́т Ве́ра.

УПРАЖНЕ́НИЕ 1.7.   Вопро́сы и отве́ты

Ask your classmates the following questions:

1. С кем вы ча́сто разгова́риваете?
2. С кем вы разгова́риваете по-ру́сски?
3. С кем вы перепи́сываетесь (*correspond*)?
4. С кем вы ча́сто говори́те по телефо́ну?
5. С кем вы лю́бите ходи́ть (*to go*) в теа́тр?
6. С кем вы обы́чно игра́ете в баскетбо́л?

О РОССИИ

Язы́к и городско́й тра́нспорт

In crowded mass transit vehicles you may often hear the following:

— Вы сейча́с выхо́дите?   *"Are you getting out here?"*
— Нет.   *"No."*
— Разреши́те пройти́.   *"Allow me to pass (please)."*

If you *are* getting out, **да** is sufficient. Just before the subway doors close, you will hear over the public-address system the warning **Осторо́жно, две́ри закрыва́ются** (*Be careful, the doors are closing*). This will be followed by the announcement of the next station.

Here are signs you frequently see in mass transit and pedestrian areas.

Вход	*Entrance*
Вход воспрещён	*No admittance*
Вы́ход	*Exit*
Ка́сса	*Cashier*
Перехо́д	*Pedestrian crosswalk (or underpass)*
Прода́жа жето́нов	*Tokens (lit., sale of tokens)*

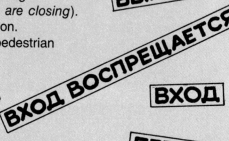

Язы́к и городско́й тра́нспорт. An activity based on this note is found in the WB/LM.

ДИАЛОГИ

Asking questions in the metro

ДИАЛОГ 1.1.   Скажи́те, пожа́луйста, когда́...

— Скажи́те, пожа́луйста, когда́ бу́дет ста́нция Пу́шкинская?
— Че́рез две остано́вки.[3]
— Мои́ друзья́ сказа́ли мне, что э́то о́чень краси́вая ста́нция. Я хочу́ её посмотре́ть.
— А отку́да вы?
— Из Аме́рики, из Бо́стона.

---

[3] In this context, the preposition **че́рез** (*through*) means *after*. The speaker here is saying that **ста́нция Кропо́ткинская** will be the *third* stop.

ДИАЛОГ 1.2. **Кака́я сле́дующая ста́нция?**

— Скажи́те, пожа́луйста, кака́я сле́дующая ста́нция?
— Театра́льная.
— А как она́ называ́лась ра́ньше?
— Ка́жется, пло́щадь Свердло́ва — я не уве́рен.

ДИАЛОГ 1.3. **Мне нужна́ Третьяко́вская галере́я.[4]**

— Прости́те, кака́я сле́дующая ста́нция?
— Третьяко́вская.
— Э́то та ста́нция, ко́торая мне нужна́! Мне нужна́ Третьяко́вская галере́я.
— Я то́же там выхожу́. Я покажу́ вам, как пройти́ к Третьяко́вской галере́е.
— Спаси́бо.

УПРАЖНЕНИЕ 1.8. **Ваш диало́г**

Create a dialogue that you might use on a subway. Ask for a station, directions, where to get off, and so on.

УПРАЖНЕНИЕ 1.9. **Перево́д**

"Excuse me, are you getting off now?"
"I don't know. What station is this?"
"This one? This is Theater Square."
"And when will Mayakovskaya be?"
"Mayakovskaya? The one after next."
"Thanks very much."

Упражне́ние 1.9.
— Извини́те, вы сейча́с выхо́дите?
— Не зна́ю. Кака́я э́то ста́нция?
— Э́то? Э́то Театра́льная пло́щадь.
— А когда́ бу́дет Маяко́вская?
— Маяко́вская? Че́рез одну́ остано́вку.
— Большо́е спаси́бо.

[4] The Tretyakov Gallery is a famous art museum in Moscow.

ЧАСТЬ ВТОРАЯ

Discussion starters (see also WB/LM).
1. Что у Та́ни в су́мке? (Пала́тка.)
2. Заче́м Та́ня купи́ла пала́тку? (Она́ идёт в похо́д.)
3. С кем Та́ня идёт в похо́д? (Со Све́той.)

ЧТЕНИЕ

Мы идём в похо́д°

(*Sasha offers to help a young woman carrying a heavy bag.*)

СА́ША. Де́вушка! Вам помо́чь? (*The girl turns and Sasha sees that it is Tanya.*) Приве́т, Та́ня! Я тебя́ не узна́л. **Бога́тая**° бу́дешь![5] Тебе́ помо́чь? Су́мка° тяжёлая?

ТА́НЯ. Спаси́бо! (*Gives him the bag.*) Су́мка, действи́тельно, о́чень тяжёлая.

СА́ША. Ух, кака́я тяжёлая! А что там, е́сли не **секре́т**°?

ТА́НЯ. **Угада́й!**°

идём... *are going camping*

Rich

Bag

secret

Guess!

---

[5] When Russians don't immediately recognize someone they know well, they joke that the person will become rich.

СА́ША. **Попро́бую**.° Ты была́ в библиоте́ке. Э́то кни́ги по исто́рии.	*I'll try.*
ТА́НЯ. Не угада́л!°	*He... Wrong!*
СА́ША. Э́то мо́жно есть?	
ТА́НЯ. Нет, э́то нельзя́ есть. Но зато́° в э́том мо́жно жить.	*Но... but*
СА́ША. Всё **я́сно**°! Э́то **пала́тка**°!	*clear / tent*
ТА́НЯ. Пра́вильно! Э́то тури́стская пала́тка, и́мпортная, **неме́цкая**°!	*German*
СА́ША. Я **ищу́**° **таку́ю**° пала́тку уже́ полго́да°! У меня́ есть пала́тка, но ей уже́ мно́го лет и вообще́ она́ **гора́здо ху́же**,° **чем**° э́та. Где ты её купи́ла?	*have been looking for / this kind of / half a year* гора́здо... *much worse / than*
ТА́НЯ. В **це́нтре**, в магази́не «Спорт» на Пу́шкинской.°	*Pushkin (street)*
СА́ША. Сейча́с пое́ду. **Возьму́**° до́ма де́ньги и пое́ду. Как ты ду́маешь,	*I'll get*

есть **о́пыт**.° Она́ уже́ не́сколько раз была́ в тури́стских похо́дах.	
СА́ША. Пала́тка не сли́шком тяжёлая? Мне ка́жется, она́ **должна́**° быть гора́здо **ле́гче**.°	*should* *lighter*
ТА́НЯ. Ты ду́маешь?	
СА́ША. Я уве́рен. Но э́то не пробле́ма. Возьми́те меня́ **с собо́й**° в похо́д...	Возьми́те... *Take me with you*
ТА́НЯ. С удово́льствием.	
СА́ША. ...и я бу́ду де́лать всю тяжёлую **рабо́ту**.°	тяжёлую... *hard work*
ТА́НЯ. Хоро́шая иде́я, но я не уве́рена, что Све́те она́ понра́вится.	
СА́ША. Почему́?	
ТА́НЯ. Све́та говори́т, что похо́д до́лжен быть тру́дным. **Ина́че**° э́то неинтере́сно.	*Otherwise*
СА́ША. Э́то то́же не пробле́ма. Е́сли с ва́ми иду́ я, похо́д обяза́тельно бу́дет тру́дным.	

ша́хматы

гант́ели

клю́шка

са́нки

кроссо́вки

лы́жи

коньки́

(те́ннисная) раке́тка

рюкза́к

ла́сты

(футбо́льный) мяч

УПРАЖНЕНИЕ 2.1.   Вопро́сы и отве́ты

1. У вас есть пала́тка?
2. Она́ но́вая и́ли ста́рая? Где вы её купи́ли? Ско́лько за неё заплати́ли?
3. Как вы ду́маете, америка́нцы вообще́ лю́бят ходи́ть в похо́ды (*to go camping*) и́ли нет?
4. А вы са́ми лю́бите ходи́ть в похо́ды? И́ли вы бо́льше лю́бите сиде́ть (*to stay*) до́ма и смотре́ть телеви́зор?
5. Когда́ вы в после́дний раз бы́ли в похо́де? Где вы бы́ли? Вы бы́ли оди́н (одна́) (*alone*) и́ли с друзья́ми?
6. Когда́ был э́тот похо́д — ле́том, о́сенью (*in the fall*), зимо́й и́ли весно́й (*in the spring*)?
7. Вы идёте в похо́д. Вот спи́сок (*list*) веще́й, кото́рые нужны́ тури́стам. Каки́е из них у вас уже́ есть? Что вам на́до купи́ть?

пала́тка	шокола́д
рюкза́к	проду́кты
ко́мпас	чай
ка́рта	ко́фе

ГРАММАТИКА И ПРАКТИКА

EXPRESSING NEED

Мне **нужна́** но́вая пала́тка.   *I need a new tent.*

To tell what is needed, place the person who needs something in the dative, followed by the short-form adjective of **ну́жен (нужна́, ну́жно, нужны́)** that agrees in gender and number with the item needed (the grammatical subject), which is in the nominative.

Мне нужна́ хоро́шая   *I need a good apartment.*
 кварти́ра.
Моему́ бра́ту ну́жен но́вый   *My brother needs a new*
 компью́тер.   *computer.*
Нам нужны́ но́вые сапоги́.   *We need new boots.*

THE ART OF CONVERSATION: НУ́ЖНО AND НА́ДО

Тебе́ **ну́жно (на́до)** знать   *You need to know about that.*
 об э́том.

In addition to the short-form adjectives used with nouns (**мне нужна́ но́вая пала́тка**), the adverb **ну́жно** (always ending in **-о**) is used in the same dative + **ну́жно** + infinitive construction you learned with **на́до**. In most cases this **ну́жно** construction is a virtual synonym for the **на́до** construction.

УПРАЖНЕНИЕ 2.2.   **Что вам ну́жно?**

Suppose you're going on a camping trip. Using the items below (or some of your own ideas), indicate what things you think you or your friends need (or don't need).

9. ⋮⋮⋮

IDIOMATIC USES OF **ИДТИ́**

Мы **идём в похо́д.**	*We're going camping.*

Идти́ is used frequently in constructions that do not mean *to go by foot.*

Идёт дождь.	*It's raining.*
Идёт снег.	*It's snowing.*
Что **идёт** в кино́?	*What's playing at the movies?*
Дела́ **иду́т** хорошо́!	*Things are going well!*
Твои́ часы́ **иду́т**?	*Is your clock working?*
Идёт уро́к.	*The class is in progress.*

Try reading this short poem aloud.

Кто по у́лице идёт?
Ну коне́чно, пешехо́д.°   *pedestrian*
Ну, а что ещё идёт?
Дождь идёт, и снег идёт.

Да́же ма́ленькие де́ти
Мо́гут пра́вильно отве́тить,
Что идёт и дождь, и снег,
И уро́к, и челове́к.

У́тром в шко́лу, на рабо́ту,
В магази́н идёт наро́д.°   *people*
И у всех свои́ забо́ты°:   *concerns*
Э́то зна́чит — жизнь° идёт!   *life*

— Еле́на Са́вченко

Как вы ду́маете, что э́то тако́е?

УПРАЖНЕНИЕ 2.3.   **Что идёт?**

Using the weather map below and the theater listings that follow, practice asking and answering the following kinds of questions with your classmates: **Где идёт дождь? Где идёт снег? В како́м теа́тре идёт пье́са** (*play*) _____?

(Note the pronunciation of these cities: Бокситого́рск, Во́лхов, Всéволожск, Вы́борг, Га́тчина, Ки́нгисепп, Ки́риши, Ки́ровск, Лодéйное По́ле, Лу́га, Подпоро́жье, Приозёрск, Сла́нцы, Сосно́вый Бор, Ти́хвин, То́сно.)

ТЕАТР ИМ. МАЯКОВСКОГО. Ул. Большая Никитская, 19, тел. 290-46-58.

В помещении гастроли Театра Антона Чехова.

Начало вечерних спектаклей: 19.00
1 (чт) «Сверчок на печи»
6 (вт) «Влияние гамма-лучей на бледно-желтые ноготки»
7 (ср), 14 (ср) «Свадьба. Юбилей»
8 (чт) «Зачем пойдешь, то и найдешь»
13 (вт), 28 (ср) «Клоуны»
15 (чт) «Калигула»
Закрытие сезона

ТЕАТР ИМ. ПУШКИНА. Тверской бульвар, 23, тел. 203-85-82, 203-85-14,

Начало вечерних спектаклей: 19.00
3 (сб) А. Мерлин, А. Белинский «Красотки кабаре»
4 (вс) А. Аверченко «Комната смеха»
5 (вс) Манье «Блзз»
6 (пн), 7 (вт), 10 (сб) А. Платонов «Семья Иванова»
8 (ср) 9 (чт) А. Гарин «Красные сны»
15 июня закрытие сезона.

«Принц..
2 (пт), 7 (ср), 4 (вс) 11. шоу.. здоровы!»
3 (сб), 16 (пт) «Принцесса Турандот» «Будьте здоровы!»
8 (чт) М. Горький «Варвары», 19.00.
9 (пт), 11 (вс), 13 (вт), 17 (сб), 22 (чт), 28 (ср) Ж. Мольер «Проделки Скапена»
10 (сб), 18 (вс) М. Цветаева «Три возраста Казановы»
«Наша любовь», 14.00, (малый зал)
14 (ср), 21 (ср) М. Булгаков «Зойкина квартира», 19.00.
15 (чт). 20 (вт) А. Островский «Женитьба Бальзаминова», 19.00.
22 (чт) А. Островский «Без вины виноватые», 14.00.
24 (сб), 25 (вс) Т. Реттиган «Дама без камелий»

2 (пт), ? (с..
28 (ср) «Такие свободные ..
3 (сб), 10 (сб), 19 (пн), 21 (ср), 29 (чт) «Хозяйка гостиницы»
3 (сб), 4 (вс), 10 (сб), 12 (пн) (19.30), 23 (пт) «Превращение», 15.00 (малая сцена).
4 (вс), 6 (вт), 11 (вс), 15 (чт), 20 (вт), 24 (сб), 26 (пн) «Сатирикон-шоу»
7 (ср), 14 (ср), 22 (чт), 30 (пт) «Багдадский вор»
9 (пт), 13 (вт), 16 (пт), 17 (сб) «Сирано де Бержерак»
18 (вс), 25 (вс), 28 (ср) «Великий рогоносец», 15.00 (малая сцена)
20 (вт), 29 (чт) «Совсем недавно», 19.30 (малая сцена).

1 (чт) «.. зал)
2 (пт), 4 (вс) (18.00), 9 (пт), 24 (сб) (18.00) «Ваша сестра и пленница» (премьера), (малый зал)
7 (ср), 21 (ср), 25 (вс) (18.00) «Загнанная лошадь» (премьера), (малый зал)
3 (сб) (18.00), 16 (пт), 22 (чт) «Цветные сны о черно-белом».
6 (вт), 15 (чт), 23 (пт) «Идиот» (малый зал)
8 (чт), 17 (сб) (18.00) «Шарады Бродвея» (малый зал)

МЫ СО СВЕ́ТОЙ = СВЕ́ТА И Я

When a Russian wants to talk about doing something with someone else, the custom is to use **мы с** + instrumental.

Мы с сы́ном о́чень лю́бим кни́ги.
My son and I like books a lot.

Мы со Све́той идём в похо́д.
Sveta and I are going camping.

Мы с сестро́й жи́ли в Ки́еве.
My sister and I lived in Kiev.

УПРАЖНЕНИЕ 2.4.   **С кем вы... ?**

Indicate with whom you might do (or did) the following things:

1. Мы с (со) _____ пойдём в поход ле́том.
2. Мы с (со) _____ жи́ли в э́том до́ме год наза́д.
3. Мы с (со) _____ ча́сто игра́ем в баскетбо́л.
4. Мы с (со) _____ ча́сто гото́вим пи́ццу.
5. Мы с (со) _____ разгова́ривали всю ночь.
6. Мы с (со) _____ за́втра пое́дем в центр.
7. Мы с (со) _____ сейча́с и́щем рабо́ту.
8. ???

Упражне́ние 2.4. For interactive practice in class, pass out visuals to pairs of students as a symbol of what each pair is doing. Have them see if other pairs of students can tell what their visual represents (for example, a pair of students holds a picture of a tennis racket: **Мы с Али́сой игра́ем в те́ннис.**) Better still, have students provide their own visuals from magazine cutouts.

ДО́ЛЖЕН = *SHOULD, SUPPOSED TO*

Покупа́тель **до́лжен** име́ть свой паке́т.	*The customer is supposed to have his own bag.*
Вы **должны́** обяза́тельно вы́учить э́ти слова́.	*You really should learn these words.*
Све́та говори́т, что похо́д **до́лжен** быть тру́дным.	*Sveta says that a camping trip is supposed to be hard.*

The short-form adjective **до́лжен** + infinitive expresses a meaning close to *must, should*.[6] Like the words **рад, гото́в,** and **уве́рен,** it agrees with its subject in gender and number.

он до́лжен
она́ должна́
оно́ должно́
они́ должны́

УПРАЖНЕНИЕ 2.5.   **Как вы ду́маете... ?**

Give full answers. Watch word order.

1. Кто до́лжен гото́вить обе́д: муж и́ли жена́?
2. Кто до́лжен гуля́ть с соба́кой: па́па и́ли сын?
3. Кто до́лжен задава́ть вопро́сы: студе́нт и́ли преподава́тель?
4. Что должно́ стоя́ть в кни́жном шкафу́: кни́ги и́ли журна́лы?
5. Кто до́лжен помога́ть ма́ме: сыновья́ и́ли до́чери?
6. Где должна́ стоя́ть маши́на: на у́лице и́ли в гараже́?

Упражне́ние 2.5. Follow up these questions by asking other students **Вы то́же так ду́маете? А вы? Все так ду́мают? Кто ду́мает не так? Почему́?**

УПРАЖНЕНИЕ 2.6.   **Expressing obligation**

What should one do in the following situations?

EXAMPLE: — Ба́бушка присла́ла (*sent*) вам чек на 25 до́лларов.
                   Что вы должны́ сде́лать? →
             — Я до́лжен (должна́) позвони́ть ей и сказа́ть спаси́бо.

---

[6] It may help to remember that **до́лжен** comes from **долг** (1. *duty;* 2. *debt*).

1. Вóва хóчет стать (*to become*) врачóм. Что он дóлжен дéлать?
2. Лéна хóчет стать журналúсткой. Что онá должнá дéлать?
3. Джим хóчет стать истóриком. Что он дóлжен дéлать?
4. Сергéй Петрóвич хóчет стать богáтым. Что он дóлжен дéлать?
5. Дéвушки пойдýт лéтом в похóд. Что онú должны́ сдéлать?
6. У Тáни тяжёлая сýмка. Сáша вúдит это. Что он дóлжен сдéлать?
7. У вас зáвтра контрóльная. Что вы должны́ (с)дéлать?

ДИАЛОГ 2.1. **Вам помóчь?**

(Offering assistance)

— У вас тяжёлая сýмка? Я вам помогý.
— Спасúбо. Сýмка действúтельно тяжёлая — в ней кнúги.
— Понятно. Вы бы́ли в кнúжном магазúне.
— Вы не угадáли (*guessed wrong*) — я идý из библиотéки.

ДИАЛОГ 2.2. **Что вам ещё нýжно?**

(Expressing need)

— Когдá вы идёте в похóд?
— В суббóту.
— У вас ужé есть всё, что нýжно?
— Нет, нам нужнá ещё однá палáтка.

ДИАЛОГ 2.3. **Вéжливый откáз**

(Polite refusal)

— Ты не хóчешь пойтú вéчером в кинó? В нáшем кинотеáтре идёт нóвый итальянский фильм.
— Хочý, но не могý. Я дóлжен (должнá) занимáться. Скóро экзáмены.
— Но нáдо иногдá и отдохнýть (*rest*).
— Соглáсен (Соглáсна) (*I agree*). Пóсле экзáменов.

УПРАЖНЕНИЕ 2.7.   **Ваш диало́г**

Working with a classmate, create a dialogue in which one of you
expresses a need or an obligation and the other offers to help.

УПРАЖНЕНИЕ 2.8.   **Перево́д**

"Sasha, where are you going?"

"To the 'Sports' store."

"What for?"

"Tanya and I are going on a camping trip, and I need to buy a new tent."

"What, you don't have a tent?"

"I do, but it's old, and I don't know where it is. Do you want to go with
    me?"

"I want to, but I can't. I have to help my brother write a term paper."

Упражне́ние 2.8.
— Са́ша, куда́ ты идёшь?
— В магази́н «Спорт».
— Заче́м?
— Мы с Та́ней идём в похо́д, и я
  до́лжен (or мне ну́жно) купи́ть
  но́вую пала́тку.
— А что, у тебя́ нет пала́тки?
— Есть, но она́ ста́рая и я не
  зна́ю, где она́. Хо́чешь пойти́ со
  мной?
— Хочу́, но не могу́. Я до́лжен
  (должна́) помо́чь бра́ту
  написа́ть курсову́ю.

ЧАСТЬ ТРЕТЬЯ

ЧТЕНИЕ

Ба́бушка зна́ет всё

(*At the Kruglovs'. Grandpa is at the window.*)

ДЕ́ДУШКА.   На у́лице люде́й **всё ме́ньше и ме́ньше.**°

БА́БУШКА.   Вре́мя тако́е. **Ско́ро**° зима́,° **пого́да**° плоха́я, ка́ждый день
    идёт **дождь.**° Ты **прогно́з** пого́ды° **слы́шал**°?

ДЕ́ДУШКА.   Слы́шал. По ра́дио сказа́ли, что за́втра бу́дет хоро́ший
    день, гора́здо **лу́чше,**° чем сего́дня.

БА́БУШКА.   Посмо́трим. Все, наве́рно, **домо́й**° **спеша́т.**°

ДЕ́ДУШКА.   Ве́рно. Все иду́т домо́й.

Discussion starters (see also
WB/LM).

1. Кто смо́трит в окно́? (Де́душка.)
2. У кого́ есть маши́на? (У
   Си́линых.)
3. Что де́лает Во́ва? (Он выхо́дит
   на у́лицу с Бе́лкой.)

4. Как вы ду́маете,
   с кем идёт Са́ша?
   (С де́вушкой.) А
   кто она́? (Мы не
   зна́ем, кто она́.)

Чте́ние: всё ме́ньше и ме́ньше. In
constructions like this, the second
comparative (**и ме́ньше**) can be
dropped with little effect on the
meaning of the phrase.

всё... *fewer and fewer*
soon / winter / weather
идёт... *it rains /* **прогно́з...**
    *weather forecast / have
    heard*
better
home / are hurrying

БА́БУШКА. Все иду́т, а Си́лины е́дут.°

ДЕ́ДУШКА. Не «е́дут», а уже́ **прие́хали**.° Вон их маши́на.

БА́БУШКА. Серге́й Петро́вич всегда́ в э́то вре́мя **возвраща́ется**.° **Оди́н**° прие́хал?

ДЕ́ДУШКА. С жено́й.

БА́БУШКА. Вот уви́дишь, сейча́с их Во́ва из подъе́зда **вы́йдет**.° С Бе́лкой.

ДЕ́ДУШКА. Действи́тельно, вон он идёт. С соба́кой. Ты угада́ла.°

БА́БУШКА. Не «угада́ла». Я **то́чно**° зна́ю.

ДЕ́ДУШКА. Отку́да ты зна́ешь?

БА́БУШКА. Во́ва говори́л мне, что не лю́бит гуля́ть с соба́кой ве́чером. Пока́° роди́телей нет, он смо́трит телеви́зор, а с Бе́лкой **выхо́дит**,° когда́ ви́дит, что роди́тели возвраща́ются с рабо́ты.

ДЕ́ДУШКА. Поня́тно.

БА́БУШКА. Ты всё вре́мя газе́ты чита́ешь, а ну́жно **ме́ньше**° до́ма сиде́ть° и **бо́льше**° с сосе́дями разгова́ривать. Я газе́т не чита́ю, но о на́ших сосе́дях всё зна́ю.

ДЕ́ДУШКА. (Sarcastically.) Неуже́ли всё зна́ешь? Мо́жет быть, ты зна́ешь, кто сейча́с **бежи́т**° по у́лице?

БА́БУШКА. Коне́чно, зна́ю. Э́то Никола́й Ива́нович из два́дцать четвёртой кварти́ры. В футбо́лке,° в труса́х° и в **нау́шниках**,° да?

ДЕ́ДУШКА. Да! Бежи́т в нау́шниках — наве́рно, му́зыку слу́шает. То́лько почему́ ве́чером?

БА́БУШКА. Потому́ что он не лю́бит **ра́но**° встава́ть.°

Все... *Everyone is walking, but the Silins are driving.*

Не... *They're not "driving"; they're already here.*

returns / Alone

will come out

Ты... *You guessed right.*

for sure

As long as

с... *takes Belka out*

less

до́ма... *to stay home / more*

is running

rugby shirt / shorts

earphones

early / to get up

ДЕ́ДУШКА. Поня́тно. Е́сли ты всё зна́ешь, скажи́ мне, с кем сейча́с наш Са́ша по у́лице идёт.

БА́БУШКА. Со свои́м дру́гом И́горем. Они́ вме́сте в консервато́рии у́чатся. И́горь на виолонче́ли° игра́ет. — cello

ДЕ́ДУШКА. А вот и не угада́ла. Э́то де́вушка!

БА́БУШКА. Кака́я де́вушка?! (*Runs over to the window.*)

ДЕ́ДУШКА. Вот ви́дишь, **са́мого** гла́вного° ты **всё-таки**° не зна́ешь! — са́мого... *the most important thing / all the same*

УПРАЖНЕ́НИЕ 3.1. **Вопро́сы и отве́ты**

1. Когда́ вы обы́чно возвраща́етесь домо́й?
2. Как вы возвраща́етесь домо́й — вы идёте пешко́м и́ли е́дете на маши́не (на авто́бусе...)?
3. У вас есть соба́ка? Вы с ней гуля́ете?
4. Вы лю́бите чита́ть газе́ты? А разгова́ривать с друзья́ми?
5. Вы лю́бите встава́ть ра́но?
6. Вы уме́ете игра́ть на гита́ре? А на роя́ле?
7. Что вы обы́чно де́лаете ве́чером?
8. Вы ча́сто разгова́риваете с сосе́дями?

ГРАММА́ТИКА И ПРА́КТИКА

THE ART OF CONVERSATION:
ВЫХОДИ́ТЬ/ВЫ́ЙТИ vs. УХОДИ́ТЬ/УЙТИ́

Ле́на, ты **ухо́дишь**?

Lena, are you leaving?

Во́ва **выхо́дит** с Бе́лкой, когда́ ви́дит, что роди́тели возвраща́ются с рабо́ты.

Vova takes Belka out when he sees that his parents are returning from work.

Уходи́ть/уйти́ (*to leave*) means to depart definitively from a given location. In addition to its meaning *to go out* (*of*), **выходи́ть/вы́йти** also means *to step out temporarily.* Compare the following, which Professor Petrovsky's secretary might have occasion to say.

Профе́ссора Петро́вского нет.

Professor Petrovsky's not here.

1. Он ушёл.

He's left. (We do not expect him back soon.)

2. Он вы́шел.

He's out. (He's likely to return soon.)

Выходи́ть/вы́йти vs. уходи́ть/уйти́. Teach the directionally specific forms of verbs of motion as discrete lexical elements distinct from the general "go" forms.

УПРАЖНЕНИЕ 3.2.   **выходи́ть/вы́йти and уходи́ть/уйти́**

Fill in the blanks with the correct verbs.

Де́душка смо́трит в окно́ и говори́т ба́бушке:
— Ты всё зна́ешь — угада́й, кто сейча́с (1) _____ на у́лицу?
Ба́бушка смо́трит на часы́ (*clock*) и говори́т:
— Сейча́с во́семь часо́в — зна́чит, э́то Си́лин.
— Нет, э́то не Си́лин. Си́лин (2) _____ полчаса́ наза́д, но ещё не
(3) _____. Он разгова́ривает с профе́ссором.
— Тогда́, наве́рно, э́то Та́ня. Она́ всегда́ (4) _____ в университе́т в
э́то вре́мя.
— Н... ... не Та́ня. Та́ня (5) _____ мину́т де́сять наза́д. Я ви́дел,

Упражне́ние 3.2 (1). Point out that the English construction "We saw her leaving, we heard him playing" (verb of perception + gerund or infinitive) is rendered in Russian as verb of perception + **как** + conjugated verb (**мы ви́дели, как она́ выходи́ла; мы слы́шали, как он игра́ет**).

Упражне́ние 3.2 (2). 1 - выхо́дит; 2 - вы́шел; 3 - ушёл; 4 - ухо́дит; 5 - ушла́; 6 - выходи́ла; 7 - выхо́дит; 8 - вы́шел or выхо́дит.

МЫ ЕДЕМ НА МАШИ́НЕ: GOING B...

— Мы **идём** на авто́бусную остано́вку. Вы то́же **е́дете** авто́бусом?
— Нет, мы **е́дем** на маши́не.

"We're going to the bus stop. Are you going by bus too?"
"No, we're going by car."

Russians use **е́хать/пое́хать** when use of a vehicle is stated or implied (for example, when going to another city or country: **Мы е́дем во Фра́нцию**).[7] **Идти́/пойти́** has a much broader range of use, including not only going by foot and/or to nearby places, but also going to functions or activities (even those far away) where the speaker's emphasis is on "attending" rather than on physically going somewhere (for example, **За́втра я иду́ на конце́рт Йо-Йо-Ма**, even if the concert is taking place at a location that can only be reached by car or bus). The verb **е́хать/пое́хать** is conjugated as follows:

(по)е́д-у   (по)е́д-ем
(по)е́д-ешь   (по)е́д-ете
(по)е́д-ет   (по)е́д-ут

To express the vehicle itself, Russians use the instrumental case without a preposition or **на** + prepositional case.

маши́ной	=	на маши́не	*by car*
авто́бусом	=	на авто́бусе	*by bus*
по́ездом	=	на по́езде	*by train*
теплохо́дом	=	на теплохо́де	*by ship*
самолётом	=	на самолёте	*by plane*

For **такси́** and **метро́**, both of which are indeclinable, use **е́хать/пое́хать на такси́** and **е́хать/пое́хать на метро́**.

practice, place placards with city names (**Москва́, Санкт-Петербу́рг, Новосиби́рск**, and so on) around the room; have students move from "city" to "city" and narrate their movements (**Я е́ду в Москву́**) and/or describe where they and others have gone (**Снача́ла Ли́нда пое́хала в Санкт-Петербу́рг, пото́м она́ пое́хала в Новосиби́рск**). Have students travel in pairs to elicit the **мы** and **они́** verb forms. As an additional activity, give each student a picture of a conveyance (a bus, a car, a plane, a train) and have him or others describe both the destination and the means of transportation.

[7] In the proper context, **е́хать/пое́хать** can also mean *to ride on horseback.*

To emphasize going *by foot,* use **идти́ пешко́м** unless that is clear from context.

— Андре́й, куда́ ты идёшь?
— В парк.
— Ты идёшь пешко́м?
— Да, э́то не о́чень далеко́, и пого́да хоро́шая.

Она́ идёт домо́й.

Она́ е́дет домо́й.

УПРАЖНЕ́НИЕ 3.3. Идти́ и́ли е́хать?

Fill in the blanks with the appropriate present-tense forms.

1. Са́ша _____ в консервато́рию на метро́ и́ли на авто́бусе?
2. Сего́дня днём Ви́ктор _____ в кино́.
3. (Во́ва ви́дит дру́га на у́лице.) — Эй, Ми́тя! Куда́ ты _____?
4. (Ле́на разгова́ривает с подру́гами о пла́нах на ле́то.) — В ию́ле мы _____ в Петербу́рг.
5. (На ста́нции метро́.) — Серге́й, ты _____ домо́й?
6. Си́лины _____ на стадио́н на маши́не.
7. Илья́ Ильи́ч, Са́ша, Та́ня, Све́та и Джим _____ на авто́бусную остано́вку.

УПРАЖНЕ́НИЕ 3.4. На метро́? На такси́? Пешко́м?

How would you most likely get to the following locations? More than one answer may be correct.

EXAMPLE: (в кинотеа́тр) — В кинотеа́тр мо́жно идти́ пешко́м и́ли
е́хать на метро́ и́ли на авто́бусе.

в университе́т	в парк
в центр го́рода	на по́чту
к ба́бушке	в библиоте́ку
к роди́телям	на стадио́н
в музе́й	в магази́н, где вы обы́чно
на авто́бусную остано́вку	покупа́ете проду́кты
в теа́тр	в спортза́л

БО́ЛЬШЕ, МЕ́НЬШЕ, ЛУ́ЧШЕ, ХУ́ЖЕ: SHORT-FORM COMPARATIVES

Бо́льше ну́жно с сосе́дями
разгова́ривать и **ме́ньше**
газе́ты чита́ть.
Э́та пала́тка гора́здо
ху́же, чем та.

*You should talk more with
your neighbors and read
newspapers less.
This tent is a lot worse than
that one.*

Comparatives such as *more* and *less* are rendered for adverbs and predicate adjectives with single-word forms.

Short-form comparatives (1). The regular -ee comparative formation pattern is given in Lesson 3, where it is first seen in context.

Short-form comparatives (2). The saying **Ти́ше е́дешь — да́льше бу́дешь** (*Haste makes waste*) fits well here. Point out that **да́льше** is the comparative form of **далеко́** and that **ти́ше** is the comparative from **ти́хо** (which is related to **ти́хий**, as in **Ти́хий океа́н**).

хорошо́	*well*	лу́чше	*better*
плохо́й	*bad*	ху́же	*worse*
пло́хо	*badly, poorly*	ху́же	*worse*

1. Intensifiers. To intensify a comparative (for example, "much better," "far better"), place either **гора́здо** or **намно́го** before the single-word comparative form:

   гора́здо (намно́го) бо́льше   *much bigger, much more*
   гора́здо (намно́го) ме́ньше   *much smaller, much less*
   гора́здо (намно́го) лу́чше   *much better*
   гора́здо (намно́го) ху́же   *much worse*

2. *than:* Use **чем** preceded by a comma: **Ле́на говори́т по-ру́сски (гора́здо) лу́чше, чем Джим.**

УПРАЖНЕ́НИЕ 3.5. **Их кварти́ра бо́льше...**

Complete the sentences, using an antonym of the comparative word.

EXAMPLE: Кварти́ра Кругло́вых ме́ньше, чем кварти́ра Си́линых.
Кварти́ра Си́линых бо́льше, чем кварти́ра Кругло́вых.

1. Ба́бушка зна́ет сосе́дей лу́чше, чем де́душка.
   Де́душка...
2. Профе́ссор зна́ет но́вые назва́ния ста́нций метро́ ху́же, чем ста́рые.
   Джим...

3. Сейча́с де́душка чита́ет бо́льше, чем ба́бушка.
   Сейча́с ба́бушка...
4. Соба́ка Бе́лка бо́льше, чем кот Матве́й.
   Кот Матве́й...
5. Ба́бушка слы́шит лу́чше, чем де́душка.
   Де́душка...

УПРАЖНЕНИЕ 3.6.   Кто лу́чше? Кто ху́же?

Whatever your classmate says, try to top his or her statement.

EXAMPLE: — Я мно́го рабо́таю.
             — А я рабо́таю гора́здо бо́льше, чем ты!

1. — Моя́ сестра́ мно́го чита́ет.
2. — Я хорошо́ гото́влю пи́ццу.
3. — У них больша́я кварти́ра.
4. — Мой брат пло́хо пи́шет.
5. — Ва́ша соба́ка ма́ленькая.
6. — Мой друг хорошо́ говори́т по-ру́сски.
7. — Мой сосе́д мно́го чита́ет.
8. — Оди́н наш студе́нт сде́лал 30 оши́бок в упражне́нии.
9. — Ми́ша игра́ет в баскетбо́л пло́хо.
10. — У Све́ты ма́ло де́нег.
11. — Мой друг хорошо́ зна́ет у́лицы Москвы́.

Упражне́ние 3.6. Variation: Have one student pretend to be from Locale A (city, state, country) and his or her partner to be from Locale B. No matter what Student A says about Locale A, Student B replies with, — А у нас лу́чше... and goes on to sing the praises of Locale B.

PREPOSITIONAL PLURALS

Он в футбо́лке, **в труса́х**
  и **в нау́шниках.**
Она́ была́ **в тури́стских**
  похо́дах мно́го раз.
О на́ших сосе́дях я всё зна́ю.

He's wearing a polo shirt,
  shorts, and earphones.
She's been camping (on camp-
  ing trips) many times.
I know everything about our
  neighbors.

Prepositional plurals are regular: Nouns of all genders end in **-ах/-ях,** while adjectives end in **-ых/-их,** identical to the genitive plural adjectival endings.

УПРАЖНЕНИЕ 3.7.   О чём вы говори́те (ду́маете, зна́ете...)?

Using plurals, complete the following sentences in as many different ways as you can (not all the possible combinations make sense). Then add your own examples.

Упражне́ние 3.7. Variation: Pairs of students interview each other using ссо́риться. С кем ты ссо́ришься? С бра́том? С сестро́й? С друзья́ми? Ты ча́сто с ним (с ней, с ни́ми) ссо́ришься?

1. Ба́бушка всё зна́ет о (об)...   ...иностра́нные студе́нты
2. Мы с друзья́ми ча́сто   ...ле́тние похо́ды
   говори́м о (об)...   ...и́мпортные маши́ны
3. Ле́на с подру́гами мно́го   ...на́ши кварти́ры
   ду́мает о (об)...   ...италья́нские фи́льмы

4. Мой брат всегда́
   спра́шивает о (об)...
5. Её ма́ма всегда́ хо́чет
   знать о (об)...
6. ???

...мои́ (на́ши, *and so
on*) но́вые друзья́
???

ДИАЛОГИ

— А почему́ он в нау́шниках?
— Он всегда́ в нау́шниках — слу́шает францу́зские те́ксты, у него́
скоро экза́мен по францу́зскому языку́.

ДИАЛОГ 3.2.   На конце́рте

— Вон твой брат Ю́ра и кака́я-то (*some*) де́вушка. Я не знал, что Ю́ра
лю́бит класси́ческую му́зыку.
— Ю́ра не лю́бит класси́ческую му́зыку, но лю́бит де́вушек.
Интере́сно,[8] кто э́та де́вушка.
— Подожди́ (*wait*), я её зна́ю. Э́то Тама́ра, она́ у́чится в
консервато́рии. Она́ о́чень краси́вая.
— Тепе́рь всё поня́тно.

ДИАЛОГ 3.3.   Когда́ вы ви́дите друг дру́га?

— Уже́ шесть часо́в. Мой муж обы́чно возвраща́ется с рабо́ты в э́то
вре́мя.
— А мой муж рабо́тает но́чью. Он рабо́тает на «ско́рой по́мощи».
— Твой муж рабо́тает но́чью, ты рабо́таешь днём — когда́ же вы
ви́дите друг дру́га?
— То́лько в суббо́ту и в воскресе́нье.

---

[8] Note that this is the equivalent of *I wonder . . .*

УПРАЖНЕНИЕ 3.8.   **Ваш диало́г**

Working with a classmate, create a dialogue in which you discuss the
habits, activities, or behaviors of a third person whom you both know.

УПРАЖНЕНИЕ 3.9.   **Перево́д**

"Why do you always have earphones on when you're studying?"
"I like to listen to music when I'm studying. I usually study at night, but
   in the dorm you're not allowed to listen to music at night."
"Do you like classical music or rock?"
"I like classical music more than rock. My friends don't understand me.
   They think I'm strange."

Упражне́ние 3.9.
— Почему́ ты всегда́ в нау́шниках,
   когда́ ты занима́ешься?
— Я люблю́ слу́шать му́зыку,
   когда́ я занима́юсь. Занима́юсь
   я обы́чно но́чью, а в общежи́тии
   слу́шать му́зыку но́чью нельзя́.
— Ты лю́бишь класси́ческую
   му́зыку и́ли рок?
— Я люблю́ класси́ческую му́зыку
   бо́льше, чем рок. Мои́ друзья́
   меня́ не понима́ют. Они́ ду́мают,
   что я стра́нный (стра́нная).

ЧАСТЬ ЧЕТВЁРТАЯ

Discussion starters (see also WB/LM).
1. Что хотя́т уви́деть тури́сты, когда́ они́ приезжа́ют в
   Москву́? (Кремль, Кра́сную пло́щадь, собо́р Васи́лия
   Блаже́нного, Третьяко́вскую галере́ю, моско́вское метро́.)

2. Что говоря́т иностра́нные тури́сты о
   моско́вском метро́? (Они́ говоря́т, что
   там чи́сто, не жа́рко и что э́то са́мый
   бы́стрый, удо́бный и эффекти́вный
   вид городско́го тра́нспорта.)

3. Каки́е ли́нии есть в моско́вском
   метро́? (Одна́ кольцева́я ли́ния и ряд
   радиа́льных ли́ний — ра́диусов.)

ЧТЕНИЕ

4. Где пассажи́ры мо́гут сде́лать
   переса́дку? (На ста́нциях
   кольцево́й ли́нии.)

Моско́вское метро́

Когда́ тури́сты **приезжа́ют**° в Москву́, они́ хотя́т уви́деть и
Кремль, и Кра́сную пло́щадь,° и собо́р Васи́лия Блаже́нного,° и
Третьяко́вскую галере́ю. И, коне́чно, они́ хотя́т уви́деть моско́вское
метро́. **По́лное**° назва́ние метро́ — метрополите́н. Э́то францу́зское°
сло́во, кото́рое означа́ет°«столи́чный».°

   Москвичи́ гордя́тся° свои́м метрополите́ном и лю́бят его́. Им
нра́вится, когда́ **иностра́нные**° тури́сты говоря́т им, что моско́вское
метро́ — са́мое краси́вое в **ми́ре**.° И действи́тельно, моско́вское метро́
— э́то подзе́мный° го́род с краси́выми архитекту́рными анса́мблями.
Тут всегда́ **чи́сто**,° не **жа́рко**.° А **гла́вное**° — э́то са́мый **бы́стрый**,
удо́бный и эффекти́вный **вид**° **городско́го тра́нспорта**.°

come
Кра́сную... *Red Square /*
   собо́р... *St. Basil's*
   Cathedral
full / French
means / capital
are proud of
foreign
world
underground
it's clean / hot / the main
   thing
type / городско́го... *public*
   transportation

Благове́щенский (*Annunciation*) собо́р в Кремле́.

Москва́-река́ и Кремль.

Моско́вское метро́ — э́то кольцева́я **ли́ния**° и **ряд**° радиа́льных ли́ний° (ра́диусов). Радиа́льные ли́нии свя́зывают° отдалённые° райо́ны го́рода с це́нтром, а кольцева́я ли́ния свя́зывает ра́диусы. На ста́нциях кольцево́й ли́нии пассажи́р мо́жет сде́лать переса́дку.° Кольцева́я ли́ния соединя́ет° семь **вокза́лов**° Москвы́.

кольцева́я... *ring line / series* радиа́льных... *cross-town lines / connect / distant* сде́лать... *to change trains* *connects / railroad stations*

СХЕМА ЛИНИЙ МЕТРОПОЛИТЕНА

Новые названия станций:

Горьковская — Тверская	Площадь Ногина — Китай-город
Проспект Маркса — Охотный ряд	Кировская — Чистые пруды
Площадь Свердлова — Театральная	Колхозная — Сухаревская
Калининская — Александровский сад	Щербаковская — Алексеевская
Дзержинская — Лубянка	Ленино — Царицыно

УПРАЖНЕНИЕ 4.1.   Вопро́сы и отве́ты

1. Что хотя́т уви́деть тури́сты, когда́ они́ приезжа́ют в Москву́?
2. Как по́лное назва́ние метро́?
3. Что говоря́т иностра́нные тури́сты о моско́вском метро́?
4. Где пассажи́р мо́жет сде́лать переса́дку (*to change trains*)?
5. Ско́лько вокза́лов Москвы́ соединя́ет кольцева́я ли́ния метро́?

О РОССИИ

Ви́ды (*Kinds*) городско́го тра́нспорта

Most Russians depend heavily on public transportation. In most large cities the following types of transportation are usually available:

Метро́ (*subway*): Fast where available, clean, easy for visitors to use. Stations are marked with a large **M**.

Авто́бус (*bus*): A mainstay, especially for new and outlying areas not served by other means of public transportation.

Тролле́йбус (*electric trolley bus*): Nonpolluting and quiet transportation

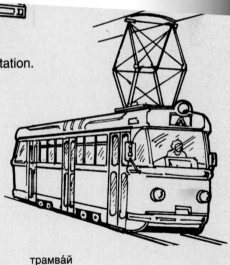

Трамва́й (*streetcar*): Slow but clean, efficient rail transportation.

Такси́ (*taxi*): Taxi stands are usually found near airports, railroad stations, hotels, and many metro stations. Because demand for taxis often far exceeds supply, many owners of private autos provide rides for a fee.

Электри́чка (*electric commuter train*): Main transportation for connections to and from city suburbs.

трамва́й

электри́чка

ГРАММАТИКА И ПРАКТИКА

"Combining Forms" of Motion Verbs

Some motion verbs—notably **идти/пойти** and **éхать/поéхать**—have special forms to which directional prefixes are added. These special forms can be referred to as "combining forms," because they combine with directional prefixes in the formation of new verbs.

DICTIONARY FORM	COMBINING FORM	DIRECTIONAL PREFIX	RESULTING NEW VERBS
идти/пойти *to go (on foot)*	**-ходи́ть/-йти́**	**при-**	**приходи́ть/прийти́** *to arrive (on foot)*
		у-	**уходи́ть/уйти́** *to depart, to leave (on foot)*
		вы-	**выходи́ть/вы́йти** *to go out (of), to step out (temporarily)*
éхать/поéхать *to go (by vehicle)*	**-езжа́ть/-éхать**	**при-**	**приезжа́ть/приéхать** *to arrive (by vehicle)*
		у-	**уезжа́ть/уéхать** *to leave, to depart (by vehicle)*

GOING PLACES: TO ARRIVE AND TO LEAVE (BY VEHICLE)

Си́лины уже́ **приéхали**.

Когда́ тури́сты **приезжа́ют** в Москву́...

— Когда́ **уезжа́ют** ва́ши го́сти?
— Они́ уже́ **уéхали**.

The Silins have already arrived (are already here).

When tourists arrive in Moscow . . .

"When are your guests leaving?"
"They've already left."

Going places (1). As a way of introducing this topic, have one or two students summarize what *they* remember about **приходи́ть/прийти́** and **уходи́ть/уйти́** (from Book 1, Lesson 8, Part Two).

Going places (2). Point out that, particularly with motion verbs, Russians use present tense forms for future meaning, much as we do in English: **Вы за́втра уезжа́ете?** (*Are you leaving tomorrow?*)

The prefixes **при-** and **у-**, denoting arrival and departure, respectively, are used with the combining forms of the "vehicle verb" **éхать/поéхать** to derive the verbs used in the preceding examples.

приезжа́ть/прие́хать
(прие́ду, прие́дешь)

уезжа́ть/уе́хать (уе́ду,
уе́дешь)

to come, to arrive (by vehicle)

to leave, to depart (by vehicle)

УПРАЖНЕНИЕ 4.2.   **Когда́ вы приезжа́ете... ?**

1. Когда́ вы сего́дня прие́хали (пришли́) в университе́т? А вчера́?
2. Вы всегда́ приезжа́ете (прихо́дите) так ра́но (так по́здно)?
3. Когда́ вы обы́чно приезжа́ете (прихо́дите) в университе́т?
4. Когда́ вы вчера́ уе́хали (ушли́) домо́й?

́тэ) домо́й так по́здно (так ра́но)?

10. ́ вам

УПРАЖНЕНИЕ 4.3.   **Arriving, leaving**

Supply the correct form of **прийти́, уйти́**; **прие́хать, уе́хать**. Use past-tense forms only.

1. Ба́бушка ви́дела, что Си́лины _____ домо́й.
2. Са́ша _____ домо́й с де́вушкой.
3. Дочь сосе́дей _____ с му́жем в Лос-А́нджелес.
4. Мы не зна́ем, до́ма Ле́на и́ли она́ уже́ _____ в университе́т.
5. Джим ещё не _____ из Москвы́.
6. Когда́ Джим _____ в Москву́, он написа́л письмо́ своему́ профе́ссору.

Упражне́ние 4.3. Where there are multiple possible answers, be sure students understand the differences in meaning. 1 - **пришли́** or **прие́хали**; 2 - **пришёл** or **прие́хал**; 3 - **уе́хала** or **прие́хала**; 4 - **ушла́** or **уе́хала**; 5 - **прие́хал**; 6 - **прие́хал**.

УПРАЖНЕНИЕ 4.4.   **More verbs of motion**

Fill in the blanks with the correct form of a motion verb.

1. — Ма́ма, я _____ в университе́т.
   — А когда́ ты _____?
   — Часо́в в 8.
2. — Ле́на до́ма?
   — Нет, она́ _____ в университе́т.
   — А когда́ она́ _____?
   — Сказа́ла, что часо́в в 8.
3. — Дороги́е го́сти, вы уже́ _____? Ещё ра́но! _____ к нам за́втра.
   — Спаси́бо, обяза́тельно _____.
4. В наш университе́т ка́ждый год _____ студе́нты из Москвы́.
   В э́том году́ _____ студе́нты из Москвы́ и из Петербу́рга.

Упражне́ние 4.4. Where there are multiple possible answers, be sure students understand the differences in meaning. 1 - **иду́** or **ухожу́**; **придёшь**; 2 - **пошла́** or **ушла́**; **придёт**; 3 - **ухо́дите**; **приезжа́йте** or **приходи́те**; **прие́дем** or **придём**; 4 - **приезжа́ют**; **приезжа́ют** or **прие́хали**.

УПРАЖНЕ́НИЕ 4.5.   **Куда́ вы уезжа́ете?**

You're in a Moscow train station and are looking for a person you're supposed to be traveling with. You've never met this person before; all you know is she (he) has your ticket and you must find her (him) in order to get on the train. Using the list below, pick a time and destination for yourself and see if you can find anyone else in the class who will be on the same train.

EXAMPLE: — Куда́ вы уезжа́ете?
— В Новосиби́рск.
— В кото́ром часу́?
— В 10.35 (де́сять три́дцать пять).

№ ПО́ЕЗДА	КУДА́	ВРЕ́МЯ ОТПРАВЛЕ́НИЯ
№ 074	Санкт-Петербу́рг	09.23
№ 219	Новосиби́рск	10.35
№ 518	Каза́нь	11.48
№ 3096	Омск	12.19
№ 967	Санкт-Петербу́рг	13.00
№ 2375	Новосиби́рск	16.07
№ 132	Каза́нь	18.26
№ 702	Омск	19.20
№ 833	Санкт-Петербу́рг	21.56
№ 084	Новосиби́рск	22.35
№ 1348	Каза́нь	23.44

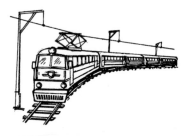

УПРАЖНЕ́НИЕ 4.6.   **Отку́да вы прие́хали?**

You've just arrived at a Moscow train station and have discovered you picked up the wrong suitcase as you left the train. Pick a city of origin and an arrival time for yourself from the list below; then see if you can find anyone else in the room who was on that same train and might have picked up your bag. (Notice that **из** requires the genitive case. **Каза́нь** is *feminine*; **Ярosла́вль** is *masculine*.)

EXAMPLE: — Отку́да вы прие́хали?
— Из Каза́ни.
— В кото́ром часу́?
— В 8.24 (во́семь два́дцать четы́ре).

Упражне́ние 4.5 (1). Have students locate these cities on a map of Russia.

Упражне́ние 4.5 (2). Note that if a given time ends in the number 1 in this context, its form must be **одну́ (мину́ту)**. Likewise, if a number ends in 2, it must be **две (мину́ты)**.

Упражне́ние 4.5 (3). In transportation timetables a period is usually used to separate hours and minutes.

Упражне́ние 4.6. For variety, have students pick other cities off a map and apply the question/answer pattern to them, both for arrival and departure. As another variation, change the setting to an airport, provide a list of international capitals as they would be written in Cyrillic (see Book 1, Lesson 1, Упражне́ние 2.3), and teach the forms **улета́ешь, улета́ю,** and **прилете́л (прилете́ла)** lexically. For further practice, cue students (or have them cue each other) with picture cards of a plane or train combined with city-name cards, arrival/departure icons, and digital time cards.

№ ПОЕЗДА	ОТКУ́ДА	ВРЕ́МЯ ПРИБЫ́ТИЯ
№ 175	Каза́нь	08.24
№ 318	Омск	09.33
№ 617	Яросла́вль	10.47
№ 3195	Магада́н	11.18
№ 066	Каза́нь	12.00
№ 2274	Омск	15.06
№ 231	Яросла́вль	17.25
№ 801	Магада́н	18.19
№ 933	Каза́нь	20.57
		21.35

Метро́ — э́то **са́мый** бы́стрый, удо́бный и эффекти́вный вид городско́го тра́нспорта.

The subway is the fastest, most convenient, and most effective type of city transportation.

To say that something is "the most interesting, the most unusual, the most beautiful," and so on, Russian places the word **са́мый** before the adjective, in the same case, number, and gender as the adjective.

УПРАЖНЕ́НИЕ 4.7. Телевизио́нное шо́у «По́ле чуде́с»[9]

Work with a classmate to answer as many of the following questions as you can.

1. Како́й го́род са́мый большо́й в Аме́рике?
2. Кака́я прови́нция са́мая ма́ленькая в Кана́де?
3. Кака́я река́ са́мая дли́нная в ми́ре?
4. Како́е зда́ние (*building*) са́мое высо́кое в ми́ре?
5. Пра́вда ли, что Филаде́льфия — са́мый ста́рый го́род в Аме́рике?
6. Кака́я страна́ са́мая больша́я в ми́ре?
7. Кто са́мый бога́тый челове́к в ми́ре? А в Аме́рике?

Упражнение 4.7. Have the students work in pairs to make up additional general information questions like these—stressing the **са́мый** construction—for other students to answer.

---

[9] Quiz shows were among the earliest innovations to appear on Russian television when Soviet state control relaxed. One of the most popular was **«По́ле чуде́с»** ("Field of Wonders"). By answering general questions such as these, contestants could win items that were extremely difficult to acquire, such as microwave ovens, stereo equipment, and cars.

УПРАЖНЕНИЕ 4.8. **Как по-вáшему... ?**

Russians are always curious about foreign countries and foreigners' cities and lifestyles. Decide how you would answer the following questions; then for each question see if you can find at least one other person who shares your view.

1. Какóй магазúн в вáшем гóроде сáмый дорогóй? А какóй ресторáн сáмый дорогóй?
2. Какóй вид городскóго трáнспорта сáмый бы́стрый и удóбный — метрó, автóбус úли троллéйбус?
3. Какáя америкáнская газéта сáмая интерéсная? Какóй америкáнский журнáл сáмый популя́рный?
4. Какóй вид спóрта сáмый популя́рный в Амéрике?
5. Кто из америкáнских теннисúстов (баскетболúстов, бейсболúстов...) сáмый извéстный (*well known*)?
6. Какóй америкáнский актёр сáмый талáнтливый? А какáя америкáнская актрúса сáмая талáнтливая?
7. Какáя америкáнская машúна сáмая дорогáя?

THE ART OF CONVERSATION: TRANSITIONS AND OTHER DEVICES

Conversational devices are to conversation what traffic signals are to traffic: They help a conversation start and progress. As you read these examples, see how the conversational devices operate in the readings of this lesson, and notice that English has many analogous ones.

Извинúте (, пожáлуйста). (*Excuse me* [*, please*].) A good way to open a conversation with someone you don't know.

Ничегó (, ничегó). (*That's okay. / That's all right.*) Someone has apologized; you signal that you accept the apology, or that the apology is unnecessary.

А...? (*And . . . ?*) Can be used to introduce or soften a question, especially one unrelated to what may have been said previously.[10]

А что? (*Why* [*do you ask*]*? What's the connection?*) Someone has made a statement or asked a question and you want to know how it ties in, or why he or she is interested. (**— У тебя́ есть áдрес Нúны? — Да, а что?**)

Прáвда? (*Really? / Isn't that so?*) Invites someone to react to or comment on something you have just said. Often followed by a name (**Прáвда, Лéна?**), which helps draw that particular person into the conversation.

Мéжду прóчим... (*By the way . . .*) Signals that what you're about to say may be only tangentially related to what came before.

Неужéли...? (*. . . really . . . ?*) When used to begin a question, this word adds a sense of surprise or incredulity (**Неужéли он зáвтра приезжáет?**).

Неужéли...? Неужéли and рáзве overlap in expressing doubt about the statement that follows, with the former being more emphatic and reflecting more astonishment than the latter.

---

[10] You have also seen **а** used to signal a contrast (**Лéна читáет, а Вóва слýшает рáдио**).

УПРАЖНЕНИЕ 4.9.   **Извини́те, пожáлуйста**

Fill in the blanks in the following dialogues with an appropriate word or phrase from the list above.

1. — _____, вы сейчáс выхóдите?
   — Нет. Проходи́те.
2. — Лéна, ты знáешь э́ту дéвушку?
   — Да. _____?
   — Какáя краси́вая!
3. — Постáвьте портфéль сюдá.
   — _____, он не óчень тяжёлый.

~~Э́то нáша остановка, мы сейчáс выхóдим.~~

ДИАЛОГИ

Making sightseeing plans

ДИАЛОГ 4.1.   **Хоти́те пойти́... ?**

— Что вы хоти́те посмотрéть в Москвé?
— Крáсную плóщадь, собóр Васи́лия Блажéнного, Кремль, Третьякóвскую галерéю.
— Я тóже хочý пойти́ в Третьякóвскую галерéю. Я óчень хочý посмотрéть рýсские икóны.
— Хоти́те пойти́ тудá зáвтра?
— С удовóльствием.

ДИАЛО́Г 4.2.   **Экску́рсия по ста́нциям метро́**

— Како́е в Москве́ краси́вое метро́!
— Да, о́чень краси́вое. Мне осо́бенно нра́вятся ста́нции Маяко́вская и Новослобо́дская.
— За́втра у на́шей гру́ппы бу́дет экску́рсия по ста́нциям метро́.
— Возьми́те меня́ с собо́й.

УПРАЖНЕ́НИЕ 4.10.   **Ваш диало́г**

Create a dialogue in which a Russian student is showing a newly arrived American student through the Moscow metro system.

УПРАЖНЕ́НИЕ 4.11.   **Перево́д**

"Hello. Natalya Ivanovna? Hi, this is Jim. Is Lena home?"
"No, Jim, she's not."
"Do you know when she'll come back?"
"At about nine o'clock."
"Please ask her to call me. I'm leaving for St. Petersburg tomorrow morning."
"Okay, Jim. Does she have your telephone number?"
"Yes, of course. Thanks very much. Good-bye."

Упражне́ние 4.11.
— Алло́. Ната́лья Ива́новна? Здра́вствуйте, э́то Джим. Ле́на до́ма?
— Нет, Джим, её нет.
— Вы не зна́ете, когда́ она́ придёт?
— Часо́в в де́вять.
— Попроси́те её, пожа́луйста, позвони́ть мне. Я уезжа́ю за́втра у́тром в Санкт-Петербу́рг.
— Хорошо́, Джим. У неё есть ваш но́мер телефо́на?
— Да, коне́чно. Большо́е спаси́бо. До свида́ния.

Nouns

акце́нт	accent
вещь (*gen. pl.* **веще́й**) *f.*	thing
вид	kind; sort; type
вокза́л	(railroad) station; train station
гла́вное *noun, declines like adj.*	the main thing
дождь (*gen. sing.* **дождя́**) *m.*	rain
иностра́н(е)ц/ иностра́нка (*gen. pl.* **иностра́нок**)	foreigner
ли́ния	line
метро́ *neut. indecl.*	subway
мир	world
нау́шники *pl.*	earphones

о́пыт	experience
пала́тка (*gen. pl.* **пала́ток**)	tent
пло́щадь (*gen. pl.* **площаде́й**) *f.*	square
пого́да	weather
по́езд (*pl.* **поезда́**)	train
похо́д	camping trip; hike
прогно́з	forecast
рабо́та	work
ряд	series; a number of
секре́т	secret
ста́нция	station
теа́тр	theater
центр	1. center; 2. downtown

Adjectives

бога́тый	rich
бы́стрый	fast; quick
до́лжен (**должна́, должно́, должны́**)	1. must; have to; 2. should; supposed to
иностра́нный	foreign

настоя́щий	1. present; 2. real; true	по́лный	full
неме́цкий	German	са́мый (*used to form superlatives*)	the most . . .
ну́жен (нужна́, ну́жно, нужны́)	1. needed; 2. (+ *dat.*) one needs	тако́й	such (a); like that; this kind of
оди́н (одна́, одно́, одни́)	alone		

Verbs

A translation is listed after the perfective only if it differs from the imperfective. "X" indicates that a paired verb exists but has not yet been presented as active vocabulary. "None in this meaning" indi-
~~cates~~ ~~for the meaning given here. "None" indicates that there is no aspec-~~

берёшь; *past* брал, брала́, бра́ло, бра́ли)		взяла́, взя́ло, взя́ли)	
возвраща́ться	to return; to come back; to go back	верну́ться (верну́сь, вернёшься)	
встава́ть (встаю́, встаёшь)	to get up	встать (вста́ну, вста́нешь)	
выходи́ть (выхожу́, выхо́дишь)	to go out (of); to come out (of)	вы́йти (вы́йду, вы́йдешь; *past* вы́шел, вы́шла, вы́шло, вы́шли)	
е́хать (е́ду, е́дешь)	to go (by vehicle)	пое́хать	
забыва́ть	to forget	забы́ть (забу́ду, забу́дешь)	
иска́ть (ищу́, и́щешь)	to look for	X	
приезжа́ть	to come (by vehicle); to arrive	прие́хать (прие́ду, прие́дешь)	
про́бовать (про́бую, про́буешь)	to try	попро́бовать	
разгова́ривать	to talk; to speak	X	
слы́шать (слы́шу, слы́шишь)	to hear	X	
спеши́ть (спешу́, спеши́шь)	to hurry	поспеши́ть	
ста́вить (ста́влю, ста́вишь)	to put; to stand; to place (in a standing position)	поста́вить	

IMPERFECTIVE		PERFECTIVE	
уезжа́ть	to leave (by vehicle); to depart	**уе́хать** (уе́ду, уе́дешь)	
X		**угада́ть**	to guess (right)
None		**заблуди́ться** (заблужу́сь, заблу́дишься)	to get lost

Comparatives

бо́льше	(*compar. of* **большо́й**) bigger; larger
	(*compar. of* **мно́го**) more
лу́чше	(*compar. of* **хоро́ший, хорошо́**) better
ме́ньше	(*compar. of* **ма́ленький**) smaller
	(*compar. of* **ма́ло**) less; fewer
ху́же	*compar. of* **плохо́й, пло́хо**) worse

Adverbs

весно́й	in the spring
гора́здо (+ *a compar. form*)	much; far
домо́й (*indicates direction*)	home
жа́рко	(it's/that's) hot
зимо́й	in the winter
намно́го (+ *a compar. form*)	much; far
о́сенью	in the fall
осо́бенно	especially
ра́но	early
ско́ро	soon
сюда́ (*indicates direction*)	here
то́чно	exactly; for sure
чи́сто	cleanly; (it's/that's) clean
я́сно	clearly; (it's/that's) clear

Other

всё-таки	all the same; still; nevertheless
ина́че	otherwise
ме́жду (+ *instr.*)	between
неуже́ли?	really?
пе́ред (+ *instr.*)	in front of; before
с (+ *instr.*)	and
чем	than (*as in* better than)

Idioms and Expressions

всё вре́мя	all the time; constantly; keep (doing something) [*as in* **Я всё вре́мя забыва́ю...** *I keep forgetting . . .*]
Всё я́сно.	I understand.; Everything is clear.
городско́й тра́нспорт	public transportation
идти́ в похо́д	to go camping; to go hiking
Осторо́жно!	Careful!; Be careful!
прогно́з пого́ды	weather forecast
с собо́й	with me (you, *and so on*)
са́мое гла́вное	the most important thing
Ты не угада́л(а).	You guessed wrong.
Ты угада́л(а).	You guessed right.
тяжёлая рабо́та	hard work

Topics

Seasons and weather: **весно́й, ле́том, о́сенью, зимо́й; в январе́, в феврале́, в ма́рте,** etc.; **пого́да, прогно́з пого́ды; идёт дождь, жа́рко; хоро́ший, плохо́й, лу́чше (, чем...), ху́же (, чем...)**

Transportation and travel: **(городско́й) тра́нспорт; вокза́л, ста́нция, остано́вка; метро́, ли́ния метро́, кольцева́я ли́ния, ра́диус (радиа́льная ли́ния); авто́бус, тролле́йбус, трамва́й, такси́, маши́на; е́хать/пое́хать, идти́/пойти́, приезжа́ть/прие́хать, уезжа́ть/уе́хать**

cognates. What do the following

агресси́вность
аккура́тность
акти́вность
индивидуа́льность
интенси́вность
национа́льность

наи́вность
пасси́вность
претенцио́зность
продукти́вность
пунктуа́льность

2 УРОК

ХОЧУ СТАТЬ БИЗНЕСМЕНОМ

This lesson includes the following:

Grammar/Lexicon
Expressions of frequency
Time expressions with **наза́д** and **че́рез**
Занима́ться + instrumental
Verbs of teaching, studying, and learning
Стать and **быть** + instrumental
-нибудь
Оди́н из + genitive
Dative plural forms of possessives, adjectives, and nouns
Expressing agreement and disagreement: **прав** and **не прав**
Compound comparatives
Unprefixed and prefixed forms of **нести́**, **приноси́ть/принести́**, **уноси́ть/унести́**
Nouns in **-тель/-итель**
Perfectivization through prefixation
Single infinitive verbs
Vocabulary topics: business/commerce

Culture
Writing a personal letter
Ста́рая Москва́
Суеве́рия и приме́ты
Signs of the zodiac

a. О́чень вку́сно!
б. Что идёт в теа́трах?
в. «Ах, Арба́т, мой Арба́т... »

In this chapter you will learn

- ▲ more time expressions
- ▲ to talk more precisely about studying and learning
- ▲ to talk about career plans
- ▲ to express promises, thanks, and wishes
- ▲ more about making comparisons
- ▲ to express agreement and disagreement
- ▲ to write a personal letter
- ▲ about the sights of Moscow
- ▲ about Russian superstitions and signs of the zodiac

ЧАСТЬ ПЕРВАЯ

ЧТЕНИЕ

2. Ско́лько вре́мени Ле́на должна́
   учи́ться, что́бы стать хоро́шим
   води́телем? (Ви́ктор говори́т,
   что она́ бу́дет хоро́шим
   води́телем че́рез два ме́сяца.)

3. Как ча́сто Ви́ктор даёт уро́ки
   вожде́ния? (Два ра́за в неде́лю.)

ЛЕ́НА. Ви́дишь, у на́шего до́ма тепе́рь **чи́сто,** везде́ асфа́льт.
Рези́новые° сапоги́ уже́ не нужны́. Каки́м би́знесом ты
тепе́рь занима́ешься?   *rubber*

ВИ́КТОР. У меня́ есть други́е интере́сные дела́.

ЛЕ́НА. Каки́е? Расскажи́ о них.

ВИ́КТОР. Я обяза́тельно° расскажу́ тебе́ о них, но не сего́дня.   *definitely*

ЛЕ́НА. Скажи́, тебе́ нра́вится занима́ться би́знесом?

ВИ́КТОР. О́чень нра́вится. (*Defensively.*) Э́то **так же** интере́сно,
как° игра́ть на роя́ле и́ли **изуча́ть**° ру́сскую исто́рию.   *так… as interesting as / studying*

ЛЕ́НА. Мо́жет быть, ты **прав.**° Послу́шай, Виктор, дай мне **сове́т.**°   *right / some advice*

ВИ́КТОР. С удово́льствием.

ЛЕ́НА. Я хочу́ **научи́ться води́ть** маши́ну.° Ты не зна́ешь, где есть   *научи́ться… to learn how to drive*
хоро́шая автошко́ла°?   *driving school*

ВИ́КТОР. Зна́ю. Она́ пе́ред тобо́й.

43

ЛЕ́НА.	Не понима́ю.
ВИ́КТОР.	Я могу́ тебя́ **научи́ть.**° **Че́рез**° два ме́сяца ты бу́дешь хоро́шим води́телем.°
ЛЕ́НА.	Ты рабо́таешь в автошко́ле?
ВИ́КТОР.	Да, два ра́за в неде́лю я даю́ уро́ки вожде́ния.° Э́то оди́н из мои́х би́знесов.
ЛЕ́НА.	А ско́лько сто́ят таки́е уро́ки?
ВИ́КТОР.	Для тебя́ э́то бу́дет беспла́тно.
ЛЕ́НА.	Но ведь ты бизнесме́н, а бизнесме́ны ничего́ не де́лают беспла́тно.
ВИ́КТОР.	Настоя́щий бизнесме́н всегда́ **что́-нибудь**° де́лает беспла́тно.
ЛЕ́НА.	А когда́ пе́рвый уро́к?
ВИ́КТОР.	Я **предлага́ю**° в воскресе́нье у́тром. В де́вять не ра́но?
ЛЕ́НА.	Коне́чно, нет!

teach / In
driver

driving

something

suggest

УПРАЖНЕ́НИЕ 1.1.   **Вопро́сы и отве́ты**

1. Вы уме́ете води́ть маши́ну?
2. Вы хорошо́ во́дите маши́ну?
3. Ско́лько вам бы́ло лет, когда́ вы научи́лись води́ть маши́ну?
4. Вы учи́лись води́ть маши́ну в автошко́ле? Кто вас учи́л води́ть маши́ну?
5. Как вы ду́маете, ско́лько вре́мени на́до учи́ться, что́бы стать хоро́шим води́телем?
6. Что трудне́е (*more difficult*) — стать хоро́шим води́телем и́ли стать хоро́шим инжене́ром?
7. Как вы ду́маете, занима́ться би́знесом интере́сно?
8. Кем вы хоти́те стать — бизнесме́ном, архите́ктором, музыка́нтом, инжене́ром, гео́логом, солда́том, актёром/актри́сой, врачо́м, преподава́телем и́ли... ?

О РОССИИ

Слова́, слова́, слова́

Toward the end of the Communist era and as Russians started to transform their economy to a free-enterprise system, the mass media began indiscriminately using hundreds of English commercial and technical terms: **ва́учер, дисплей, ме́неджер, видеоплейер, ди́лер, при́нтер**. It remains to be seen how much of this vocabulary will become a permanent part of standard Russian.

ГРАММАТИКА И ПРАКТИКА

КАК ЧАСТО?   EXPRESSING FREQUENCY

Сестра́ звони́ла нам **ка́ждый день**.	*My sister called us every day.*
Два ра́за в неде́лю я	*Twice a week I give driving lessons.*

(IN ACCUSATIVE)		
(оди́н) раз (два, три, четы́ре ра́за) (пять раз)[1]	в	день (неде́лю, ме́сяц, год)
ка́ждый		день (вто́рник, ме́сяц, год)
ка́ждую		мину́ту (суббо́ту, неде́лю, зи́му)
ка́ждое		у́тро (воскресе́нье, ле́то)

УПРАЖНЕНИЕ 1.2.   **Как ча́сто?**

How often do you, your friends, or your family do the following things?

EXAMPLE: звони́ть роди́телям → — Как ча́сто ты звони́шь роди́телям?
— Два ра́за в неде́лю.

1. игра́ть в волейбо́л, баскетбо́л и т. д.[2]
2. гото́вить пи́ццу
3. игра́ть в ка́рты
4. смотре́ть телеви́зор
5. обе́дать в рестора́не
6. покупа́ть но́вую маши́ну

Упражнение 1.2. Follow this with a communicative activity in which each student tries to learn something each other student does on a regular basis—and with what frequency—throughout the week. Periodically ask individuals what they've learned about their classmates.

---

[1] The genitive plural form of **раз** is identical to the nominative singular.
[2] The abbreviation **и т. д.** stands for **и так да́лее** (*and so forth*), equivalent to the abbreviation *etc.* used in English.

ПЯТЬ МИНУ́Т НАЗА́Д/ЧЕ́РЕЗ ПЯТЬ МИНУ́Т: *FIVE MINUTES AGO / IN FIVE MINUTES*

Наш телефо́н на́чал рабо́тать **пять мину́т наза́д**.	*Our telephone began working five minutes ago.*
Че́рез два ме́сяца ты бу́дешь хоро́шим води́телем.	*In two months you'll be a good driver.*

Time expressions meaning "ago" and "in the future" are rendered by combining the time span with the words **наза́д** (*ago*), which follows the time span, and **че́рез** (*in*), which precedes the time span. The time span is actually in the accusative. Except for feminine time spans (for example, **одну́ неде́лю**), the accusative is like the nominative:

Позвони́ мне **че́рез неде́лю**.   *Call me in a week.*

Наза́д. Наза́д by itself is more conversational than **тому́ наза́д**.

УПРАЖНЕНИЕ 1.3.   Что вы де́лали (бу́дете де́лать)...?

Using the following phrases or others, make up five sentences about things you have done or will be doing.

Два (три, четы́ре) го́да наза́д...	...я рабо́тал (рабо́тала) в...
Че́рез пять лет...	...моя́ семья́ жила́ в...
Год наза́д...	...я бу́ду жить в...
Че́рез неде́лю...	...я бу́ду рабо́тать...
Ме́сяц наза́д...	...я учи́лся (учи́лась) в...
	...я пое́ду домо́й.
	...я прие́хал (прие́хала) в университе́т.

ЗАНИМА́ТЬСЯ (+ INSTRUMENTAL):   *TO STUDY; TO BE ENGAGED IN*

Сейча́с у меня́ нет вре́мени, на́до мно́го **занима́ться**.	*I don't have the time now, I have to study a lot.*
Каки́м би́знесом ты тепе́рь **занима́ешься**?	*What (kind of) business are you engaged in now?*

Занима́ться has two meanings, both of which take the instrumental case when an object is expressed. As you saw in Book 1, Lesson 7, in an academic context it means *to study* in the sense of doing homework.

— Вчера́ ве́чером я **занима́лась** три часа́.	*"I studied for three hours last night."*
— А чем ты **занима́лась**?	*"And what were you studying?"*
— Ру́сским языко́м.	*"Russian."*

In a general context, however, it means *to be engaged in, to be occupied (busy) with.*

УПРАЖНЕНИЕ 1.5. **Teaching and learning to do things**

Fill in the blanks with forms of **учи́ть/научи́ть** and **учи́ться/научи́ться** as required by context.

A. Моя́ сестра́ живёт в це́нтре го́рода. Её рабо́та далеко́. Ей обяза́тельно ну́жно (1)_____ води́ть маши́ну. Сейча́с у неё нет маши́ны. В про́шлом году́ мы все — па́па, ма́ма и я — (2)_____ её води́ть маши́ну, но не (3)_____. Сейча́с она́ (4)_____ води́ть маши́ну в автошко́ле. Её инстру́ктор говори́т, что он обяза́тельно (5)_____ её хорошо́ води́ть маши́ну.

_____ (6)_____ игра́ть на гита́ре. Мой друг Джим

Упраж
2 - учи́.
5 - нау́
научи́т
9 - учи́
12 - уч

Ва́ра мно́го занима́ется спо́ртом.

УПРАЖНЕНИЕ 1.6. **Я хочу учи́ться...**

Using the previous exercise as an example, write a short composition about something you want to learn to do and someone who can teach you to do it.

GROUP B: LEARNING *ABOUT* THINGS

Picture yourself and your friends in the following situations, from the most general ("going to school") to the most specific ("learning particular facts or formulas"). Learn both the verbs and their complements. Note that due to their meaning, many of these verbs have no true perfective forms; that is, they express process or state, not result.

1. Attending school, being a student = **учи́ться**

Cа́ша **у́чится** в консервато́рии.

Sasha studies at the conservatory.

УПРАЖНЕНИЕ 1.4. **Вы хоро́шие студе́нты?**

Find out about your classmates' study habits.

1. Чем ты занима́лся (занима́лась) вчера́ ве́чером?
2. Где ты занима́лся (занима́лась) вчера́ ве́чером — до́ма и́ли в библиоте́ке?
3. Ско́лько (*how long*)[3] ты вчера́ ве́чером занима́лся (занима́лась)?
4. Чем ты бу́дешь занима́ться сего́дня ве́чером?
5. Где ты обы́чно занима́ешься — в библиоте́ке и́ли до́ма?
6. Ско́лько вре́мени ты обы́чно занима́ешься?
7. Ты обы́чно мно́го занима́ешься?

VERBS OF TEACHING, STUDYING, AND LEARNING

— Джим, как ты **научи́лся** гото́вить?

"Jim, how did you learn to cook?"

— Когда́ я **учи́лся** в университе́те, я...

"When I was going to college, I . . ."

— Я хочу́ **научи́ться** води́ть маши́ну.

"I want to learn to drive a car."

— Я могу́ тебя́ **научи́ть.**

"I can teach you."

— Сейча́с у меня́ нет вре́мени, на́до мно́го **занима́ться.**

"I don't have the time now, I have to study a lot."

[3] **Ско́лько (вре́мени)?** (*How long?*) is another way of asking **Как до́лго?**

Упражнение 1.4, item 7. Be sure **мно́го** is the intonational peak of this question.

Verbs of teaching . . . (1). Unless students specifically ask, "How do you say . . . ?" we recommend that the following constructions not be introduced at this time: **учи́ть кого́ чему́** (*to teach someone something*), **учи́ться чему́** (*to learn something*), and **учи́ться на кого́** (*to study to become* [a welder, a technician, and so on]).

By now you have encountered several different expressions of teaching, learning, and studying. They can best be learned by imagining specific situations that involve you and your friends. Some of this material is already familiar to you.

GROUP A: TEACHING AND LEARNING *TO DO* THINGS

Consider the following pictures. Think about two ways to describe what's going on in each.

1. *Teaching* someone else to do something = **учи́ть/научи́ть** (+ *acc.* + *infin.*)

Ви́ктор **у́чит** Ле́ну води́ть маши́ну.	*Viktor is teaching Lena to drive a car.*
Кто тебя́ **научи́л** игра́ть на гита́ре?	*Who taught you to play the guitar?*

Hint: Think about someone who taught, is teaching, or will teach you to do something.

2. *Learning* to do something = **учи́ться/научи́ться** (+ *infin.*)

Моя́ сестра́ **у́чится**[4] води́ть маши́ну.	*My sister is learning to drive a car.*
Во́ва и Са́ша **у́чатся** игра́ть в бейсбо́л.	*Vova and Sasha are learning to play baseball.*
Они́ **нау́чатся** игра́ть в футбо́л.	*They will learn to play soccer.*

Hint: Think about something you have already learned to do. What are you learning to do now? What will you learn to do? (Note that what is being taught or learned is expressed by an *imperfective* infinitive.)

---

[4] The difference in pronunciation between the infinitive ending **-ться** and the **он/она́** ending **-тся** is minimal. Therefore, be attentive to stress to distinguish between infinitive forms like **учи́ться** and conjugated forms like **он/она́ у́чится**.

Упражнение 2.4. 1 - Джим; 2 - Са́ша; 3 - Илья́ Ильи́ч; 4 - Ле́на; 5 - Ле́на

УПРАЖНЕНИЕ 2.4.   **Кто что обеща́л?**

From what you know of the characters in the readings, insert names into the following sentences.

1. У Све́ты и Та́ни бу́дет новосе́лье, и _____ обеща́л (обеща́ла) пригото́вить пи́ццу.
2. В суббо́ту бу́дет конце́рт в консервато́рии, и _____ обеща́л (обеща́ла) всем биле́ты.
3. Джим лю́бит ста́рые зда́ния, и _____ обеща́л (обеща́ла) организова́ть экску́рсию по Москве́.
4. Ви́ктор хо́чет стать изве́стным (*famous*) бизнесме́ном, и _____ обеща́л (обеща́ла) написа́ть статью́ о нём.
5. Бе́лка больна́. _____ обеща́л (обеща́ла) принести́ что́-нибудь вку́сное для неё.

УПРАЖНЕНИЕ 2.5.   **Что сказа́ть?**

What could you say in the following situations? Choose from the following phrases, or use your own.

Спаси́бо, с удово́льствием!
Жела́ю уда́чи!
Большо́е спаси́бо!
С днём рожде́ния! (*Happy birthday!*)
Жела́ю хорошо́ провести́ вре́мя!
Ни пу́ха ни пера́![7]

---

[7] When students wish each other luck on a test, rather than say **Жела́ю уда́чи!**, they usually use the phrase **Ни пу́ха ни пера́!**, whose literal translation is nonsensical: *Neither fluff nor feather!* This derives from a good-luck wish for hunters and is analogous to the actors' wish *"Break a leg."* The obligatory answer is **К чёрту!** (lit. *To the devil*).

бизнес. → — Жела́ю уда́чи!

1. Роди́тели ва́шего дру́га (ва́шей подру́ги) приглаша́ют вас на обе́д.
2. Ваш друг даёт вам два биле́та в теа́тр.
3. Ваш друг говори́т: — У меня́ сего́дня день рожде́ния.
4. Ва́ша подру́га говори́т: — Мы с Ве́рой за́втра е́дем в Москву́.
5. Ваш друг говори́т: — У меня́ за́втра экза́мен.
6. Ваш друг говори́т, что стол — э́то пода́рок вам.

КТО́-НИБУДЬ, ЧТО́-НИБУДЬ: *ANYONE/SOMEONE, ANYTHING/SOMETHING*

Здесь **кто́-нибудь** говори́т по-ру́сски?	*Does anyone here speak Russian?*
Мне ну́жно **что́-нибудь** вку́сное для больно́й соба́ки.	*I need something tasty for a sick dog.*

The particle **-нибудь** turns **кто** and **что** from *who* and *what* into the indefinite *anyone/someone* and *anything/something*. The forms **кто** and **что** are declined as usual; the attached particle **-нибудь** does not change form. This particle also combines with other question words: **когда́-нибудь** (*ever, sometime*), **где́-нибудь** (*anywhere/somewhere*).

УПРАЖНЕНИЕ 2.6.   **Здесь кто́-нибудь говори́т по-ру́сски?**

Match the phrases on the left with appropriate phrases on the right. Then select five questions to ask a classmate.

1. Ты сего́дня получи́л (получи́ла)...
2. Ты ви́дел (ви́дела)...
3. Ты вчера́ купи́ла в магази́не...
4. Сего́дня бу́дет...
5. Ты сего́дня ве́чером...
6. Ты игра́ешь...
7. Ты был (была́)...

а. на како́м-нибудь музыка́льном инструме́нте?
б. когда́-нибудь в Москве́?
в. кого́-нибудь в столо́вой вчера́ ве́чером?
г. како́й-нибудь рок-конце́рт?
д. каки́е-нибудь пи́сьма?
е. куда́-нибудь идёшь?
ж. что́-нибудь?

THE ART OF CONVERSATION: WRITING A PERSONAL LETTER

> *18.12.1995г.*
>
> *Дорого́й Ге́на!*
> *Спаси́бо за интере́сное письмо́.*
> *Извини́, что я давно́ не писа́ла.*
> *Приве́т па́пе и ма́ме. Пиши́.*
>   *Ве́ра.*

Дорого́й Ге́на!   *18.12.1995 г.*

Спаси́бо за интере́сное письмо́. Извини́, что я давно́ не писа́ла.

. . . . .

Приве́т па́пе и ма́ме. Пиши́.

                Ве́ра

A personal letter in Russia typically includes four features:

1. The date is usually written numerically in the order day, month, and year, with slashes or dots separating the three, followed by **г.** (for **го́да** [*of the year*]). Some Russians use a Roman numeral for the month.

2. The return address is usually given on the envelope rather than in the letter itself.
3. The greeting **Дорогóй (Дорогáя),** followed by the addressee's name (or name and patronymic), is usually indented and followed by an exclamation mark.
4. Appropriate closings depend on how close the relationship is between the writer and the addressee. Generally the writer extends greetings to other known members of the family and may urge the addressee to write back soon.

Письмó рýсскому дрýгу (рýсской

teach you to do it?) Close by asking you ~

life.

ДИАЛОГИ

ДИАЛОГ 2.1.   Ни пýха ни перá!

(Wishing good luck)

— Дóброе ýтро, Тáня. Я тебé звони́л нéсколько раз вчерá вéчером, но тебя́ нé было дóма.
— Да, я былá в библиотéке.
— Весь вéчер?
— Да, я там занимáлась. Учи́ла истóрию. У меня́ зáвтра экзáмен.
— Ни пýха ни перá!
— К чёрту.

ДИАЛОГ 2.2. Желáю удáчи!

(Asking about someone you're trying to find)

— Простúте, вы живёте в э́том дóме?
— Да, а что?
— Я вúдел, как сюдá вошлá красúвая блондúнка. Вы не знáете, в какóй квартúре онá живёт?
— У нас в дóме 96 квартúр и мнóго блондúнок!
— Я её найдý!
— Желáю удáчи!

ДИАЛОГ 2.3. Кем ты хóчешь стать?

(Discussing professional goals)

— Кем ты хóчешь стать?
— Не знáю. Мóжет быть, истóриком. А ты?
— Врачóм. Я давнó решúла стать врачóм. У меня́ дéдушка был врачóм.
— А у меня́ дя́дя был истóриком, и брат истóрик.

УПРАЖНЕНИЕ 2.8. Ваш диалóг

Create a dialogue in which a friend suggests that the two of you go to a movie. You turn down the invitation because you have an exam tomorrow morning. Your friend wishes you luck on the exam, and the two of you agree to go out tomorrow night.

УПРАЖНЕНИЕ 2.9. Перевóд

"My sister wants to become an architect."
"An architect? How interesting! Does she know math well?"
"Very well. In school she was always the best student (ученúца). At the university she's also a good student. She's very talented (талáнтливая), and for a talented person nothing's impossible."
"That's true."

Упражнение 2.9.
— Моя́ сестрá хóчет стать архитéктором.
— Архитéктором? Как интерéсно! Онá хорошó знáет матемáтику?
— Óчень хорошó. В шкóле онá всегдá былá сáмой хорóшей ученúцей. В университéте онá тóже ýчится хорошó. Онá óчень талáнтливая, а для талáнтливого человéка нет ничегó невозмóжного.
— Э́то вéрно.

ЧАСТЬ ТРЕТЬЯ

Discussion starters (see also WB/LM).

1. Кто идёт на экску́рсию? (Профе́ссор Петро́вский, Татья́на Дми́триевна, Джим, Са́ша, Све́та и Та́ня.) Почему́ Си́лины не иду́т на экску́рсию? (Потому́ что они́ иду́т на футбо́л.)

2. Кто говори́т, что он не суеве́рный? (Профе́ссор Петро́вский.) А

НАТА́ЛЬЯ ИВ.	По-мо́ему, опя́ть бу́дет дождь.
СЕРГЕ́Й ПЕТР.	Дождь? Никако́го дождя́ не бу́дет. Прогно́з пого́ды хоро́ший.
НАТА́ЛЬЯ ИВ.	(*Skeptically.*) Что, по ра́дио сказа́ли? Прогно́з, мо́жет быть, и хоро́ший, но посмотри́ на **не́бо.**°

sky

(*The professor, Tatyana Dmitrievna, Jim, Sasha, Sveta, and Tanya come out of the entrance. They greet each other and talk while walking.*)

ко́шек.) Кто в конце́ концо́в идёт пе́рвым? (Са́ша.)

НАТА́ЛЬЯ ИВ.	Кака́я больша́я компа́ния!
ТАТЬЯ́НА ДМ.	Да, у нас бу́дет экску́рсия. Илья́ Ильи́ч уже́ **давно́**° обеща́л показа́ть нам ста́рые **зда́ния**° в це́нтре Москвы́ и рассказа́ть о них.
ДЖИМ.	Э́то бу́дет экску́рсия «Неизве́стная° Москва́».
НАТА́ЛЬЯ ИВ.	Да, э́то о́чень интере́сно.
ИЛЬЯ́ ИЛЬИ́Ч.	Мо́жет быть, вы то́же хоти́те...
СЕРГЕ́Й ПЕТР.	(*Interrupts him.*) Спаси́бо, мы о́чень хоти́м, но, к сожале́нию, сего́дня не мо́жем. У нас биле́ты на футбо́л — сего́дня фина́льный матч° сезо́на.
ТАТЬЯ́НА ДМ.	Жаль.
СВЕ́ТА.	Мы идём на авто́бусную остано́вку. Вы то́же е́дете авто́бусом?
НАТА́ЛЬЯ ИВ.	Нет, мы е́дем на маши́не.

long ago
buildings

Unknown

game

4. Кто говори́т, что не ве́рит в чёрных ко́шек? (Си́лин.) Как вы ду́маете, он действи́тельно не ве́рит в чёрных ко́шек?

(*A black cat appears and runs in front of everyone.*)

СВЕ́ТА.	Ой, чёрная ко́шка!
ТА́НЯ.	Ну вот, тепе́рь у нас бу́дет неуда́ча.°
СА́ША.	Неуда́ча бу́дет то́лько у того́, кто пойдёт пе́рвым. Я гото́в...

bad luck

63

ИЛЬЯ́ ИЛЬИ́Ч.	Мо́жно, я бу́ду пе́рвым? Я не **суеве́рный**.°	*superstitious*
ДЖИМ.	Извини́те, Илья́ Ильи́ч, но я ду́маю, я до́лжен идти́ пе́рвым. Э́то ру́сская чёрная ко́шка, а америка́нцы должны́ боя́ться то́лько америка́нских чёрных ко́шек.	
СА́ША.	Нет, Джим, мы не мо́жем **рискова́ть**.° Ты гость. У себя́ до́ма ты мо́жешь идти́ пе́рвым, а у нас... (*Goes forward.*)	*take chances*

(*Everyone laughs and follows Sasha, except the Silins.*)

ТАТЬЯ́НА ДМ.	А вы не идёте?	
НАТА́ЛЬЯ ИВ.	Нам на́до идти́ в другу́ю **сто́рону**,° на́ша маши́на — там.	идти́... *to go the other way*
ВСЕ.	До свида́ния... Жела́ем хорошо́ провести́ вре́мя...° Спаси́бо... **Всего́ хоро́шего**...° **И вам та́кже**...°	Жела́ем... *Have a good time!* Всего́... *Take care.* / И... *The same to you.*

(*Ilya Ilyich and the others leave.*)

СЕРГЕ́Й ПЕТР.	Я в чёрных ко́шек не ве́рю.	
НАТА́ЛЬЯ ИВ.	А я ве́рю.	

(*The black cat appears again and runs across the Silins' path.*)

СЕРГЕ́Й ПЕТР.	Опя́ть она́... И́ли бу́дет дождь и́ли на́ши проигра́ют.°	*will lose*
НАТА́ЛЬЯ ИВ.	Ты же сказа́л, что не ве́ришь в чёрных ко́шек!	

УПРАЖНЕ́НИЕ 3.1 **Вопро́сы и отве́ты**

1. Кака́я за́втра бу́дет пого́да?
2. Как вы за́втра бу́дете проводи́ть (*spend*) вре́мя?
3. Како́й ваш люби́мый вид (*kind*) спо́рта?
4. Вы лю́бите смотре́ть европе́йский футбо́л?
5. Что вы хоти́те уви́деть в Москве́?
6. В ва́шем го́роде есть ста́рые зда́ния? Они́ краси́вые?
7. Чего́ вы бои́тесь?

Упражне́ние 3.1, item 7. Боя́ться is followed by the accusative of animate objects (**я бою́сь э́того челове́ка/э́ту же́нщину**) and by the genitive of inanimate objects (**я бою́сь э́того ме́ста/больши́х городо́в**). As a practical matter, however, most objects of **боя́ться** *appear* to be in the genitive because only animate feminine nouns show the accusative distinctly.

О РОССИИ

История на улицах

Many street names in Russia reflect Russians' deep respect for art, literature, music, and history. It is not uncommon for cities and towns to have streets, squares, metro stations, and the like named for composers (ул. Чайко́вского, Бороди́нский переу́лок), writers (пл. Пу́шкина, ул. Че́хова), scientists (ста́нция Менделе́евская, ста́нция акаде́мика Королёва), and other figures. There are, of course, streets named for political and military figures and movements. Until the overthrow of Soviet ... the early 1990s almost every town, no matter how small, had at ... for Marx, Lenin,

История на улицах. As a supplemental assignment, give each student (or have each student select) a biographical name from a street or metro map of Moscow or St. Petersburg, and have students research the individuals in the library to find out why she or he has been honored.

ГРАММАТИКА И ПРАКТИКА

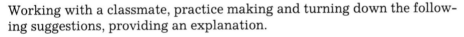

УПРАЖНЕНИЕ 3.2.   Хочу́, но не могу́.

Working with a classmate, practice making and turning down the following suggestions, providing an explanation.

EXAMPLE: — Вы не хоти́те пойти́ на футбо́л?
            — Хочу́, но не могу́... У меня́ мно́го рабо́ты.

1. — Вы не мо́жете приготовить (*to cook*) пи́ццу?
   — Могу́, но не хочу́...
2. — Хоти́те пойти́ в кино́?
   — Хочу́, но не могу́...
3. — Вы не мо́жете написа́ть за меня́ (*for me*) курсову́ю?
   — Могу́, но не хочу́...
4. — Вы не хоти́те посмотре́ть фильм Эйзенште́йна «Алекса́ндр Не́вский»?[8]
   — Хочу́, но не могу́...
5. — Хоти́те пойти́ с на́ми купа́ться (*go swimming*)?
   — Хочу́, но не могу́...
6. — Вы не мо́жете помо́чь Джи́му почины́ть (*to fix*) лифт?
   — Могу́, но не хочу́...

Упражнение 3.2, item 4. The film «Алекса́ндр Не́вский» is widely available and can serve as the basis for a cross-disciplinary lesson with a music appreciation class (for the **Проко́фьев** cantata that was composed for it) and/or a history class (for the significance of its appearance on the eve of World War II).

---

[8] **Серге́й Миха́йлович Эйзенште́йн** (Eisenstein) (1898-1948) was a Russian film director. Some of his most celebrated works are now regarded as classics, including «**Броненосец "Потёмкин"**» (*The Battleship Potemkin*; 1925) and «**Алекса́ндр Не́вский**» (*Alexander Nevsky*; 1938).

ОДИН ИЗ МОЙХ ДРУЗЕЙ: *A FRIEND OF MINE* = ONE OF MY FRIENDS

Это **оди́н из мои́х би́знесов**.	*That's one of my businesses.*
Оди́н из мои́х друзе́й о́чень хорошо́ игра́ет на роя́ле.	*A friend of mine plays the piano quite well.*

To single a particular person or thing out of a group, Russians say **оди́н (одна́) из** + genitive plural.

УПРАЖНЕНИЕ 3.3.   **Мои́ друзья́**

Do you have a friend or relative who can do something well or about whom you can say something specific? Make up five sentences by combining phrases from the left and right columns, or by creating a completion of your own.

Оди́н из мои́х бра́тьев (друзе́й)...	хорошо́ поёт (*sings*).
Одна́ из мои́х сестёр (подру́г)...	прекра́сно говори́т по-францу́зски.
Оди́н из на́ших студе́нтов...	лю́бит чита́ть детекти́вы.
Одна́ из на́ших студе́нток...	сейча́с живёт в Аризо́не.
Оди́н из мои́х сосе́дей...	
Одна́ из мои́х ко́шек...	
Одна́ из его́ соба́к...	

Упражне́ние 3.3. Variation: circle drill. Have the class form a circle (two circles if the class is large) and have each student create one sentence using this construction. Have students take turns offering their sentences, giving all the preceding sentences as well. (*Hint:* This activity works best if a student gives his or her new sentence and then works backward from the most recent to the first sentence given.)

DATIVE PLURAL OF POSSESSIVES, ADJECTIVES, AND NOUNS

Dative plurals. The saying **Не по слова́м су́дят, а по дела́м** (*Actions speak louder than words*) might be useful here.

Москвича́м нра́вится, когда́ тури́сты говоря́т им, что моско́вское метро́ са́мое краси́вое в ми́ре.	*Muscovites like it when tourists tell them that the Moscow metro is the most beautiful in the world.*
Та́ня и Све́та позвони́ли **свои́м друзья́м**, и пригласи́ли их на новосе́лье.	*Tanya and Sveta called their friends and invited them to the housewarming.*

The plural of the dative case is highly regular; its endings are consistent: They all end in **-м** (which is also true of the dative plural pronouns **нам, вам,** and **им**).

Many nouns with unusual nominative plural forms are regular in the dative if you consider the nominative plural (as opposed to the nominative singular) stem.

Dative Plural Endings

	NOMINATIVE CASE FORMS (REFERENCE)	DATIVE CASE ENDINGS	EXAMPLES
Nouns	студе́нты студе́нтки америка́нцы роди́тели	**-ам/-ям**	студе́нтам студе́нткам америка́нцам роди́телям
Adjectives	но́вые молоды́е дороѓе	**-ым/-им**	но́вым молоды́м дороги́м ма́леньким

NOMINATIVE PLURAL	DATIVE PLURAL
бра́ть - я	бра́ть - ям
сыновь - я́	сыновь - я́м
до́чер - и	дочер - я́м
ма́тер - и	матер - я́м
сосе́д - и	сосе́д - ям

With the dative plural endings, you have now encountered all the Russian cases, singular and plural.

УПРАЖНЕНИЕ 3.4. Dative endings

Fill in the blanks.

1. Он помога́ет то́лько (но́вые студе́нты)
   _____.

2. Мы ча́сто звони́м (ру́сские студе́нтки)_____.

3. (Мы и на́ши но́вые друзья́) _____ о́чень понра́вился Большо́й теа́тр.

4. Мы должны́ сказа́ть (иностра́нные го́сти)
   _____, что за́втра бу́дет интере́сная ле́кция.

5. Что вы сказа́ли (э́тот молодо́й челове́к)
   _____?

6. (Ру́сские бизнесме́ны) _____ ну́жно мно́го рабо́тать.

7. (Молоды́е тури́сты) _____ интере́сно смотре́ть футбо́л.

Ста́рая Москва́

Moscow has existed for over 800 years. Like many ancient cities, it grew out from the center, and its successive concentric rings of construction are still plainly apparent in the layout of contemporary Moscow. At the very center is the historic fortified compound called **Кремль** (*the Kremlin*). Next to it are **Кра́сная пло́щадь** (*Red Square*) and the colorful **Собо́р Васи́лия Блаже́нного** (*St. Basil's Cathedral*). Nearby is an assortment of tiny chapels three to four centuries old, czarist palaces, museums, the neoclassical **Большо́й теа́тр,** dozens of cathedrals, nineteenth-century hotels, Communist-era relics like **мавзоле́й Ле́нина** (*Lenin's mausoleum*), and nineteenth-century merchants' residences.

Ста́рая Москва́. An exercise based on this note is found in the WB/LM.

УПРАЖНЕНИЕ 3.5. Вопро́сы и отве́ты

1. Кому́ вы ча́ще звони́те по телефо́ну — свои́м друзья́м и́ли свои́м преподава́телям?
2. Кому́ вы ча́ще покупа́ете пода́рки — свои́м бра́тьям и сёстрам и́ли свои́м роди́телям?
3. Что вы говори́те своему́ профе́ссору, когда́ вы опа́здываете на заня́тия?
4. Что вам бо́льше нра́вится — чита́ть кни́ги и́ли смотре́ть телеви́зор? А что бо́льше нра́вится ва́шим друзья́м?
5. Вы помога́ете свои́м роди́телям и друзья́м, когда́ им нужна́ по́мощь?
6. Кому́ вы ча́ще пи́шете пи́сьма — свои́м роди́телям и́ли свои́м друзья́м?
7. Что вы говори́те де́вушке, с кото́рой вы хоти́те познако́миться (*get acquainted*) (молодо́му челове́ку, с кото́рым вы хоти́те познако́миться)?
8. Ва́ши роди́тели посыла́ют (*send*) вам де́ньги А вы им?
9. Вы всегда́ говори́те пра́вду свои́м друзья́м? А свои́м роди́телям? А свои́м профессора́м?

THE ART OF CONVERSATION: AGREEING AND DISAGREEING

Мо́жет быть, ты **прав**.   *Maybe you're right.*

One way to express agreement and disagreement is to say **Э́то ве́рно/Э́то неве́рно** (*That's right/That's not right*). Another way is to use the common short-form adjectives **прав** and **не прав (непра́в)**. Note the shifting stress.

он (я, ты)	прав / не прав
она́ (я, ты)	права́ / не права́
они́ (мы, вы)	пра́вы / не пра́вы

The forms of **прав** are used not only to signal acceptance of someone else's statement (**Да, вы пра́вы, Михаи́л Серге́евич**), but also, in the negative, as a conversational device to precede and soften an assertion you are about to make: **Мо́жет быть, я не пра́в (не права́), но мне ка́жется, что...** (*Maybe I'm wrong, but it seems to me that . . .*).

прав? Права́ и́ли не

1.   Ми́тя говори́т,
2.   Мои́ друзья́ говоря́т, что Санкт-Петербу́р
3.   Же́ня говори́т, что Люксембу́рг — больша́я страна́.
4.   Я говорю́, что «Касабла́нка» — хоро́ший фильм.
5.   Сестра́ говори́т, что тигр — э́то больша́я ко́шка.
6.   Мы говори́м, что в А́фрике **холо́дный** (*cold*) кли́мат.
7.   Мой сосе́д говори́т, что на Аля́ске всегда́ жа́рко.

УПРАЖНЕНИЕ 3.7.   **А как ты ду́маешь?**

Try to find something that you and at least two of your classmates can agree on. Make statements by beginning with phrases like **По-мо́ему... Мне ка́жется, что... Я ду́маю, что... Мо́жет быть, я не прав (не права́), но...** Then invite another's comment: **А как ты ду́маешь? А как по-тво́ему?** To agree or disagree, use phrases like **Да, ты прав (права́)... Да, ве́рно... Нет, э́то непра́вильно... По-мо́ему, э́то не так...** and state your own position.

EXAMPLE: — Я ду́маю, что Э́лвис Пре́сли ещё жив (*alive*)!
          — Ве́рно! Я его́ ви́дела вчера́ на авто́бусной остано́вке!
            or
          — Нет, э́то неве́рно!

Other possible assertions might be these:

По-мо́ему, са́мый интере́сный вид спо́рта — те́ннис.
Я ду́маю, что Ни́на поёт (игра́ет на гита́ре, игра́ет в те́ннис) лу́чше, чем (*better than*) И́горь.
Я ду́маю, что са́мый бога́тый челове́к в ми́ре — ...
По-мо́ему, занима́ться би́знесом так же интере́сно, как...

Диалоги

ДИАЛОГ 3.1.   **Кака́я бу́дет пого́да?**

(Discussing the weather)

6. IV.
Со́лнце:
восх. 6.48,
зах. 20.18.
Долг. дня 13.30.

Москва и Московская область
— облачно, временами небольшой снег, дневная температура в столице плюс 1—3, по региону 0 — плюс 5 градусов.

— Как вы ду́маете, за́втра бу́дет хоро́шая пого́да?
— Ду́маю, что да. Вы не слы́шали прогно́з пого́ды?
— Слы́шал. Прогно́з хоро́ший. Но прогно́з пого́ды на сего́дня то́же был хоро́ший, а пого́да плоха́я, идёт до́ждь.
— За́втра не бу́дет дождя́. Бу́дет хоро́ший день.
— Бу́дем наде́яться (*let's hope*), что вы пра́вы.

ДИАЛОГ 3.2.   **Я хочу́ вас пригласи́ть...**

(Invitation to a sports event)

— Вы лю́бите футбо́л?
— Я бо́льше люблю́ хокке́й.
— Жаль. У меня́ есть ли́шний (*extra*) биле́т на фина́льный матч, и я хоте́л вас пригласи́ть.
— Я с удово́льствием пойду́! Я люблю́ хокке́й бо́льше, чем футбо́л, но футбо́л я то́же люблю́.

ДИАЛОГ 3.3.   **Что вы бу́дете де́лать...?**

(Invitation to an outing)

— Что вы бу́дете де́лать в воскресе́нье?
— У нас бу́дет экску́рсия.
— Кака́я экску́рсия?
— Экску́рсия по истори́ческим места́м Москвы́.
— Э́то, наве́рно, бу́дет о́чень интере́сно.
— Вы мо́жете пойти́ с на́ми, е́сли хоти́те.

УПРАЖНЕНИЕ 3.8. Ваш диало́г

Create a dialogue in which a friend invites you to go to a sporting event or on an outing. You discuss the weather, tickets, time and place to meet, preferences (sports you like and dislike or places you'd like to see), and so on.

УПРАЖНЕНИЕ 3.9. Перево́д

"A friend of mine is coming from America in a week."
"Has he ever been to Moscow?"
~~k Russian.~~ What should I show him?"

Упражне́ние 3.9.
— Че́рез неде́лю из Аме́рики приезжа́ет оди́н из мои́х друзе́й.
— Он когда́-нибудь был в Москве́?
— Нет. И он не говори́т по-ру́сски. Что я до́лжен (должна́) ему́ показа́ть?
— Ско́лько вре́мени он бу́дет здесь?
— То́лько два дня. Пото́м он уезжа́ет (ог е́дет ог пое́дет) в ~~Vvch6й~~

ЧАСТЬ ЧЕТВЁРТАЯ

Discussion starters (see also WB/LM).
Назови́те каки́е-нибудь хоро́шие и плохи́е приме́ты. Send two students to the board. One writes the **хоро́шие приме́ты** as they are named by the class, the other writes the **плохи́е приме́ты**. See how many can be compiled while students have their books closed. Then let the class open their books and suggest missing **приме́ты**. Finally, have the class close their

books again and let the two students at the board take turns asking individuals **Что зна́чит э́та приме́та?** [Points.] **А э́та?** [Points.]

ЧТЕНИЕ

Суеве́рия° и приме́ты°

У всех **наро́дов**° есть суеве́рия и приме́ты. Есть они́ и у ру́сских люде́й. И есть суеве́рные лю́ди, кото́рые ве́рят в них. Обы́чно ста́рые лю́ди **бо́лее** суеве́рные,° чем молодёжь.°

Гла́вные° катего́рии приме́т — э́то приме́ты хоро́шего и плохо́го.° **Наприме́р,**° встре́ча° с чёрной ко́шкой — э́то приме́та неуда́чи. А е́сли чёрная ко́шка перебежи́т доро́гу° — э́то совсе́м пло́хо.

Есть и други́е приме́ты неуда́чи. Е́сли вы разби́ли° зе́ркало° — э́то плоха́я приме́та. Е́сли вы забы́ли каку́ю-нибудь вещь до́ма и **верну́лись за** ней° — э́то то́же плоха́я приме́та.

superstitions / omens

peoples

бо́лее... *more superstitious / young people*
main / хоро́шего... *of good things and of bad things*
For example / encounter
перебежи́т... *crosses your path*
broke / mirror
верну́лись... *went back for it*

Есть и «па́рные» приме́ты.° Е́сли вы встре́тили челове́ка, кото́рый **несёт**° **пусто́е**° ведро́° и́ли корзи́ну,° — э́то приме́та неуда́чи. А е́сли челове́к несёт по́лное ведро́ и́ли корзи́ну, то э́то хоро́шая приме́та.

Вот **не́которые**° популя́рные приме́ты:

Чёрная ко́шка перебежа́ла вам доро́гу.	**Вам не повезёт.**°	
Вы встре́тили челове́ка, кото́рый несёт по́лное ведро́ или корзи́ну.	Вам повезёт.°	
Вы встре́тили челове́ка, кото́рый несёт пусто́е ведро́ и́ли корзи́ну.	Вам не повезёт.	
Вы забы́ли до́ма каку́ю-нибудь вещь и верну́лись за ней.	Вам не повезёт.	
У вас па́дает° **нож**.°	У вас бу́дет гость — мужчи́на.	
У вас па́дает **ви́лка**.°	У вас бу́дет го́стья — же́нщина.	
Вы ви́дите паука́.°	Вы полу́чите письмо́.	
Вы рассы́пали° соль° **за** столо́м.°	Бу́дет ссо́ра.°	
Вы поздоро́вались за́ руку° **че́рез** поро́г.°	Бу́дет ссо́ра.	

Marginal glosses:

«па́рные»... *"paired" omens*
is carrying / empty / bucket / basket

a few

Вам... *You will have bad luck.*[9]

Вам... *You will have good luck.*

falls / knife

fork

spider

spilled / salt / за... at the table / argument

поздоро́вались... *greeted (someone) with a handshake*
че́рез... *across the threshold*

---

[9] The past tense of this expression is more common: **Вам не повезло́.** (*You had bad luck.*)

О РОССИИ

Суеве́рия и приме́ты

Russians as a people are probably no more superstitious than people in any other industrialized nation. But there are superstitions that virtually every Russian knows about—and that some actually believe in. Many Russian superstitions about good and bad luck have their roots in ancient religious beliefs and deal with ways to avoid tempting the devil. Astrology is popular with some people, and, in the late 1980s, many newspapers began carrying a daily or weekly **гороско́п** column. Here are the Russian signs that most Russians would

Теле́ц (*calf*)	Taurus	Скорпио́н (*scorpion*)
Ове́н (*ram*)	Aries	Весы́ (*scales*) Libra
Ры́бы (*fish*)	Pisces	Де́ва (*maiden*) Virgo
Водоле́й (cf. *water pourer*)	Aquarius	Лев (*lion*) Leo

УПРАЖНЕ́НИЕ 4.1.   Вопро́сы и отве́ты

Are you superstitious? How about your friends? Your family? Try to find three classmates who will answer **да** to the following questions:

1. Вы ве́рите, что чёрная ко́шка — э́то приме́та неуда́чи?
2. Ваш оте́ц (ва́ша мать) ве́рит, что е́сли челове́к рассы́пал соль за столо́м, то бу́дет ссо́ра?
3. Вы ве́рите, что е́сли вы разби́ли зе́ркало, то бу́дет несча́стье (*misfortune*)?
4. Ва́ши друзья́ ве́рят, что е́сли они́ поздоро́вались за́ руку че́рез поро́г, то бу́дет ссо́ра?
5. Вы ве́рите, что е́сли па́дает нож, то бу́дет гость?

Упражне́ние 4.1. When addressing an individual directly, the adjective form matches the addressee in gender and number:
(to a man)   **Вы суеве́рный?**
(to a woman)   **Вы суеве́рная?**
(to a group)   **Вы суеве́рные?**

ГРАММАТИКА И ПРАКТИКА

COMPOUND COMPARATIVES

Обы́чно ста́рые лю́ди **бо́лее** суеве́рные, чем молодёжь.

Usually old people are more superstitious than young people.

The construction **бо́лее** + adjective is used to form the comparative that is used attributively. It is encountered far less frequently, however, than the short forms you already know.

THE ART OF CONVERSATION: USES OF И

У всех наро́дов есть суеве́рия **и** приме́ты.

All peoples have superstitions and omens.

The most common meaning for **и** is *and,* used to connect two or more items. When used to connect many items in a series, **и** may be placed before the first item as well as between succeeding items:

Тури́сты хотя́т уви́деть **и** Кремль, **и** Кра́сную пло́щадь, **и**...

Tourists want to see the Kremlin and Red Square and . . . .

И is used in other ways as well:

Прогно́з, мо́жет быть, **и** хоро́ший, но посмотри́ на не́бо.

The forecast may indeed be good, but look at the sky.

How best to render it in English is a matter of context.

TO CARRY: НЕСТИ́

Что же мне де́лать? Я не могу́ **нести́** хлеб в рука́х.
Е́сли ви́дишь челове́ка, кото́рый **несёт** пусто́е ведро́, э́то плоха́я приме́та.

What am I to do? I can't carry the bread in my hands.
If you see a person carrying an empty bucket, it's a sign of bad luck.

The conjugation of **нести́** (*to carry*) is similar to that of **идти́**.

я нес-у́	мы нес-ём	нёс
ты нес-ёшь	вы нес-ёте	несла́
он, она́ нес-ёт	они́ нес-у́т	несло́
		несли́

Like **идти́** and **е́хать**, **нести́** signifies motion in one direction.

BRING, TAKE (AWAY): ПРИНОСИ́ТЬ/ПРИНЕСТИ́ AND УНОСИ́ТЬ/УНЕСТИ́

> — **Принеси́** чтó-нибудь
> вкýсное для Бéлки.
> — Конéчно, **принесý**.

*"Bring (home) something
tasty for Belka."
"Of course I'll bring
(something)."*

~~...~~bined with verbs of

IMPERFECTIVE	PERFECTIVE	MEANING
приноси́ть (приношý, принóсишь)	принести́ (*like* нести́)	*to bring*
уноси́ть (*like* приноси́ть)	унести́ (*like* нести́)	*to take (away)*

УПРАЖНЕ́НИЕ 4.2.   Я пришла́ и принесла́...

Form a small circle and try chaining as many sentences of the following type as you can without repeating anything.

> EXAMPLE: — Я пришла́ в аудитóрию и принесла́ кни́ги. А ты?
> — Я пришёл в аудитóрию и принёс рюкзáк. А они́?
> — Они́ пришли́ в аудитóрию и принесли́ кóшку (цветы́, волейбóльный мяч [*volleyball*]... и т.д.)

УПРАЖНЕ́НИЕ 4.3.   Кто принесёт пи́ццу?

You and your friends are planning a party. For variety's sake, everyone has decided to bring something this time that she or he has never brought before. First, make a list of the things you'll need for the party; then make up sentences according to the example.

> EXAMPLE: Обы́чно Сáша принóсит гитáру, а в суббóту он принесёт цветы́.

Упражне́ние 4.3. Some items that can be used in this exercise: **магнитофóн, пи́цца, гитáра, лимонáд, конфéты, цветы́, кóфе, чай, шоколáд, торт, морóженое, пи́во, шампáнское, ви́но, пласти́нки.**

УПРАЖНЕНИЕ 4.4.   **Куда́ они́ иду́т?**

Select the appropriate verbs of motion as required by context.

Упражне́ние 4.4. А. 1 - выхо́дит;
2 - идёт; 3 - е́дет; 4 - идёт; 5 - е́дет;
Б. 1 - выхо́дит; 2 - идёт; 3 - е́дет.
В. 1 - выхо́дит; 2 - идёт; 3 - идёт.
4 - несёт. Г. 1 - идёт; 2 - е́дет;
3 - идёт.

A. Во́семь часо́в утра́. Ба́бушка смо́трит в окно́ и ви́дит, что
Ната́лья Ива́новна (1)_____ (идёт, выхо́дит) и́з дому и
(2)_____ (ухо́дит, идёт) на автобусную остано́вку. Обы́чно
она́ (3)_____ (идёт, е́дет) на рабо́ту на автобусе, но
сего́дня она́ (4)_____ (идёт, е́дет) пешко́м (*on foot*).
Иногда́ она́ (5)_____ (идёт, е́дет) на маши́не с Серге́ем
Петро́вичем. Ната́лья Ива́новна не уме́ет води́ть маши́ну.

Б. Пото́м и́з дому (1)_____ (ухо́дит, выхо́дит) профе́ссор.
Ему́ ну́жно в университе́т. Университе́т далеко́, и он
(2)_____ (е́дет, идёт) на автобусную остано́вку. Он
(3)_____ (е́дет, идёт) в университе́т на автобусе.

В. Пото́м (1)_____ (ухо́дит, выхо́дит) Во́ва. Он
(2)_____ (е́дет, идёт) в шко́лу. Его́ шко́ла бли́зко, он
(3)_____ (е́дет, идёт) туда́ пешко́м. Ба́бушка ви́дит, что
Во́ва (4)_____ (несёт, прино́сит) волейбо́льный мяч.

Г. Де́душка не смо́трит в окно́, и ба́бушка ему́ всё расска́зывает.
Она́ говори́т, что Ната́лья Ива́новна (1)_____ (е́дет, идёт)
на рабо́ту, профе́ссор (2)_____ (е́дет, идёт) в университе́т,
а Во́ва (3)_____ (е́дет, идёт) в шко́лу.

ДИАЛОГИ

ДИАЛОГ 4.1.   **Интере́сная экску́рсия**

(Making plans)

— Скажи́, ты за́втра пое́дешь с на́ми на экску́рсию?
— Не зна́ю. Ты ду́маешь, бу́дет интере́сно?
— Да! Ги́дом бу́дет наш профе́ссор исто́рии, и мы бу́дем смотре́ть
це́ркви (*churches*) и собо́ры (*cathedrals*).
— Да, э́то, наве́рно, бу́дет интере́сно. Я обяза́тельно пое́ду.

ДИАЛОГ 4.2.   Вы здесь у́читесь?

(Asking about study plans)

— Когда́ вы прие́хали в Росси́ю, Джек?
— Три ме́сяца наза́д.
— Вы здесь у́читесь и́ли рабо́таете?
— Учу́сь. Я бу́ду здесь ещё семь ме́сяцев, а пото́м уе́ду домо́й, в Бо́стон.

— Нет, ма́ма уже́ ушла́, а ппп...

УПРАЖНЕНИЕ 4.5.   Ваш диало́г

Create a dialogue in which you and a Russian student whom you've met in Moscow are getting acquainted for the first time. Discuss your trip: when you arrived, why you're in Russia, how long you'll be there, what you've seen and would like to see, and so on.

УПРАЖНЕНИЕ 4.6.   Перево́д

"Tell me, Ira, are all Russians superstitious?"
"Of course not! Why do you ask?"
"Yesterday when a friend and I were walking to class, a black cat crossed our path **(нам перебежа́ла доро́гу)**. My friend didn't want to go any farther **(да́льше)**.
"Well, your friend is probably superstitious, but I'm not."

Упражне́ние 4.6.
— Скажи́, И́ра, все ру́сские суеве́рные?
— Коне́чно, нет! Почему́ ты спра́шиваешь?
— Когда́ мы с дру́гом вчера́ шли на заня́тия, нам перебежа́ла доро́гу чёрная ко́шка. Мой друг не хоте́л идти́ да́льше.
— Ну, твой друг, наве́рно, суеве́рный, а я не суеве́рная.

Nouns

ви́лка (*gen. pl.* **ви́лок**)	fork
зда́ние	building
ло́жка (*gen. pl.* **ло́жек**)	spoon
наро́д	people; nation
не́бо	sky
нож (*gen. pl.* **ножа́**)	knife
приме́та	sign; omen
сове́т	advice
сторона́	direction
суеве́рие	superstition
уда́ча	success; (good) luck

Pronouns

кто́-нибудь	someone; anyone
что́-нибудь	something; anything

невозмо́жный	impossible
не́который	some
прав (права́, пра́вы)	right; correct
пусто́й	empty
холо́дный	cold
чёрный	black

Adjectives

больно́й	sick
вку́сный	tasty; delicious
гла́вный	main; chief

Verbs

A translation is listed after the perfective only if it differs from the imperfective. "X" indicates that a paired verb exists but has not yet been presented as active vocabulary. "None in this meaning" indicates that there is no perfective for the meaning given here. "None" indicates that there is no aspectual counterpart for this verb.

IMPERFECTIVE		PERFECTIVE
боя́ться (бою́сь, бои́шься)	to be afraid (of)	None
везти́ (везёт; *past* **везло́) (+** *dat.***)** *impersonal*	to have good luck; to be lucky	**повезти́**
жела́ть	to wish (someone something)	**пожела́ть**
изуча́ть	to study (in depth)	X
нести́ (несу́, несёшь; *past* **нёс, несла́, несло́, несли́)**	to carry	None
обеща́ть	to promise	Same as imperfective
предлага́ть	1. to offer; 2. to suggest	**предложи́ть (предложу́, предло́жишь)**
приноси́ть (приношу́, прино́сишь)	to bring	**принести́ (принесу́, принесёшь;** *past* **принёс, принесла́, принесло́, принесли́)**
рискова́ть (риску́ю, риску́ешь)	to take chances (a chance); risk (something)	X
уноси́ть (уношу́, уно́сишь)	to take away; carry away	**унести́ (унесу́, унесёшь;** *past* **унёс, унесла́, унесло́, унесли́)**
учи́ть (учу́, у́чишь)	to teach	**научи́ть**
учи́ться (учу́сь, у́чишься)	1. to study, to be a student 2. to learn (to do something)	1. None 2. **научи́ться**

Verb table: **обеща́ть.** An alternative perfective is **пообеща́ть.**

IMPERFECTIVE	PERFECTIVE	
X	заболе́ть (заболе́ю, заболе́ешь)	to get sick, to fall ill
X	стать (ста́ну, ста́нешь)	to become
None	подожда́ть (подожду́, подождёшь)	to wait (a short while)

обяза́тельно	definitely
серьёзно	seriously
чи́сто	(it's/that's) clean

Other

за (+ *instr.*)	1. for; to get; **верну́ться за кни́гой** (*to go back for a book*); 2. at: **за столо́м** (*at the table*)
так же... , как и...	as . . . as
че́рез (+ *acc.*)	1. across; 2. (*indicates time from the present*) in

Idioms and Expressions

Вам не повезло́.	You had bad luck.
Вам повезло́.	You had good luck; You were lucky.
води́ть (вожу́, во́дишь) маши́ну	to drive
Всего́ хоро́шего!	Take care!

вре́мя. (in response to **Жела́ю вам/тебе́...**)	
И вам (тебе́) та́кже.	The same to you.
Мы идём в другу́ю сто́рону.	We're going the other way.
Нет ничего́ невозмо́жного.	Nothing is impossible.

Topics

Business, commerce: би́знес, компа́ния, фи́рма, «Коммерса́нт»; бизнесме́н, ме́неджер, дире́ктор, специали́ст; де́ло (дела́), делово́й челове́к, деловы́е лю́ди, прийти́ по де́лу; де́ньги, дорого́й, бога́тый, получа́ть/получи́ть беспла́тно; междунаро́дный, и́мпортный, иностра́нный; магази́н, покупа́тель, продаве́ц/продавщи́ца, покупа́ть/купи́ть, плати́ть/заплати́ть; организова́ть, импорти́ровать, экспорти́ровать, рискова́ть; уда́ча, успе́х

WORD STUDY

1. Nouns ending in **-тель**

   Nouns ending in **-тель** that are derived from verbs are always masculine. They have the meaning of "one who does" the action described by the verb, such as the English *write-writer* and *teach-teacher*. Some **-тель** nouns for which you may already know the underlying verb include **води́тель, люби́тель, писа́тель, покупа́тель, преподава́тель, роди́тели** (used mostly in plural)**, слу́шатель,** and **учи́тель.**

2. Perfectivization through prefixation

   In most cases the imperfective infinitive is the base form from which perfectives are derived. The most common perfectivizing process is the addition of a prefix.

вы-	учи́ть/вы́учить[10]
на-	писа́ть/написа́ть, учи́ть/научи́ть
по-	смотре́ть/посмотре́ть, звони́ть/позвони́ть, идти́/пойти́
с-	де́лать/сде́лать

   Prefixes do not always have a perfectivizing effect, however. The **вы-** prefix has another meaning: motion out of a place **(выходи́ть/вы́йти)**. In this meaning, it occurs in both members of an imperfective/perfective pair (in such cases, perfectivization is realized through other means).

3. Single-infinitive verbs

   Though most imperfective verbs have perfective counterparts, not all of them do. Some verbs, like **боя́ться** (*to fear, to be afraid*), **знать** (*to know* [*someone or something*]), and **уме́ть** (*to know* [*how to do something*]) describe continuing actions, processes, or states that cannot have a perfective (resultative) meaning. Other single-infinitive imperfective verbs that you have encountered include **занима́ться** (*to be engaged in* and *to study, to do homework*) and **разгова́ривать** (*to converse*). Still other verbs are biaspectual: One form serves in both imperfective and perfective contexts. Examples of biaspectual verbs are **атакова́ть** (*to attack*), **жени́ться** (*to marry* [*said of a man*]), and **телеграфи́ровать** (*to send a telegram*).

Word study: Perfectivization with **по-**. This is the most common perfectivizing prefix. Ask students what **по-** perfectives they already know.

---

[10] When **вы-** is used as a perfectivizing prefix, it is always stressed.

3 C HOВЫМ ГОДОМ

УРОК

остáться: remaining time
  or quantity
Dative + хóчется +
  infinitive
Expressing age in the past
  and future
Verbs of placement and
  position: садúться and
  сидéть
Давáй(те) constructions
Vocabulary topic: food

Culture
  Как рýсские встречáют
    Нóвый год
  Holiday and celebratory
    greetings
  Offering toasts

в

а. Рýсская трóйка.   б. Дед Морóз пришёл.   в. — Быстрéе, пáпа!

In this chapter you will learn

▲ more about relative clauses

▲ to express absence in the past and future

▲ to express states and feelings with the dative case

▲ to use the reflexive pronoun **себя́**

▲ more about comparisons

▲ to use indefinite pronouns like **ктó-то** and **ктó-нибудь**

▲ to express age in the past and future

▲ to suggest joint action

▲ about New Year's customs in Russia

▲ to express holiday greetings, wishes, and toasts

ЧАСТЬ ПЕРВАЯ

ЧТЕНИЕ

Discussion starters (see also WB/LM).
1. Кто рабóтает Дéдом Морóзом? (Сáша.) А кто рабóтает Снегýрочкой? (Лéна.)
2. Какýю ёлку купúл Сúлин? (Мáленькую.)
3. Кто купúл большýю ёлку? (Вúктор.) Комý он óтдал эту ёлку? (Лéне.)

А у нас бýдет ёлка°?

New Year's tree

(*It's early evening on December 30. Vova and Belka have come out for a walk.*)

ВÓВА. Вот вúдишь, собáка, **комý-то° Дед Морóз°** несёт ёлку. **Им хорошó!**° Зáвтра Нóвый год, а у нас ёлки нет и, навéрно, не бýдет. Пáпа поéхал за ёлкой ýтром и ещё не вернýлся. Навéрно, емý не повезлó.

(to) someone / Grandfather Frost
Им… Lucky them!

(*Дед Морóз and Снегýрочка° approach him. They are really Sasha Kruglov and Lena Silina.*)

the Snow Maiden

Чтение. Have students work in pairs to make up 3–5 false statements from or about the reading. Then have pairs read their statements to other pairs of students for the latter to correct. *Example:* — **Вóва несёт ёлку.** — **Нет, ёлку несёт Дед Морóз** (or **Сáша**). Direct students' attention to appropriate word order; that is, important information (in this case, the corrected element in the response) will usually come last.
Illustration. Have students offer one-sentence statements based on what they see in the illustration, thereby developing a class composite description. *Example:* **Сегóдня 30-ое декабря́. Идёт снег. По ýлице идýт Дед Морóз и Снегýрочка. Дед Морóз несёт ёлку. Онú идýт в дом № 3. Из подъéзда выхóдит Вóва с Бéлкой.**

СА́ША.	Ле́на, тебе́ не **хо́лодно**°?
ВО́ВА.	Ой, Са́ша, Ле́нка, э́то вы! Я вас не узна́л. Кому́ вы ёлку несёте?
ЛЕ́НА.	Мы ещё не зна́ем.
ВО́ВА.	Ка́к не зна́ете?
ЛЕ́НА.	Понима́ешь, э́ту ёлку нам подари́ла фи́рма, в кото́рой мы рабо́тали.
ВО́ВА.	Рабо́тали?
ЛЕ́НА.	Ну да, мы с Са́шей сего́дня весь день рабо́тали. Он был Де́дом Моро́зом, а я — Снегу́рочкой. И вот — получи́ли ёлку.
ВО́ВА.	А почему́ то́лько одну́?

тебе́...*aren't you cold?*

pair

ВО́ВА.	Смотри́те, вон па́па! (*Disappointed.*) Но ёлки нет.

(*Silin approaches them.*)

ВО́ВА.	Па́па, ну что?
СИ́ЛИН.	Купи́л, но (*opens the trunk*) ма́ленькую.
ВО́ВА.	Кака́я ма́ленькая! А больши́х не́ было?
СИ́ЛИН.	Была́ одна́ больша́я и краси́вая ёлка. Её купи́л како́й-то° молодо́й челове́к. Он стоя́л во́зле° э́той ёлки, **ждал свое́й о́череди**° и проси́л всех не покупа́ть её. И меня́ попроси́л. Он сказа́л, что ёлка ему́ нужна́ для **люби́мой де́вушки**.°
ВО́ВА.	Наве́рно, совра́л.°
СИ́ЛИН.	Мо́жет быть.

some
next to
ждал... *was waiting his turn*
a girl he is in love with
lied

(*Another car drives up with a huge tree tied to the top of it.*)

ВО́ВА.	**Вот э́то да́**!°
ЛЕ́НА.	Подожди́те, э́то же Ви́ктор!
СИ́ЛИН.	Ви́ктор? Како́й Ви́ктор? (*The car drives up and Viktor gets out.*) Э́то же молодо́й челове́к, кото́рый купи́л са́мую краси́вую ёлку!
ВИ́КТОР.	Здра́вствуйте! Ле́на, (*points to the tree*) э́то тебе́ ма́ленький **нового́дний**° пода́рок! (*Sees the other two trees and adds in frustration*) Я **наде́юсь**,° не все э́ти ёлки твои́?
ВО́ВА.	Вот э́то ёлка!
СИ́ЛИН.	(*To himself.*) «Ёлка для люби́мой де́вушки?» Интере́сно! На́до сказа́ть Ната́ше.

Вот... *Now that's a tree!*

New Year's
hope

УПРАЖНЕНИЕ 1.1.   **Вопро́сы и отве́ты**

1. У вас до́ма на Но́вый год покупа́ют ёлку? А на Рождество́ (*Christmas*)? А на Ха́нуку?

2. Вам бо́льше нра́вятся больши́е и́ли ма́ленькие ёлки?

3. Ско́лько сто́ит больша́я ёлка? А ма́ленькая? У вас была́ ёлка в про́шлом году́? Ско́лько вы заплати́ли?

4. От кого́ вы обы́чно получа́ете пода́рки на Рождество́? А на день рожде́ния?

5. Что вы получи́ли на Рождество́ (на Ха́нуку)? А на день рожде́ния?

6. Кому́ вы да́рите (*give*) пода́рки на Рождество́ (на Ха́нуку)? А на день рожде́ния?

О РОССИИ

New Year's in Russia

The New Year's celebration in Russia looks like a combination of our Christmas and New Year's customs. Religious motifs were forbidden during most of the Soviet period (until the late 1980s) but have again become an important part of the holiday season. Among the popular customs is getting a fir tree and decorating it. New Year's gifts are exchanged, and there's even a Santa Claus-like figure, **Дед Моро́з** (*Grandfather Frost*). Assisted by the beautiful **Снегу́рочка** (*the Snow Maiden*), **Дед Моро́з** distributes gifts to the children. Traditional secular greetings include **С Но́вым го́дом!** (*Happy New Year!*) and **Жела́ю вам здоро́вья и сча́стья в но́вом году́!** (*I wish you health and happiness in the new year!*) The seasonal religious greeting is **С Рождество́м Христо́вым!** (*lit: [Greetings] with Christ's birth!*) or simply **С Рождество́м!**

ГРАММАТИКА И ПРАКТИКА

WHO, WHICH, AND THAT: MORE ON **КОТО́РЫЙ** CLAUSES

(female)

word it refers to, w...

Remember that endings of **кото́рый** are the same as those ... ..

      f./sing.   nom.

Де́вушка, **кото́рая** разгова́ривает с профе́ссором, моя́ сестра́.

The girl who is talking with the professor is my sister.

Кото́рая here is *feminine singular* because it refers to **де́вушка**; it is *nominative* because it functions as the subject of **разгова́ривает**. Here is a different example.

      m./sing.
       prep.

Вот идёт челове́к, о **кото́ром** я вам говори́л.

There goes the person I was telling you about.

Кото́ром is *masculine singular* because it refers to **челове́к**; it is in the *prepositional* case because it functions as the object of the preposition **о**.

    pl.   acc.

Лю́ди, **кото́рых** ты там ви́дел, мои́ роди́тели.

The people (whom) you saw there are my parents.

Here, **кото́рых** is *plural* because it refers to **лю́ди**; it is in the *accusative* case because it functions as the object of **ви́дел**.[1] Note that whereas English sometimes omits *who, which,* and *that* in relative clauses, **кото́рый** is never omitted in Russian.

---

[1] Remember to set off with commas all subordinate clauses (**где, почему́, как,** and so on), including relative clauses (**кото́рый**).

УПРАЖНЕНИЕ 1.2.   **Вот ма́льчик, кото́рого...**

Combine the two sentences with a **кото́рый** clause.

EXAMPLE: Вот ма́льчик. Его́ зову́т Ви́ктор. →
Вот ма́льчик, кото́рого зову́т Ви́ктор.

1. Э́то кварти́ра. В ней три ко́мнаты.
2. Э́то мои́ друзья́. Они́ у́чатся в консервато́рии.
3. Э́то де́вушка. С ней познако́мился Ви́ктор.
4. Э́то брат и сестра́. О них мы чита́ли.
5. Вот волейбо́льный мяч. Его́ мне подари́л па́па.
6. А э́то те́ннисная раке́тка. Её мне подари́ла ма́ма.
7. Познако́мьтесь с на́шей соба́кой Бе́лкой. Мы все её лю́бим.
8. Э́то дом. В нём живу́т хоро́шие лю́ди.
9. Э́то аспира́нт Джим. Ему́ о́чень нра́вится наш но́вый дом.
10. Э́то наш лифт. Он никогда́ не рабо́тает.
11. Вот фотогра́фии. Я вам говори́л (говори́ла) о них.
12. Э́то мои́ подру́ги. Я ча́сто пишу́ им пи́сьма.
13. Вот мои́ друзья́. Я была́ с ни́ми в теа́тре.

Упражне́ние 1.2. Do the first three or four of these with the class as a whole before having the students work in pairs to complete the exercise. Then correct them as a class.

УПРАЖНЕНИЕ 1.3.   **Вот ёлка, кото́рую...**

Working with a classmate, combine the two nouns with a **кото́рый** clause to create a sentence for each pair of nouns.

EXAMPLE: ёлка — отец → Вот ёлка, кото́рую оте́ц купи́л Ле́не.

1. челове́к — брат
2. фи́рма — ёлка
3. сапоги́ — Ви́ктор
4. де́вушка — Ле́на
5. пиани́ст — Са́ша
6. челове́к — кварти́ра № 5
7. же́нщины — пода́рки

Упражне́ние 1.3. Because many correct answers are possible, let students work in pairs to complete this exercise. Then have them share their answers with the rest of the class. See how many variations the class can provide for each given item.

НЕ́ БЫЛО / НЕ БУ́ДЕТ + GENITIVE: EXPRESSING ABSENCE IN THE PAST AND THE FUTURE

Кака́я ма́ленькая! А
больши́х **не́ было**?
А у нас ёлки нет и, наве́рно,
не бу́дет.

What a little one! Weren't
there any big ones?
We don't have a tree and
probably won't (have one).

To place **нет** (+ genitive) constructions such as **воды́ нет** (*there's no water*) in the past, Russian uses **не́ было** (instead of **нет**); to put the statement in the future, Russian uses **не бу́дет**. Like **нет** (+ genitive), the verbal forms **не́ было / не бу́дет** (+ genitive) never change. Note that **не́ было** is pronounced with a single stress, as if it were one word.

УПРАЖНЕ́НИЕ 1.4.   **У меня́ не́ было (не бу́дет)...**

Working with a classmate, complete the sentences with negative statements.

> EXAMPLE: У тебя́ был уче́бник. А у меня́... *не́ было уче́бника.*

1. У Джи́ма есть гита́ра. А у Ви́ктора...
2. У профе́ссора была́ кни́га. А у Ле́ны...
~~3. ...~~ бы́ли оши́бки. А у моего́ дру́га...

УПРАЖНЕ́НИЕ 1.5.   **Explaining why**

Working with a classmate, complete the following sentences, describing why something could not (or will not) be done. Then compare your completions with those of another pair of students and decide who has the more plausible excuse.

> EXAMPLE: Ле́на хоте́ла пойти́ на конце́рт, но... *у неё не́ было биле́та.*

1. Па́па обеща́л купи́ть большу́ю нового́днюю ёлку, но не мог, потому́ что...
2. Сего́дня де́ти не бу́дут игра́ть в футбо́л, потому́ что...
3. Са́ша хо́чет купи́ть тури́стскую пала́тку, но не мо́жет, потому́ что...
4. Та́ня не пойдёт за́втра в университе́т, потому́ что...
5. Я не могу́ купи́ть но́вую маши́ну, потому́ что...
6. Я не бу́ду де́лать упражне́ние, потому́ что...
7. Ви́ктор сказа́л, что он не пойдёт на стадио́н, потому́ что...
8. Ле́на не мо́жет принести́ гита́ру, потому́ что...
9. Во́ва не пойдёт за́втра в шко́лу, потому́ что...

ВО́ВА, КАК ТЕБЕ́ НЕ СТЫ́ДНО!: DATIVE + ADVERB CONSTRUCTIONS

Во́ва, как **тебе́** не **сты́дно**!   *Vova, shame on you!*
Ле́на, **тебе́** не **хо́лодно**?   *Lena, aren't you cold?*

Russian uses the dative with many predicative adverbs (**на́до, ну́жно, мо́жно, нельзя́, сты́дно, хо́лодно,** and so on) to form sentences. Sentences in the past and the future use the unchanging forms **бы́ло** and **бу́дет**, respectively.[2]

Ге́не бы́ло **сты́дно**, что он забы́л день рожде́ния своего́ отца́.

Gena was ashamed that he forgot his father's birthday.

Мне бу́дет **ску́чно**.

I will be bored.

УПРАЖНЕНИЕ 1.6.   **Ле́не на́до бы́ло (бу́дет) купи́ть…**

Place the following sentences in the past and the future:

EXAMPLE: Ле́не на́до купи́ть что́-нибудь вку́сное для Бе́лки. →
Past: Ле́не на́до **бы́ло** купи́ть что́-нибудь вку́сное для Бе́лки.
Future: Ле́не на́до **бу́дет** купи́ть что́-нибудь вку́сное для Бе́лки.

1. Джи́му хо́лодно.
2. Ле́не тру́дно писа́ть статью́.
3. Ви́ктору интере́сно занима́ться би́знесом.
4. Джи́му ну́жно пригото́вить пи́ццу.
5. Во́ве ну́жно написа́ть сочине́ние о пра́здниках (*holidays*).
6. Чита́ть газе́ту ему́ ску́чно.

УПРАЖНЕНИЕ 1.7.   **Вам интере́сно?**

Working with a classmate, complete the following sentences about yourself and others whom you know:

1. Мне бы́ло интере́сно узна́ть, что…
2. Мне ску́чно, когда́…

---

[2] When used with certain adverbs, including **на́до** and **ну́жно**, the forms **бы́ло** and **бу́дет** usually follow the adverb: **Ви́ктору на́до бы́ло купи́ть сапоги́.** (*Victor needed to buy boots.*)

3. Моему́ дру́гу бу́дет тру́дно...
4. Мое́й сестре́ нра́вится, когда́ пого́да хоро́шая, потому́ что...
5. Мне бы́ло сты́дно, когда́...
6. Вчера́ мне на́до бы́ло...
7. За́втра мне на́до бу́дет...

ДИАЛОГИ

— Ты уве́рен? Сейча́с тру́дно купи́ть хоро́шую ёлку . . . .
   Но́вый год.
— Па́па всегда́ покупа́ет ёлку в после́дний день.

ДИАЛОГ 1.2.   У меня́ ёлки не бу́дет.

(Discussing plans for a holiday)

— О́ля, приве́т!
— Ми́тя, э́то ты? Я тебя́ не узна́ла. Куда́ ты идёшь?
— Мне о́чень повезло́: фи́рма, в кото́рой я рабо́тал, подари́ла мне
   ёлку. Мне на́до её принести́.
— А у меня́ ёлки в э́том году́ не бу́дет.
— Почему́?
— Я уезжа́ю на Но́вый год к друзья́м в Крым (*Crimea*).

ДИАЛОГ 1.3.   Па́па купи́л ёлку.

(Discussing purchases)

— Смотри́, вон па́па. Па́па, ты купи́л ёлку?
— Да, мне повезло́, я купи́л о́чень краси́вую ёлку.
— А где она́?
— Я оста́вил её в магази́не. Вы мне помо́жете принести́ её?
— Коне́чно!

УПРАЖНЕНИЕ 1.8. **Ваш диало́г**

Create a dialogue in which you and a friend discuss plans for the holiday season (vacation travel, purchases you'll make, gifts you may receive, and so on).

УПРАЖНЕНИЕ 1.9. **Перево́д**

"Anton, what is that? A gift? For whom?"

"It's a new CD for my sister. A new rock group (**рок-гру́ппа**), [*make up a name*]."

"Where did you buy it?"

"In some store downtown. I don't remember what it's called (**как он называ́ется**)."

"I'm sure your sister will like it."

"You don't know my sister. She never likes what (**то, что**) I give her."

Упражнение 1.9.
— Анто́н, что э́то? Пода́рок? Для кого́?
— Э́то но́вый компа́кт-диск для мое́й сестры́. Но́вая ро́к-гру́ппа, [encourage students to suggest outlandish names using unusual combinations of any words they know, such as «Электри́ческая ко́шка»].
— Где ты его́ купи́л?
— В како́м-то магази́не в це́нтре. (Я) не по́мню, как он называ́ется.
— Я уве́рен, что он понра́вится твое́й сестре́.
— Ты не зна́ешь мою́ сестру́. Ей никогда́ не нра́вится то, что я ей дарю́.

ЧАСТЬ ВТОРАЯ

Discussion starters (see also WB/LM).
1. Что уже́ есть у Све́ты и Та́ни? (Пирожки́.)
2. Кто принёс гу́ся? (Высо́кий па́рень в ма́ске Де́да Моро́за or Како́й-то высо́кий па́рень.)
3. Кто пришёл к Та́не и Све́те пе́рвым? (Са́ша.)

ЧТЕНИЕ

С наступа́ющим!°

(*It's 11 p.m., December 31. Sveta and Tanya's guests are about to arrive.*)

СВЕ́ТА. Но́вый год на носу́,° а мы ещё не зна́ем, что у нас бу́дет на столе́.

ТА́НЯ. Но мы ведь так договори́лись: ка́ждый принесёт с собо́й что́-нибудь вку́сное. Так да́же интере́снее.

СВЕ́ТА. Вот уви́дишь, все принесу́т **одно́ и то́ же**.° Бу́дем есть оди́н° винегре́т.°

С... *Happy New Year!*

на... *is almost here*

одно́... *the same thing*
only / *salad with beets*

Чтение: «Спаси́бо, бу́ду знать». Note this exchange, where Jim graciously accepts a correction (*"Thanks, I'll remember that."*). Point out to students that they will surely make mistakes in Russian, and Russians—to be helpful—will probably offer corrections.

Чтение: «Делово́й челове́к». Having students try to define or describe phrases like this in Russian is good practice. *Example:* Делово́й челове́к мно́го рабо́тает. Делово́й челове́к никогда́ не опа́здывает. Делово́й челове́к...

убежа́л.°	*ran away*
СВЕ́ТА. О́чень интере́сно!	

(*The doorbell rings. Sveta opens the door. In walks Sasha with a huge basket.*)

СА́ША. Приве́т!

СВЕ́ТА. Что э́то у тебя́?

СА́ША. Э́то нового́дние пода́рки от ба́бушки. Всё сама́ де́лала. (*Begins to pull various cans and jars from the basket.*) Солёные° **огурцы́**° и **помидо́ры**°! Ки́слая капу́ста!° Солёные **грибы́**°! (*Puts everything on the table.*)

СВЕ́ТА. Са́ша, а ты гурма́н°!

ТА́НЯ. Э́то, наве́рно, о́чень **вку́сно**!

СА́ША. (*He puts something else on the table.*) А э́то ещё вкусне́е°! Пирожки́!

pickled / cucumbers / tomatoes / Ки́слая... Sauerkraut!
mushrooms
gourmet
ещё... *even tastier*

(*The doorbell rings. In walks Jim.*)

ДЖИМ. Здра́вствуйте! Поздравля́ю вас с наступа́ющим Но́вым го́дом!°

ТА́НЯ. Спаси́бо, Джим, и тебя́, то́лько почему́ так официа́льно°?

ДЖИМ. А как на́до?

ТА́НЯ. Приве́т! С наступа́ющим!

ДЖИМ. Спаси́бо, бу́ду знать. Я принёс... (*Places two bottles of champagne on the table.*) Э́то — вам.

СВЕ́ТА И СА́ША. (*Excitedly.*) Вот э́то да! Францу́зское шампа́нское!

Поздравля́ю... *Happy New Year!*
formally

(*The doorbell rings. In walks Lena.*)

ЛÉНА.	Привéт! С наступáющим!	
СВÉТА.	Лéна, а где твой Вѝктор?	
ЛÉНА.	Почему́ «мой»? **Прóсто**° Вѝктор. Скóро приéдет.	*Just*
	Обещáл быть° тóчно к° Нóвому гóду. **Деловóй**°	*to be here / by / Businesslike*
	человéк.	
СÁША.	Прóсто Вѝктор? Гм-гм. А как же ёлка для «люби́мой	
	дéвушки»?	
СВÉТА.	Ну что ж, бу́дем провожáть° стáрый год **без**° негó.	*see out / without*
ДЖИМ.	А что э́то **знáчит**° — «провожáть стáрый год»?	*means*
ТÁНЯ.	Э́то ру́сская тради́ция. Э́то знáчит, что ну́жно	
	попрощáться° со стáрым гóдом, сказáть ему́ спаси́бо	*say good-bye*
	за всё хорóшее, **подня́ть бокáлы**° и...	*подня́ть... raise our glasses*
СÁША.	...и вку́сно **поéсть**. Тогдá Нóвый год бу́дет таки́м же	
	вку́сным.	
ДЖИМ.	Прекрáсная тради́ция. Мне онá óчень нрáвится.	
ТÁНЯ.	Мы тóже óчень лю́бим э́ту тради́цию. **Прошу́ всех к**	*Прошу́... Everyone please*
	столу́!°	*come to the table!*

УПРАЖНЕНИЕ 2.1. **Вопро́сы и отве́ты**

1. Где вы бы́ли на Но́вый год — до́ма? У друзе́й? У роди́телей?
2. У америка́нцев есть тради́ция провожа́ть ста́рый год? А у ру́сских?
3. Что вы еди́те на Но́вый год?
4. Что вы пьёте на Но́вый год?
5. Кого́ вы поздравля́ете с Но́вым го́дом?
6. С кем вы лю́бите встреча́ть Но́вый год (*to celebrate New Year's Eve*)?
7. Когда́ вы идёте в го́сти, что вы прино́сите с собо́й?
8. Когда́ к Вам прихо́дят го́сти, они́ что́-нибудь прино́сят с собо́й?
9. Как вы ду́маете, что вкусне́е — пирожки́ с мя́сом и́ли пирожки́

СЕБЯ: THE REFLEXIVE "ONESELF"

Ви́ктор рассказа́л Ле́не о **себе́**.	*Victor told Lena about himself.*

Себя́ always refers back to the subject and is neither gender- nor number-specific. Three forms cover the five cases in which it is used: **себя́, себе́,** and **собо́й.** (see page 94).

> Ди́ма был большо́й эгои́ст. Он люби́л то́лько **себя́**, всё де́лал то́лько для **себя́**, говори́л всегда́ о **себе́**, занима́лся то́лько **собо́й** и да́же писа́л сам **себе́** пи́сьма.

ACCUSATIVE	себя́	Мы ви́дели **себя́** по телеви́зору.	*We saw ourselves on television.*
GENITIVE	себя́	Он принёс две ча́шки ко́фе — для меня́ и для **себя́**.	*He brought two cups of coffee—(one) for me and (one) for himself.*
PREPOSITIONAL	себе́	Они́ говоря́т то́лько о **себе́** и о свои́х пла́нах.	*They talk only about themselves and their plans.*
DATIVE	себе́	Са́ша говори́л **себе́**, что не на́до волнова́ться.	*Sasha kept telling himself that he shouldn't worry.*
INSTRUMENTAL	собо́й	Ка́ждый принесёт с **собо́й** каку́ю-нибудь кассе́ту.	*Everybody will bring along a cassette.*

УПРАЖНЕ́НИЕ 2.2.   **Джим принёс с собо́й**

Fill in the blanks with the correct form of **себя́**.

1. Джим принёс с _____ две буты́лки францу́зского шампа́нского.
2. — Где па́па?
   — У _____ в кабине́те.[3]
3. — Кому́ ты купи́ла э́ти журна́лы?
   — _____ и сестре́.
4. Ма́ша купи́ла вино́ для госте́й. Для _____ она́ купи́ла я́блочный сок, потому́ что она́ не пьёт вина́.
5. Сего́дня бу́дет дождь. Возьми́те с _____ зо́нтик (*umbrella*).
6. Татья́ны Дми́триевны не́ было на ку́хне, она́ была́ у _____ в ко́мнате.
7. Све́та сказа́ла, что она́ купи́ла те́ннисные раке́тки _____ и Та́не.
8. Ви́ктор большо́й эгои́ст. Он ду́мает то́лько о _____.

УПРАЖНЕ́НИЕ 2.3.   **А что вы принесли́ с собо́й?**

Who brought what to class today? Without looking around the room, list from memory as many things as possible that classmates brought with them today. See who can give the longest list.

> EXAMPLE: Я принёс (принесла́) с собо́й кни́ги и ру́чки. Джон принёс с собо́й рюкза́к. Мэ́ри принесла́ с собо́й...

 **НОВОГО́ДНИЕ ПОДА́РКИ:**   SOFT ADJECTIVES

Э́то тебе́ **нового́дний** пода́рок.

This is a New Year's present for you.

Soft adjectives. Nearly all soft adjectives end in -**ний** and denote time (ле́тний, нового́дний, сего́дняшний) or location (бли́жний, дома́шний, сосе́дний). Students already know the base words from which many of these are formed.

---

[3] **У себя́** means *in one's office, home,* and so on.

Some adjectives, most of them relating to time or location and ending in
-ний, have "soft" (palatalized) endings that are not caused by spelling
rules. In contrast to hard adjective endings like those of **но́вый,** soft adjective endings use soft-series vowels:

DIFFERENCES FROM HARD ADJECTIVES	SOFT ADJECTIVES	HARD ADJECTIVES
-и- for -ы-	после́дний (уро́к)	но́вый (уро́к)
	~~после́дние (ста́нции)~~	но́вые (пода́рки)

УПРАЖНЕ́НИЕ 2.4. **Hard and soft adjectives**

Complete the sentences with adjective endings.

1. Во́ве понра́вилась бо́льш_____ нового́дн_____ ёлка, кото́р_____
   принёс Ви́ктор.
2. Ба́бушка Са́ши сде́лала солён_____ огурцы́, ки́сл_____ капу́сту
   и бе́л_____ грибы́ на Но́в_____ год.
3. Мы лю́бим смотре́ть францу́зск_____ фи́льмы.
4. Вы по́няли после́дн_____ предложе́ние (*sentence*)?
5. Вам нра́вится моско́вск_____ метро́?
6. Она́ вы́учила но́в_____ пе́сню (*song*).
7. Мы лю́бим дома́шн_____ пи́ццу.
8. У меня́ есть ли́шн_____ ру́чка, я могу́ дать её тебе́.
9. У тебя́ о́чень ма́ло оши́бок в после́дн_____ зада́нии.

ТАК ДА́ЖЕ ИНТЕРЕ́СНЕЕ: SIMPLE COMPARATIVES OF ADVERBS AND PREDICATE ADJECTIVES

Э́то ещё **вкусне́е**!   *This is even tastier!*
Так да́же **интере́снее**.   *That's even more interesting.*

The comparative adverb and predicate adjective forms that you have
already learned (**бо́льше, ме́ньше, ху́же, лу́чше, ле́гче**) are actually
irregular (though very common) formations. The vast majority of Russian
adverbs and predicate adjectives form their comparatives using the ending **-ee**.

Simple comparatives (1). Rather than deal with the issue of stress at this point, students should simply learn the **-ee** comparative forms they need.

Simple comparatives (2). Да́льше. Having encountered the phrase **на носу́** (*nearly here, just around the corner*), students might enjoy the phrase **не ви́деть да́льше своего́ но́са** (*to see no farther than the end of one's nose*).

У нас сегодня хо́лодно, а
в Москве́, наве́рно, ещё
холодне́е.

Э́та ёлка краси́вая, но
та — **краси́вее**.

Та́ня говори́т бы́стро, а Све́та
говори́т ещё **быстре́е**.[4]

It's cold here today, but it's
probably even colder in
Moscow.

This New Year's tree is pretty,
but that one's prettier.

Tanya speaks fast, but Sveta
speaks even faster.

Simple comparatives (3). Proverbs are a rich source of short-form comparatives: **Ста́рый друг лу́чше но́вых двух** (*There's no friend like an old friend*). **В гостя́х хорошо́, а до́ма лу́чше** (*East or west, home is best*). **Ум хорошо́, а два лу́чше (Одна́ голова́ хорошо́, а две лу́чше)** (*Two heads are better than one*). **Своя́ руба́шка бли́же к те́лу** (*Charity begins at home*). **Ти́ше е́дешь, да́льше бу́дешь** (*Haste makes waste*). **Лу́чше по́здно, чем никогда́** (*Better late than never*).

Other familiar adjectives and adverbs have irregular comparatives.

ADJECTIVE	ADVERB	COMPARATIVE
далёкий	далеко́	да́льше
дорого́й	до́рого	доро́же
чи́стый	чи́сто	чи́ще
молодо́й	мо́лодо (*rare*)	моло́же
ста́рый	ста́ро (*rare*)	ста́рше

УПРАЖНЕНИЕ 2.5. **...а там ещё удо́бнее.**

Work with a classmate to form comparative statements.

EXAMPLE: Здесь удо́бно, а... → Здесь удо́бно, а там ещё удо́бнее.

1. Ру́сский язы́к тру́дный, а...
2. Мой рюкза́к тяжёлый, а...
3. Ва́ша кни́га интере́сная, а...
4. Мой брат симпати́чный, а...
5. Сего́дня хо́лодно, а...
6. Моя́ ба́бушка гото́вит вку́сно, а...
7. Остано́вка авто́буса далеко́, а...

Упражнение 2.5. In this presentation, the **бо́лее/ме́нее** + adverb/short adjective construction is not mentioned. It is simple enough, however, that one or two **бо́лее/ме́нее** phrases (**ме́нее удо́бно, бо́лее интере́сно**) might be useful in this exercise if students ask for them.

THE ART OF CONVERSATION: HOLIDAY (AND OTHER) GREETINGS

Поздравля́ю вас с
наступа́ющим Но́вым
го́дом!

Happy New Year! (lit. *I congratulate you with the
approaching New Year!*)

Jim used this formal greeting when he arrived at the party. Tanya
offered him an alternative: the shorter, more conversational **Приве́т! С
наступа́ющим!** Here are some other celebratory greetings.

Footnote 4. Students do not yet have enough background to make productive use of the generalization that short-form adjectives whose feminine form is end-stressed have end-stressed (**-е́е**) comparative forms.

---

[4] When the resulting comparative form contains only three syllables, the stress usually
moves to the ending (**быстре́е, вкусне́е**). Most longer comparatives involve no stress shift
(**интере́снее, краси́вее**), although a few exceptions do occur (**холодне́е, тяжеле́е**).

GREETING	MEANING	RESPONSE
Holiday:		
С Но́вым го́дом!	*Happy New Year!*	И вас та́кже!
С Рождество́м!	*Merry Christmas!*	И вас та́кже!
С пра́здником!	*Happy holiday!*	И вас та́кже!
Other:		
С днём рожде́ния!	*Happy birthday!*	Спаси́бо!
С прие́здом!	*Welcome!* (when someone arrives after traveling)	Спаси́бо!
	Happy housewarming!	Спаси́бо!

С пра́здником! This is a helpful general expression for use with American holidays that have no Russian equivalent, hence no established Russian greeting (for example, Thanksgiving, Memorial Day, 4th of July, Labor Day).

ДИАЛОГИ

ДИАЛОГ 2.1. **Что ещё ну́жно купи́ть?**

(Making shopping lists)

— Что вы уже́ купи́ли и что ещё ну́жно купи́ть?
— Мы купи́ли вино́, минера́льную во́ду, сыр, колбасу́ и конфе́ты (*candy*). Ну́жно ещё купи́ть хлеб и солёные огурцы́.
— Сейча́с я сде́лаю сала́т, а пото́м пойду́ в магази́н и всё куплю́.
— Посмотри́, есть ли там паштэ́т.
— Я не бу́ду покупа́ть паштэ́т в магази́не, я его́ сама́ сде́лаю.

ДИАЛОГ 2.2. **О́чень вку́сно!**

(Discussing food preferences)

— Что э́то?
— Э́то солёные помидо́ры. А вот э́то — ки́слая капу́ста.
— А что вкусне́е?
— А вы попро́буйте.
— Помидо́ры о́чень вку́сные, но ки́слая капу́ста ещё вкусне́е.

ДИАЛОГ 2.3.   Пода́рки от Де́да Моро́за

(Exchanging holiday wishes)

— Здра́вствуйте! С наступа́ющим!
— Спаси́бо, и вас! Что э́то у вас?
— Э́то вам пода́рки от Де́да Моро́за.
— Францу́зское шампа́нское — э́то замеча́тельно! У нас есть вино́, но нет шампа́нского.

УПРАЖНЕНИЕ 2.6.   Ваш диало́г

Create a dialogue in which you and a friend are planning to hold a party at your apartment. Discuss what you need to do (invite people, shop, clean, and so on) to prepare for the festivities.

УПРАЖНЕНИЕ 2.7.   Перево́д

"Everything's ready. Everyone please come to the table. It's time to see out the old year."
"Right. It's already 11:30 (**полдвена́дцатого**).
"Viktor, pour (**налива́й**) the wine!"
"I want to propose a toast (**подня́ть тост**) to (**за** + *acc.*) the old year."

Упражне́ние 2.7.
— Всё гото́во, прошу́ всех к столу́. Пора́ проводи́ть ста́рый год.
— Пра́вильно. Уже́ полдвена́дцатого.
— Ви́ктор, налива́й вино́!
— Я хочу́ подня́ть тост за ста́рый год.

ЧАСТЬ ТРЕТЬЯ

УПРАЖНЕНИЕ 3.1.   Подгото́вка к чте́нию

Here is a list of refreshments you might find at a holiday gathering in Russia. Which of them sound like something you would like to try? Which of them would also be served at a holiday gathering in America?

_____ винегре́т
_____ вино́
_____ гусь
_____ ки́слая капу́ста
_____ минера́льная вода́
_____ паште́т
_____ пирожки́ с капу́стой
_____ пирожки́ с мя́сом

_____ сала́т
_____ солёные грибы́
_____ солёные огурцы́
_____ солёные помидо́ры
_____ солёный арбу́з (*watermelon*)
_____ шампа́нское

Чтение

Скорée за стол°

(*The New Year's Eve party continues.*)

ТÁНЯ. Прошý всех к столý! **До**° Нóвого гóда **остáлось** дéсять

Discussion starters (see also WB/LM).
1. Кто пришёл послéдним? (Вúктор.)
2. Почемý Вúктор опоздáл? (Потомý что нé было таксú.)

3. Когдá Свéта, Тáня и их гóсти пьют шампáнское — когдá провожáют стáрый год, úли когдá встречáют Нóвый год? (Когдá встречáют Нóвый год.)

Скорée... *Everyone to the table*
Until
остáлось... *ten minutes are left*

— Тебé **положúть**° пирожóк с капýстой úли с мя́сом?
— Положú и с капýстой и с мя́сом.
— **Передáй,**° пожáлуйста, салáт.
— У меня́ вúлки нет.
— А у меня́ лúшняя — вот, возьмú.
— Нáдо **попрóбовать**° э́ти пирожкú.
— Лéна, что тебé положúть?
— Положú мне немнóго паштéта.
— А что э́то? Неужéли солёный арбýз°?
— Не прóсто солёный арбýз, а домáшний° — от Алексáндры Николáевны.
— А э́то что, минерáльная водá? Налéй° мне, пожáлуйста.

Тебé... *Would you like*

Pass

taste

watermelon
homemade

pour

СА́ША. А когда́ мы **бу́дем пить**° шампа́нское?   *бу́дем... will drink*

ТА́НЯ. Шампа́нское мы бу́дем пить за Но́вый год, а сейча́с мы
вы́пьем **вино́**° — за ста́рый.   *wine*

СВЕ́ТА. **Ребя́та,**° налива́йте! (*They pour the wine.*)   *Guys*

(*The doorbell rings.*)

ЛЕ́НА. Э́то Ви́ктор!

(*Viktor walks in.*)

ВИ́КТОР. Приве́т, с наступа́ющим! Я **чуть не**° опозда́л — не́ было
такси́.   *чуть... almost*

ТА́НЯ. Такси́стам то́же **хо́чется**° **встре́тить** Но́вый год.°   *Такси́стам... Cab drivers also want / встре́тить... to celebrate New Year's Eve*

ВИ́КТОР. (*Looking toward the kitchen.*) Что́-то о́чень вку́сно па́хнет°!   *smells*

ТА́НЯ. Э́то наш гусь! Гусь от Де́да Моро́за.

ВИ́КТОР. От *э́того* Де́да Моро́за!

(*Viktor pulls out the Дед Моро́з mask and puts it on. Everyone
laughs.*)

СВЕ́ТА. До Но́вого го́да пять мину́т. Кто уме́ет открыва́ть
шампа́нское?

ДЖИМ. **Дава́йте**° я откро́ю. (*He opens and pours the champagne.*)   *Let*

(*The bells of the Spassky Tower in the Kremlin ring. Everyone
counts the strokes.*)

ВСЕ. ... де́вять, де́сять, оди́ннадцать, двена́дцать!

СВЕ́ТА. С Но́вым го́дом!

ВСЕ. С но́вым **сча́стьем**°!   *happiness*

(*They raise their glasses.*)

УПРАЖНЕ́НИЕ 3.1.   **Вопро́сы и отве́ты**

1. Вы когда́-нибудь е́ли пирожки́? С чем? Как они́ вам
понра́вились?
2. Что вы обы́чно пьёте: минера́льную во́ду, вино́, шампа́нское?
3. Вы уме́ете открыва́ть шампа́нское?
4. Где вы в про́шлом году́ пра́здновали Но́вый год? Как вы
встре́тили Но́вый год?
5. С кем вы обы́чно встреча́ете Но́вый год — с роди́телями и́ли с
друзья́ми?
6. Како́й пра́здник вам нра́вится бо́льше всего́ (*most of all*)?

О РОССИИ

Как рýсские встречáют Нóвый год

Food, drink, music and singing, good conversation, and dancing are central to many Russian parties. At a New Year's Eve party this is especially so. Toasts are also common. Anyone may propose a toast, and gallantry reigns: Women are toasted for their charm and beauty, guests (especially if foreign) are singled out in toasts to friendship and future cooperation. You'll hear such phrases as **За вáше здорóвье** (*to your health*), **За нáшу дрýжбу** (*to our friendship*), and **За вас** (*to you*) (note ... ... Even if you don't drink alcoholic bev-

Спáсская бáшня Кремлá.

---

[5] Social pressure to drink alcohol at Russian parties can be fairly strong, but if you do not care to imbibe, you can say **Извинѝте пожáлуйста, я спиртнóго не пью** (*Please excuse me, I don't drink alcohol*) before joining toasts with your preferred beverage. If you want to stop after a few drinks, you may say **Спасѝбо, я бóльше не хочý (не могý, не бýду)**.

ГРАММАТИКА И ПРАКТИКА

THE ART OF CONVERSATION: MORE ON GREETINGS AND TOASTS

To offer a toast or good wishes one can say the following (note the structure):

	+ DATIVE OF PERSON	+ GENITIVE OF THING WISHED
Жела́ю I wish	вам (*you*)	счастли́вого Но́вого го́да! (*a Happy New Year!*)
	тебе́ (*you*)	здоро́вья! ([*good*] *health!*)
	всем (*everyone*)	сча́стья! (*happiness!*)
		хорошо́ провести́ вре́мя (*to have a good time*)

УПРАЖНЕНИЕ 3.2. **Offering toasts**

Using the elements below, make up some suitable wishes or toasts to offer at New Year's, birthdays, or weddings. Some people to honor might include **муж, жена́, роди́тели, ма́ма, па́па, друзья́, преподава́тели, хозя́йка, го́сти,** and so on.

- Жела́ю вам... (+ *adjective and noun in genitive*): хоро́шего здоро́вья, хоро́шего настрое́ния
- За ваш/вашу/ваше/ваши... (+ *noun in accusative*): успе́хи, здоро́вье, сча́стье
- За... (+ *noun in accusative*): ма́му, па́пу, на́шу хозя́йку

КТО́-ТО AND КТО́-НИБУДЬ: *SOMEONE* AND *ANYONE*

Вот ви́дишь, соба́ка,
   кому́-то Дед
  Моро́з несёт ёлку.
Её купи́л **како́й-то**
  молодо́й челове́к.

Look, dog, Grandfather Frost
  is taking a New Year's tree
  to someone.
Some young man bought it.

Most question words (**кто, что, како́й, где, когда́,** and **как**) can be followed by **-то** to express that the speaker has in mind a certain person

Greetings and toasts (1). Mark your calendar with upcoming Russian and American holidays—and possibly students' birthdays—to exploit opportunities to use these and other congratulatory greetings in class.

Greetings and toasts (2). Point out that many greetings are quite fixed in most languages; for example, in English one says "Happy Thanksgiving, Happy Hanukkah, Happy New Year, Happy birthday," but rarely if ever does one hear "Happy Christmas."

Greetings and toasts (3). The wishes **Прия́тного аппети́та!** and **Счастли́вого пути́!** also reflect the **жела́ю вам** + gen. construction, though **жела́ю вам** is not expressed.

(thing, location, time, and so on), but does not know (or recall) the specific details. Contrast **-то** with **-нибудь,** in which the speaker does not have in mind a specific person (thing, location, time, and so on). Note that questions and commands often require **-нибудь**.

— **Кто́-нибудь** звони́л?

— Да, **кто́-то** звони́л, но я не зна́ю кто.

— Принеси́ **что́-нибудь** вку́сное для Бе́лки.

"Did anyone call?"

"Yes, someone did, but I don't know who."

"Bring something tasty for Belka."

As seen in the example showing **кому́-то,** the pronoun forms used with ~~according~~ to how they are used in the sen-

~~with either~~ ~~-то...~~

— Мы весь день сиде́ли до́ма. Ты не хо́чешь куда́-_____ (1) пойти́?

— Мо́жно пойти́ в кино́, е́сли идёт что-_____ (2) интере́сное.

— Где-_____ (3) идёт «Дра́кула», но я не зна́ю где.

— Я не хочу́ смотре́ть фильм о вампи́рах.

— Позвони́ Ни́не: она́ всегда́ зна́ет, где что идёт.

— Ни́ны нет до́ма: она́ куда́-_____ (4) уе́хала.

— Мо́жно позвони́ть кому́-_____ (5) друго́му.

— А заче́м нам вообще́ идти́ в кино́, когда́ мы мо́жем посмотре́ть телеви́зор?

— А по телеви́зору сего́дня есть что-_____ (6) интере́сное?

— Вот програ́мма. Так... Поли́тика, спорт, бале́т... А что э́то?

— Кака́я-_____ (7) но́вая переда́ча.

— Я не хочу́ смотре́ть телеви́зор. Дава́й лу́чше пое́дем в рестора́н.

— В како́й?

— В како́й-_____ (8).

ОСТА́ТЬСЯ: REMAINING TIME OR QUANTITY

До Но́вого го́да **оста́лось** пять мину́т!

There's only five minutes left 'til the New Year!

This perfective verb is usually used in the past tense to express *remains, remaining.* When the subject is a numeral, use the neuter form of the verb (**оста́лось**) unless the numeral ends in **оди́н** or **одна́,** in which case you would use **оста́лся** or **оста́лась,** respectively (for example, **До конца́ семе́стра оста́лся оди́н ме́сяц, оста́лась одна́ неде́ля**).

УПРАЖНЕНИЕ 3.4.   **До конца́ семе́стра оста́лось...**

Using the forms **оста́лся** (**оста́лось, оста́лась**), tell how much time (or other amount) remains in the following situations:

1. До конца́ семе́стра... (1 день, 2 дня, 10 дней, 2 ме́сяца)
2. До конца́ ле́кции... (1 мину́та, 2 мину́ты, 20 мину́т)
3. У меня́... (1 до́ллар, 2 до́ллара, 50 до́лларов, 23 це́нта)
4. До Но́вого го́да... (1 ме́сяц, 7 ме́сяцев)
5. До моего́ дня рожде́ния...
6. У нас... (одна́ ба́нка [*can*] огурцо́в, 2 ба́нки огурцо́в, 5 ба́нок огурцо́в)

ЕСТЬ / СЪЕСТЬ (ПОЕ́СТЬ):   *TO EAT*

Э́то зна́чит, что ну́жно подня́ть бока́лы и... вку́сно **пое́сть**!	*That means one must raise our glasses and . . . eat well!*
На столе́ бы́ли пирожки́, но, ка́жется, их **съе́ла** Бе́лка!	*There were pirozhki on the table, but it looks like Belka ate them up!*

The imperfective **есть,** which has two common perfective counterparts, is conjugated as follows:

PRESENT TENSE	PAST TENSE
я ем	ел
ты ешь	е́ла
он, она́ ест	е́ло
мы еди́м	е́ли
вы еди́те	
они́ едя́т	

The perfectives **съесть** and **пое́сть** are conjugated the same way. The difference in meaning between the two perfectives is that **съесть** means *to eat up, to finish* (*a whole serving or dish of something*), while **пое́сть,** in addition to being a simple resultative perfective (*to finish eating*), may also convey the sense of *to have a bite, to have something to eat.*

УПРАЖНЕНИЕ 3.5.   **Что едя́т, что пьют, что пою́т (*they sing*)?**

Selecting items from the columns below, create sentences with which a classmate can agree or disagree.

EXAMPLE: — Пингви́ны в Анта́рктике едя́т солёные помидо́ры.
              — Что ты! Э́то неве́рно. Пингви́ны в Анта́рктике едя́т ры́бу.

1. Америка́нские студе́нты...
2. Ру́сские студе́нты...
3. На Но́вый год америка́нцы...
4. На Но́вый год ру́сские...
5. Когда́ я бо́лен (больна́)...
6. У́тром мы с друзья́ми...
7. Когда́ де́душка бо́лен, ба́бушка даёт ему́...
8. Ти́гры в зоопа́рке...
9. Пингви́ны в Антаркти́ке...
10. Ру́сские де́ти...

ки́слую капу́сту
ко́фе с молоко́м
ко́фе с са́харом (*sugar*)
конфе́ты
молоко́
мя́со
пирожки́ с мя́сом
пи́ццу
ры́бу
сок
солёные огурцы́
чай с лимо́ном
чай с мёдом (*honey*)

ХОТЕ́ТЬ

Такси́стам то́же **хо́чется** встре́тить Но́вый год.

Cab drivers also want to celebrate New Year's Eve.

The construction dative + **хо́чется** (+ infinitive) expresses one's desire to do something without sounding abrupt or demanding: **Мне хо́чется пить (есть, спать)** is a little gentler than **Я хочу́ пить (есть, спать).**

ДИАЛОГИ

ДИАЛОГ 3.1. **Я чуть не опозда́л.**

(Discussing past events)

— Где вы встреча́ли Но́вый год?
— У друзе́й. Я чуть не опозда́л туда́ — не́ было такси́.
— Э́то поня́тно. Такси́стам то́же хо́чется встре́тить Но́вый год.
— Но я всё-таки не опозда́л. Мне повезло́; оди́н такси́ст е́хал на ту са́мую у́лицу, где живу́т мои́ друзья́.

---

[6] Serving tea with jam (**чай с варе́ньем**) is a favorite custom among some Russians.

ДИАЛОГ 3.2.   Положи́ть вам?

(Offering and accepting food)

— Скажи́те, пожа́луйста, что э́то?
— Э́то паште́т. Положи́ть вам?
— Да, пожа́луйста, то́лько немно́го.
— Хорошо́. И обяза́тельно попро́буйте пирожки́. Они́ о́чень вку́сные.

ДИАЛОГ 3.3.   Пирожки́!

(Offering and accepting food)

— Обяза́тельно попро́буйте пирожки́.
— А с чем они́?
— Э́ти — с гриба́ми, э́ти — с мя́сом, э́ти — с капу́стой, а э́ти — с карто́шкой (*potato*).
— Я хочу́ оди́н пирожо́к с гриба́ми и оди́н с капу́стой.

Упражне́ние 3.6. Instead of having pairs of students create this particular dialogue, it may be preferable to have groups of three to six students work together to create a more typical "party" scene.

УПРАЖНЕНИЕ 3.6.   Ваш диало́г

Create a dialogue in which you are at a Russian party and your Russian host is urging you to try the various dishes and partake in toasts.

УПРАЖНЕНИЕ 3.7.   Перево́д

"There's one minute left before the new year."
"Does everybody have champagne? It's time to raise a toast (**подня́ть тост**)."
"What are we going to drink to?"
"To the new year. To health and happiness. And also to our friendship."

Упражне́ние 3.7.
— До Но́вого го́да оста́лась одна́ мину́та.
— У всех есть шампа́нское? Пора́ подня́ть тост.
— За что мы бу́дем пить?
— За Но́вый год. За здоро́вье и сча́стье. И ещё за на́шу дру́жбу. (И за на́шу дру́жбу то́же.)

ЧАСТЬ ЧЕТВЁРТАЯ

Discussion starters (see also WB/LM).
1. Когда́ у Джи́ма после́дний раз была́ ёлка? (Когда́ ему́ бы́ло двена́дцать лет.)
2. Что пою́т в Аме́рике на Но́вый год? ("Auld Lang Syne.") А в Росси́и? (В Росси́и пою́т пе́сню «В лесу́ роди́лась ёлочка».)
3. Кто зна́ет все слова́ пе́сни «В лесу́ роди́лась ёлочка»? (Во́ва.)

ДЖИМ. Како́й хоро́ший **пра́здник**° — Но́вый год! *holiday*

ТА́НЯ. Да, э́то мой са́мый люби́мый пра́здник.

ДЖИМ. После́дний раз у меня́ была́ ёлка, когда́ мне бы́ло двена́дцать лет.

ВИ́КТОР. Ребя́та, дава́йте споём!

(*Jim pulls out his guitar and sits on the floor.*)

ТА́НЯ. Джим, **сади́сь**° на дива́н, тут есть ме́сто.   *come sit*

ДЖИМ. Спаси́бо, но я люблю́ **сиде́ть**° на полу́. До́ма я всегда́ сижу́ на   *to sit*
по́лу. Когда́ я сижу́ на полу́, я **чу́вствую себя́ как до́ма.**° А   чу́вствую... *feel at home*
что мы бу́дем **петь**°?   *to sing*

ЛЕ́НА. А что у вас пою́т на Но́вый год?

ДЖИМ. У нас пою́т ста́рую **пе́сню**° «Auld Lang Syne». (*Starts singing*   *song*
"Should old acquaintance be forgot . . .")

ТА́НЯ. Джим, а ты зна́ешь э́ту пе́сню по-ру́сски? (*Jim shakes his*
head.) Слу́шай:

Забы́ть ли ста́рую **любо́вь**°   *love*
И не грусти́ть о° ней?   грусти́ть... *yearn for*
Забы́ть ли ста́рую любо́вь
И **дру́жбу**° пре́жних дней°?   *friendship* / пре́жних... *of*
                                                                      days gone by
За дру́жбу ста́рую — до дна°!   до... *bottoms up*
За сча́стье пре́жних дней!
С тобо́й мы вы́пьем, старина́,°   *old friend*
За сча́стье пре́жних дней.

ДЖИМ. Та́ня, ты напи́шешь мне ру́сские слова́ э́той пе́сни?

ТА́НЯ. (*Pulls a book off her shelf.*) Вот тебе́ новогодний пода́рок —
Ро́берт Бёрнс по-ру́сски. Тут есть э́та пе́сня.

ДЖИМ. Спаси́бо, от тако́го пода́рка я не могу́ **отказа́ться.**°   *turn down*

ТА́НЯ. А тепе́рь — та́нцы.°   *dancing*

СВЕ́ТА. Что ты, тут ме́ста нет!

ТА́НЯ. Дава́йте вы́йдем на у́лицу. (*Goes over to the window.*)
Посмотри́те, кака́я ёлка у нас во **дворе́**°! Мы бу́дем   *courtyard*
танцева́ть° вокру́г° ёлки!   *dance / around*

ДЖИМ. Замеча́тельно! Я никогда́ ещё не танцева́л вокру́г ёлки.

ЛЕ́НА. И не пел «В **лесу́**° роди́лась ёлочка»?   *forest*

ДЖИМ. Что э́то тако́е?

ЛЕ́НА. Это, наве́рно, **еди́нственная**° пе́сня, кото́рую в Росси́и зна́ют   *the only*
абсолю́тно все. Её пою́т в де́тском саду́.° Сейча́с мы тебя́   де́тском... *kindergarten*
нау́чим. **Вперёд**!°   *Let's go!*

(*Everyone rushes outside, laughing. They form a circle around*   **Чте́ние: ёлочка.** Note the use of the
the tree and, holding hands, begin to sing as they circle the   diminutive here. Diminutives are
tree.)   very common in children's songs
                                                                           and stories.

ВСЕ. В лесу́ роди́лась ёлочка,
В лесу́ она́ росла́.°   *grew*   **Чте́ние: роди́лась** is
Зимо́й и ле́том стро́йная,°   *slender*   an alternate stress for
Зелёная° была́...   *green*   **родила́сь**.

СА́ША. А как **да́льше**?° Кто по́мнит?   А... *What comes next?*

(*Vova and Belka come out of the building.*)

ТА́НЯ. Во́ва, помоги́! Мы забы́ли слова́!

ВО́ВА. Бе́лка, помо́жем? (*Belka barks.*) Помо́жем!

И вот она́ наря́дная°   *decorated*
На пра́здник к нам пришла́
И мно́го-мно́го **ра́дости**°   *joy*
Дети́шкам° принесла́!   *kids*

(*Belka barks deafeningly as the revelers continue to dance*
around the tree.)

УПРАЖНЕНИЕ 4.1.   В Аме́рике и́ли в Росси́и?

Which of the following customs are practiced at a New Year's Eve party in America? Which in Russia? Which customs are practiced in both countries (**и в Аме́рике и в Росси́и**)?

1. _____ Провожа́ют ста́рый год.
2. _____ Пьют шампа́нское.
3. _____ Танцу́ют вокру́г ёлки.
4. _____ Пою́т пе́сню о ёлке.
5. _____ Пою́т ста́рую шотла́ндскую (*Scottish*) пе́сню.
6. _____ Получа́ют нового́дние пода́рки.

AGE IN THE PAST AND THE FUTURE

Після́дний раз у меня́ была́ ёлка, когда́ мне **бы́ло** 12 лет.	*The last time I had a New Year's tree was when I was 12 years old.*

To tell age in the past, use **был** with **год** for any numeral ending in **оди́н,** and use **бы́ло** with all other numerals. To tell age in the future, always use **бу́дет** regardless of the numeral.

Когда́ мне **бу́дет** 30 лет, моему́ сы́ну **бу́дет** два го́да.	*When I'm thirty, my son will be two.*

УПРАЖНЕНИЕ 4.2.   Когда́ мне бы́ло пять лет...

What were you doing at certain times in your life? What do you want to be doing in the future? Tell a classmate about your life, linking your statements to your age at the time. Then ask about the events your classmate remembers or looks forward to, also linking your questions to age.

EXAMPLE: — Где ты жил (жила́), когда́ тебе́ бы́ло пять лет?
— Когда́ мне бы́ло пять лет, я жил (жила́) в го́роде Миннеа́полис.

1. Где ты жил (жила́), когда́ тебе́ бы́ло (5 лет, 10 лет, 15 лет...)?
2. Где ты хо́чешь жить, когда́ тебе́ бу́дет (22 го́да, 50 лет, 70 лет...)?
3. Ско́лько тебе́ бы́ло лет, когда́ ты (научи́лся води́ть маши́ну, на́чал изуча́ть ру́сский язы́к, уви́дел в пе́рвый раз океа́н...)?[7]

---

[7] Here and elsewhere, use feminine forms as appropriate: **учи́лась, начала́, уви́дела**, and so on.

4. Чем ты хо́чешь занима́ться, когда́ тебе́ бу́дет (25 лет, 30 лет, 50 лет...)?

5. Каки́е кни́ги ты чита́л, когда́ тебе́ бы́ло (8 лет, 15 лет...), был (21 год)?

6. Каки́м спо́ртом ты занима́лся, когда́ тебе́ бы́ло (10 лет, 15 лет, 20 лет...)?

7. Каки́м спо́ртом ты бу́дешь занима́ться, когда́ тебе́ бу́дет (50 лет, 70 лет, 90 лет...)?

8. Каки́е фи́льмы тебе́ нра́вились, когда́ тебе́ бы́ло (4 го́да, 13 лет, 18 лет...)?

9. Ско́лько тебе́ бы́ло лет, когда́ ты (на́чал занима́ться спо́ртом, научи́лся чита́ть)?

САДИ́ТЬСЯ AND СИДЕ́ТЬ: *SITTING DOWN* (КУДА́) AND *SITTING* (ГДЕ)

— Джим, **сади́сь** на дива́н, тут есть ме́сто.
— Спаси́бо, но я люблю́ **сиде́ть** на полу́. До́ма я всегда́ **сижу́** на полу́.

"Jim, (come) sit on the couch, there's room here."
"Thanks, but I like to sit on the floor. At home I always sit on the floor."

Сади́ться and сиде́ть (1). Use questions such as the following as warm-ups over several days to provide personalized/contextualized practice with these verbs:
Джон, где вы обы́чно сиди́те, когда́ вы де́лаете дома́шнее зада́ние? Ме́ри, где вы обы́чно сиди́те, когда́ вы смо́трите телеви́зор? Том, вста́ньте. Иди́те туда́ (*pointing to another chair*). Сади́тесь. Куда́ сел Джим, когда́ он на́чал игра́ть на гита́ре?

Сади́ться and сиде́ть (2). These verbs and the «Дава́йте...» topic can be practiced in an integrated, active fashion, that is, through role-plays and descriptions in which students make suggestions and describe their own and others' actions. This can be repeated over several class periods to provide repeated referential context.

The где/куда́ distinction you encountered earlier (**Он живёт в Москве́/Он е́дет в Москву́**) is reflected not only in travel from one place to another, but also in placement (**куда́**) vs. position (**где**). Here the difference is between **сади́ться/сесть** (*to sit down, to take a seat*) and **сиде́ть** (*to be*

in a seated position). Prepositions used with **сади́ться/сесть** (а **куда́** verb) are followed by the accusative.

    сади́ться/сесть **на дива́н**   *to sit down on the couch*

Prepositions used with **сиде́ть** (а **где** verb) are followed by the appropriate locational case.

сиде́ть **у окна́** (*gen.*)	*to sit by the window*
сиде́ть **за столо́м** (*instr.*)	*to sit at the table*
сиде́ть **в маши́не** (*prep.*)	*to sit at the table*
сиде́ть **на дива́не** (*prep.*)	*to sit on the couch*

...tions including the frequently used imperative forms:

сада́тся *Imperative* Сади́сь. (Сади́тесь.)[8] (*[Please] sit down. Have a seat.*)	*Imperative* Сиди́. (Сиди́те.) (*Remain seated.*)
сесть (perfective) ся́ду (*I'll sit down, take a seat*) ся́дешь ся́дут *Past:* сел *Imperative* Сядь. (Ся́дьте.) (*Sit down.*)	No true perfective.

УПРАЖНЕНИЕ 4.3.   Сади́тесь, пожа́луйста!

Fill in the blanks with the correct form of **сади́ться/сесть** or **сиде́ть**.

1. Вы лю́бите _____ на полу́?
2. Де́душка _____ на дива́н и на́чал чита́ть газе́ту.
3. Почему́ вы стои́те? _____, пожа́луйста.
4. На э́том ме́сте обы́чно _____ ба́бушка.
5. Сту́льев не́ было, и мы _____ на́ пол.
6. Тебе́ удо́бно _____ на сту́ле?

---

[8] The imperative forms **сади́сь** and **сади́тесь** and the descriptive forms **сижу́, сиди́т**, and so on are probably the most useful to you.

УПРАЖНЕНИЕ 4.4.   **Что они́ говоря́т, что они́ де́лают?**

Study the scene above.

A. With your books open, make up one- or two-line phrases that the various characters could be saying: — **Сади́сь, пожа́луйста!** — **Спаси́бо, я люблю́ сиде́ть на полу́.** — **Спой свою́ люби́мую пе́сню.**

Б. Describe the scene from memory, as accurately as you can, to a classmate. Your classmate, with book open, may prompt you with questions such as **Где Джим? Кто сиди́т на дива́не? Кто стои́т в углу́?** and **Кто стои́т у окна́?**

THE ART OF CONVERSATION: *LET'S . . .*

Дава́йте with a perfective **мы**-form or the imperfective infinitive suggests a course of action (which includes the speaker) to others.[9]

Дава́йте вы́йдем на у́лицу!	*Let's go outside!*
Све́та, **дава́й** занима́ться вме́сте.	*Sveta, let's study together.*

Дава́й(те) can also be used for *Let me (us)*. . . by changing the following verb form.

Дава́йте я откро́ю.	*Let me open (it).*

---

[9] Remember that **дава́йте** is used with people you address **на вы** or with more than one person. If you are addressing only one person with whom you are on familiar terms, use **дава́й: Джим, дава́й пойдём к Та́не.**

УПРАЖНЕНИЕ 4.5.   **Что вы ска́жете?**

How would you make suggestions involving the following:

пойти́ в кино́ (в рестора́н)
смотре́ть телеви́зор
разгова́ривать о поли́тике
петь ру́сские пе́сни
прочита́ть пи́сьма
танцева́ть

сде́лать пи́ццу
занима́ться ру́сским языко́м
позвони́ть Ната́ше
ходи́ть в кино́ ка́ждый день
купи́ть пода́рок Ми́ше
что́-нибудь пое́сть

УПРАЖНЕНИЕ 4.6   **Письмо́ дру́гу**

ДИАЛОГИ

ДИАЛОГ 4.1.   **Како́й твой са́мый люби́мый пра́здник?**

(Soliciting and giving opinions)

— Том, како́й твой са́мый люби́мый пра́здник?
— Рождество́ и Но́вый год.
— Но э́то два пра́здника, а не оди́н.
— Нет, э́то оди́н дли́нный пра́здник.

ДИАЛОГ 4.2.   **То́лько я!**

(Soliciting and giving opinions)

— Серёжа, како́й твой са́мый люби́мый пра́здник?
— Мой день рожде́ния, потому́ что я получа́ю мно́го пода́рков.
— Но на Но́вый год ты то́же получа́ешь мно́го пода́рков.
— Но́вый год — э́то пра́здник для всех. На Но́вый год все получа́ют
пода́рки, а на мой день рожде́ния — то́лько я!

ДИАЛОГ 4.3.   **Давáйте вы́йдем.**

(Soliciting and giving opinions)

— Давáйте вы́йдем на ýлицу.
— Там сейчáс óчень хóлодно.
— Нам не бýдет хóлодно, мы бýдем танцевáть вокрýг ёлки.
— Но танцевáть мóжно и в кóмнате.
— Нет, чтó ты! Тут мáло мéста. Пошли́!

УПРАЖНЕНИЕ 4.7.   **Ваш диалóг**

Create a dialogue in which you ask a friend about his or her preferences in music, activities, or holidays.

УПРАЖНЕНИЕ 4.8.   **Перевóд**

"Do you like the song 'Kalinka'?"
"Very much. I really like Russian songs."
"Do you know the words to this song?"
"No, I know only the melody."
"Do you know how to play 'Kalinka'?"
"No, but I want to learn."
"I'll definitely write down the words for you."

Упражнение 4.8.
— Тебé нрáвится пéсня
  «Кали́нка»?
— Óчень. Я óчень люблю́ рýсские
  пéсни.
— Ты знáешь словá э́той пéсни?
— Нет, я знáю тóлько мелóдию.
— А игрáть «Кали́нку» ты
  умéешь?
— Нет, но хочý научи́ться.
— Я обязáтельно напишý тебé
  словá.

Nouns

вино́	wine
гита́ра	guitar
гриб (*gen. sing.* гриба́)	mushroom
гусь *m.* (*gen. pl.* гусе́й)	goose
двор (*gen. sing.* двора́)	courtyard
Дед Моро́з	Grandfather Frost

помидо́р	tomato
пра́здник	holiday
ра́дость *f.*	joy
ребя́та (*gen.* ребя́т) *pl. colloquial*	guys
сча́стье	happiness
такси́ *m., indecl.*	taxi

Pronouns

кто́-нибудь	someone, somebody; anyone, anybody

~~огурца́)~~ огурца́)	~~cucumber~~
о́чередь (*gen. pl.* очереде́й) *f.*	1. turn; 2. line
па́ра	1. pair; 2. couple
па́р(е)нь (*gen. pl.* парне́й) *m.*	guy; fellow
пе́сня (*gen. pl.* пе́сен)	song
пирож(о́)к (*gen. sing.* пирожка́)	pirozhok (small filled pastry)

Adjectives

высо́кий	1. high; 2. tall
делово́й	1. business (*adj.*); 2. businesslike
еди́нственный	(the) only
нового́дний	New Year's
холо́дный	cold

Verbs

A translation is listed after the perfective only if it differs from the imperfective. "X" indicates that a paired verb exists but has not yet been presented as active vocabulary. "None in this meaning" indicates that there is no perfective for the meaning given here. "None" indicates that there is no aspectual counterpart for this verb.

IMPERFECTIVE		PERFECTIVE	
есть (ем, ешь, ест, еди́м, еди́те, едя́т; *past* ел, е́ла, е́ло, е́ли)	to eat	1. съесть 2. пое́сть	1. to eat (up) 2. to have a bite; to have something to eat

IMPERFECTIVE		PERFECTIVE	
зна́чить (*usually 3d pers.* зна́чит)	to mean	None	
класть (кладу́, кладёшь; *past* клал, кла́ла, кла́ло, кла́ли)	to lay; to put	положи́ть (положу́, поло́жишь)	
наде́яться	to hope	X	
остава́ться (остаю́сь, остаёшься)	to be left; to remain	оста́ться (оста́нусь, оста́нешься)	
отдава́ть (отдаю́, отдаёшь)	to give	отда́ть (отда́м, отда́шь, отда́ст, отдади́м, отдади́те, отдаду́т; *past* о́тдал, отдала́, о́тдало, о́тдали)	
отка́зываться	1. to refuse; 2. to turn down	отказа́ться (откажу́сь, отка́жешься)	
открыва́ть	to open	откры́ть (откро́ю, откро́ешь)	
передава́ть (передаю́, передаёшь)	to hand, to pass	переда́ть (переда́м, переда́шь, переда́ст, передади́м, передади́те, передаду́т; *past* пе́редал, передала́, пе́редало, пе́редали)	
петь (пою́, поёшь)	to sing	спеть	
пить (пью, пьёшь)	to drink	вы́пить (вы́пью, вы́пьешь)	to drink up
про́бовать (про́бую, про́буешь)	to taste	попро́бовать	
проща́ться (с + *instr.*)	to say good-bye (to someone)	попроща́ться	
сади́ться (сажу́сь, сади́шься)	to sit down; to take a seat	сесть (ся́ду, ся́дешь; *past* сел, се́ла, се́ло, се́ли)	
сиде́ть (сижу́, сиди́шь)	to sit; to be sitting	None	
хоте́ться (хо́чется)	(*can replace* хоте́ть *to soften a preference or wish*)	None	
чу́вствовать себя́ (чу́вствую, чу́вствуешь)	to feel (some way)	None	

Comparatives

да́льше — 1. further; 2. next

Adverbs

вку́сно — (it's/that's) tasty; (it's/that's) delicious

про́сто — simply; just

сра́зу — immediately; at once

~~~~~~ — (it's) cold

ждать свое́й о́череди — to wait one's turn

Им хорошо́! — Lucky them!

Как тебе́ (вам) не сты́дно! — Shame on you!

кста́ти о... — speaking of . . .

люби́мая де́вушка — the girl one is in love with

минера́льная вода́ — mineral water

одно́ и то же — the same thing

Прошу́ всех к столу́! — Everyone please come to the table!

С наступа́ющим — Happy New Year!

Idioms and Expressions

Вам (тебе́) положи́ть... ? — (when serving food) Would you like . . . ?

Вот э́то да! — Now that's a . . . !

Вперёд! — Let's go!

встреча́ть/встре́тить Но́вый год — to celebrate New Year's Eve

Дава́й(те) — Let's . . .

Food: хлеб, пирожки, кре́керы, ~~~~~, ~~~~~, винегре́т, сала́т из тунца́, карто́фельный сала́т, грибы́, (солёные) огурцы́, (солёные) помидо́ры, ки́слая капу́ста; колбаса́, мя́со, гусь; вино́, шампа́нское, конья́к, во́дка; минера́льная вода́, сок (juice), молоко́, чай, ко́фе; есть/съесть (пое́сть), пить/вы́пить, налива́ть/нали́ть, про́бовать/попро́бовать; вку́сный, вку́сно пое́сть

4

ЯЗЫК—ЭТО НЕ ВСЁ!

а. Тури́сты в Санкт-Петербу́рге.
б. Москва́. Сувени́ры на Арба́те.
в. На ры́нке.

In this chapter you will learn

▲ more about direct and indirect requests and commands
▲ to express approximate quantity
▲ conversational ways to tell time
▲ more about verbs of motion
▲ to use **сам** for emphasis
▲ to express past obligations
▲ two ways to express *many:* **мнóго** and **мнóгие**
▲ to express how long something takes
▲ to express *each other*
▲ to say what year something happened
▲ to express the unspecified subject "they"
▲ about apartment buildings in Russian suburbs
▲ about Russian markets

ЧАСТЬ ПЕРВАЯ

Discussion starters (see also WB/LM).
1. Кого Лёна пригласи́ла в го́сти? (Шве́дского журнали́ста.) А кого ещё? (Све́ту и Та́ню.)
2. Кого Лёна про́сит встре́тить шве́дского журнали́ста? (Во́ву.)
3. Где Во́ва до́лжен его́ встре́тить? (На остано́вке авто́буса.)

Чтение

университе́те, и я пригласи́ла его́ **в го́сти**.° Он непло́хо говори́т по-ру́сски. Придёте? Часо́в в шесть.° У вас бу́дет Джим? О́чень хорошо́. Приходи́те с Джи́мом. Попроси́те его́ принести́ гита́ру. Пока́.

(The Silins', next evening. Lena and Tanya are setting the table.)

в... *to come over*
Часо́в... *At about six.*

ТА́НЯ. Он зна́ет, как сюда́ е́хать?

ЛЕ́НА. **Никаки́х°** пробле́м. Я рассказа́ла ему́, как е́хать. Когда́ он   No
приéдет на на́шу остано́вку, он позвони́т из телефо́на-
автома́та, и кто́-нибудь его́ встре́тит. (*The phone rings.*)
Э́то, наве́рно, он. (*Answers.*) Алло́, да, э́то я. Здра́вствуйте,
Карл. Вы уже́ здесь? Хорошо́. **Бу́дьте добры́,°** сто́йте у   Бу́дьте... *If you don't mind*
телефо́на-автома́та и **никуда́** не уходи́те.° Сейча́с мой брат вас   никуда́... *don't go anywhere*
встре́тит. (*Hangs up phone.*) Во́ва!

ВО́ВА. (*Sullenly.*) Да? В чём де́ло?

ЛЕ́НА. Во́вочка, ми́ленький,° у меня́ к тебе́ про́сьба. На на́шей   *sweetie*
авто́бусной остано́вке стои́т высо́кий краси́вый **иностра́нец,°**   *foreigner*
его́ зову́т Карл. Я хочу́, что́бы ты его́ встре́тил. **Подойди́°** к   *go over*
нему́, скажи́, что ты мой брат, и приведи́° его́ сюда́,   *bring*
пожа́луйста.

ВО́ВА. (*Peevishly.*) Почему́ я? У меня́ вре́мени нет, у меня́ за́втра
контро́льная.°   *test*

ЛЕ́НА. Э́то всего́° пятна́дцать мину́т. Сейча́с шесть часо́в, а в   Э́то... *It'll only take*
че́тверть седьмо́го° ты уже́ бу́дешь до́ма. Возьми́ Бе́лку, ей   в... *at (a) quarter past six*
пора́ **погуля́ть**.

ВО́ВА. Ну, **ла́дно,°** то́лько **ра́ди°** Бе́лки!   *okay / for*

TOP 20 MUSIC VIDEOS

▼ ВИДЕОКЛИПЫ

1	NEW	**Не верь мне, милая** Влад Сташевский	1
2	NEW	**Бессонница** Алла Пугачева	1
3	NEW	**Сказочная тайга** Агата Кристи	1
4	6	**Я тебя отвоюю** Ирина Аллегрова	4
5	8	**Я знал любовь** Александр Буйнов	2
6	7	**Подружка Маша** Владимир Пресняков мл.	2
7	1	**Весточка (Message)** Ногу Свело!	3
8	NEW	**Моя малышка** На-На	1
9	5	**Как на войне** Агата Кристи	6
10	3	**Таблетка (С добрым утром!)** Валерия	3

1995 © "ЗД". Составлено по опросу читателей

▼ ВИДЕОАЛЬБОМЫ

1	4	**Bon Jovi** Cross Road	2

УПРАЖНЕНИЕ 1.1. **Вопро́сы и отве́ты**

1. Вы свобо́дны сего́дня ве́чером? Éсли нет, то что вы бу́дете де́лать?

2. А вчера́ ве́чером вы бы́ли свобо́дны? Éсли нет, что вы де́лали, éсли э́то не секре́т?

3. А за́втра ве́чером вы бу́дете свобо́дны? У вас есть пла́ны на суббо́ту на ве́чер?

4. Кого́ вы приглаша́ете (вчера́ пригласи́ли) к себе́ в го́сти? Когда́ у вас в про́шлый раз бы́ли го́сти?

5. Ва́ши друзья́ зна́ют, как к вам е́хать? Как они́ к вам е́дут?

6. У вас до́ма есть телефо́н и́ли вы звони́те друзья́м из телефо́на-автома́та?

7. Есть ли остано́вка авто́буса бли́зко от ва́шего до́ма? Ско́лько

When *Та́ня* asks *Ле́на* — *Он зна́ет, как сюда́ е́хать?* in reference to the impending visit by Karl, the question is not simply academic. During the Soviet years, large areas of new apartment buildings (*новостро́йки*) on the outskirts of large cities were constructed very quickly, and they all looked very much alike. They still do: Visiting someone who lives in an area one does not know well can be a challenge even for Russians living in the same city. In some areas, no matter which direction you look when getting off a bus or emerging from a metro stop, the buildings in all directions may appear pretty much the same and it can be difficult to orient yourself. Hence, Lena's suggestion to Karl that he call her from a pay phone when he reaches the bus stop, so that someone can come to meet him.

ГРАММАТИКА И ПРАКТИКА

THE по- PERFECTIVES: *A LITTLE WHILE*

Возьми́ Бе́лку, ей пора́ **погуля́ть**

Take Belka. It's time for her to have a (little) walk.

Whereas many perfective verbs focus on the completion and result of an action, another function of perfectivity is to focus on the limited nature of an action. Many imperfective verbs can be prefixed by **по-** to mean *for a little while, a short time*, and so on. Here are some other examples.

Вчера́ ве́чером мы снача́ла **послу́шали** му́зыку, а пото́м **поигра́ли** в ша́х-маты.

Last night we first listened to a bit of music, and then played a little chess.

УПРАЖНЕНИЕ 1.2.   **Хочу́, но не могу́**

Using the phrases below, take turns with your classmates, asking and answering questions like the ones in the example.

EXAMPLE: — Ты хо́чешь посмотре́ть телеви́зор?
             — Хочу́, но не могу́. У меня́ нет вре́мени.

1. погуля́ть в па́рке
2. послу́шать му́зыку Чайко́вского
3. поигра́ть в футбо́л
4. послу́шать рок-му́зыку
5. почита́ть газе́ту
6. поигра́ть в те́ннис
7. поигра́ть в баскетбо́л
8. почита́ть но́вый журна́л

УПРАЖНЕНИЕ 1.3.   **В гостя́х у дру́га**

You're telling a friend about a party you attended recently. Using the following verbs and phrases, make up at least five sentences describing what you did.

поигра́ть в ка́рты, ша́хматы (Кто вы́играл/проигра́л? [*Who won/lost?*])
послу́шать му́зыку (Каку́ю?)
потанцева́ть (С кем?)
разгова́ривать, поговори́ть (*to have a talk*) (С кем? О чём?)
есть, пить (Что?)
петь (Каки́е пе́сни?)

Упражне́ние 1.3. The saying **В гостя́х хорошо́, а до́ма лу́чше** (*There's no place like home*) could be presented here.

Я ХОЧУ́, ЧТО́БЫ... :   INDIRECT REQUESTS

Я **хочу́, что́бы** ты его́ встре́-тил.

I want you to meet him.

When one person makes a request of another or relays a request through a third party, Russian may use **что́бы** + past tense.

Скажи́ сестре́, **что́бы она́ написа́ла** письмо́ ба́бушке.

Tell your sister to write a letter to Grandma.

But with **проси́ть/попроси́ть** and a few other verbs, a simple infinitive construction (without **что́бы**) is possible.

> Попроси́те Джи́ма, что́бы он принёс гита́ру. =
> Попроси́те Джи́ма принести́ гита́ру.

УПРАЖНЕ́НИЕ 1.4.   Wishes and commands with **что́бы**

Working with a classmate, complete the following sentences in as many ways as you can:

1. Я хочу́, что́бы ты...
2. Ты хо́чешь, что́бы я... ?
3. Наш профе́ссор сказа́л нам, что́бы мы...
4. Моя́ подру́га про́сит (попроси́ла), что́бы я

Бу́дьте represents the third and final type of imperative formation: the ending **-ь(те)** is added to verb stems that are stressed and that end in a consonant. This is the least common type of verb stem, so these imperatives are not as frequent as the **-й(те)** and **-и(те)** forms. But many high-frequency verbs exhibit this ending, including the following:

приготовь(те)	На за́втра пригото́вьте упражне́ние 3.2. *Prepare exercise 3.2 for tomorrow.*
пове́рь(те)	Пове́рьте, я его́ действи́тельно зна́ю! *Believe me, I really know him!*
отве́ть(те)	Отве́тьте, пожа́луйста, на все вопро́сы. *Answer all the questions, please.*
встань(те)	Вста́ньте, когда́ с ва́ми разгова́ривает офице́р! *Stand up when an officer is speaking with you!*
забу́дь(те)	Э́то нева́жно. Забу́дьте об э́том. *It doesn't matter. Forget about it.*
ся́дь(те)	Ся́дьте на стул. Сними́те руба́шку. *Sit down on the chair. Take off your shirt.*
поста́вь(те)	Поста́вьте кни́гу на кни́жную по́лку. *Put the book on the bookshelf.*

On page 124 is a table that compares the three types of imperative endings.[1]

---

[1] Note the imperative form **поезжа́й(те)**, which serves as the imperative for both **е́хать** and **пое́хать**. Similarly, the **-езжа́й(те)** form is used as the imperative for other pairs of verbs based on the **-ехать** root: **приезжа́й(те)** for both **приезжа́ть** and **прие́хать**.

VOWEL STEM + **й(те)**	CONSONANT STEM WITH STRESSED ENDING OR DOUBLE-CONSONANT STEM + **и(те)**	CONSONANT STEM WITH UNSTRESSED ENDING + **ь(те)**
чита́ть: чита́-ю чита́ + й(те)	сказа́ть: скаж-у́ скаж + и́(те)	быть: бу́д-у бу́д + ь(те)
волнова́ться: волну́-юсь (не) волну́ + йся (не) волну́ + йтесь	по́мнить: по́мн-ю по́мн + и(те)	сесть: ся́д-у ся́д + ь(те)

УПРАЖНЕНИЕ 1.5.   **Imperatives**

What would you say to your Russian friends in the following situations?

1. Ва́ши ру́сские друзья́ говоря́т о́чень бы́стро, и вы не понима́ете их. Вы про́сите их:...
2. Вы хоти́те, чтобы ваш друг пришёл к вам в суббо́ту. Вы звони́те ему́ и говори́те:...
3. Ва́ши друзья́ пришли́ в го́сти. Вы открыва́ете им дверь и говори́те:…
4. Ваш друг вошёл в гости́ную (*living room*) и стои́т ря́дом с дива́ном. Вы приглаша́ете его́:...
5. Ве́чером к вам приду́т ва́ши друзья́. Они́ о́чень лю́бят петь. У вас нет гита́ры, но она́ есть у ва́шего дру́га Де́йва, кото́рый то́же придёт ве́чером. Вы звони́те ему́ и про́сите:...
6. Вам звони́т ваш друг. Он хо́чет знать, узна́ли ли вы расписа́ние экза́менов (*exam schedule*). Вы отвеча́ете, что узна́ете расписа́ние за́втра и говори́те:...
7. Ваш друг не уме́ет гото́вить пи́ццу, а вы уме́ете. Он ча́сто про́сит вас:...

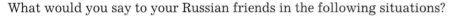

THE ART OF CONVERSATION: APPROXIMATE TIME, QUANTITY, AMOUNT

часо́в в шесть	*at about six*
килогра́мма три	*about three kilograms*

To render an approximate time, quantity, and so on, place the numeral (and preposition, if applicable) after the time or quantity noun (**часо́в, килогра́мма, лет,** and so on) referred to.

Ей пятьдеся́т лет.	*She's 50 years old.*
Ей лет пятьдеся́т.	*She's about 50.*

The art of conversation: approximate time. Introduce this topic by reviewing approximate age with numeral/quantity noun inversion, which was encountered in Book 1, Lesson 6, Part One.

Они́ прие́дут в 10 часо́в.	*They'll arrive at 10 o'clock.*
Они́ прие́дут часо́в в 10.	*They'll arrive at about 10 o'clock.*[2]
На ле́кции бы́ло 25 челове́к.	*There were 25 people at the lecture.*
На ле́кции бы́ло челове́к 25.	*There were about 25 people at the lecture.*

УПРАЖНЕ́НИЕ 1.6.   **Жизнь америка́нских студе́нтов**

A Russian student is asking you questions about student life. Answer

Упражне́ние 1.6, item 5. If students ...

4. Ско́лько часо́в в день (в неде́лю) вы рабо́таете. Э́то мно́го? Вы рабо́таете то́лько ле́том и́ли зимо́й то́же?

5. Ско́лько обы́чно зараба́тывает (*earns*) америка́нский студе́нт в час (в неде́лю, в ме́сяц)?

6. Вы занима́етесь спо́ртом? Каки́м ви́дом спо́рта (*which sport*) вы занима́етесь? Вы занима́етесь спо́ртом ка́ждый день? Ско́лько раз в неде́лю вы занима́етесь спо́ртом?

7. Вы лю́бите ходи́ть в рестора́ны? Как ча́сто вы хо́дите в рестора́ны?

8. Вы лю́бите ходи́ть в музе́и? Каки́е музе́и есть в ва́шем го́роде?

9. Ско́лько сто́ят джи́нсы? А ю́бка (*skirt*)? А футбо́лка (*rugby shirt*)? А кроссо́вки (*sneakers*)?

TELLING TIME: CONVERSATIONAL FORMS

В **че́тверть седьмо́го** ты уже́ бу́дешь до́ма.	=	В **семь пятна́дцать** ты уже́ бу́дешь до́ма.

Conversationally, Russian expresses *a quarter past* and *half past* by using **че́тверть** (*quarter*) and **полови́на** (*half*) followed by the genitive ordinal numeral of the coming hour. To express *at a certain time*, the preposition **в** is used, followed by **че́тверть...** or the prepositional case of **полови́на...** Russian uses **без че́тверти** followed by the cardinal numeral of the coming hour to mean both *a quarter to* and *at a quarter to*. In addition, one can always tell time with hours and minutes—for example, **семь пятна́дцать** (*seven fifteen*).

_____

[2] Note, however, **о́коло ча́са** (*at about one* [*o'clock*]).

КОТО́РЫЙ ЧАС?		В КОТО́РОМ ЧАСУ́? (КОГДА́?)
Сейча́с пять часо́в.		В пять часо́в.
Сейча́с че́тверть шесто́го.		В че́тверть шесто́го.
Сейча́с полови́на шесто́го. (*Conversational:* Сейча́с полшесто́го.)		В полови́не шесто́го. (*Conversational:* В полшесто́го.)
Сейча́с без че́тверти шесть.		Без че́тверти шесть.

УПРАЖНЕ́НИЕ 1.7. Когда́... ?

How would you describe your daily life? Decide on answers to the following questions; then, working with a classmate, ask and answer them using conversational forms. Write down each other's answers to check your comprehension when you're finished.

1. В кото́ром часу́ вы обы́чно встаёте? А в кото́ром часу́ вы вста́ли сего́дня у́тром?
2. В кото́ром часу́ вы обы́чно прихо́дите в университе́т? А когда́ вы пришли́ сего́дня?
3. Ско́лько сейча́с вре́мени?
4. Когда́ передаю́т (*broadcast*) но́вости по телеви́зору?
5. Когда́ начина́ется ва́ша пе́рвая ле́кция? А на́ши заня́тия по ру́сскому языку́?
6. Когда́ вы обы́чно ухо́дите из университе́та? А когда́ вы уйдёте сего́дня?
7. Ско́лько вре́мени вы обы́чно идёте (е́дете) домо́й?

Диалоги

ДИАЛОГ 1.1. В котором часу?

(Telling or asking when)

— Катя, приходи ко мне завтра вечером. Придут мои друзья Миша и
  ... хочу тебя с ними познакомить.

(Inviting someone to a social gathering)

— Завтра у меня в гостях будут русские студенты, и мы будем
  разговаривать весь вечер только по-русски. Если ты хочешь
  поговорить по-русски, приходи завтра вечером.
— Обязательно приду. Что принести?
— Спасибо, ничего не нужно. Я сделаю пиццу и салат из тунца.
— Я принесу минеральную воду и пиво (beer).

ДИАЛОГ 1.3. Просьба

(Asking a favor)

— Наташа, у меня к тебе просьба.
— Слушаю.
— Ко мне должен приехать мой коллега профессор Никольский. Он у
  нас ещё не был и может заблудиться. Я сказал ему, что его кто-
  нибудь встретит на нашей автобусной остановке. Ты не можешь
  встретить его?
— А когда он приедет?
— Через полчаса.

УПРАЖНЕНИЕ 1.8. Ваш диалог

Create a dialogue in which you invite a friend to your place for a party
on Saturday night. Tell who else will be there, what you will be doing,
and so on, to convince your friend to come.

УПРАЖНЕНИЕ 1.9.   **Перево́д**

"Andryusha, you've been studying all day long. It's time to take a little walk."

"I can't. I don't have time. I have an awful lot of work."

"Why do you have so much work?"

"Because tomorrow we have a test in physics **(по фи́зике)**, and the day after tomorrow **(послеза́втра)** in chemistry **(по хи́мии)**. And I have to learn thirty French verbs **(глаго́лы)**. This is horrible!"

Упражне́ние 1.9
— Андрю́ша, ты весь день занима́ешься. Пора́ погуля́ть.
— Не могу́. У меня́ нет вре́мени. У меня́ ужа́сно мно́го рабо́ты.
— Почему́ у тебя́ так мно́го рабо́ты?
— Потому́ что за́втра у нас контро́льная по фи́зике, а послеза́втра по хи́мии. И мне ну́жно (на́до) вы́учить три́дцать францу́зских глаго́лов. Это ужа́сно!

ЧАСТЬ ВТОРАЯ

ЧТЕНИЕ

Э́то тру́дное **число́°** девятна́дцать

number

(*The Silins', half an hour later. Lena is getting worried.*)

Discussion starters (see also WB/LM).

1. В кото́ром часу́ Карл звони́т Ле́не? (В полови́не седьмо́го.) Ско́лько вре́мени он уже́ стои́т на авто́бусной остано́вке? (Полчаса́.)
2. В кото́ром часу́ Карл до́лжен был прийти́ к Ле́не? (В шесть часо́в.)
3. Почему́ Карл прие́хал не на ту авто́бусную остано́вку? (Он сел не на тот авто́бус. Он до́лжен был сесть на авто́бус № 19, а он сел на авто́бус № 12.)

ЛЁНА. Ужé полседьмóго. Ничегó не понимáю. Где онú? (*The phone rings.*) Аллó! Карл? **Что случúлось?**° Никогó нет? Не мóжет быть! Мой брат пошёл за вáми полчасá назáд. С ним **бéлая**° собáка. Вы никудá не уходúли? Нет? Хорошó. Позвонúте мне, пожáлуйста, чéрез пять минýт. Éсли егó не бýдет, я придý самá! (*She hangs up, and the phone immediately rings again.*) Аллó, Вóвка, где ты?

Что... *What happened?*

white

ВÓВА. Мы ужé двáдцать минýт **хóдим** по ýлице° **óколо**° автóбусной останóвки. Тут никогó нет!

хóдим... *have been walking around on the street / near*

° Ничегó не понимáю. Тóлько что звонúл

óколо

по ýлице óколо останóвки.

КАРЛ. Лéна, извинúте меня, я смотрю óчень внимáтельно, я не вúжу **ни** мáльчика, **ни** собáки.° Никогó нет. Я вúжу тóлько таблúчку° «Автóбус № 12».

я... *I don't see either a dog*
sign

ЛÉНА. «Двенáдцать»? Как «двенáдцать»? Вы хотúте сказáть «девятнáдцать»?

КАРЛ. Почемý «*девятн*áдцать»? Вы же мне сáми сказáли: «Послéдняя останóвка автóбуса нóмер *двен*áдцать». Я знáю этот автóбус: я иногдá **éзжу** на нём° к своúм друзьям. Ну вот, я приéхал. Всё прáвильно, всё здесь так, как вы мне сказáли. Óколо останóвки стоúт

éзжу... *take this bus*

— Вы не скáжете, где ýлица Леснáя?

высо́кий дом. Я посчита́л° этажи́ — действи́тельно,
шестна́дцать, всё так, как вы и сказа́ли. Ря́дом
телефо́н-автома́т.

counted

ЛЁНА. **Бо́же мой**,° вы прие́хали в друго́й райо́н! Э́то я
винова́та.° Я должна́ была́° написа́ть вам а́дрес!

Бо́же... *My goodness*
Э́то... *It's my fault /*
должна́... should have

КАРЛ. Ле́на, не волну́йтесь. Здесь ря́дом стоя́нка такси́.°
Шофёр, наве́рно, зна́ет, где после́дняя остано́вка
авто́буса но́мер девятна́дцать?

стоя́нка... *taxi stand*

ЛЁНА. Да, коне́чно, шофёры такси́ зна́ют всё. Приезжа́йте
скоре́е,° я сама́ вас встре́чу. Скажи́те шофёру, чтобы
он останови́лся на **углу́**° Лесно́й и Пу́шкинского
проспе́кта. Прости́те, что так получи́лось°! (*Hangs up.*)
Бо́же мой, како́й стыд,° како́й позо́р!°

as quickly as possible
corner
turned out
како́й... *how embarrassing /*
како́й... how humiliating!

СЕРГЕ́Й ПЕТР. (*Gloomily.*) Э́то ещё не всё. Подожди́, сейча́с Во́вка
вернётся...

THE ART OF CONVERSATION: REDUCING MISCOMMUNICATION

Misunderstandings like Karl's happen often enough in one's native language; in a foreign language they are virtually inevitable. Here are some steps you can take to try to avoid them.

1. *Expect misunderstandings.* The most serious barrier to effective communication is the presumption that such communication is occurring when in fact it is not.
2. *Mention generalities, then place specifics in context.* Lena might have first told Karl what general part of the city she lived in and then told him which specific bus to take. Had he known the general direction in which he should have been going, he might have been alerted to his misunderstanding when the bus moved off in another direction.
3. *Use several methods to communicate.* Lena could have written the bus number down for Karl as well as spoken it. The more methods you use to communicate, the more likely your message will get through. Notes, gestures, maps, restatement, and repetition all can help.
4. *Verify comprehension.* If Karl had repeated the directions (**Дава́йте я повторю́. Авто́бус № 12... ?**), Lena would have corrected his mistake. Or, Lena herself could have asked something like **Вы по́няли, на како́й авто́бус вам на́до сесть** (*which bus you have to take*)?

УПРАЖНЕ́НИЕ 2.1.   **Вопро́сы и отве́ты**

1. Вы ча́сто е́здите на авто́бусе? А на такси́? Когда́ вы после́дний раз е́здили на такси́?
2. Что вы де́лаете, когда́ вам ну́жно такси́?
3. В Аме́рике есть стоя́нки такси́? А в Росси́и?

4. Как вы обы́чно е́здите к свои́м друзья́м — на авто́бусе и́ли на маши́не?

5. О́коло ва́шего до́ма есть авто́бусная остано́вка?

6. Вы когда́-нибудь сади́лись не на тот авто́бус (*got on the wrong bus*)?

7. О́коло ва́шего до́ма есть телефо́н-автома́т? Где в Аме́рике обы́чно нахо́дятся телефо́ны-автома́ты? А в Росси́и?

8. Ско́лько вам бы́ло лет, когда́ вы на́чали учи́ться в университе́те? А ско́лько вам бу́дет лет, когда́ вы зако́нчите университе́т?

9. Где вы жи́ли, когда́ вам бы́ло двена́дцать лет?

... в девятна́дцатом и́ли в

1 австри́йский ...	
1 англи́йский фунт сте́рлингов	7928 рубле́й
1 до́ллар США	4920 рубле́й
10 испа́нских песе́т	388 рубле́й
100 италья́нских лир	286 рубле́й
1 кана́дский до́ллар	3522 рубля́
1 неме́цкая ма́рка	3578 рубле́й
1 шве́дская кро́на	666 рубле́й
10 япо́нских ие́н	569 рубле́й

О РОССИИ

Стоя́нка такси́

Although mass public transportation (**метро́, авто́бус, тролле́йбус, трамва́й**) in the large cities is extensive and reliable, these conveyances follow fixed routes; you may still need to walk a mile or more from the nearest stop to your destination, especially in the suburbs. If you're lucky, however, a taxi stand (**стоя́нка такси́**) may be located near your subway or bus stop, and you can complete your journey that way. Failing that, some people just stand at the edge of a busy street and flag down a passing car: Many owners of private cars will pick up pedestrians and—for a fee negotiated on the spot—take them somewhere if it's not too far out of the driver's way and the price is right.

ГРАММАТИКА И ПРАКТИКА

ХОДИТЬ AND ЕЗДИТЬ: MULTIDIRECTIONAL MOVEMENT

Мы уже́ пятна́дцать мину́т **хо́дим** по у́лице…	We've been walking around on the street for fifteen minutes already . . .
Я иногда́ **е́зжу** на э́том автобусе к свои́м друзья́м.	I sometimes take this bus to visit my friends.

The verbs **ходи́ть** and **е́здить** are examples of a special class of imperfective-only motion verbs called *multidirectional*. These verbs—in contrast to the *unidirectional* forms **идти́/пойти́** and **е́хать/пое́хать**—describe three types of motion.

1. General movement with no specific direction

Вам ну́жно мно́го **ходи́ть**.	You have to do a lot of walking.
Си́лины неда́вно купи́ли маши́ну и бо́льше не **е́здят** на метро́.	The Silins bought a car recently and don't ride the subway anymore.

2. Multiple round-trips or habitual trips

Мы **е́здим** туда́ ка́ждый год.	We go there every year.
Автобусы туда́ не **хо́дят**.[3]	Buses don't go there.

3. In the past tense only, they can refer to a single round-trip (essentially synonymous with **быть у кого́** or **быть где**). The effect is to state simply that the trip took place, without going into any detail.

Вчера́ я **ходи́л** к друзья́м. = …я был у друзе́й.	Yesterday I visited my friends.
В про́шлом году́ мы **е́здили** во Фра́нцию. = …мы бы́ли во Фра́нции.	Last year we went to France.

Both **ходи́ть** and **е́здить** are -**ишь** conjugation verbs with a stem change in the **я** form.

ХОД-И́ТЬ	ЕЗД-ИТЬ
хож-у́	е́зж-у
хо́д-ишь	е́зд-ишь
(Note shifting stress.)	(Note stem stress.)

---

[3] Note that one says **Я е́зжу на автобусе** (*I travel by bus*) but **Автобусы туда́ не хо́дят**.

Ходи́ть and е́здить. Волко́в боя́ться — в лес не ходи́ть (*Nothing ventured, nothing gained*) and **В чужо́й монасты́рь со свои́м уста́вом не хо́дят** (*When in Rome, do as the Romans do*) can be taught to help students develop a sense of **ходи́ть**. Similarly, the saying **В Ту́лу со свои́м самова́ром не е́здят** (*Don't carry water to the river*) can help illustrate **е́здить** (it can also serve to introduce cultural references to **Ту́ла** and **самова́р**). Most elements (**боя́ться, свой, лес, чужо́й**) in these sayings are encountered elsewhere in the text.

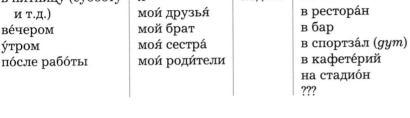

УПРАЖНЕНИЕ 2.2.   Куда́ вы хо́дите?

Where do you usually go after classes? On Fridays? Choose one element from each column to make up sentences.

в пя́тницу (суббо́ту и т.д.)	я	ходи́ть	на заня́тия
ве́чером	мои́ друзья́		в рестора́н
у́тром	мой брат		в бар
по́сле рабо́ты	моя́ сестра́		в спортза́л (*gym*)
	мои́ роди́тели		в кафете́рий
			на стадио́н
			???

2. _____ Вы лю́бите е́здить на метро́?

3. _____ Вы бы́ли вчера́ у врача́?

4. _____ Что вам сказа́л врач?

5. _____ Вы хорошо́ зна́ете Фра́нцию и Герма́нию?

6. _____ Вы идёте в кино́? На како́й сеа́нс (*showing*)?

7. _____ Вам ну́жно мно́го ходи́ть.

8. _____ Вы ча́сто е́здите в Калифо́рнию?

б. Да, я ходи́л к нему́ вчера́ у́тром.

в. Нет, я предпочита́ю (*prefer*) е́здить на авто́бусе.

г. Но я не люблю́ ходи́ть пешко́м (*on foot*), я люблю́ е́здить на маши́не.

д. Да, мы ча́сто е́здим в Евро́пу.

е. Да, я е́зжу туда́ ка́ждый год.

ж. Нет, они́ е́здят то́лько на такси́.

з. Он сказа́л, что мне ну́жно мно́го ходи́ть.

УПРАЖНЕНИЕ 2.4.   Моё де́тство

Where did you go as a child? Find someone else in the class who has at least two childhood experiences similar to yours.

Когда́ я был ма́леньким (была́ ма́ленькой)...

...я ча́сто ходи́л (ходи́ла) в кино́. (А вы? Вы то́же ча́сто ходи́ли в кино́?)

...я е́здил (е́здила) в шко́лу на велосипе́де (*bicycle*). (А вы?...)

...мы е́здили ка́ждое воскресе́нье на пляж (*beach*). (А вы?...)

...я люби́л (люби́ла) ходи́ть в го́сти к ба́бушке. (А вы?...)

...я не люби́л (люби́ла) ходи́ть к врачу́. (А вы?...)

...я ходи́л (ходи́ла) в ту же (*the same*) шко́лу, в кото́рую ходи́л мой па́па/брат (ходи́ла моя́ ма́ма/сестра́) (А вы?...)

САМ, САМА́, СА́МИ: THE EMPHATIC "ONESELF"

Приезжа́йте скоре́е, я **сама́** вас встре́чу.

Come as quickly as possible; I'll meet you myself.

Сам is used to provide emphasis. **Сам (сама́, само́, са́ми)** exhibits the same kind of gender and number agreement as **рад** and **гото́в**. Note the stress.

— Хо́чешь, я тебе́ помогу́ написа́ть статью́?
— Нет, я **сам (сама́)** э́то сде́лаю.

"Do you want me to help you write the article?"
"No, I'll do it myself."

— Вы уже́ зна́ете, когда́ она́ уезжа́ет?
— Нет. Она́ **сама́** э́того ещё не зна́ет.

"Do you know when she's leaving?"
"No. She herself doesn't know yet."

УПРАЖНЕ́НИЕ 2.5.   Нет, я сам (сама́)...

Working with a classmate, answer the following, using a form of **сам**:

1. Хо́чешь, я пригото́влю обе́д?
2. Хо́чешь, я скажу́ ма́ме, что случи́лось?
3. Хо́чешь, я позвоню́ твоему́ профе́ссору?
4. Я встре́чу твою́ подру́гу на авто́бусной остано́вке.
5. Я напишу́ ба́бушке о твоём общежи́тии.
6. Я помогу́ твоему́ бра́ту написа́ть сочине́ние.
7. Я встре́чу твои́х роди́телей о́коло ста́нции метро́.

ОНА́ ДОЛЖНА́ БЫЛА́... :   *SHE SHOULD HAVE, SHE WAS SUPPOSED TO ...*

Я **должна́ была́ написа́ть** вам а́дрес!

I should have written down the address for you!
or
I was supposed to write down the address for you!

The past tense of a **до́лжен** + infinitive phrase is made by inserting, after the **до́лжен** form, the appropriate form of **был (была́, бы́ло, бы́ли)** that agrees with the subject.

Они́ **должны́ бы́ли** прие́хать час наза́д.

They should have arrived (were supposed to arrive) an hour ago.

Ви́ктор **до́лжен был** ждать Са́шу в гости́нице.

Viktor was supposed to wait (should have waited) for Sasha at the hotel.

УПРАЖНЕНИЕ 2.6.   **Тру́дная жизнь студе́нта**

You and a friend are commiserating about your busy lives. Using elements suggested below (or other ideas of your own), make up sentences about things you were supposed to do but did not. See which of you can make the longer list.

EXAMPLE: На про́шлой неде́ле я до́лжен был (должна́ была́) написа́ть курсову́ю по исто́рии, но у меня́ не́ было вре́мени.

В понеде́льник	я до́лжен был — должна́ была́	написа́ть курсову́ю купи́ть пода́рок сестре́	но у меня́ не́ было де́нег.

...

		занима́ться в библиоте́ке помо́чь бра́ту с уро́ками пое́хать в Росси́ю ???	друзья́. но друзья́ пригласи́ли меня́ в го́сти. ???

ЭТО Я ВИНОВА́ТА: SHORT-FORM ADJECTIVES AND PARTICIPLES

Вы со Све́той **свобо́дны** за́втра ве́чером?
Э́то я **винова́та**.

Are you and Sveta free tomorrow evening?
That's my fault.

Like **рад, гото́в, прав,** and **уве́рен,** the forms **свобо́ден** and **винова́т** (and their corresponding feminine, neuter, and plural forms) are commonly used as predicates.[4] The short-form participles **откры́т** (*open*) and **закры́т** (*closed*) behave very similarly to the short-form adjectives.

Окно́ **откры́то**.
Все магази́ны и рестора́ны **закры́ты**.

The window is open.
All the stores and restaurants are closed.

> **Participles.** Only participles that come up in the readings or are needed in the exercises and dialogues—that is, high-frequency conversational forms—are included in this book. They are not discussed grammatically, but rather are treated as lexical items.

---

[4] Short-form adjectives are usually used predicatively: **Ты гото́ва?** (*Are you ready?*). In addition, they often refer to a delimited or temporary state: **Вчера́ она́ была́ больна́** (*She was ill yesterday*), whereas their corresponding long forms, which may also be used predicatively, often describe long-standing or inherent conditions: **Она́ больна́я** (*She's in ill health*). Some words, like **рад** and **до́лжен,** have no long form at all.

УПРАЖНЕНИЕ 2.7.   **Я óчень рад (рáда)!**

How might you respond to the statements on the left? Work with a class-mate to decide on one or two appropriate answers for each statement given. Some ideas are provided at right.

1. Мне сказáли, что зáвтра не бýдет занятий.
2. Я вчерá звонил (звонила) тебé, но, кáжется, ты мне дал (далá) не тот нóмер.
3. У нас сегóдня бýдет контрóльная по рýсскому языкý.
4. Ты не хóчешь пойти зáвтра в кинó (на концéрт, на футбóл...)?
5. Концéрт (матч...) начинáется в 7 часóв.
6. Концéрт (матч...) начинáется в 7 часóв. Мы должны вы́йти из дому в 6.
7. Нам нýжно купить молокó.
8. Зáвтра у нас бýдут гóсти.

Я óчень рад (рáда).
Виновáт (виновáта).
Но ужé пóздно! Все магазины закры́ты!
Это ужáсно!
Это замечáтельно!
Хорошó, я бýду готóв (готóва).
Ты дýмаешь, что магазины ещё откры́ты?
Я не увéрен (увéрена).
Ты увéрен (увéрена)?
Ты готóв (готóва)?
???

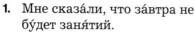

ДИАЛОГИ

ДИАЛОГ 2.1.   **Вы знáете, как тудá éхать?**

(Getting/giving directions)

— Мне нýжно зáвтра поéхать в телецéнтр.[5]
— Вы знáете, как тудá éхать?
— Не увéрен (увéрена).
— Сначáла на метрó до стáнции «Ботанический сад», а потóм на девятнáдцатом автóбусе.
— А где останóвка автóбуса?
— Óколо стáнции метрó, совсéм ря́дом.

---

[5] телецéнтр = телевизиóнный центр

ДИАЛОГ 2.2.   Он е́дет к нам в пе́рвый раз

(Problem solving: lost person)

— Дя́дя Ми́ша до́лжен был прие́хать час наза́д.
— Он зна́ет, как к нам е́хать? Ведь он е́дет к нам в пе́рвый раз.
— Да. И ещё я сказа́ла ему́, что́бы он позвони́л с на́шей авто́бусной остано́вки.
— Мо́жет быть, он заблуди́лся? Ведь в на́шем микрорайо́не все дома́ одина́ковые (*the same*).

            ⁔н-автома́т не рабо́тает. Наве́рно, ну́жно

(Getting/giving directions)

— Приезжа́йте к нам за́втра ве́чером.
— С удово́льствием. Как к вам е́хать?.
— Вам ну́жно сесть на пя́тый авто́бус (*get on bus number five*) и прое́хать три остано́вки. Авто́бус остана́вливается на углу́ Лесно́й и Пу́шкинского проспе́кта. Когда́ вы вы́йдете из авто́буса, вы уви́дите о́коло остано́вки высо́кий дом, шестна́дцать этаже́й. Э́то наш дом. Второ́й подъе́зд, кварти́ра № 76.
— Зна́чит, седьмо́й эта́ж?
— Э́то у вас в Аме́рике кварти́ра № 76 всегда́ на седьмо́м этаже́, № 87 на восьмо́м и так да́лее. А у нас не так. На́ша кварти́ра — на четвёртом этаже́.

УПРАЖНЕНИЕ 2.8.   Ваш диало́г

Create a dialogue in which you invite a friend over for dinner. Your friend asks for directions. Use some of the reducing miscommunication strategies mentioned in this section.

УПРАЖНЕНИЕ 2.9.   Перево́д

"It's one o'clock at night, the buses aren't running. We'll go home by taxi. Do you have a taxi stand (**стоя́нка такси́**) here?"
"Yes, next to the building."
(*At the taxi stand.*)
(*Driver.*) "Where do you want to go? (**Куда́ вам е́хать?**)"
"To Lesnaya Street. A big building on the corner of Lesnaya and Pushkin Prospekt."
(*Driver.*) "I know that building, my friends live there. Get in (**сади́тесь**)."

Упражне́ние 2.9.
— Сейча́с час но́чи, авто́бусы уже́ не хо́дят. Мы пое́дем домо́й на такси́. У вас тут есть стоя́нка такси́?
— Да, ря́дом с до́мом. (На стоя́нке такси́.)
— (Шофёр.) Куда́ вам е́хать?
— На Лесну́ю у́лицу. Большо́й дом на углу́ Лесно́й и Пу́шкинского проспе́кта.
— (Шофёр.) Я зна́ю э́тот дом, там живу́т мои́ друзья́. Сади́тесь.

ЧАСТЬ ТРЕТЬЯ

Discussion starters (see also WB/LM).
1. Где у́чится Са́ша? (В консервато́рии.) Там есть иностра́нные студе́нты? (Да.)
2. А в медици́нском институ́те, где у́чится Све́та, есть иностра́нные студе́нты? (Да.) Их мно́го? (Да.) Отку́да они́? (Из И́ндии, из Вьетна́ма, из Брази́лии.) [If there is a map in the room, students can practice these из + country expressions by pointing out these places as well as others from which foreign students at your institution may have come.]

ЧТЕНИЕ

Вы так хорошо́ вы́учили язы́к за оди́н год°?

за... *in one year*

(*Sasha and Jim visiting Sveta and Tanya.*)

ДЖИМ. Са́ша, в **консервато́рии** есть иностра́нные студе́нты?

СА́ША. Коне́чно. Мно́гие из них ста́ли **изве́стными° музыка́нтами**.

famous

ДЖИМ. А у вас, Све́та?

СВЕ́ТА. У нас мно́го иностра́нцев. В мое́й **гру́ппе** у́чатся два студе́нта из И́ндии, оди́н из Вьетна́ма и оди́н из Брази́лии.

ДЖИМ. Они́ зна́ли ру́сский язы́к, когда́ они́ прие́хали сюда́?

СВЕ́ТА. Нет, они́ зна́ли то́лько «Спаси́бо», «Пожа́луйста» и «Я тебя́ люблю́». Все они́ **це́лый** год° учи́лись на подготови́тельном° факульте́те — занима́лись то́лько ру́сским языко́м.

це́лый... *for a whole year / preparatory*

ДЖИМ. И так хорошо́ вы́учили язы́к за оди́н год? Я учи́л ру́сский язы́к шесть лет.

3. На како́м факульте́те учи́лись иностра́нные студе́нты, когда́ они́ прие́хали в Москву́? (На подготови́тельном факульте́те.) [Point out to students the connection to готовить.] Чем они́ там занима́лись? (Ру́сским языко́м.) Ско́лько раз в неде́лю у них бы́ли заня́тия по ру́сскому языку́? (Ка́ждый день.)

СВЕ́ТА. Но ты учи́л ру́сский язы́к в Аме́рике, а они́ учи́ли его́ здесь. Они́ ещё до́ма зна́ли, что им на́до бу́дет мно́го занима́ться. Они́ занима́лись ру́сским языко́м шесть дней в неде́лю, шесть часо́в ка́ждый день. Ка́ждый день они́ слы́шали ру́сскую речь,° ви́дели ру́сскую **рекла́му**,° смотре́ли ру́сские **фи́льмы**

слы́шали... *heard Russian being spoken / commercials*

и телепередачи, **пытались**° читать русские газеты. Сейчас *tried*
они говорят по-русски очень хорошо, а вначале° им было *at first*
очень трудно: они ничего не могли сказать и ничего не
понимали. Они делали ошибки не только в языке — они не
знали нашей **жизни,**° не понимали многих наших традиций и *life*
часто **попадали впросак.**° попадали... *made blunders*

ДЖИМ. (*Whispers into Tanya's ear.*) Таня, что значит «попадали
впросак»?

ТАНЯ. (*Whispers something back to him.*)

ДЖИМ. Понимаю, спасибо. Света, расскажи, как они попадали
впросак.

— ... расскажу историю с нашим вьетнамцем Нгуеном. Нет,
... *changed my mind*

года или ме...

2. В нашем университете (колледже) есть иностранные студе...
Откуда они — из Японии? Из Китая (*China*)? Из Индии?

3. Вы знаете иностранных студентов в нашем университете?

4. В нашей группе есть иностранные студенты?

5. Вы когда-нибудь приглашали в гости какого-нибудь
иностранного студента? Когда это было?

6. Какой язык должны знать иностранные студенты, которые
учатся в американских университетах? А какой язык вы
должны учить, если вы хотите учиться в Германии (в Мексике,
во Франции)?

7. Сколько раз в неделю вы занимаетесь русским языком?
Сколько часов в день вы им занимаетесь?

8. Вы когда-нибудь пытались читать русскую газету или русский
журнал? Вам было трудно?

9. Вы делаете много ошибок, когда вы говорите по-русски? А
когда вы пишете?

10. Как вы думаете, вы через год будете говорить по-русски
свободно (*fluently*)?

 ГРАММАТИКА И ПРАКТИКА

МНО́ГО VS. МНО́ГИЕ

У нас **мно́го** иностра́нцев.
Мно́гие из них ста́ли
изве́стными музыка́нтами.

We have a lot of foreigners.
Many of them have become
famous musicians.

In the first example, **мно́го** establishes a particular quantity (*a lot of,*
many foreigners). In the second example, **мно́гие** is used to refer to many
members of a particular group. **Мно́гие** is always plural and can be used
as an adjective or a noun: **мно́гие, но не все** (*many, but not all*). Unlike
adverbs of quantity (**мно́го, ма́ло, ско́лько, не́сколько**), which require
that a following noun be in the genitive case, **мно́гие**, when used as an
adjective, is always in the case of the noun that it modifies.

Её роди́тели жи́ли во **мно́гих**
стра́нах.
У **мно́гих** студе́нтов (*genitive*)
есть маши́ны.

Her parents lived in many
countries.
Many students have cars.

Упражне́ние 3.2 (1). 1 - мно́го;
мно́гие; 2 - Мно́гие; 3 - мно́гих;
4 - мно́гих; 5 - мно́гие; 6 - Мно́гие;
7 - мно́гих; 8 - мно́го; мно́гих;
9 - мно́гих

УПРАЖНЕНИЕ 3.2. Мно́го и́ли мно́гие?

Working with a classmate, fill in the blanks with **мно́го** or the appropriate case of **мно́гие**. Then complete the sentence.

1. В на́шем университе́те _____ студе́нтов. _____ из
них...
2. _____ иностра́нцы не зна́ют, что...
3. У _____ студе́нтов нет...
4. Во _____ города́х Аме́рики есть...
5. Ле́том _____ студе́нты рабо́тают...
6. _____ из нас лю́бят...
7. У _____ мои́х друзе́й есть...
8. В на́шем до́ме _____ кварти́р. Во _____ из них...
9. Мой друг быва́л во (*has been in*) _____ стра́нах и говори́т,
что...

Упражне́ние 3.2 (2). Following this
exercise have each student complete this sentence: **Мно́гие**
говоря́т, что... , а я так не ду́маю
(or: **... , а я ду́маю, что э́то не так**).
Elicit several completions from
students. As a further variation,
take a class poll on some of the
propositions put forward by students.

Упражне́ние 3.3. Following this
exercise, have students complete a
similar set of sentences about what
they did the day before. Collect the
sentences and redistribute them so
that no student receives his or her
own schedule. Finally, have students find the writer of the sched-

ule they have
received by
asking other
students ques-
tions based on
that schedule: **Ты вчера́ ходи́л**
(ходи́ла) в спортза́л? В кото́ром
часу́ ты пришёл (пришла́) туда́? А
когда́ ушёл (ушла́)?

УПРАЖНЕНИЕ 3.3. День Ле́ны

Lena has told some friends about her day yesterday. First, assign logical
times (on the hour or the half or quarter hour) to the things she says she
did, then arrange them in chronological order.

EXAMPLE:　В **полседьмóго** онá встáла.

а. _____ В _____ онá вернýлась домóй.
б. _____ В _____ онá пошлá в университéт.
в. _____ В _____ онá пришлá на занятия по английскому языкý.
г. _____ В _____ онá леглá спать (_went to bed_).
д. _____ В _____ онá пошлá в спортзáл.
е. _____ В _____ онá начала дéлать домáшнее задáние.
ж. _____ В _____ онá кóнчила дéлать домáшнее задáние.

_____ ___тракать (_to eat break-_

ЗА + TIME EXPRESSION:　HOW LONG SOMETHING TAKES

Вы так хорошó вы́учили язы́к **за оди́н год**?	_You learned the language that well in (just) a year?_

За + a time expression in the accusative renders how long it takes (took, will take) to accomplish something. Note that both perfective and imperfective verbs may be used, depending on context.

Мы это сдéлаем **за пять минýт**.	_It'll take us five minutes to get that done._
	and
	We'll have that done in five minutes.
Я обы́чно дéлаю домáшнее задáние **за час**.	_It usually takes me an hour to do my homework._

УПРАЖНЕНИЕ 3.4.   **How long does it take?**

How long does it take to do the following things? Complete the sentences
with phrases like **за час, за две неде́ли, за пятна́дцать мину́т,** and so on.

1. Ле́на научи́лась води́ть маши́ну...
2. Вчера́ ве́чером я вы́учил (вы́учила) но́вые слова́ из э́того
   уро́ка...
3. Джим лю́бит гото́вить пи́ццу. Он мо́жет пригото́вить
   пи́ццу...
4. Та́ня зна́ет не́сколько языко́в. Она́ научи́лась говори́ть по-
   францу́зски... , по-италья́нски — ... и по-испа́нски — ...
5. Са́ша сказа́л, что у него́ есть друг, кото́рый зако́нчил
   университе́т...
6. Вчера́ Во́ва до́лжен был вы́учить наизу́сть (*by heart*) два
   стихотворе́ния (*poems*) Пу́шкина, и он их вы́учил о́чень
   бы́стро — ...
7. Контро́льная была́ лёгкая, и Во́ва написа́л её...

УПРАЖНЕНИЕ 3.5.   **Вам бы́ло ве́село?**

You're telling a classmate about some things you and/or your
other friends have done recently. Your classmate asks questions
about those events (some suggestions are given) and you provide
answers.

EXAMPLE: — Мы с друзья́ми встреча́ли Но́вый год у мои́х
                 роди́телей.
             — Вам там бы́ло ве́село?
             — Нет, нам бы́ло о́чень ску́чно.

1. В про́шлом году́ я забы́л
   поздра́вить ба́бушку с днём
   рожде́ния (*wish my grandmother happy birthday*).
2. Я неда́вно прочита́ла пи́сьма
   Че́хова.
3. На про́шлой неде́ле я был
   на ле́кции по археоло́гии.
4. Моя́ подру́га е́здила
   про́шлым ле́том в Евро́пу.
5. Я помо́г своему́ дру́гу
   почини́ть (*to fix*) компью́тер.
6. Вчера́ я весь день смотре́л
   ста́рые фи́льмы.
7. Вчера́ мы ходи́ли в го́сти к
   ру́сским студе́нтам.

Вам (тебе́, ей, э́то и т.д.) бы́ло
...тру́дно?
...интере́сно?
...ску́чно ?
...легко́?
...удо́бно?
...сты́дно?
...поня́тно?
...ве́село

О РОССИИ

История на у́лицах

If our Professor Petrovsky were helping Karl find his way around Moscow or other cities, street names would give him many opportunities for mini-lectures on Russian history.

For instance, **Ле́нинский проспе́кт** is the name of a major street in both St. Petersburg and Moscow. Both were named for **Влади́мир Ильи́ч Ле́нин,** an early leader of the Communist Party. In October 1917 **Ле́нин** guided the **большевики́** in seizing power from a parliamentary government that had ruled since the czar's abdication earlier that year. Until his death in 1924 he was the head of state of the **Сою́з Сове́тских Социалисти́ческих Респу́блик** (СССР—USSR, *The* ... which incorporated most of the former Russian empire.

... is a Moscow

tory. Among other ...

ing the periodic table of the elements now studied by almost every ...

throughout the world.

ДИАЛОГИ

Discussing language study

ДИАЛОГ 3.1. **Како́й язы́к ты учи́ла в шко́ле?**

— Како́й иностра́нный язы́к ты учи́ла в шко́ле?
— Францу́зский.
— А в университе́те?
— Англи́йский.
— Зна́чит, ты свобо́дно (*fluently*) говори́шь на двух[6] языка́х?
— К сожале́нию, я не говорю́ на э́тих языка́х, а то́лько чита́ю.

---

[6] This is the prepositional case form of **два.**

ДИАЛОГ 3.2. Какой язык ты изучала в университете?

— Нина, какой язык ты изучала в университете?
— Английский. В школе я учила французский. В университете я сначала хотела заниматься французским, но потом передумала и решила (*decided*) изучать английский.
— Ты очень хорошо говоришь по-английски. А по-французски ты тоже хорошо говоришь?
— К сожалению, хуже, чем по-английски.

ДИАЛОГ 3.3. Сколько лет вы изучали русский язык?

— Вы давно в России?
— Я приехал (приехала) три месяца назад.
— Вы очень хорошо говорите по-русски. Сколько лет вы изучали русский язык?
— Я изучал (изучала) русский язык пять лет — два года в школе и три года в университете. Здесь у меня много практики — я говорю со своими русскими друзьями только по-русски.

УПРАЖНЕНИЕ 3.6. Ваш диалог

Create a dialogue in which you, an American studying in Moscow, are talking to a Russian friend about your study of Russian before coming to Russia. Mention your adjustment(s) to the language and the culture since your arrival.

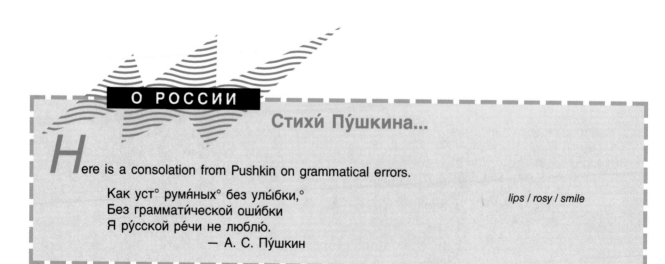

О РОССИИ

Стихи Пушкина...

Here is a consolation from Pushkin on grammatical errors.

Как уст° румяных° без улыбки,°
Без грамматической ошибки
Я русской речи не люблю.
— А. С. Пушкин

lips / rosy / smile

УПРАЖНЕНИЕ 3.7.   **Перево́д**

"Do you have foreign students at the university?"

"Yes, we have a lot of foreigners."

"And do they all know Russian well?"

"Of course. They take classes **(слу́шают ле́кции)** and write term papers in Russian. We even have foreigners who speak Russian almost without an accent."

Упражне́ние 3.7.
— У вас в университе́те есть иностра́нные студе́нты?
— Да, у нас мно́го иностра́нцев.
— И все они́ хорошо́ зна́ют ру́сский язы́к?
— Коне́чно. Они́ слу́шают ле́кции и пи́шут курсовы́е на ру́сском языке́ (по-ру́сски). У нас да́же есть иностра́нцы, кото́рые говоря́т по-ру́сски почти́ без акце́нта.

языка́.)

3. Почему́ дежу́рная в общежи́тии спроси́ла их, кто у́мер? (Потому́ что в Росси́и венки́ с чёрными ле́нтами покупа́ют то́лько на по́хороны.) (By the way, this is a true story.)

Чтение

Им нас не поня́ть!°

(*A week later at Sveta and Tanya's, with Nguyen. Everyone is eating and drinking around a table.*)

Им... *They can't understand us!*

НГУЕ́Н. Джим, вы в Росси́и в пе́рвый раз?

ДЖИМ. Нгуе́н, мы ведь **договори́лись,**° что бу́дем говори́ть друг дру́гу «ты».

agreed

НГУЕ́Н. Да, коне́чно, про́сто мне ну́жно **привы́кнуть**° к э́тому. Ты в Росси́и в пе́рвый раз?

get used to

ДЖИМ. Нет, я уже́ был здесь три го́да наза́д — по **обме́ну,**° когда́ я учи́лся на тре́тьем ку́рсе. Э́то была́ моя́ пе́рвая пое́здка° **за грани́цу.**°

по... *on an exchange program* *trip* за... *abroad*

НГУЕ́Н. Тебе́ бы́ло, наве́рно, гора́здо ле́гче, чем нам. Когда́ ты прие́хал сюда́, ты знал ру́сский язы́к, а мы совсе́м ничего́ не зна́ли. **Пе́рвое вре́мя**° нам бы́ло о́чень тру́дно.

Пе́рвое... *At first*

ДЖИМ. Мне то́же бы́ло тру́дно.

НГУЕ́Н. Но ты, наве́рно, никогда́ не попада́л впроса́к так, как я. Мы с друзья́ми **до сих пор**° **са́ми над собо́й смеёмся,**° когда́ **вспомина́ем**° оди́н **слу́чай.**°

до... *even now* / са́ми... *laugh at ourselves* *recall* / *incident*

Чтение: смеёмся. The saying Хорошо́ смеётся тот, кто смеётся после́дним (*He who laughs last laughs best*) might help students learn the verb смея́ться.

ТА́НЯ.   Расскажи́, Нгуе́н.

НГУЕ́Н.   Сейча́с расскажу́. Это случи́лось че́рез ме́сяц **по́сле**° моего́ прие́зда° в Москву́. В нача́ле октября́ был пра́здник — День учи́теля. Моя́ гру́ппа **реши́ла**° подари́ть цветы́ на́шей преподава́тельнице ру́сского языка́. Мы пошли́ на **ры́нок**.° Там бы́ло мно́го краси́вых цвето́в, но бо́льше всего́ нам понра́вился вено́к° из цвето́в с краси́выми чёрными ле́нтами.° Мы реши́ли его́ купи́ть. **Продаве́ц**° спроси́л, что написа́ть на венке́. Мы сказа́ли ему́, чтобы он написа́л и́мя на́шей преподава́тельницы — Ири́на Серге́евна. Он написа́л **золоты́ми**° бу́квами: «Дорого́й Ири́не Серге́евне от студе́нтов». Мы заплати́ли де́ньги и пришли́ с венко́м в общежи́тие. Когда́ дежу́рная° уви́дела вено́к, она́ спроси́ла у

after
arrival
decided
market

wreath
ribbons / The sales clerk

gold

woman on duty

— Цветы́ мы покупа́ем на ры́нке.

нас, кто **у́мер**.° И тут мы узна́ли, что таки́е венки́ в Росси́и покупа́ют то́лько на **по́хороны**.°[7] (*Everybody laughs.*)

died
funeral

СА́ША. Что же вы подари́ли Ири́не Серге́евне?

НГУЕ́Н. Мы пое́хали ещё раз на ры́нок и купи́ли Ири́не Серге́евне **кра́сные**° и **жёлтые**° ро́зы.

red / yellow

ДЖИМ. Да, Нгуе́н, я тебе́ **сочу́вствую**.° Вам о́чень повезло́, что дежу́рная уви́дела вено́к! (*Motions in the direction of Sveta, Tanya, and Sasha, who are still laughing.*) Им нас не поня́ть!

sympathize

УПРАЖНЕ́НИЕ 4.1 **Вопро́сы и отве́ты**

де́лается. ...

5. В Аме́рике при́нято приноси́ть цветы́ на по́хороны. ...
цвето́в?

О РОССИИ

На ры́нке

Nguyen mentions going to a market (*ры́нок*) to buy flowers. Farmers' markets in big cities and elsewhere existed even under the Soviet regime, but the number of private sellers—at large, well-established markets, on city squares, at crosswalks, near metro stops, and even outside stores—has exploded since then. All kinds of things are sold: foodstuffs, flowers, cigarettes, newspapers, clothing, footwear. Some markets are specialized: cleaning supplies, building materials, pets. Others provide greater variety. Although bargaining for price at these markets is not the rule, it is not unknown, especially among older people. Often the seller names a price, but then lowers it if a potential customer begins to walk away.

---

[7] **По́хороны** is a plural-only noun.

ГРАММАТИКА И ПРАКТИКА

ДРУГ ДРУ́ГА: *EACH OTHER*

Нгуе́н, мы ведь договори́лись,
что бу́дем говори́ть **друг
дру́гу** «ты».

Лю́ди ча́сто остана́вливают
друг дру́га, что́бы спроси́ть
что́-нибудь.

*Nguyen, we agreed to say "ty"
to each other.*

*People frequently stop each
other to ask something.*

In this phrase the first **друг** never changes; the second one shows the
appropriate case ending, which is always masculine singular. If a preposition is involved, it goes between the two words: **Они́ всегда́ ду́мают
друг о дру́ге.** (*They're always thinking about each other.*)

УПРАЖНЕ́НИЕ 4.2.   **Немно́го о себе́**

Which of the following verbs and phrases could you use in sentences
about yourself, your friends, or your family?

EXAMPLE: Мой брат и моя́ сестра́ не понима́ют друг дру́га.

...друг дру́га... (ждать; понима́ть; ви́деть; люби́ть)

...друг о дру́ге... (волнова́ться [*worry*]; ду́мать; по́мнить;
говори́ть)

...друг дру́гу... (звони́ть; меша́ть; нра́виться; расска́зывать обо
всём; ве́рить; писа́ть пи́сьма; задава́ть вопро́сы; покупа́ть
пода́рки)

...друг для дру́га... (мно́го де́лать; покупа́ть проду́кты)

...друг над дру́гом... (смея́ться)

...друг у дру́га... (проси́ть сове́та)

...друг с дру́гом... (ча́сто разгова́ривать по телефо́ну)

УПРАЖНЕ́НИЕ 4.3.   **Ско́лько сантиме́тров…?**

How well do you know your weights and measures? Answer with exact
figures.

1. В одно́м килогра́мме _____ грамм.
2. В одно́й ми́ле _____ фу́тов.
3. В одно́й ми́ле _____ я́рдов.
4. Оди́н метр — э́то _____ сантиме́тров.
5. В одно́м до́лларе _____ це́нтов.
6. В одно́м фу́нте (*pound*) _____ гра́мма.

Упражне́ние 4.3 (1). 1 - ты́сяча;
2 - пять ты́сяч две́сти
во́семьдесят; 3 - ты́сяча семьсо́т
шестьдеся́т; 4 - сто; 5 - сто;
6 - четы́реста пятьдеся́т четы́ре;
7 - шестьдеся́т; шестьдеся́т;
8 - три́дцать два

Упражне́ние 4.3 (2). Although the
regular **-ов** ending is correct for the
genitive plural (**гра́ммов,
килогра́ммов**), the preferred form
is now **грамм, килогра́мм**—for
example, **пять грамм, де́сять
килогра́мм.**

7. В одно́м ча́се _____ мину́т, а в одно́й мину́те —
_____ секу́нд.

8. Ноль по Це́льсию (*Celsius*) — э́то _____ по
Фаренге́йту.

THE ART OF CONVERSATION: A TOUCH OF "CLASS"

The word "class" (in its academic senses) is rendered in various ways in
Russian, depending on what you are saying.

~~~~~ school use **уро́к**. The plural **уро́ки** can

2. To refer generally to a college-level class or classes, use ~~
(neuter plural).

Мне пора́, я опозда́ю на заня́тия.	*I have to go; I'll be late to class.*
Мне на́до гото́виться к заня́тиям.	*I have to get ready for class.*
Вчера́ на заня́тиях по ру́сскому языку́ мы говори́ли о Петре́ I.	*Yesterday in Russian class we talked about Peter the First.*
По́сле заня́тий мы с друзья́ми ча́сто хо́дим в кафе́.	*After classes my friends and I often go to a cafe.*

В общежи́тии Моско́вского университе́та.

3. Use **лékция** or **семинáр** to refer to particular types of classes.

В 9 часóв у меня лéкция по фúзике.	*At 9:00 I have a physics lecture.*
Днём у меня семинáр по истóрии.	*In the afternoon I have a history seminar.*

4. To refer to your classmates as a group, use **грýппа**.

В моéй грýппе мнóго инострáнцев.	*In my class (section) there are many foreigners.*

УПРАЖНЕНИЕ 4.4.   **О вáшем университéте**

A Russian student journalist is interviewing you about your college or university. If you don't know the answer to a question, make a reasonable approximation.

1. Скóлько студéнтов в вáшем университéте (коллéдже)? А профессорóв?
2. Скóлько стóят учéбники (*textbooks*) на одúн семéстр?
3. Вы получáете стипéндию (*scholarship*)? Скóлько вы получáете в год (в семéстр, в мéсяц)?
4. Скóлько вы плáтите за обучéние (плáта за обучéние = *tuition*) в университéте?
5. Скóлько вáши студéнты обы́чно плáтят за квартúру? А за общежúтие?
6. Как вы дýмаете, скóлько книг в библиотéке вáшего университéта?
7. Скóлько студéнтов в вáшей грýппе по рýсскому языкý?
8. Скóлько кýрсов вы слýшаете в э́том семéстре?

В КАКÓМ ГОДÝ?   USING ORDINAL NUMERALS

Я в пéрвый раз поéхала за гранúцу в 1994 (ты́сяча девятьсóт девянóсто **четвёртом**) годý.	*I went abroad for the first time in 1994.*

To tell in what year something occurred you use ordinal numerals. Russians rarely write these numerals as words, but you must understand them when spoken and be able to say them accurately.

Here they are for review:

11th	одúннадцатый	20th	двадцáтый
12th	двенáдцатый	30th	тридцáтый
13th	тринáдцатый	40th	сороковóй
14th	четы́рнадцатый	50th	пятидесáтый
15th	пятнáдцатый	60th	шестидесáтый
16th	шестнáдцатый	70th	семидесáтый
17th	семнáдцатый	80th	восьмидесáтый
18th	восемнáдцатый	90th	девянóстый
19th	девятнáдцатый	100th	сóтый

To say *in* (*a certain year*), the construction is **в** + ordinal (in prepositional case) + **году́**. Note that only the last element of the numeral shows the ordinal case ending.

> — Моя́ сестра́ родила́сь в 1980 (ты́сяча девятьсо́т **восьмидеся́том**) году́.
>
> *"My sister was born in 1980."*

In speech Russians often leave out "19-" from the year when there is no chance of confusion with another century.

> — Моя́ сестра́ родила́сь в **восьмидеся́том**[8] году́.
>
> *"My sister was born in '80."*

*(or **в** for plural

> (*I'll graduate*)...

> в 2001 (две ты́ся... году́.
> в 2002 (две ты́сячи второ́м) году́.
> в 2003 (две ты́сячи тре́тьем) году́.

УПРАЖНЕНИЕ 4.5.   **Совреме́нная (*modern*) исто́рия**

In addition to being able to give your own birth year in Russian, can you express when the following events of the 20th century occurred?

> EXAMPLE: В како́м году́ откры́ли (*discovered*) пеницилли́н? (1929)
> → Пеницилли́н откры́ли в ты́сяча девятьсо́т два́дцать девя́том году́.

1. В како́м году́ вы родили́сь? — Я роди́лся (родила́сь) в _____ году́.
2. В како́м году́ Ле́нин и большевики́ взя́ли власть (*power*) в Росси́и? (1917)
3. В како́м году́ появи́лось (*appeared*) звуково́е кино́? (1927)
4. В како́м году́ у́мер Э́лвис Пре́сли? (1977)
5. В како́м году́ уби́ли президе́нта Ке́ннеди (*was President Kennedy killed*)? (1963)
6. В како́м году́ ко́нчилась Втора́я мирова́я война́ (*World War II*)? (1945)

Упражне́ние 4.5. Try a "Borsch Bowl": Divide the class into кома́нда А and кома́нда Б (or they can pick names: Спарта́к, Торпе́до, Локомоти́в, Дина́мо, and so on). Have each кома́нда make up questions (and provide answers) of their own on index cards. (Not all questions need involve dates. Suggest categories such as history, geography, science, movies, sports, the arts, famous people, and so on.) Collect the questions and review them overnight for correct Russian. The next day have each group choose three individuals to represent their кома́нда. You or one of your better students can serve as moderator to pose a кома́нда А question to кома́нда Б, then the reverse. The first кома́нда to answer ten (or some other predetermined number) questions correctly wins.

---

[8] Russians have no written equivalent of our abbreviated form of years and decades ('94, '80s). Such words can be expressed in words, but not in figures.

7. В каком году был первый полёт (*flight*) человека в космос? (1961)
8. В каком году был первый концерт «Битлзов» в Америке? (1964)
9. В каком году началась Первая мировая война? (1914) А в каком году она кончилась? (1918)
10. В каком году появились первые настольные (*desktop*) компьютеры? (1977)

Космонавт Валентина Терешкова.

ГОВОРЯ́Т, ЧТО... : SUBJECTLESS ОНИ́ FORMS

Такие венки в России **покупают** только на похороны.	*Such wreaths are bought in Russia only for funerals.* or *They buy wreaths like this in Russia only for funerals.*

Contemporary Russian frequently uses subjectless verbs in the **они** form to express statements with no specific subject.

Говоря́т, что завтра будет дождь.	*It's supposed to rain tomorrow.* or *They say it will rain tomorrow.*
В России очень **любят** футбол.	*Soccer is very popular in Russia.* or *In Russia they really like soccer.*
Что об этом **пишут** в газетах?	*What's being written (what are they writing) about this in the papers?*

УПРАЖНЕНИЕ 4.6. Немного об Америке

As a foreign student in Russia you'll be asked many questions about your country. What kinds of general statements can you make?

1. В американских газетах сейчас много пишут о(б) _____.
2. У нас любят смотреть _____ по телевизору.
3. В Америке играют в _____, но не играют в _____.
4. Говоря́т, что в Америке много _____, но это не так.
5. У нас часто дарят _____ на Рождество.
6. У нас по телевизору часто показывают _____.

ДИАЛОГИ

ДИАЛОГ 4.1. **Что вы мо́жете мне посове́товать (*advise me to do*)?**

(Asking for advice)

— Вам бы́ло тру́дно, когда́ вы в пе́рвый раз прие́хали в Москву́?
— О́чень тру́дно, потому́ что я пло́хо знал (зна́ла) ру́сский язы́к.

ДИАЛОГ 4.2. **День учи́теля**

(Choosing a gift of appreciation)

— Нам о́чень нра́вится на́ша преподава́тельница ру́сского языка́. Мы хоти́м подари́ть ей цветы́.
— Че́рез неде́лю бу́дет пра́здник — День учи́теля. Все преподава́тели лю́бят, когда́ студе́нты да́рят им цветы́ в э́тот день. А у вас в Аме́рике то́же есть тако́й пра́здник?
— По-мо́ему, нет.
— Жаль. Зна́чит, ва́ши преподава́тели не зна́ют, лю́бят их студе́нты и́ли нет?

ДИАЛОГ 4.3   Где вы рабóтаете в Москвé?

(Getting acquainted)

— Где вы рабóтаете в Москвé?
— В телекомпáнии CNN.
— Вы здесь с семьёй?
— Да, моя́ женá (мой муж) рабóтает в рýсско-америкáнской фи́рме, а дéти ýчатся в рýсской шкóле.
— Вáши дéти бýдут óчень хорошó говори́ть по-рýсски.
— Почемý «бýдут»? Они́ ужé прекрáсно говоря́т.

УПРАЖНЕНИЕ 4.7.   Ваш диалóг

Create a dialogue in which you describe to a Russian friend a cultural faux pas that a foreign student friend of yours once made in America.

УПРАЖНЕНИЕ 4.8.   Перевóд

"Were you at the market yesterday?"
"Yes, I had to buy some flowers for our teacher. There were a lot of flowers there. I bought the prettiest ones—red and yellow roses. There were also (ещё) wreaths made of flowers there."
"It's good that you didn't buy a wreath! In Russia they buy such wreaths only for funerals."

Упражнение 4.8.
— Вы бы́ли вчерá на ры́нке (or: ходи́ли вчерá на ры́нок)?
— Да, мне нýжно бы́ло купи́ть цветы́ для нáшей преподавáтельницы (нáшей преподавáтельнице). Там бы́ло мнóго цветóв. Я купи́л (купи́ла) сáмые краси́вые — крáсные и жёлтые рóзы. Ещё там бы́ли венки́ из цветóв.
— Хорошó, что вы не купи́ли венóк. Таки́е венки́ в Росси́и покупáют тóлько на пóхороны.

НОВЫЕ СЛОВА

Nouns

грýппа	group; section; class (at a university, etc.)
жизнь *f.*	life
консерватóрия	conservatory
контрóльная *noun, declines like adj.*	test; quiz
музыкáнт	musician
обмéн	exchange
половина	half
продав(é)ц (*gen. sing.* продавцá)/продавщи́ца	sales clerk

реклáма	1. advertising; 2. commercial; advertisement
ры́н(о)к	market
слýчай	incident
ýг(о)л (*gen. sing.* углá, *prep. sing.* в углý, на углý)	corner
фильм	film; movie
чéтверть (*gen. pl.* четвертéй)	quarter
числó (*pl.* чи́сла, *gen. pl.* чи́сел)	1. number; 2. (day of month) date
шофёр	driver; chauffeur

Adjectives

бéлый	white
жёлтый	yellow
золотóй	gold; golden
извéстный (извéстен, извéстна)	well-known

красный	red
свобо́дный (свобо́ден, свобо́дна)	free
то́лстый	fat; stout
це́лый	whole

Numerals

со́тый	100th
ты́сячный	1,000th
двухты́сячный	2,000th
миллио́нный	1,000,000th

Verbs

A translation is listed after the perfective only if it differs from the imperfective. "X" indicates that a paired verb exists but has not yet been presented as active vocabulary. "None in this meaning" indicates that there is no perfective for the meaning given here. "None" indicates that there is no aspectual counterpart for this verb.

е́здить (е́зжу, е́здишь) *multidir. of* **е́хать**	to go (by vehicle); to ride; to drive	None
подходи́ть (подхожу́, подхо́дишь)	to walk up to; to go over to	подойти́ (подойду́, подойдёшь; *past* подошёл, подошла́, подошло́, подошли́)
получа́ться (*3rd pers. only*)	to turn out	получи́ться (*3rd pers. only* полу́чится)
привыка́ть (к + *dat.*)	to get used to	привы́кнуть (привы́кну, привы́кнешь; *past* привы́к, привы́кла, привы́кло, привы́кли)
пыта́ться	to try; to attempt	попыта́ться
реша́ть	to decide	реши́ть (решу́, реши́шь)
смея́ться (смею́сь, смеёшься)	1. to laugh; 2. (над + *instr.*) to laugh at; to make fun of	None
умира́ть	to die	умере́ть (умру́, умрёшь; *past* у́мер, умерла́, у́мерло, у́мерли)
ходи́ть (хожу́, хо́дишь) *multidir. of* **идти́**	1. to go; 2. to walk	None

Adverbs

никуда́	nowhere; not . . . anywhere
скоре́е	quickly; as quickly as possible

Other

за (+ *acc.* to indicate how long it takes to complete something)	in; it takes . . .
ла́дно	okay
ни... ни	neither . . . nor; (negation +) either . . . or
о́коло (+ *gen.*)	near; close to
по́сле (+ *gen.*)	after
ра́ди (+ *gen.*)	for (the sake of)

Idioms and Expressions

без че́тверти три	a quarter to three
Бо́же мой!	My goodness!
будь добр (добра́), бу́дьте добры́	would you mind . . .; if you don't mind
(быть) в гостя́х	(to be) visiting
до сих пор	until now; even now
за грани́цу	abroad
Им нас не поня́ть.	They can't understand us.
пе́рвое вре́мя	at first
по обме́ну	on an exchange program; as an exchange student
пое́здка за грани́цу	a trip abroad
пое́хать за грани́цу	to go abroad
попада́ть/попа́сть впроса́к	to make a blunder

пригласи́ть (+ *acc.*) **в го́сти**	to invite (someone) over
че́тверть седьмо́го	a quarter past six
Что случи́лось?	What happened?

Topics

Colors: **бе́лый, голубо́й** (*light blue*), **жёлтый, зелёный** (*green*), **золото́й, кра́сный, се́рый** (*gray*), **си́ний** (*dark blue*), **чёрный**

Visiting: **пригласи́ть в го́сти, идти́/пойти́ в го́сти, быть в гостя́х, е́здить к друзья́м; а́дрес, но́мер телефо́на; е́хать, пое́хать, прие́хать, авто́бус, авто́бусная остано́вка, после́дняя остано́вка, тролле́йбус, стоя́нка такси́, у́гол Лесно́й и Пу́шкинского проспе́кта, телефо́н-автома́т; встре́тить, привести́; есть сала́т из тунца́ (пи́ццу, десе́рт...), пить чай (ко́фе, вино́...), разгова́ривать о поли́тике (о спо́рте...), смотре́ть телеви́зор, петь, танцева́ть**

Studying a foreign language: **учи́ть ру́сский (францу́зский, испа́нский...) язы́к, занима́ться ру́сским (францу́зским, испа́нским...) языко́м, занима́ться ру́сским языко́м два часа́ в день, (хорошо́) знать ру́сский язы́к, (хорошо́) говори́ть по-ру́сски, писа́ть друзья́м по-ру́сски; заня́тия по ру́сскому языку́, ле́кция по исто́рии Росси́и; контро́льная, экза́мен; смотре́ть ру́сские фи́льмы и телепереда́чи, чита́ть ру́сские газе́ты (журна́лы, кни́ги), слу́шать ра́дио и кассе́ты; подготови́тельный факульте́т, студе́нт, аспира́нт**

Но́вые слова́: **Idioms and expressions.** До́ сих пор (note stress) is also correct.

5
УРОК

СКОРЕЕ ВЫЗДОРАВ-ЛИВАЙТЕ!

а. — Дыши́те. Ещё.
б. — Вам лу́чше?
в. — Вам не бо́льно?

In this chapter you will learn

- ▲ more about comparisons
- ▲ to express the means by which something is done
- ▲ expressions associated with health
- ▲ more about using negatives
- ▲ to use the partitive genitive
- ▲ more about imperatives
- ▲ more about reflexive verbs
- ▲ more on expressions of quantity
- ▲ to express *from*
- ▲ more about expressing future action
- ▲ about the Russian health care system

ЧАСТЬ ПЕРВАЯ

Discussion starters (see also WB/LM).
1. Где бáбушка встрéтила профéссора Петрóвского? (На ýлице. *Or:* Когдá он выходúл úз дому.)
2. Чем бáбушка лéчит своегó мýжа? (Домáшними срéдствами.)
3. Какúе продýкты нужнý профéссору Петрóвскому? (Молокó, минерáльная водá и хлеб.)
4. Зачéм профéссор Петрóвский звонúт Шýре в университéт? (Чтóбы попросúть её отменúть его семинáр. *Or:* Чтóбы онá отменúла его семинáр.)

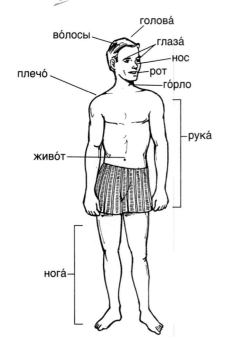

головá

вóлосы

глазá

нос

рот

гóрло

плечó

рукá

живóт

ногá

Он чихáет.

Он кáшляет.

Онá принимáет лекáрство.

Чтение

Домáшний° дóктор

home

(*The professor greets Grandma Kruglov as he is on his way out of the building.*)

ПРОФÉССОР. Здрáвствуйте, Алексáндра Николáевна. (*Sneezes.*) Простúте.

БÁБУШКА. **Бýдьте здорóвы,°** Илья́ Ильúч.

Бýдьте... *Bless you!*

ПРОФÉССОР. Спасúбо. (*Sneezes again.*)

БÁБУШКА. А вы, я вúжу, **сúльно простудúлись**.° Зачéм вы на ýлицу вы́шли?

сúльно... *caught a bad cold*

Чтение: ра́зве. Both **ра́зве** and **неуже́ли** mark that the speaker doubts the validity of what's said. **Неуже́ли** is the more emphatic of the two.

Чтение: боле́ет. For describing illness, **боле́ть** is the most general verb; it can refer to temporary or chronic states, and if used with a complement, takes the instrumental (**Моя́ ма́ма боле́ет** and **Сестра́ боле́ет гри́ппом**). **Больно́й** is more often used to refer to chronic states (**У него́ больно́й оте́ц.** [*His father's in poor health.*]), while **бо́лен** refers to transitory ailments (**Све́та, что с** *…? [Sveta, what's*

ПРОФЕ́ССОР.	Мне ну́жно купи́ть ко́е-каки́е° проду́кты.	*some*
БА́БУШКА.	Ах, Илья́ Ильи́ч, **ра́зве так мо́жно**°? В го́роде эпиде́мия **гри́ппа**.° Возвраща́йтесь неме́дленно° домо́й. Я куплю́ вам всё, что ну́жно. Мой Степа́н Евге́ньевич то́же **боле́ет**.° Я его́ **лечу́**° дома́шними **сре́дствами**.° Они́ лу́чше **любы́х**° **лека́рств**.° Е́сли хоти́те, я вас то́же могу́ **полечи́ть**.	**ра́зве…** *how could you possibly do that?* *flu / immediately* *is sick / treat* / дома́шними… *home remedies* *any / medicines*
ПРОФЕ́ССОР.	Спаси́бо, Алекса́ндра Никола́евна, но мне нело́вко° вас **беспоко́ить**.°	мне… *I feel uncomfortable to bother*
БА́БУШКА.	**Никако́го беспоко́йства.**° Я вас **вы́лечу**° лу́чше, чем любо́й врач. Вот уви́дите. Иди́те домо́й, а я к вам приду́ че́рез полчаса́. Хорошо́?	Никако́го… *It's no trouble at all. / will cure*
ПРОФЕ́ССОР.	Хорошо́. **Открове́нно говоря́,**° я действи́тельно пло́хо **себя́ чу́вствую**.°	Открове́нно… *Frankly speaking* пло́хо… *don't feel well*
БА́БУШКА.	Ну вот, я же ви́жу. Что вам купи́ть в магази́не?	
ПРОФЕ́ССОР.	Молоко́, минера́льную во́ду[1] и хлеб, пожа́луйста.	
БА́БУШКА.	Всё куплю́. А вы иди́те домо́й. Вы **температу́ру ме́рили**?°	Вы… *Did you take your temperature?*
ПРОФЕ́ССОР.	Сего́дня не ме́рил, а вчера́ была́ норма́льная.	
БА́БУШКА.	Так э́то же бы́ло вчера́! На́до изме́рить сего́дня! (*Looks at him closely.*) Я уве́рена, что у вас высо́кая температу́ра.	
ПРОФЕ́ССОР.	(*At home, trying to telephone his office.*) Э́то Шу́рочка? Что? **Не туда́ попа́л**?° Извини́те. (*Redials.*) Здра́вствуйте, Шу́рочка, э́то Илья́ Ильи́ч. Я, ка́жется, заболе́л. Да, наве́рно, грипп. Шу́рочка, у меня́ к вам про́сьба. У меня́ в четы́ре часа́ семина́р — отмени́те° его́, пожа́луйста. Нет, спаси́бо, мне ничего́ не ну́жно. До свида́ния.	Не туда́… *Did I get the wrong number?* *cancel*

---

[1] Note the stress change from the nominative (**вода́**).

6. Как вы сегодня поедете домой — машиной, автобусом или на метро?

7. Кем вы хотите стать, когда закончите университет?

8. Вы когда-нибудь занимались бизнесом? Каким бизнесом вы занимались?

THE ART OF CONVERSATION: WHEN SOMEONE HAS A COLD

Here are some things you might say to someone who is ill.

Как вы себя чувствуете?	*How are you feeling?*
Бу́дьте здоро́вы! Будь здоро́в (здоро́ва)!	*Gesundheit! Bless you!* (when someone sneezes)
Что у вас боли́т?	*Where do you hurt?*
Вы си́льно простуди́лись.	*You've caught a bad cold.*
Ско́рее выздора́вливайте!	*Get well soon!*

УПРАЖНЕНИЕ 1.5.   Бу́дьте здоро́вы!

Give an appropriate response or ask an appropriate question for each of the following situations:

1. A male friend sneezes.
2. A female friend sneezes.
3. A teacher sneezes.
4. Your best friend looks ill. Ask how he or she feels.
5. An older acquaintance returns to work after being ill for three days.
6. You have a bad headache. Your teacher asks «**Как вы себя чувствуете?**»
7. Your leg (**нога́**) aches. Your friend asks «**Как ты себя чувствуешь сегодня?**»

ДИАЛОГИ

ДИАЛОГ 1.1.   Что тебе́ купи́ть?

(Offering assistance)

— Я иду́ в магази́н. Что тебе́ купи́ть?

— Купи́ мне, пожа́луйста, хлеб и молоко́.

— Ско́лько тебе́ купи́ть молока́?

Диалог 1.1 (1): **Ско́лько тебе́ купи́ть молока́?** This is a highly idiomatic, conversational construction. A more standard construction would be **Ско́лько молока́ тебе́ купи́ть?**

БА́БУШК

— Два паке́та.
— А хле́ба?
— Купи́ мне кру́глый (*round*) чёрный.

БО́В

БА́БУШК

БО́Е

ДИАЛОГ 1.2. **Вы больны́?**

(Inquiring about health)

БА́БУШК

— Ве́ра Никола́евна, что с ва́ми (*what's the matter with you*)? Почему́

Диало́г 1.1 (2): Два паке́та. In Russia, milk is packaged in a variety of ways. In addition to bottles and (in rural areas) customer-supplied containers, newer packaging includes waxed or plastic-lined cartons and plastic pouches. The newer packages are generically referred to as **паке́ты** and come in half or full liter sizes.

ДИАЛОГ 1.3. **Дома́шние сре́дства**

(**Разгово́р по телефо́ну:** Inquiring about health)

— Серёжа, э́то ты? Почему́ у тебя́ тако́й стра́нный го́лос (*voice*)?
— Я бо́лен. О́чень си́льно простуди́лся.
— Я не зна́ла, что ты бо́лен. Ты давно́ боле́ешь?
— Уже́ не́сколько (*several*) дней.
— Ты у врача́ был?
— У меня́ есть дома́шний врач. Меня́ ле́чит ба́бушка: она́ зна́ет все дома́шние сре́дства и говори́т, что они́ лу́чше любы́х лека́рств.

УПРАЖНЕНИЕ 1.6. **Ваш диало́г**

Create a dialogue in which you encounter a friend on the street or in class. Your friend seems to be coming down with something. Offer to help.

УПРАЖ

1. К
   (с
   п

2. Е
   о

3. В

4. В

УПРАЖНЕНИЕ 1.7. **Перево́д**

"What's (the matter) with you?"
"I've gotten sick. I probably have the flu."
"Have you taken your temperature?"
"In the morning my temperature was normal, but now I don't know."
"You need to take your temperature again. Do you have aspirin at home?"
"I'm not sure."
"Okay. Go home, and I'll go to the drugstore and buy you some aspirin."
"Thanks a lot."

Упражнение 1.7.
— Что с тобо́й?
— Я заболе́л. Наве́рно, у меня́ грипп.
— Ты ме́рил(а) температу́ру?
— У́тром температу́ра была́ норма́льная, а сейча́с — не зна́ю.
— На́до изме́рить температу́ру ещё раз. У тебя́ до́ма есть аспири́н?
— Не уве́рен(а).
— Хорошо́. Иди́ домо́й, а я пойду́ в апте́ку и куплю́ тебе́ аспири́н.
— Большо́е спаси́бо.

ПРОФÉССОР. Неужéли э́то всё лека́рства?

БА́БУШКА. Вы посмотри́те, каки́е э́то лека́рства. Их в **апте́ке**° не продаю́т. (*Retrieves from the bag a large saucepan, a basin, a towel, glass jars, and paper bags.*)

drugstore

ПРОФÉССОР. Что э́то?

БА́БУШКА. Э́то моя́ дома́шняя апте́ка. Вы ведь не то́лько **чиха́ете**.° У вас **на́сморк**,° **ка́шель**,° вам тру́дно говори́ть.° Как вы бу́дете ле́кции чита́ть°?

sneeze
runny nose / cough / вам...
you're having trouble talking
ле́кции... to give lectures

ПРОФÉССОР. Да, э́то больша́я пробле́ма.

БА́БУШКА. Сейча́с я бу́ду вас лечи́ть. У меня́ свой **ме́тод**. Я так всегда́ лечу́ моего́ Степа́на Евге́ньевича.

(*Pours hot water into the basin and sprinkles in mustard. Places the basin underneath the table. Puts the saucepan on the table. The professor follows her movements, looking bewildered.*)

БА́БУШКА. Ся́дьте на стул, **сними́те**° носки́° и опусти́те° **но́ги**° в во́ду.

take off / socks / lower / feet

ПРОФÉССОР. О́чень **горячо́**°!

hot

БА́БУШКА. Ничего́, ничего́! Тепе́рь сними́те руба́шку,° я **поста́влю**° вам на **спи́ну**° горчи́чники.° Прекра́сное сре́дство от **просту́ды**.° (*Puts mustard plasters on the professor's back, covers them with a towel, and places a bathrobe over everything. Points to the saucepan.*) А тепе́рь сними́те кры́шку.° (*The professor takes the lid off the saucepan, releasing a cloud of steam.*)

shirt / will put
вам... on your back / mustard plasters[4]
от... for a cold

lid

ПРОФÉССОР. Что э́то? Горя́чая карто́шка? Что с ней де́лать?

БА́БУШКА. Илья́ Ильи́ч, э́то лека́рство от ка́шля! Опусти́те **го́лову**° и дыши́те.° Я вам обеща́ю, что ка́шель **пройдёт**.°

head
breathe / will pass

(*The professor obediently lowers his head over the saucepan; Grandma Kruglov covers his head with a towel. The doorbell rings.*)

Чте́ние: горя́чая карто́шка. There are at least three hypotheses about why this remedy specifies water with boiled potatoes rather than simply water (your students may offer others): (1) economics: if you're going to boil water anyway, you might as well cook something that can be eaten; (2) physics: water loses its heat relatively quickly, whereas potatoes will hold it longer; (3) comfort: vapor emanating from boiling water alone can seem very harsh—the scent of boiled potatoes may make the vapor more pleasant.

---

[4] A mustard plaster—a piece of paper treated with mustard powder that turns into a paste when dipped into hot water—was also a common home cold remedy in the United States in the early part of the 1900s.

Past: x

Present: x

Future: x

An idiomatic use of

(*Thanks, that's enou*

plate with food or y

УПРАЖНЕНИЕ 4.

БА́БУШКА. Не **беспоко́йтесь,**° Илья́ Ильи́ч, я откро́ю. (*Opens door.*) Пожа́луйста, проходи́те. — *worry*

(*Jim enters the room and looks with dismay at the professor.*)

ДЖИМ. Илья́ Ильи́ч, **что с ва́ми**°? (*The professor motions that he cannot speak.*) — *что... what's the matter with you?*

БА́БУШКА. Джим, профе́ссор сейча́с не мо́жет разгова́ривать. Я его́ лечу́.

ДЖИМ. Я никогда́ тако́го **ра́ньше**° не ви́дел. Э́то не **опа́сно**°? — *before / dangerous*

соль *f.*

столы́

EXAMPLE: — У

— (

1. У нас в обще

2. Когда́ мы бь

3. В мое́й ко́мн

4. Я хоте́л(а) к

5. У нас в кафе́

6. В на́шем го́р

7. В на́шем ми

1. Вы зна́ете каки́е-нибудь сре́дства

2. Каки́е вы зна́ете лека́рства от ка́шля?

3. Вы обы́чно ле́читесь дома́шними сре́дствами и́ли лека́рствами, кото́рые мо́жно купи́ть в апте́ке?

4. Вы ча́сто звони́те свои́м друзья́м (хо́дите к свои́м друзья́м), когда́ они́ боле́ют?

5. Ваш друг заболе́л (Ва́ша подру́га заболе́ла). Что ему́ (ей) ну́жно? Что вы ему́ (ей) принесёте? (Каки́е лека́рства? Каки́е проду́кты?)

ПУСТЬ ОН К
IMPERATIVES

Когда́ Во́ва

пусть он к

лека́рство

Пусть + a third-pe

renders *Let (Have)*

construction **Дава́**

that renders *Let m*

Дава́йте я о

шампа́нск

Пу́сть Са́ша

шампа́нск

О РОССИИ

Health care in Russia

Folk medicine is still popular among many Russians. This may be due in part to the fact that standard medical care in Russia has not been consistently available in areas outside major population centers. Since 1991—the beginning of the post-Soviet era—many commercial clinics have opened, and this trend may spread. It remains to be seen, however, whether these clinics will provide better overall medical care in the near future. Meanwhile, many Russians continue to rely on crowded government clinics and their tried-and-true **дома́шние сре́дства**. Although some of these home remedies may strike many foreigners as strange, we should remember that folk medicine has yielded many useful drugs now widely accepted in standard medical practice.

8. Каки́е лека́рст
a prescription)?
9. Как до́лго вы
три дня? Неде́

У

Y
a s
W
the

When Russia
place of work and
days. Rather, they
clinic, affirming tha
ный лист, notes
While on the **бол**
salary. When the
more often, she w
so. This is what S
вас на рабо́ту».

А

Im
is
tiv
ord
tio
mo

ВРАЧЕ́Й НЕ
AND THE GEN

В го́роде эпи
враче́й не

For
by

In addition to adve
немно́го, ско́лько,
sufficient) does so
singular if it is a m
milk) and in the ge
компью́теров (We
this verb are virtua

⁵ The
to E

УПРАЖНЕ́НИЕ 4.3. **Я не хочу́…**

Which of the following would you rather not do? Have a friend offer an alternative.

EXAMPLE: идти́ в поликли́нику →
— Я не хочу́ идти́ в поликли́нику.
— Пра́вильно. Пусть Ви́ктор идёт в поликли́нику.

гото́вить обе́д	танцева́ть вокру́г ёлки
писа́ть сочине́ние (*composition*)	сиде́ть на полу́
встреча́ть иностра́нного го́стя	идти́ на конце́рт рок-му́зыки
гуля́ть с соба́кой	

ИЗ, С, ОТ + GENITIVE: EXPRESSING *FROM*

В мое́й гру́ппе у́чатся два студе́нта **из** Инди́и…
Когда́ Ната́лья Ива́новна вернётся **с** рабо́ты…
Я получи́ла письмо́ **от** дру́га (письмо́ **из** университе́та).

In my class there are two students from India…
When Natalya Ivanovna returns from work…
I received a letter from my friend (a letter from the university).

All of the *motion from* prepositions take the genitive. The following table illustrates the series of corresponding prepositions used to indicate *motion toward*, *location at*, and *motion from*.

	MOTION TOWARD (КУДА́?)	LOCATION AT (ГДЕ?)	MOTION FROM (ОТКУ́ДА?)
ENCLOSED PLACES	**в** + accusative Они́ е́дут **в Москву́.** (*They're going to Moscow.*)	**в** + prepositional Они́ **в Москве́.** (*They're in Moscow.*)	**из** + genitive Они́ е́дут **из Москвы́.** (*They're coming from Moscow.*)
FUNCTIONS, EVENTS⁶	**на** + accusative Они́ е́дут **на конце́рт.** (*They're going to a concert.*)	**на** + prepositional Они́ сейча́с **на конце́рте.** (*They're at a concert now.*)	**с** + genitive Они́ е́дут **с конце́рта.** (*They're coming from a concert.*)
PEOPLE	**к** + dative Они́ е́дут **к ба́бушке.** (*They're going to Grandmother's [house].*)	**у** + genitive Они́ **у ба́бушки.** (*They're at Grandmother's [house].*)	**от** + genitive Они́ е́дут **от ба́бушки.** (*They are coming from Grandmother's [house].*)

⁶ Remember that a few nouns indicating places also require the prepositions generally associated with functions and events: **на стадио́н/на стадио́не/со стадио́на, на по́чту/на по́чте/с по́чты, на ста́нцию/на ста́нции/со ста́нции, на вокза́л/на вокза́ле/с вокза́ла.**

Они́ е́дут к ба́бушке.

Они́ у ба́бушки.

УПРАЖНЕНИЕ 4.4. Отку́да ты идёшь?

Some friends meet on their way home from various places. Choose a situation below (or make up one of your own) and create a brief (four to six lines) dialogue around it.

Упражнение 4.4. Suggest that students create a **Куда́ ты идёшь?** dialogue to contrast with this **Отку́да ты идёшь?** scenario.

EXAMPLE: Ви́ктор, врач

— Приве́т, Ви́ктор. Как дела́?
— Ничего́. Иду́ от врача́.
— От врача́? А почему́ ты был у врача́? Что с тобо́й?
— Я простуди́лся. У меня́ температу́ра.
— А что говори́т врач?
— Он говори́т, что у меня́ грипп.
— Грипп? Это пло́хо.

1. Ле́на, конце́рт
2. Во́ва, библиоте́ка
3. Серге́й Петро́вич, рабо́та
4. Са́ша, ба́бушка
5. Джим, университе́т
6. Ви́ктор, Ле́на

КОГДА́ ВО́ВА ПОЙДЁТ В АПТЕ́КУ... : PLANNING THE FUTURE

Когда́ Во́ва **пойдёт** в апте́ку,
  пусть он ку́пит...
Е́сли вы **бу́дете** себя́ хорошо́
  чу́вствовать...

When Vova goes to the
  drugstore, have him buy . . .
If you feel well (at some time
  in the future) . . .

Russians use the future (imperfective and perfective) in subordinate clauses that refer to a future time or future condition. Note that English speakers use the present tense in such cases.

УПРАЖНЕНИЕ 4.5.   **Если/Когда́...**

You're planning an excursion to a soccer match, followed by dinner with some Russian friends. Complete the following sentences:

1. Е́сли бу́дет хоро́шая пого́да...
2. Е́сли бу́дет плоха́я пого́да...
3. Е́сли кто́-нибудь уви́дит Ви́ктора...
4. Когда́ мы прие́дем на стадио́н...
5. Е́сли на́ша кома́нда вы́играет (*wins*)...
6. Е́сли на́ша кома́нда проигра́ет (*loses*)...
7. Когда́ матч ко́нчится...
8. Когда́ мы прие́дем домо́й...
9. Мы бу́дем о́чень ра́ды, е́сли...
10. Мы пригото́вим пи́ццу, когда́...
11. Мы посмо́трим фильм, когда́...

WORD STUDY

The Medical Profession

As is true with other scientific vocabulary, much medical terminology has come into both Russian and English from the classical languages. Connect the specialist with the specialty, noting consistent suffixes and stress patterns.

СПЕЦИАЛИ́СТ	СПЕЦИА́ЛЬНОСТЬ
гинеко́лог	онколо́гия
дермато́лог	эпидемиоло́гия
кардио́лог	кардиоло́гия
онко́лог	гинеколо́гия
офтальмо́лог	психиатри́я
ревмато́лог	педиатри́я
уро́лог	дерматоло́гия
эндокрино́лог	ревматоло́гия
эпидемио́лог	уроло́гия
педиа́тр	эндокриноло́гия
психиа́тр	хирурги́я

Диалоги

ДИАЛОГ 4.1.   **У меня́ всё боли́т.**

(Telling symptoms to a doctor)

— До́ктор, я себя́ пло́хо чу́вствую.
— Что у вас боли́т?

— У меня́ боли́т голова́, боли́т спина́. У меня́ всё боли́т.
— Когда́ вы заболе́ли?
— Я уже́ не́сколько дней пло́хо себя́ чу́вствую.
— Сними́те руба́шку, я вас послу́шаю.

ДИАЛОГ 4.2. Вот вам реце́пт.

(Getting a medical examination and prescription)

…, ……… ……о …..ь. ….те молоко с содой и медом и чай с лимо́ном.

ДИАЛОГ 4.3. Ско́лько лет ва́шему де́душке?

(Discussing health)

— Врача́ вызыва́ли?
— Да, у нас заболе́л де́душка.
— Что с ва́шим де́душкой?
— Он говори́т, что у него́ всё боли́т.
— Он давно́ боле́ет?
— Да, уже́ лет три́дцать.
— Что?! А ско́лько лет ва́шему де́душке?
— Девяно́сто во́семь.

УПРАЖНЕНИЕ 4.6. Ваш диало́г

Create a dialogue in which you're seeing a doctor about a complaint. It turns out that working with the doctor in the clinic that day is someone with whom you had a class several years ago; your former classmate is now in medical school and is visiting the clinic to see how the doctors work. Catch up on each other's lives.

УПРАЖНЕНИЕ 4.7.   Перево́д

"You have the flu. You may not go to work."

"Doctor, I need a medical excuse."

"Don't worry. I'll write you out a medical excuse for three days **(на три дня)**. After three days come to the medical clinic. If you feel well, I'll release you for work."

"Thanks, doctor. I'm sure that in three days I'll feel fine."

Упражнение 4.7.
— У вас грипп. Вам нельзя́ ходи́ть на рабо́ту.
— До́ктор, мне ну́жен больни́чный лист.
— Не беспоко́йтесь. Я вам вы́пишу больни́чный (лист) на три дня. Че́рез три дня приходи́те в поликли́нику. Е́сли вы бу́дете хорошо́ себя́ чу́вствовать, я вы́пишу вас на рабо́ту.
— Спаси́бо, до́ктор. Я уве́рен, что че́рез три дня я бу́ду чу́вствовать себя́ хорошо́.

Nouns

апте́ка	drugstore; pharmacy
боле́знь *f.*	sickness; disease
голова́ (*acc. sing.* го́лову, *pl.* го́ловы, *gen. pl.* голо́в, *dat. pl.* голова́м)	head
го́рло	throat
грипп	influenza; flu
до́ктор (*pl.* доктора́)	doctor
кани́кулы *pl.*	vacation
карти́на	picture
карто́шка *colloquial*	1. potatoes; 2. a potato
ка́ш(е)ль (*gen.* ка́шля) *m.*	cough
кино́ *neut., indecl.*	(the) movies
лека́рство (от + *gen.*)	medicine (*for something*)
ме́тод	method
на́сморк	runny nose
нога́ (*acc. sing.* но́гу, *pl.* но́ги, *gen. pl.* ног, *dat. pl.* нога́м)	1. leg; 2. foot
поликли́ника	outpatient clinic
просту́да	a cold
реце́пт	prescription
рожде́ние	birth
р(о)т (*gen. sing.* рта, *prep. sing.* во рту)	mouth
спина́ (*acc. sing.* спи́ну, *pl.* спи́ны)	(body part) back
сре́дство	remedy
температу́ра	temperature
чай	tea
шко́ла	school
эпиде́мия	epidemic

Adjectives

горя́чий	hot
дома́шний	1. home (*adj.*); 2. homemade; home-cooked
за́нятый (за́нят, занята́, за́нято, за́няты)	busy
здоро́вый	healthy
лу́чший	better; best
любо́й	any
опа́сный	dangerous

Verbs

A translation is listed after the perfective only if it differs from the imperfective. "X" indicates that a paired verb exists but has not yet been presented as active vocabulary. "None in this meaning" indicates that there is no perfective for the meaning given here. "None" indicates that there is no aspectual counterpart for this verb.

IMPERFECTIVE		PERFECTIVE	
беспоко́ить (беспоко́ю, беспоко́ишь)	to bother	None	
беспоко́иться (беспоко́юсь, беспоко́ишься)	to worry	None	
боле́ть[1] **(боле́ю, боле́ешь)**	to be ill; to be sick	None	
боле́ть[2] (*3rd pers. only* **боли́т, боля́т**)	to ache; to hurt	None	

IMPERFECTIVE		PERFECTIVE	
заходишь) (к + *dat.*)	stop at	*past* **зашёл, зашла́, зашло́, зашли́)**	
измеря́ть	to measure; to take (someone's temperature)	**изме́рить (изме́рю, изме́ришь)**	
ка́шлять	to cough	**ка́шлянуть (ка́шляну, ка́шлянешь)** (*one-time action*)	
лечи́ть (лечу́, ле́чишь)	to treat (medically)	**вы́лечить**[7] **(вы́лечу, вы́лечишь)**	to cure
ме́рить (ме́рю, ме́ришь)[8]	to measure; to take (someone's temperature)	X	
начина́ться (*3rd pers. only*)	to start; to begin (*intransitive*)	**нача́ться** (*3rd pers. only* **начнётся, начну́тся**; *past* **начался́, начала́сь, начало́сь, начали́сь**)	
принима́ть (лека́рство)	to take (medicine)	**приня́ть (приму́, при́мешь**; *past* **при́нял, приняла́, при́няло, при́няли)**	

Ка́шлянуть. Like the special class of "limited duration" **по**-perfectives that have a special meaning (doing something for a while), **-нуть** perfectives such as **ка́шлянуть, кри́кнуть, зевну́ть, а́хнуть** form a special group of perfectives (the "semelfactives"), which describe an action performed only once.

[7] This is not a true perfective of **лечи́ть,** but as a practical matter it performs that function in many contexts.

[8] The imperfectives **измеря́ть** and **ме́рить** are synonymous.

IMPERFECTIVE		PERFECTIVE	
просту́живаться	to catch cold	простуди́ться (простужу́сь, просту́дишься)	Просту́живаться. The alternate form простужа́ться is also correct.
проходи́ть (прохо́дит, прохо́дят)	(of pain, cough, etc.) to pass; to go away	пройти́ (пройдёт, пройду́т; past прошёл, прошла́, прошло́, прошли́)	
снима́ть	to take off	снять (сниму́, сни́мешь)	
теря́ть	to lose	потеря́ть	
хвата́ть (хвата́ет) (+ gen.) impersonal	there is (there are) enough	хвати́ть (хва́тит; past хвати́ло) (+ gen.) impersonal	
чиха́ть	to sneeze	чихну́ть (чихну́, чихнёшь) (one-time action)	
чу́вствовать (чу́вствую, чу́вствуешь) себя́	to feel (good, bad etc.)	None	

Adverbs

послеза́втра	the day after tomorrow
ра́ньше	1. earlier; 2. before
сно́ва	again

Other

пусть...	let . . .; have (someone do something)
ра́зве?	really?
ура́!	hurrah!

Idioms and Expressions

Будь здоро́в (здоро́ва)!; Бу́дьте здоро́вы!	(when someone sneezes) Bless you!, Gesundheit!
Вы не туда́ попа́ли.	(over the telephone) You got the wrong number.
Лу́чше не на́до.	(in response to a suggestion) Better you didn't.; It's/That's not a good idea.
Никако́го беспоко́йства.	It's no trouble at all.

открове́нно говоря́ *parenthetical*	frankly speaking
пло́хо себя́ чу́вствовать	not to feel well
Ра́зве так мо́жно?	How could you possibly do that?
си́льно простуди́ться	to catch a bad cold
Скоре́е выздора́вливайте!	Get well soon!
Что с ва́ми (тобо́й)?	What's the matter with you?

бо́лен (больна́, больны́), чу́вствовать себя́ (пло́хо), Как вы себя́ чу́вствуете?; боле́ть[2] (У меня́ боли́т голова́; Что у вас боли́т?), боле́знь, эпиде́мия, грипп; просту́да, на́сморк, ка́шель, просту́живаться/ простуди́ться, ка́шлять, чиха́ть, Бу́дьте здоро́вы!; ме́рить (измеря́ть/изме́рить) температу́ру, высо́кая температу́ра, норма́льная температу́ра; апте́ка, реце́пт, лека́рство (от ка́шля), сре́дство от просту́ды, лечи́ть дома́шними сре́дствами, ста́вить горчи́чники, ка́шель прошёл (=пройдёт, не прохо́дит); поликли́ника,

---

STUDY TIP

Multicase and Multiuse Prepositions

If you've not done so already, start to compile your own reference list of prepositions that take multiple cases and/or have multiple meanings. This list will be especially helpful to you if you include examples (in Russian) of uses you have already encountered.

- **в** + acc. = motion toward: **Ни́на идёт в магази́н.**
- **в** + acc. = *per:* **Я звоню́ дру́гу три ра́за в неде́лю.**
- **в** + acc. = time or day when: **Мы встре́тимся в суббо́ту, в пять часо́в.**
- **в** + prep. = location where: **Они́ живу́т в Москве́.**
- **в** + prep. = month or year when: **Она́ родила́сь в апре́ле. Они́ пожени́лись** (*got married*) **в про́шлом году́.**

Include in your list particular phrases that might not fit into a pattern but are nonetheless common: **в кото́ром часу́?** (*at what time?*). In addition to **в**, other multicase and multiuse prepositions you have encountered include **на, с, за,** and **у**.

6 УРОК

8 МАРТА

а. Изма́йловский ры́нок.
Чего́ тут то́лько нет!
б. Матрёшки.
в. Каки́е краси́вые сувени́ры!

In this chapter you will learn

▲ to express the time and date when something occurs

▲ to express curiosity

▲ to use adjectives as nouns

▲ to talk about things that could happen or could have happened

▲ to pose questions asking for suggestions or advice

▲ to talk about placing things in different positions

▲ about word order in Russian

▲ about the March 8 holiday

▲ about diminutives

ЧАСТЬ ПЕРВАЯ

Discussion starters (see also WB/LM).

1. Что де́лают ру́сские мужчи́ны 8-го Ма́рта? (Они́ да́рят знако́мым же́нщинам пода́рки, цветы́, говоря́т им комплиме́нты.)
2. Есть ли у нас в Аме́рике тако́й пра́здник, как 8 Ма́рта? (У нас есть "Valentine's Day" — день Свято́го Валенти́на. Э́тот пра́здник немно́го похо́ж на

before March 8.)

Чте́ние: к 8-о́му Ма́рта in Jim's opening speech. Case indicators with numerals are inconsistently used in standard printed Russian. They are shown in this text as a pedagogical aid where the case is other than the nominative/accusative form.

ДЖИМ. Илья́ Ильи́ч, все мужчи́ны везде́ говоря́т то́лько об одно́м — о пода́рках же́нщинам **к**° 8-о́му Ма́рта. Я зна́ю об э́том пра́зднике о́чень ма́ло — ведь у нас тако́го пра́здника нет. Я ду́мал, что э́то революцио́нный пра́здник — **Междунаро́дный же́нский день.**°

for

Междунаро́дный... *International Women's Day*

ИЛЬЯ́ ИЛЬИ́Ч. Джим, э́то и так и не так. У э́того пра́здника о́чень интере́сная исто́рия. Ра́ньше э́то действи́тельно был **ску́чный**° **официа́льный** пра́здник. У нас их бы́ло мно́го. Но **постепе́нно**° все забы́ли о его́ революцио́нном происхожде́нии.° Мужчи́ны осо́бенно лю́бят э́тот пра́здник, потому́ что им прия́тно° **хотя́ бы**° раз в году́ **каза́ться** себе́ до́брыми и **внима́тельными.**°

boring
gradually
origin
им... *they like* / хотя́... *at least*
каза́ться... *to appear kind and attentive*

(*Jim looks questioningly at him.*)

В э́тот день, Джим, мужчи́ны **стара́ются**° де́лать до́ма всю рабо́ту, кото́рую обы́чно де́лают же́нщины. Мужчи́ны в э́тот день да́рят же́нщинам пода́рки,

try

193

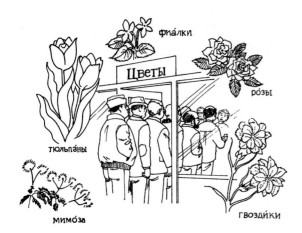

цветы́, говоря́т им комплиме́нты, а же́нщины стара́ются быть осо́бенно краси́выми. Вы, наве́рно, заме́тили, что после́дние **не́сколько**° дней везде́ продаю́т мимо́зу. 8 Ма́рта — э́то и си́мвол **весны́**.° *few* / *spring*

джим. А когда́ вы **поздравля́ете**° же́нщин у себя́ на рабо́те? Ведь 8 Ма́рта — нерабо́чий день.° *extend greetings to* / нерабо́чий... *day off*

илья́ ильи́ч. Мы поздравля́ем свои́х колле́г-же́нщин седьмо́го ма́рта, а восьмо́го мы пра́зднуем Же́нский день до́ма. Я всегда́ **посыла́ю**° **поздрави́тельные откры́тки**° свои́м колле́гам-же́нщинам, кото́рые рабо́тают **за грани́цей**.° На́ши же́нщины привы́кли, что их всегда́ поздравля́ют с Же́нским днём, а в други́х стра́нах, как и у вас, в Аме́рике, тако́го пра́здника нет. *send* / поздрави́тельные... *greeting cards* / за... *abroad*

джим. Я всё по́нял. Сего́дня я сде́лаю **спи́сок**° всех **знако́мых же́нщин**°... Э́то бу́дет дли́нный спи́сок. *list* / всех... *all the women I know*

илья́ ильи́ч. Джим, но не обяза́тельно поздравля́ть *всех* знако́мых же́нщин.

джим. Почему́? Я наде́юсь, что им э́то бу́дет **прия́тно**.° А мне бу́дет прия́тно каза́ться себе́ до́брым и внима́тельным. им... *they'll like it*

УПРАЖНЕНИЕ 1.1.   Вопро́сы и отве́ты

1. В на́шей стране́ пра́зднуют 8 Ма́рта?
2. Есть ли у нас пра́здник, кото́рый похо́ж на 8 Ма́рта? Как он называ́ется? Как его́ пра́зднуют?
3. Каки́е пода́рки да́рят же́нщинам в э́тот день?
4. Как вы ду́маете, ну́жен ли Междунаро́дный *мужско́й* день?
5. Вы когда́-нибудь да́рите цветы́ ма́ме, сестре́ и́ли люби́мой де́вушке? Когда́ вы э́то де́лаете?
6. Каки́е цветы́ вы лю́бите: мимо́зу, тюльпа́ны (*tulips*), ро́зы, фиа́лки (*violets*)?
7. В на́шей стране́ при́нято (*considered appropriate*), что́бы же́нщина дари́ла цветы́ мужчи́не?
8. Вы когда́-нибудь кому́-нибудь говори́те комплиме́нты? Кому́? Каки́е комплиме́нты вы говори́те?

О РОССИИ

Восьмое Марта и двадцать третье февраля

As **8 Марта** approaches, most men and boys arrange gifts, flowers, and/or cards for the important women in their lives. It is not unusual for Russian male classmates to begin collaborating on a ~~present i f male teacher. Like Sasha~~

	ЯНВАРЬ				ФЕВРАЛЬ				МАРТ				
Пн		6	13	20	27		3	10	17	24		3	10	17	24	31
Вт		⑦	14	21	28		4	11	18	25		4	11	18	25
Ср	①	8	15	22	29		5	12	19	26		5	12	19	26
Чт	2	9	16	23	30		6	13	20	27		6	13	20	27
Пт	3	10	17	24	31		7	14	21	28		7	14	21	28
Сб	4	11	18	25		1	8	15	22		1	⑧	15	22	29
						2	9	16	23		2	9	16	23	30

lives: **23 февраля**. This was originally a celebration of the Soviet armed forces, known as **День армии,** but its purpose gradually came to include all males. Although it is not a day off **(выходной день),** it is still observed.

Пн		7	14	21	28		4	11	18	25	1	8	15	22	29
Вт	1	8	15	22	29		5	12	⑲	26	2	9	16	23	30
Ср	2	9	16	23	30		6	13	20	27	3	10	17	24
Чт	3	10	17	24			7	14	21	28	4	11	18	25
Пт	4	11	18	25		1	8	15	22	29	5	12	19	26
Сб	5	12	19	26		2	9	16	23	30	6	13	20	27
Вс	6	13	20	27		3	10	17	24	31	7	14	21	28

	ОКТЯБРЬ				НОЯБРЬ				ДЕКАБРЬ				
Пн		6	13	20	27		3	10	17	24	1	8	15	22	29
Вт		7	14	21	28		4	11	18	25	2	9	16	23	30
Ср	1	8	15	22	29		5	12	19	26	3	10	17	24	31
Чт	2	9	16	23	30		6	13	20	27	4	11	18	25
Пт	3	10	17	24	31		⑦	14	21	28	5	12	19	26
Сб	4	11	18	25		1	8	15	22	29	6	13	20	27
Вс	5	12	19	26		2	9	16	23	30	7	14	21	28

О России: Восьмое Марта. An exercise based on this note is found in the WB/LM.

Грамматика и практика

THE ART OF CONVERSATION: THE CONJUNCTION **ВЕДЬ**

Ведь. The use of this particle will be practiced in contrast to **зато** in **Упражнение 3.2.**

Я знаю об этом празднике очень мало — **ведь** у нас такого праздника нет.

I know very little about this holiday; after all, we don't have any such holiday.

The highly conversational word **ведь** defies any single translation. It appears in statements as a marker of facts or ideas that the speaker is reasonably sure the addressee is aware of.

WRITING DATES

When writing dates, Russians follow the European pattern day/month/year. Various written forms are possible.

25 декабря 1996
25/12/96
25.12.96
25/XII-96
25 дек. 1996 г.

Sometimes, the case ending of an ordinal numeral in a date is shown following the numeral: **6-ое (шестое) января, 25-ого (двáдцать пя́того) апре́ля, к 8-óму (восьмóму) Мáрта, в 1945-ом (сóрок пя́том) годý**. Standard written Russian does not consistently show these case reminders.

TELLING WHEN: КОГДÁ ЭТО СЛУЧИ́ЛОСЬ? КОГДÁ ЭТО БУ́ДЕТ?

У́тром я рабóтаю, а **вéчером** занимáюсь.
Я всегдá встаю́ **в семь часóв**.

In the morning I work, and in the evening I study.
I always get up at seven o'clock.

На прóшлой недéле у Тáни и Свéты бы́ло новосéлье.

Last week Tanya and Sveta had a housewarming.

You have already encountered many of the ways to express when something occurs. They can be summarized by time period.

Telling when (1). Other activities to practice in conjunction with this topic: (1) Review of ordinals: teacher or student gives a cardinal numeral, another student must provide the ordinal. Index cards with numbers on them can also be used. (2) Review of ordinals in dates: ask **Какóе сегóдня числó?** every day for a week or two. Contrast this question with **Какóй сегóдня день?**

Telling when (2). Have students ask one another **В какóм мéсяце ты роди́лся (роди́лась)?** Ensure that students understand that it is not generally appropriate in Russian to ask someone **В какóм годý (Когдá) вы роди́лись?** However, **Когдá ваш день рождéния?**—which refers to the day and month only—(answer: **17-го ию́ля**) is acceptable.

TIME PERIOD	CONSTRUCTION	EXAMPLES
During a part of the day or season of the year	Adverbial forms (identical to instrumental case forms)	у́тром, днём, вéчером, нóчью веснóй, лéтом, óсенью, зимóй
At a specific time of day or on a specific day of the week	**в** + accusative[1]	в два часá, в чéтверть шестóго в четвéрг, в суббóту
During/in a certain week	**на** + prepositional	на прóшлой недéле, на э́той недéле
In a certain month or year	**в** + prepositional	в мáрте в прóшлом годý

[1] There are two exceptions: *On the half hour* (6:30 = **в половúне седьмóго**) uses **в** + prepositional (but you can say **в полседьмóго** to avoid this difficulty); and *on the three-quarter hour* (6:45 = **без чéтверти семь**) does not use **в** at all.

Giving actual dates when something occurred or will occur requires special attention. For example, the following statement does not fall into any of the above patterns.

Мы поздравля́ем свои́х колле́г-же́нщин **седьмо́го ма́рта**, а **восьмо́го** мы пра́зднуем Же́нский день до́ма.	*We congratulate our female colleagues on the 7th of March, and on the 8th we celebrate Women's Day at home.*

With specific dates, the case used for the initial element stated (day, date, month,

In a certain month or year (1). В + prepositional is used for any "time when" of a month or longer that is the first or only element mentioned (e.g., **в ма́рте, в 1996-ом году́, в двадца́том ве́ке**).

In a certain month or year (2). Month names may also be abbreviated, e.g., **дек., янв., февр.,** and so on.

IF YOU BEGIN WITH THE . . .	DAY	DATE	MONTH	YEAR
Year *In 1984*				...в 1984-ом году́. (**в** + prepositional)
Month *In March, 1984*			...в ма́рте (**в** + prepositional)	1984-го го́да (genitive as "add-on" case)
Date *On March 22, 1984*[2]		...22-го (genitive)	ма́рта (genitive as "add-on" case)	1984-го го́да (genitive as "add-on" case)
Day *On Friday, March 22, 1984*	...в пя́тницу (**в** + accusative)	22-го (genitive as "add-on" case)	ма́рта (genitive as "add-on" case)	1984-го го́да (genitive as "add-on" case)

---

[2] Note that in English both "On the 22nd of March" and "On March 22nd . . ." are acceptable, but in Russian one always begins with the numerical date.

УПРАЖНЕНИЕ 1.2.   **Исто́рия Аме́рики**

Your Russian friends are preparing for an exam on American history and culture and have asked you to help. Making educated guesses at words you do not know, match the events with the dates, and read the dates aloud in Russian.

Упражнение 1.2. Invite students to suggest other dates—in Russian—that might be on such an exam. Then invite them to create—and answer—questions for a similar exam on Russian history.

1. _____ День Незави́симости США[3] пра́зднуется (*is celebrated*)...
2. _____ Втора́я мирова́я война́ ко́нчилась...
3. _____ Деклара́ция незави́симости США была́ принята́ (*was adopted*)...
4. _____ Колу́мб откры́л (*discovered*) Аме́рику...
5. _____ Пе́рвый «Су́пер бол» был...
6. _____ День Благодаре́ния отмеча́ется...
7. _____ — Мы пра́зднуем Рождество́... — А мы пра́зднуем Ха́нуку...
8. _____ Пра́здник «Халлоуи́н» отмеча́ется...
9. _____ Президе́нта Ли́нкольна уби́ли...
10. _____ Уче́бный год начина́ется...
11. _____ Ле́тние кани́кулы начина́ются...

а. 15 апре́ля 1865 г.[4]
б. 25 декабря́.
в. 31 октября́.
г. 4 ию́ля.
д. в 1492 г.
е. в 1776 г.
ж. в 1945 г.
з. в 1967 г.
и. в декабре́.
к. в ноябре́.
л. в ма́е и́ли в ию́не.
м. в а́вгусте и́ли в сентябре́.

УПРАЖНЕНИЕ 1.3.   **Когда́ родила́сь ва́ша сестра́?**

Can you tell a Russian acquaintance about some important dates in your life? Prepare answers to the following questions; then ask them of others and write down the answers you hear (in Russian style) so you can check your comprehension.

1. Когда́ вы родили́сь?
2. Когда́ роди́лся ваш брат (оте́ц, де́душка, дя́дя...)?
3. Когда́ родила́сь ва́ша сестра́ (ма́ма, ба́бушка, тётя...)?
4. Когда́ вы поступи́ли (*entered*) в университе́т?

---

[3] **США** (Соединённые Шта́ты Аме́рики) = USA (United States of America)
[4] Note the abbreviation **г.** (**гг.** in plural contexts) for **год, го́да**, or **году́** following the number.

5. Когда́ вы зако́нчите университе́т?
6. Вы хоти́те пое́хать в Росси́ю? Когда́ вы хоти́те туда́ пое́хать?
7. В како́м году́ вы ко́нчили шко́лу?
8. Како́го числа́ был День Благодаре́ния (*Thanksgiving*) в про́шлом году́?
9. Когда́ начался́ уче́бный (*academic*) год в ва́шем университе́те? А когда́ он зако́нчится (*will end*)?
10. Когда́ зака́нчивается (*ends*) пе́рвый семе́стр? А когда́ начина́ется второ́й?

Упражне́ние 1.3: #10, семе́стр. The Russian academic calendar is divided into two semesters. Russian institutions do not have "trimesters" or "quarters" as some American academic institutions do. Russians will sometimes refer to American trimesters and quarters as **триме́стр**, essentially discounting the summer term. Some Russians teaching at American institutions that use a quarter system with a full summer term use **че́тверть** (*quarter*). Such a use is appropriate only in the American academic context and might need to

---

С днём рождения!

29 марта 1964 года родился Александр Волков. Баскетболист. Заслуженный мастер спорта. Чемпион Олимпиады-88.

31 марта 1967 года родился Андрей Мазунов, мастер спорта международного класса по настольному теннису. Бронзовый призёр чемпионатов мира 1989 и 1991 годов.

31 марта 1971 года родился Павел Буре, хоккеист. Чемпион мира 1990 г.

1 апреля 1971 года родился Владимир Сельков. Мастер спорта международного класса по плаванию. Бронзовый призёр чемпионата мира 1991-го, чемпион Европы 1991 года.

3 апреля 1964 года родился Андрей Ломакин, хоккеист, заслуженный мастер спорта, чемпион зимних Олимпийских игр 1988 года.

4 апреля 1972 года родилась Наталья Полозкова. Мастер спорта международного класса по конькобежному спорту. Чемпионка Европы 1991 года на дистанции 500 м.

	BIRTH DATE	NAME	SPORT
1.			
2.			
3.			
4.			
5.			
6.			

Диалоги

ДИАЛОГ 1.1.   **У тебя́ уже́ есть пода́рок для ма́мы?**

(Discussing gifts)

— Бо́ря, ско́ро 8 Ма́рта. У тебя́ уже́ есть пода́рок для ма́мы?
— Я хочу́ подари́ть ей цветы́ и конфе́ты (*candy*). Конфе́ты я уже́ купи́л, а цветы́ куплю́ за́втра.
— Но на́ша ма́ма не ест конфе́т. Она́ на дие́те.
— Ничего́, мы ей помо́жем.

ДИАЛОГ 1.2.   **Подари́ де́вушкам цветы́.**

(Asking for advice)

— Серёжа, помоги́ мне. Я сде́лал спи́сок всех знако́мых же́нщин. Их о́чень мно́го — три́дцать шесть. Неуже́ли я до́лжен им всем купи́ть пода́рки?
— Ну что ты, Джек! Купи́ пода́рок свое́й де́вушке и цветы́ остальны́м (*remaining*) де́вушкам в свое́й гру́ппе. И, коне́чно, купи́ краси́вые поздрави́тельные откры́тки.
— Но 8-о́го ма́рта в университе́те нет заня́тий.
— А ты подари́ де́вушкам цветы́ 7-о́го ма́рта.

ДИАЛОГ 1.3.   **У вас в Аме́рике пра́зднуют... ?**

(Discussing cultural differences)

— Скажи́те, Тед, у вас в Аме́рике пра́зднуют 8 Ма́рта?
— Нет. У нас тако́го пра́здника нет.
— Жаль. А у вас есть како́й-нибудь пра́здник, когда́ де́ти поздравля́ют свои́х мам?
— Да, коне́чно. У нас есть пра́здник День Ма́тери.
— А когда́ его́ пра́зднуют?
— Во второ́е воскресе́нье ма́я.

УПРАЖНЕНИЕ 1.5.   **Ваш диало́г**

Create a dialogue in which you and a best friend, about to graduate from college and go your separate ways, establish a location and a date some

time in the distant future when you promise to meet again. Carry this to
an absurd level of detail, specifying the precise location of a bus stop,
restaurant, or phone booth in any city you choose, and a precise time,
day, month, and year.[5]

УПРАЖНЕНИЕ 1.6.   Перево́д

"Have you already bought your gifts?"
"Gifts? What gifts?"
"You mean (**ра́зве**) you don't know? On the 8th of March men give gifts
or flowers to the women they know. It's a big holiday—International

Упражне́ние 1.6
—Ты уже́ купи́л пода́рки?
—Пода́рки? Каки́е пода́рки?
—Ра́зве ты не зна́ешь? 8-го ма́рта
мужчи́ны да́рят пода́рки и́ли
цветы́ знако́мым же́нщинам.
Э́то большо́й пра́здник —
Междунаро́дный же́нский день.

Discussion starters (see also WB/LM).
1. Где была́ Алекса́ндра Никола́евна?
   (Она́ стоя́ла в о́череди.) Что она́
   купи́ла? (Кофе́йный набо́р.)
2. Что бы́ло в кофе́йном набо́ре?
   (Кофе́йник и две ча́шки с
   блю́дцами.)
3. Заче́м Са́ше кофе́йный набо́р?

(Ему́ ну́жен
пода́рок
к 8-о́му Ма́рта.)

Пода́рок к 8-о́му Ма́рта

(*March 6. The Kruglovs' apartment. Sasha and his grandfather are sitting in the kitchen.*)

ДЕ́ДУШКА. Интере́сно, где Алекса́ндра? **Обе́дать**° пора́, а её всё° нет.   *to have dinner / still*
СА́ША. Да, есть о́чень хо́чется...

---

[5] An old Soviet joke—a not-too-overdrawn commentary on the shortage of both goods and
services during the Soviet years—had a customer placing an order for a car and setting up
the delivery date, which was to be some five years down the road. When everything had
been specified down to the hour, the customer suddenly recollected, "Oh no, that won't
work. I have a plumber coming that afternoon."

(*They hear the entryway door opening, and in a moment Grandma, smiling, appears in the kitchen.*)

ДÉДУШКА. А мы ужé волнýемся. Где ты былá так дóлго?

БÁБУШКА. В óчереди два часá стоя́ла.

СÁША. В óчереди? Где? За чем?

БÁБУШКА. Сейчáс расскажý. Идý домóй и ви́жу: в магази́не
«Посýда»° большáя óчередь. Я хотéла **ми́мо** пройти́° — *"Dishware" / ми́мо... to pass by*
ведь нам посýда не нужнá, но мне стáло интерéсно, почемý
в óчереди одни́ мужчи́ны стоя́т. Подхожý,
спрáшиваю, что даю́т.° Какóй-то симпати́чный молодóй *что... what they're selling*
человéк мне всё **объясни́л**°: привезли́° кофéйные *explained / they brought*
набóры°.[6] Кофéйник и две чáшечки° с блю́дцами.° Óчень *sets / small cups / saucers*
краси́во° и недóрого. Прекрáсный подáрок к 8-óму *pretty*
Мáрта. Я, конéчно, тóже стáла в óчередь. Заплати́ла в
кáссу,° взялá набóр. Идý домóй и дýмаю: зачéм я его *Заплати́ла... I paid the*
купи́ла? *cashier*

СÁША. (*Interrupting.*) Бáбушка, а действи́тельно, зачéм тебé
кофéйный набóр?

БÁБУШКА. **Что ты хóчешь э́тим сказáть?**° *Что... What are you trying to*
say?

СÁША. Я хочý сказáть, что вы с дéдом° **кóфе** не пьёте. Вы же чай *grandpa*
лю́бите, а чáйный серви́з[6] у нас есть. И вообщé, в э́той
óчереди дóлжен был стоя́ть я, а не ты, потомý что мне
óчень нýжен подáрок к 8-óму Мáрта. Я ужé три дня **хожý**
по магази́нам,° но не могý купи́ть хорóший подáрок. *хожý... have been going from*
store to store

ДÉДУШКА. С кем кóфе пить бýдешь?

БÁБУШКА. А тебé обязáтельно нáдо всё знать! Сáшенька, бери́ набóр!

СÁША. (*Hugs and kisses Grandma.*) Бáбушка, как я тебя́ люблю́!
Ты дáже не знáешь, как ты мне помоглá!

БÁБУШКА. Почемý не знáю? Я ещё когдá в óчереди стоя́ла, знáла, кто
полýчит э́тот набóр!

---

[6] **Набóр** is the general term for a "set" of anything (screwdrivers, a teapot with two cups, and so on). **Серви́з** is a more specific and formal term for a complete dinnerware or beverage service for a large group of people (6, 12, or 24).

Чай из самовáра!

2. Что вы обы́чно дáрите дру... ... ...
рождéния? А на свáдьбу (*wedding*)?

3. Вы лю́бите ходи́ть по магази́нам? Вы чáсто э́то дéлаете? С кем
вы обы́чно хóдите по магази́нам?

4. Вы чáсто стои́те в óчереди, когдá вы хóдите по магази́нам?

5. У вас дóма есть кофéйный и́ли чáйный серви́з? Вы егó купи́ли
и́ли вам егó подари́ли?

6. Вы бóльше лю́бите чай и́ли кóфе? Вы пьёте чай с молокóм? С
лимóном? С сáхаром? А кóфе вы пьёте с молокóм? С сáхаром?

7. Как вы дýмаете, кофéйный набóр — э́то хорóший подáрок?

Что даю́т?

S hortages and lines were endemic during the Communist era.
Whenever people saw a line, they immediately asked **Что даю́т?,** step-
ping in line to ensure that they did not miss out on something needed.
Now supplies are better and lines are shorter, but the phrase is still the
most common equivalent of *What are they selling?*

---

[7] **Покупáть/купи́ть что-то** *для когó* (object of preposition in genitive) and **покупáть/купи́ть
что-то** *комý* (indirect object in dative) are both correct.

ГРАММАТИКА И ПРАКТИКА

THE ART OF CONVERSATION: EXPRESSING CURIOSITY

Интере́сно, где Алекса́ндра?	*I wonder where Aleksandra is?*

Starting a sentence with **интере́сно** followed by a clause that is introduced by a question word is like beginning a sentence in English with *I wonder . . .*

УПРАЖНЕНИЕ 2.2. Вопро́сы, вопро́сы!

Working with a classmate, develop a short dialogue based on one of the following situations. Use one or more examples of an appropriate direct question such as, **Скажи́те, пожа́луйста...** or **Вы не зна́ете/не ска́жете...** or an expression of curiosity such as **Интере́сно,...**

1. Вы тури́ст, вы пе́рвый раз в Москве́.
2. Вы хоти́те узна́ть, что коллекциони́рует (*collects*) ваш ру́сский друг.
3. Вы хоти́те узна́ть, ско́лько сто́ит биле́т в кинотеа́тр.
4. Ва́ша сестра́ получи́ла письмо́ от дру́га, и вы хоти́те узна́ть, где он сейча́с рабо́тает.
5. За́втра день рожде́ния ва́шей ма́тери (ва́шего дру́га), и вы не зна́ете, что ей (ему́) подари́ть.
6. Вы забы́ли, когда́ у вас консульта́ция в университе́те.
7. Вы не зна́ете, в каки́х кинотеа́трах идёт (*is playing*) но́вый фильм.
8. Вы забы́ли, како́й авто́бус идёт в центр го́рода.

ADJECTIVES AS NOUNS

Все мужчи́ны говоря́т то́лько об **одно́м...**	*All the men talk about only one thing . . .*
Са́мого гла́вного ты не зна́ешь...	*You don't understand the most important thing . . .*

Adjectives are sometimes used without nouns, thus becoming nouns themselves. If the reference is to something unnamed (as in the examples above), the adjectives are neuter. A plural reference is also common.

Ста́рые ча́сто не понима́ют **молоды́х**.	*Old (people) often don't understand the young.*

Adjectives as nouns. As a warmup, write substantivized adjectives on the board (**шампа́нское, знако́мый, гости́ная, больно́й, курсова́я, контро́льная, сла́дкое, ва́нная**; see how many of these the students can provide). Then ask students to create questions that elicit these words in different cases (e.g., **Что вы пи́шете? Что вы пьёте на Но́вый год? Где у вас стои́т телеви́зор?**). For even more reinforcement, pass out endings printed on large index cards (**-ОГО, -УЮ, -ЕЙ**, etc.); the student with the applicable ending holds it up for all to see when one of the substantivized endings is elicited.

Some adjectives have become so common as nouns that the understood noun has ceased to be used, though its gender is still reflected:

шампа́нское (вино́)	курсова́я (рабо́та)
ва́нная (ко́мната)	контро́льная (рабо́та)
ру́сский (челове́к)	знако́мый (челове́к)
ру́сская (же́нщина)	знако́мая (же́нщина)

Adjectives used as nouns (and family names with adjective endings, such as **Достое́вский, Страви́нский, Толсто́й,** and so on) are declined as adjectives of the appropriate gender.

1. В 6:00 Рома́н встал и пошёл в _____ (_____).
2. На стадио́не бы́ло мно́го америка́нцев и _____
   (_____).
3. За́втра Но́вый год, и мы его́ встре́тим до́ма. Я должна́ купи́ть
   пять буты́лок _____ (_____).
4. Когда́ студе́нты ко́нчили писа́ть _____ (_____), они́
   вы́шли из аудито́рии.
5. Са́мого _____ (_____) он не зна́ет.

УПРАЖНЕНИЕ 2.4.   **Ура́, коне́ц семе́стра!**

You're getting ready for the end of the term and planning a graduation party for a friend. Using the following words and sentences, indicate what must be done and the order in which you'd take care of things.

друзья́	наш преподава́тель
шампа́нское	ку́хня
гита́ра	ва́нная
гости́ная (*living room*)	пере́дняя (*entry hall*)
пи́во (*beer*)	сла́дкое (*dessert*)

1. ____ На́до убра́ть (*clean up*) кварти́ру: _____,
   _____, _____ и _____.
2. ____ На́до позвони́ть _____.
3. ____ На́до пригласи́ть _____.
4. ____ На́до купи́ть мно́го _____,
   _____ и _____.
5. ____ На́до попроси́ть дру́га принести́ _____.

USE OF THE DATIVE CASE: SUMMARY

1. To show the recipient of something

> дава́ть/дать ... кни́гу, ключ ... **дру́гу, ма́тери**
> говори́ть/сказа́ть ... пра́вду, комплиме́нт ... **подру́ге, отцу́**
> писа́ть/написа́ть ... письмо́, откры́тку ... **преподава́телю,**
>   **ба́бушке**
> покупа́ть/купи́ть ... пода́рки, цветы́ ... **друзья́м, роди́телям**
> приноси́ть/принести́ ... шампа́нское, журна́л ... **сестре́, му́жу**

Some verbs take only the dative (indirect object):

> звони́ть/позвони́ть ... **сы́ну, до́чери**
> отвеча́ть/отве́тить ... **де́душке, врачу́**[8]
> помога́ть/помо́чь ... **дру́гу, ма́ме**

2. In certain impersonal expressions

> **мне (ему́, ей...)** мо́жно/нельзя́ + infinitive
> **мне (ему́, ей...)** ну́жно/на́до + infinitive
> **мне (ему́, ей...)** пора́ + infinitive

Many of these describe a physical or mental state.

> **мне (ему́, ей...)** хо́лодно/жа́рко
> **мне (ему́, ей...)** интере́сно/ску́чно
> **мне (ему́, ей...)** ве́село/гру́стно
> **мне (ему́, ей...)** прия́тно/неприя́тно
> **мне (ему́, ей...)** тру́дно/легко́

3. With certain prepositions

> к: **(идти́) к ба́бушке, к 8-о́му Ма́рта, к Же́нскому дню**
> по: **по телефо́ну, по телеви́зору, по доро́ге**

4. When expressing age

> **мне (ему́, ей...)** девятна́дцать лет

5. Other constructions

> **мне (ему́, ей...)** ка́жется
> **мне (ему́, ей...)** хо́чется
> **мне (ему́, ей...)** нра́вится, понра́вилось...
> **мне (ему́, ей...)** везёт, повезло́
> **мне (ему́, ей...)** ну́жен (нужна́, ну́жно, нужны́) + noun (in nomi-
>   native case)

---

[8] Remember, however, that **спра́шивать/спроси́ть** takes the accusative (**Она́ спроси́ла**
ма́му...) or the genitive with **у** (**Она́ спроси́ла у ма́мы...**).

УПРАЖНЕНИЕ 2.5.   **Мой брат гото́вится к 8-о́му Ма́рта.**

Мари́на is on the phone telling her friend **Раи́са** about her brother's preparations for **8 Ма́рта**. Supply endings or logical pronouns (in some cases more than one interpretation may be acceptable) and be prepared to discuss the various uses of the dative.

1. Мой брат не знал, что купи́ть ма́м_____ к восьм_____ Ма́рта.
2. Я _____ сказа́ла: — Мо́жет быть, подари́ть _____ цветы́?
3. Он _____ отве́тил: — Цветы́, цветы́... Ка́ждый год цветы́. Ты не ду́маешь, что же́нщин_____ неинтере́сно получа́ть ~~ка́ждый год цветы́?~~ Мо́жет быть, наш_____ ма́т_____ хо́чется

УПРАЖНЕНИЕ 2.6.   **Но́вое знако́мство**

While visiting Moscow, you and a friend are going to a party where you're sure to meet some Russians. They might ask you questions like these. Try to answer them.

1. Где вы у́читесь? На како́м вы ку́рсе?
2. Вам нра́вится ваш университе́т? Что вам там бо́льше всего́ нра́вится?
3. Вам нра́вится Росси́я? Что вам нра́вится (и́ли не нра́вится) у нас?
4. Вам тепе́рь ле́гче говори́ть по-ру́сски, чем два ме́сяца наза́д?
5. Вы ходи́ли когда́-нибудь на футбо́льный матч? Вам понра́вилось и́ли вам бы́ло ску́чно?
6. Вы ча́сто пи́шете домо́й пи́сьма о том, что вы де́лаете в Росси́и? Кому́ вы пи́шете?
7. Вы покупа́ете ру́сские сувени́ры? Кому́ вы их да́рите?

Что вам бо́льше нра́вится?

208

Диалоги

208

ДИАЛОГ 2.1. Что дают?

(Asking what's for sale; requires three speakers)

— Какая большая очередь! А что дают?
— Не знаю. Я сама только что подошла.
— Сейчас я кого-нибудь спрошу. Молодой человек, скажите, пожалуйста, что дают?
— Кофейные наборы. Очень красивые.
— Наши или импортные?
— Белорусские. Как вы думаете, это наши или импортные?[9]

ДИАЛОГ 2.2. Тебе обязательно надо всё знать!

(Asking for personal information)

— Алиса, куда ты идёшь?
— В ресторан.
— А с кем, если это не секрет?
— А тебе обязательно надо всё знать! Не скажу.

ДИАЛОГ 2.3. Подарите ей...

(Asking for advice on presents)

— Мне очень нужен хороший подарок к 8-ому Марта. Что вы посоветуете?
— Для какого возраста (age)?
— Как вам сказать? Я думаю, что ей лет сорок пять, но она говорит, что ей тридцать шесть.
—А что она говорила в прошлом году?
— Она говорила, что ей тридцать шесть. Она уже несколько лет говорит, что ей тридцать шесть.
— Тогда подарите ей вот эту книгу. У неё хорошее название: «Женщина без возраста».

---

[9] Before 1991 Russians called all Soviet products **наши** (*domestic*). After the breakup of the Soviet Union, however, Russians have been uncertain whether products from the former non-Russian republics are **наши** or **импортные**.

УПРАЖНЕНИЕ 2.7.   **Ваш диало́г**

Create a dialogue in which you seek the advice of a friend or salesclerk
on what might make a good birthday gift for another friend (or relative).

УПРАЖНЕНИЕ 2.8.   **Перево́д**

"I wonder where Dima[10] is? He should have returned two hours ago."

"Why do you need him?"

"He promised that we'd go shopping this afternoon. I have to buy (some)
gift."

~~because today everybody's buying~~

Упражне́ние 2.8.

—Интере́сно, где Ди́ма. Он
 до́лжен был верну́ться два часа́
 наза́д.
—Заче́м он тебе́ ну́жен?
—Он обеща́л, что мы бу́дем
 ходи́ть по магази́нам сего́дня
 днём. Мне на́до купи́ть пода́рки.
—Вы бу́дете стоя́ть в о́череди в
 ка́ждом магази́не, потому́ что
 сего́дня все покупа́ют пода́рки к
 8-о́му Ма́рта.

Discussion starters (see also WB/LM).
1. Кто така́я Татья́на Миха́йловна?
   (Это учи́тельница Во́вы.) Что
   Во́ва ей купи́л? (Тюльпа́ны.) Где
   Во́ва купи́л тюльпа́ны? (На
   ры́нке.)
2. Почему́ Джим гру́стный? (Он
   хо́чет купи́ть пода́рок к 8-о́му
   Ма́рта, но ничего́ не
   мо́жет найти́.) Для
   кого́ Джим хо́чет
   купи́ть пода́рок?
   (Мы не зна́ем.)

3. Кто помога́ет Джи́му? (Ви́ктор.)

ЧТЕНИЕ

Пода́рок купи́ть всегда́ нелегко́°

всегда́... *is never easy*

Scene A

(*Vova and his friend Petya meet Jim on the street.*)

пе́тя. Здра́вствуйте!
джим. Приве́т, ребя́та! Куда́ бежи́те?
во́ва. В шко́лу. Же́нщин поздравля́ть.
джим. Каки́х же́нщин?

---

[10] **Ди́ма** is short for **Дми́трий**. Another nickname for **Дми́трий** is **Ми́тя**.

8. Éсли бы у меня была большáя, нóвая машúна,...
9. Éсли бы я игрáл (игрáла) на роáле (на гитáре, на саксофóне),...
10. Éсли бы я вы́играл (вы́играла) лотерéю (*lottery*),...

WORD STUDY

Diminutives

Éто фиáлки для всех
девчóнок в клáссе.
Четы́рнадцать **букéтиков**.

*These are violets for all the
girls in our class. Fourteen
bouquets.*

Spoken Russian is rich in diminutives, which are formed by using suffixes that impart a sense of physical smallness, endearment, or affection.[13] (They can also convey irony, disparagement, or belittlement in some contexts.) Personal names can have diminutive forms, with the same effect. Diminutives are common in children's speech as well as in adult speech to and about children, so you should become familiar enough with common forms to recognize them.

-ик:	кот (*cat,* male)	кóтик (*kitty,* male)[14]
	брат (*brother*)	брáтик (no English equivalent)
	букéт (*bouquet*)	букéтик (*little bouquet*)
-ок:	гóрод (*city; town*)	городóк (*small town*)

THE ART OF CONVERSATION: WHEN YOU HAVE SOMETHING IN MIND

Сейчáс мы пойдём в **одúн**
магазúн...

*Now we'll go to a (certain)
store . . .*

In this context **одúн** is not expressing a quantity but rather indicates that the speaker has in mind a particular store instead of other possible stores.

Я знáю **однóго** человéка,
котóрый...
Мне сказáли об **однóм** музéе,
где...

*I know a (certain)
   person who . . .*
*They told me about a (certain)
   museum where . . .*

ЧТО МНЕ ДÉЛАТЬ?: ASKING FOR SUGGESTIONS OR ADVICE

Мóжет быть, **мне** тóже
купúть тюльпáны?

*Maybe I, too, should buy some
tulips?*

---

[13] English uses diminutives, too (cat/kitty, dog/doggy, Bill/Billy), but not nearly as extensively as Russian.
[14] The diminutive for a female cat **(кóшка)** is **кóшечка**.

A question that has the person who performs an action in the dative case followed by an infinitive may be used when asking for suggestions, advice, and so on.

Что мне подари́ть Та́не на день рожде́ния?	*What should I give Tanya for her birthday?*
Мне ну́жен биле́т на по́езд. Куда́ мне позвони́ть?	*I need a train ticket. Where should I call?*

УПРАЖНЕНИЕ 3.5.   Что ему́ (ей) де́лать?

Make suggestions to help your friends resolve the following situations:

EXAMPLE: Ваш друг си́льно простуди́лся. Что ему́ де́лать? →

5. Ру́сские друзья́ На́ди пригласи́ли её на футбо́льный матч, а ей э́то неинтере́сно. Что ей сказа́ть им?

ДИАЛОГИ

ДИАЛОГ 3.1.   Цветы́ мо́жно купи́ть во́зле (*beside*) метро́.

(Asking for advice about where to buy something)

— Каки́е краси́вые цветы́! Где ты их купи́л?
— На ры́нке.
— Мне то́же ну́жно купи́ть цветы́, но я не могу́ пое́хать на ры́нок. Нет вре́мени. Что де́лать?
— Цветы́ мо́жно купи́ть во́зле метро́. Во́зле на́шей ста́нции метро́ всегда́ продаю́т цветы́. Но э́то до́рого — доро́же, чем на ры́нке.
— Зато́ бы́стро.

ДИАЛОГ 3.2.   Для кого́ э́ти цветы́?

(Discussing gifts)

— Для кого́ э́ти цветы́?
— Для на́ших де́вушек. У нас в гру́ппе шесть де́вушек.
— Но у тебя́ не шесть буке́тов, а гора́здо бо́льше.
— Пра́вильно. Фиа́лки — для де́вушек, гвозди́ки — для на́ших преподава́тельниц, а тюльпа́ны — для на́шей секрета́рши Лё́ночки.
— А для кого́ ро́зы?
— Ро́зы для Мари́и Макси́мовны. Она́ у нас в общежи́тии са́мая гла́вная. Она́ о́чень до́брая и внима́тельная. И она́ по́мнит все на́ши дни рожде́ния и всех нас поздравля́ет! Мы все её о́чень лю́бим!

ДИАЛОГ 3.3.   Купи́ть хоро́ший пода́рок тру́дно.

(Planning for shopping)

— Пётр, ты уже́ купи́л пода́рок Та́не к 8-о́му Ма́рта?
— Ещё нет. Я ника́к не могу́ реши́ть, что ей купи́ть.
— Но до 8-о́го Ма́рта оста́лся то́лько оди́н день!
— Ничего́. Сего́дня я бу́ду ходи́ть по магази́нам. Мо́жет быть, я куплю́ ей францу́зские духи́. А за́втра у́тром я пойду́ на ры́нок и куплю́ ей цветы́.
— Но францу́зские духи́ — э́то о́чень до́рого!
— Но ведь э́то для Та́ни!

УПРАЖНЕНИЕ 3.6.   Ваш диало́г

A roommate or friend of yours has just returned from a trip. Create a dialogue in which you take note of (and compliment) something he or she has bought and ask where he or she got it and whom it is for.

УПРАЖНЕНИЕ 3.7.   Перево́д

"Where did you buy such lovely flowers?"
"At the market."
"Darn! (**Вот доса́да!**) I didn't know that you have to buy flowers at the market. I need a gift for Natasha. I was shopping all day but couldn't find (**найти́**) anything. If I had known, I'd have gone to the market, too."
"You can go there tomorrow. The market opens (**начина́ет рабо́тать**) early."
"That's what I'll do. (**Я так и сде́лаю.**) It's better I give her flowers than makeup."

Упражне́ние 3.7.
—Где ты купи́л таки́е краси́вые цветы́?
—На ры́нке.
—Вот доса́да! Я не знал, что цветы́ на́до покупа́ть на ры́нке. Мне ну́жен пода́рок для Ната́ши. Я весь день ходи́л по магази́нам, но ничего́ не мог найти́. Е́сли бы я знал, я бы то́же пошёл на ры́нок.
—Ты мо́жешь пойти́ туда́ за́втра. Ры́нок начина́ет рабо́тать ра́но.
—Я так и сде́лаю. Лу́чше я подарю́ ей цветы́, чем косме́тику.

ЧАСТЬ ЧЕТВЁРТАЯ

ЧТЕНИЕ

Discussion starters (see also WB/LM).

1. Кто принёс цветы́ Ле́не — Ви́ктор и́ли Джим? (Ви́ктор.) А кому́ Джим принёс цветы́? (Та́не.)
2. Кто ещё принёс цветы́ Та́не и Све́те? (Са́ша.)
3. Кому́ Илья́ Ильи́ч принёс цветы́? (Та́не, Све́те и Татья́не Дми́триевне.)
4. Ско́лько кофе́йных набо́ров оказа́лось в конце́ концо́в в

(*Lena looks quizzically at Vova.*)

НАТА́ЛЬЯ ИВ. Скоре́е! Он сейча́с бу́дет здесь. (*Lena's quizzical look shifts to her mother.*) Ле́на, накрыва́й на стол.° Ставь **таре́лки,° ча́шки.°** Во́ва, неси́ из ку́хни заку́ски.°

(*After a few moments the doorbell rings. Natalya Ivanovna opens the door and finds Viktor holding flowers and two boxes.*)

Э́то... *I was the one who told him*

накрыва́й... *set the table*
plates / cups / appetizers

ВИ́КТОР. Здра́вствуйте, Ната́лья Ива́новна. Поздравля́ю вас с пра́здником. (*He gives her flowers and a box of candy.*)

НАТА́ЛЬЯ ИВ. (*Bewildered.*) Спаси́бо.

ЛЕ́НА. (*Appears at the doorway.*) Ви́тя, приве́т!

ВИ́КТОР. С пра́здником! Будь всегда́ тако́й же краси́вой! (*Gives her flowers and a box.*)

217

ЛЕ́НА.   Спаси́бо, Ви́тя! **Проходи́,**° бу́дем чай пить.   *Come in*

   (*From inside Vova shrieks "Джим!" Then Vova himself appears.*)

ВО́ВА.   Джим, я хочу́ тебе́ показа́ть... (*Sees Viktor, falls silent.*)

ВИ́КТОР.   Е́сли тебе́ ну́жен Джим, ты, я ду́маю, **найдёшь**° его́ в   *will find*
   кварти́ре № 7.

   (*Vova looks dumbly at him. At this moment Jim rings the bell at apartment 7. Tanya answers.*)

ДЖИМ.   (*Extends roses to Tanya.*) Поздравля́ю с пра́здником.

ТА́НЯ.   Каки́е чуде́сные° ро́зы! Спаси́бо, Джим. Заходи́,   *gorgeous*
   пожа́луйста! (*They enter the room.*)

ДЖИМ.   (*He holds out the box.*) Э́то тебе́. Наде́юсь, тебе́
   понра́вится.

ТА́НЯ.   Спаси́бо. Я уве́рена, что понра́вится. Сейча́с
   поста́влю цветы́ в во́ду, а пото́м откро́ю **коро́бку**.°   *box*

ДЖИМ.   А э́ти цветы́ — для Татья́ны Дми́триевны и для
   Све́ты.

   (*The doorbell rings a second time. Tanya goes to answer it. Sasha enters with flowers and a box.*)

СА́ША.   (*Hands Tanya one of the bouquets.*) С пра́здником!

ТА́НЯ.   Са́шенька, спаси́бо. Заходи́. Све́та то́лько что
   звони́ла, она́ бу́дет че́рез два́дцать мину́т. А Джим
   уже́ здесь.

СА́ША.   Приве́т, Джим!

ДЖИМ.   Приве́т!

СА́ША.   Та́ня, а Татья́на Дми́триевна до́ма?

ТА́НЯ.   Да, она́ на ку́хне. Мы с ней гото́вим заку́ски.

СА́ША.   Джим, дава́й поздра́вим Татья́ну Дми́триевну.

ДЖИМ.   Пойдём!

СА́ША И ДЖИМ.   (*Going into the kitchen.*) Здра́вствуйте, Татья́на
   Дми́триевна, с пра́здником! (*They hand her the
   flowers.*)

ТАТЬЯ́НА ДМ. Спаси́бо, ма́льчики. Каки́е чуде́сные цветы́!

*(The doorbell rings a third time. Tatyana Dmitrievna
answers. The professor is there, holding three bouquets
of violets and the familiar box.)*

ПРОФЕ́ССОР. Здра́вствуйте, Татья́на Дми́триевна. **Разреши́те°**   *Allow (me)*
поздра́вить вас с пра́здником. *(Somewhat
embarrassed.)* А э́то небольшо́й пода́рок... *(He gives her
a box and a bouquet of violets.)*

ТАТЬЯ́НА ДМ. Спаси́бо, Илья́ Ильи́ч, вы так внима́тельны.
Заходи́те, пожа́луйста.

ПРОФЕ́ССОР. Спаси́бо. А э́то цветы́ для ва́ших де́вушек. Наде́юсь,
они́ до́ма?

...набор мне подарил Джим. Спасибо, Джим.

(The professor turns pale.)

СА́ША. Како́е совпаде́ние°! У меня́ то́чно **тако́й же°** набо́р   *coincidence* / тако́й... *the*
для Све́ты.   *same*

(The professor is crestfallen.)

ТАТЬЯ́НА ДМ. Илья́ Ильи́ч, что с ва́ми?

ПРОФЕ́ССОР. Нет-нет, всё в поря́дке. Про́сто я хоте́л сде́лать вам
оригина́льный пода́рок...

ДЖИМ. Неуже́ли и у *вас* тако́й же набо́р?

ПРОФЕ́ССОР. *(Nodding sadly, opening shopping bag.)* Увы́...°   *Alas . . .*

ТАТЬЯ́НА ДМ. Но ведь э́то замеча́тельно, что они́ одина́ковые°!   *identical*

(Sveta enters.)

СВЕ́ТА. Здра́вствуйте. Каки́е краси́вые ча́шки! Чьи э́то?

СА́ША. Э́то — Татья́ны Дми́триевны, э́то — Та́нины,° а э́то   *Tanya's*
твой.

ТАТЬЯ́НА ДМ. **Наконе́ц,°** в на́шей кварти́ре есть оди́н большо́й   *at last*
серви́з!

УПРАЖНЕ́НИЕ 4.1. **Вопро́сы и отве́ты**

1. Вы когда́-нибудь дари́ли кому́-нибудь конфе́ты? Кому́?
2. Что вы да́рите ма́тери (отцу́, сестре́, бра́ту, ба́бушке, де́душке,
   подру́ге, дру́гу) на день рожде́ния? А что они́ да́рят вам?
3. Что вы бо́льше лю́бите: получа́ть пода́рки и́ли дари́ть пода́рки?
4. Вам когда́-нибудь дари́ли что́-нибудь оригина́льное?
5. Как вы ду́маете, соба́ка и́ли ко́шка — э́то оригина́льный
   пода́рок?

Чай и закуски

Guests visiting a Russian home anytime after noon will most likely be offered something to eat and drink. If the visit is near mealtime, guests may be offered a multicourse feast; otherwise, they may be offered something lighter. The drink will likely be **чай** but could be **кóфе, фруктóвый чай,** or—especially in the summer—**сок** (*juice*), **минерáльная водá, лимонáд úли пéпси,** or any combination of the preceding.[15] To eat you may be offered **закýски** (*appetizers*), **бутербрóды** (*open-faced sandwiches*), or dessertlike fare, such as **печéнье** (*cookies*), **торт** (*cake*), **пирóжные** (*pastries*), or **кекс** (*small pound cakes with raisins*).

ГРАММАТИКА И ПРАКТИКА

VERBS OF PLACEMENT

Лéна **постáвила** на стол тарéлки и чáшки.

Lena put plates and cups on the table.

Russian has no verb as general as the English verb *to put*. Rather, Russian makes a distinction between something that is placed in a standing position (such as a vase, cup, and anything with a base, even a small one such as that beneath a saucer or plate) and something that is placed lying down (such as a knife or fork on a table, clothing in a suitcase, or food on a plate). Some items may be placed either way, and the verb used changes accordingly: A book, for example, may be placed standing up on a bookshelf or lying down on a bookshelf or table; a suitcase may be placed standing up in a corner or lying flat on a bed.

The "placement" verbs are **кудá?**-verbs: Because they indicate motion they are followed by **в** or **на** + accusative (when a destination is expressed). The main verbs are shown in the chart.

Verbs of placement (1). Similar movement vs. location contrasts that students have encountered include **стать в óчередь** vs. **стоя́ть в óчереди** and **идти́ в гóсти** vs. **быть в гостя́х.**

Verbs of placement (2). The imperatives and the perfective past tenses are probably the most useful forms of these verbs.

---

[15] If you ask for water, you will probably be served **минерáльная водá, сок,** or **лимонáд,** because Russians are not used to drinking tap water, which is often unsafe. Note also that if your host offers **вóдочка,** you will be served *a little drink of* **вóдка,** not water, the diminutive of which is **водúчка.**

	IMPERFECTIVE	PERFECTIVE
To place (standing up)	ста́вить ста́в-лю ста́в-ишь	поста́вить поста́в-лю поста́в-ишь
To place (lying down)	класть клад-у́ клад-ёшь	положи́ть полож-у́ поло́ж-ишь
To place (hanging up)	ве́шать ве́ша-ю	пове́сить пове́ш-у пове́с-ишь

and have students act out this exercise (in the first person). It can be narrated in various ways: in the past perfective (as here); in the present tense (**Сейча́с я ста́влю цветы́ в ва́зу. . .**); or as a pair activity, where one student tells another what to do, using imperatives (**положи́, поста́вь**).

Fill in the blanks with verbs that describe how Lena set the table, using **поста́вила, положи́ла,** and **принесла́** according to context.

Ле́на (1) _____ цветы́ в ва́зу. Пото́м она́
(2) _____ ва́зу с цвета́ми на стол. Она́
(3) _____ из ку́хни ча́шки с блю́дцами, ло́жки и
таре́лки. Она́ (4) _____ на стол ча́шки,
(5) _____ ря́дом с ни́ми таре́лки и
(6) _____ ло́жки. Ря́дом с ка́ждой таре́лкой она́
(7) _____ салфе́тку (*napkin*). Она́
(8) _____ из ку́хни ча́йник, откры́ла
коро́бку (*box*) конфе́т и (9) _____ её
на стол. Ря́дом с конфе́тами она́ (10) _____
большо́й пиро́г. Пото́м она́ (11) _____ из
ку́хни молоко́ и лимо́н. Когда́ пришёл Ви́ктор, всё
бы́ло гото́во.

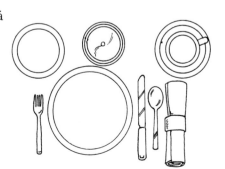

УПРАЖНЕНИЕ 4.3.   **Но́вый това́рищ по ко́мнате**

You've just gotten a new roommate. Help your new roommate unpack by suggesting where to put things.

EXAMPLE: — Куда́ мне положи́ть (поста́вить, пове́сить [*hang*]) _____ ?

— Положи́ (поста́вь, пове́сь) _____ в/на _____ .

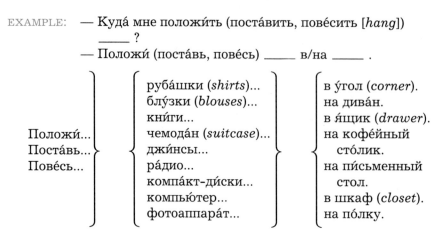

Положи́...
Поста́вь...
Пове́сь...

руба́шки (*shirts*)...
блу́зки (*blouses*)...
кни́ги...
чемода́н (*suitcase*)...
джи́нсы...
ра́дио...
компа́кт-ди́ски...
компью́тер...
фотоаппара́т...

в у́гол (*corner*).
на дива́н.
в я́щик (*drawer*).
на кофе́йный
   сто́лик.
на пи́сьменный
   стол.
в шкаф (*closet*).
на по́лку.

Упражнение 4.3. To make this activity more visual, students can give directions to each other using cutouts from magazines or a child's coloring book to practice arranging things in a room.

RUSSIAN WORD ORDER: STATEMENTS

As you have seen, Russian word order can be quite different from that of English. Because of the endings on Russian words, understanding the function of a given word in a sentence (for example, a subject or object) is not so dependent on the word's position in the sentence as is the case with English. This does not mean, however, that Russian word order is completely free; in fact, Russian word order carries a great deal of meaning. This can best be seen with paired statements and questions.

THE STATEMENT . . .	ANSWERS THE QUESTION . . .
В про́шлом году́ мы жи́ли в Москве́.	Где вы жи́ли в про́шлом году́?
Мы жи́ли в Москве́ в про́шлом году́.	Когда́ вы жи́ли в Москве́?

In these sentences you can see a fundamental principle of Russian word order at work: New or important information comes at the end of the sentence. Here is another example.

На про́шлой неде́ле у Та́ни и Све́ты бы́ло новосе́лье.	*Last week Tanya and Sveta had a housewarming.*

The preceding sentence contains three pieces of information: *what* took place, *when* it took place, and *where* it took place. Without surrounding context, the most natural thing to focus on is *what*; the rest is secondary information. Thus, **бы́ло новосе́лье** (the core information) comes last. Other emphases can be expressed, however, simply by putting one of the other elements last (note how the English must be reworded and/or explained to reflect these variations).

Word order: new information. Where the principle "new information comes last" is not observed, it usually is the case that context or—in spoken Russian—intonation serves to highlight the new or important information.

У Та́ни и Све́ты бы́ло
новосе́лье **на про́шлой
неде́ле**.

*Tanya and Sveta had their
housewarming last week.
(You thought it was next
week? Too bad.)*

На про́шлой неде́ле бы́ло
новосе́лье **у Та́ни и Све́ты**.

*Last week it was Tanya and
Sveta who had a house-
warming. (I've been to so
many housewarmings
lately, I'm losing track.)*

A good way to choose the correct word order for what you want to say is
~~~~ question you want your statement to answer, then
~~~~ comes last.

б. Когда́ родился ваш ~~~~

2. Я ему́ посове́товал купи́ть ро́зы.
  а. Кто ему́ посове́товал купи́ть ро́зы?
  б. Что вы ему́ посове́товали купи́ть?

3. Джи́ма ты найдёшь в кварти́ре № 7.
  а. Где я найду́ Джи́ма?
  б. Кого́ я найду́ в кварти́ре № 7?

4. Све́та придёт че́рез два́дцать мину́т.
  а. Кто придёт че́рез два́дцать мину́т?
  б. Когда́ придёт Све́та?

5. Цветы́ ну́жно покупа́ть на ры́нке и́ли во́зле метро́.
  а. Где ну́жно покупа́ть цветы́?
  б. Что ну́жно покупа́ть на ры́нке и́ли во́зле метро́?

WORD STUDY

Russian word formation

The more Russian you know, the more you can make intelligent guesses at (and help yourself to remember) new words. You will increasingly find words composed of elements that are already familiar to you. Many Russian words are composed of three elements: a *prefix*, a *root*, and a *suffix* (which is often followed by a grammatical *ending*). Consider the following adjectives that you have encountered:

WORD	PREFIX	ROOT	SUFFIX (+ ENDING)
бездо́мный	без- *without* (**без**)	-дом- *home* (**дом**)	-н-ый
междунаро́дный	между- *between* (**ме́жду**)	-народ- *people* (**наро́д**)	-н-ый

ДИАЛОГИ

ДИАЛОГ 4.1. **Поздравля́ю вас с 8-ы́м Ма́рта!**

(Giving holiday greetings)

— Здра́вствуйте, Шу́рочка! Поздравля́ю вас с 8-ы́м Ма́рта и с днём рожде́ния!
— Спаси́бо, Илья́ Ильи́ч! Вы всегда́ так внима́тельны! Каки́е чуде́сные ро́зы! Сейча́с я поста́влю их в во́ду.
— А э́то вам пода́рки.
— Спаси́бо, но заче́м же два пода́рка?
— Оди́н — ко дню рожде́ния и оди́н — к 8-о́му Ма́рта.
— Два пода́рка — э́то мно́го.
— Нет, для са́мой лу́чшей секрета́рши в ми́ре э́то совсе́м немно́го!

ДИАЛОГ 4.2. **Что нам де́лать?**

(Inviting someone to dance)

— Мари́на, мо́жно пригласи́ть вас на та́нец (*dance*)?
— Прости́те, но...
— Что с ва́ми? Вы себя́ пло́хо чу́вствуете?
— Нет-нет, всё в поря́дке. Но я хочу́ уе́хать домо́й.
— Домо́й? Почему́?
— Посмотри́те — у Та́ни тако́е же пла́тье (*dress*), как у меня́...
— И из-за э́того вы хоти́те уе́хать домо́й? Ну что́ вы! Лу́чше посмотри́те на Са́шу. А тепе́рь на Макси́ма. И на Ви́ктора. У них то́чно таки́е же га́лстуки (*ties*), как у меня́. Что же нам де́лать? Всем уе́хать домо́й?
— То́ля, вы пра́вы. Дава́йте пока́жем всем, что у нас есть чу́вство ю́мора!

ДИАЛОГ 4.3. **Мне ну́жен ваш сове́т.**

(Asking for advice)

— Ве́ра Па́вловна, спаси́бо вам за сове́т. Я купи́л Ни́не фотоальбо́м[16] «Аме́рика», она́ была́ о́чень ра́да.

---

[16] This is a false cognate. What does it really refer to?

— И я ра́да, что ей альбо́м понра́вился. Пётр Степа́нович, а мне ну́жен ваш сове́т. У меня́ бу́дут го́сти из Аме́рики, журнали́сты. Мне хо́чется подари́ть им что́-нибудь на па́мять (*as a memento*). Как вы ду́маете, что им мо́жет понра́виться?

— Подари́те им что́-нибудь ру́сское. Я да́же зна́ю что! Я ви́дел в До́ме Кни́ги краси́вые ка́рты ста́рой Москвы́! Это замеча́тельный пода́рок, осо́бенно для журнали́стов! Ва́ши журнали́сты бу́дут смотре́ть на них и вспомина́ть Росси́ю и вас.

— Спаси́бо, Пётр Степа́нович. Прекра́сный сове́т!

"Hi, Galya. ... Happy ......
for you."

"Thanks, Seryozha.[18] How pretty! I'll put them in water right away. If I'd known you were coming, I'd have fixed a pizza. Come into the kitchen, we'll have tea."

"Thanks, I'd be glad to. Listen, Galya, do you like Italian movies?"

"Very much. Why do you ask?"

"There's a new Italian film playing at the 'Rossiya.' I really want to see it. Do you want to go?"

"Gladly. When do you want to go? Unfortunately, today and tomorrow I'm very busy."

"Maybe next Saturday?"

"Great!"

бу́дем пить ...
— Спаси́бо, с удово́льствием. Слу́шай, Га́ля, тебе́ нра́вятся италья́нские фи́льмы?
— О́чень. А что?
— В «Росси́и» идёт но́вый италья́нский фильм. Я о́чень хочу́ посмотре́ть его́. Хо́чешь пойти́?
— С удово́льствием. Когда́ ты хо́чешь пойти́? К сожале́нию, я сего́дня и за́втра о́чень занята́.
— Мо́жет быть, в сле́дующую суббо́ту?
— Отли́чно!

НОВЫЕ СЛОВА

Nouns

весна́	spring
духи́ (*pl. only; gen.* **духо́в**)	perfume
зима́ (*acc. sing.* **зи́му**, *pl.* **зи́мы**)	winter
знако́мый *noun, declines like adj.*	acquaintance
коро́бка (*gen. pl.* **коро́бок**)	box
косме́тика	makeup; cosmetics
ко́фе *m. indecl.*	coffee
ле́то	summer
о́сень *f.*	fall; autumn
откры́тка (*gen. pl.* **откры́ток**)	postcard
проце́нт	percent

---

[17] **Га́ля** is short for **Гали́на**.
[18] **Серёжа** is short for **Серге́й**.

ро́за	rose
спи́с(о)к	list
таре́лка (*gen. pl.* таре́лок)	plate; dish
тюльпа́н	tulip
успе́х	success
ча́шка (*gen. pl.* ча́шек)	cup

Adjectives

внима́тельный	attentive
гру́стный	sad
знако́мый	acquainted
же́нский	woman's; women's
междунаро́дный	international
официа́льный	official
ску́чный	boring

Verbs

A translation is listed after the perfective only if it differs from the imperfective. "X" indicates that a paired verb exists but has not yet been presented as active vocabulary. "None in this meaning" indicates that there is no perfective for the meaning given here. "None" indicates that there is no aspectual counterpart for this verb.

IMPERFECTIVE		PERFECTIVE
за́втракать	to have breakfast; to have lunch	поза́втракать
каза́ться (кажу́сь, ка́жешься)	to seem	показа́ться
находи́ть (нахожу́, нахо́дишь)	to find	найти́ (найду́, найдёшь; *past* нашёл, нашла́, нашло́, нашли́)
обе́дать	to have dinner; to have lunch	пообе́дать
объясня́ть	to explain	объясни́ть (объясню́, объясни́шь)
поздравля́ть	to congratulate; to wish a happy . . .	поздра́вить (поздра́влю, поздра́вишь)
по́льзоваться (по́льзуюсь, по́льзуешься)	to use; to make use of	воспо́льзоваться
посыла́ть	to send	посла́ть (пошлю́, пошлёшь)
присыла́ть	to send	присла́ть (пришлю́, пришлёшь)
разреша́ть	to allow; to permit	разреши́ть (разрешу́, разреши́шь)
стара́ться	to try	постара́ться
у́жинать	to have supper	поу́жинать

Присыла́ть vs. посыла́ть. Присыла́ть/присла́ть focuses on writing the recipient and the item sent (in мне присла́ли лека́рство, the medicine and I have been united); посыла́ть/посла́ть focuses on the separation of the sender and the item sent (сестра́ посла́ла мне бандеро́ль, но я её ещё не получи́л or и я её получи́л на сле́дующий день; in either case the sister and the package were separated).

Adverbs

краси́во	(it's/that's) beautiful; (it's/that's) pretty
наконе́ц	at last; finally
нелегко́	(it's/that's) not easy; (it's/that's) difficult
не́сколько	a few; several; some
~~.....~~	gradually

~~во́зле (+ gen.)~~

	next to
зато́ (*often* но зато́)	but (then); but on the other hand
к (+ *dat.*)	for

Idioms and Expressions

Жела́ю успе́ха!	Best of luck!; Hope you're successful!
за грани́цей	abroad
Им бу́дет прия́тно.	They'll like it; That'll make them feel good.
Интере́сно, где... (когда́... и т. д.)	I wonder where . . . (when . . . , etc.)
Мне бу́дет прия́тно (+ *infin.*)	It'll make me feel good . . .
на все сто проце́нтов	one hundred percent
по доро́ге	on the way; along the way
поздрави́тельная откры́тка	greeting card
Поздравля́ю!	Congratulations!
пройти́ ми́мо	to pass by

Проходи́(те)!	(*when inviting someone in*) Come in!
Разреши́те (+ *infin.*)	Allow me to . . .
тако́й же	the same
ходи́ть по магази́нам	to shop; to go shopping; to go from store to store
хотя́ бы	at least
Что ты хо́чешь э́тим сказа́ть?	What are you trying to say?; What ~~do you mean by~~

духи́, косме́тика, кофе́йный ~~набо́р,~~ ча́йный серви́з, магнитофо́н, кассе́та, гита́ра, кни́га, энциклопе́дия, ру́сские сувени́ры, золоты́е часы́, маши́на, пое́здка в Пари́ж; цветы́, буке́т, ро́за, тюльпа́н, фиа́лка, гвозди́ка, мимо́за; магази́н, ры́нок; дорого́й, недорого́й, э́то до́рого (недо́рого); дари́ть/подари́ть, покупа́ть/ купи́ть, посыла́ть/посла́ть, присыла́ть/ присла́ть; поздравля́ть/поздра́вить, говори́ть комплиме́нты

Holidays: пра́здник, са́мый люби́мый пра́здник, междунаро́дный пра́здник, религио́зный пра́здник; пода́рок к пра́зднику (к Но́вому го́ду, к 8-о́му Ма́рта); пра́здновать/отпра́здновать, поздравля́ть/поздра́вить, поздра́вить роди́телей (подру́гу, своего́ профе́ссора) с пра́здником; поздрави́тельная откры́тка, дома́шний а́дрес, посыла́ть/посла́ть, присыла́ть/присла́ть; С пра́здником!, Поздравля́ю тебя́ (вас) с пра́здником!, Разреши́те поздра́вить вас с пра́здником!, С Но́вым го́дом!, И вас та́кже!, С Рождество́м!, С днём рожде́ния!

7 УРОК

МЫ ИДЁМ В БОЛЬШОЙ ТЕАТР!

а

б

в

а. Теа́тр уж по́лон...
   (А.С. Пу́шкин)
б. Москва́. Большо́й теа́тр.
в. Кто бу́дет чемпио́ном?

In this chapter you will learn

▲ to decline proper nouns and surnames

▲ more about discussing interests

▲ more about verbs of motion

▲ more about expressing wishes and offering suggestions

▲ to express the generic "you"

▲ to make explanations and excuses

▲ about sports in Russia

▲ about attending the theater in Russia

▲ some Russian proverbs

ЧАСТЬ ПЕРВАЯ

УПРАЖНЕНИЕ 1.1. **Подготовка к чтению**

Write five words or phrases that relate to each of the following two cate-

Skim the reading for more words or phrases you can add to each list.

6. _____   _____

7. _____   _____

8. _____   _____

9. _____   _____

10. _____   _____

Я оперу не очень люблю.

(At the Silins'. Viktor is visiting Lena.)

ВИКТОР. У меня хорошая новость.° Я **достал**° четыре билета в Большой театр на «Евгения Онегина». Как ты думаешь, твои родители пойдут с нами? Спектакль° — в воскресенье вечером.   *news / got*

performance

ЛЕНА. Замечательно! **Представляю**,° как это было трудно — билеты в Большой. Ты говоришь — в воскресенье?   *I can imagine*

ВИКТОР. Да, а что? Ты занята?

Discussion starters (see also WB/LM).

1. Сколько билетов на «Евгения Онегина» достал Виктор? (Четыре.) Когда будет

Манина, знаменитого хоккеиста. Они учились в одном классе.)

4. Что предпочитает Силин — оперу или спорт? (Спорт.) А вы? Что вы предпочитаете?

Чтение: знаменитый. Have each student complete this sentence: **Я думаю, что самый знаменитый (самая знаменитая) [occupation] на свете — это [name].** Write the names on the board and when you have a dozen names (some of which will be new to some students), see if the class can reconstruct the original sentences. EXAMPLE: **Самый знаменитый (самая знаменитая)**

 гитарист (футболист, актриса, рок-группа, писатель...) на свете — это...
Teach new words (for example, **певец, певица**) as necessary. If students disagree with one another, invite them to propose alternative names.

229

Чтение: хоккеист. This is a very productive suffix. Ask students what other words they have encountered with it (**турист, пианист, таксист, журналист**). See if they can tell you what the following mean: **гитарист, славист, лингвист, танкист, садист, гимназист, социалист, дарвинист, мотоциклист, материалист, футболист.**

ЛЕНА. Нет, я не занята, но у меня проблема: я должна **срочно**° взять интервью у спортсмена.° А у меня нет никаких идей, и я не знаю **ни одного** спортсмена.

ВИКТОР. Может быть, я **смогу**° тебе помочь. Ты слышала такое имя — Володя Манин?

ЛЕНА. Имя **знакомое**,° но не помню, кто это.

ВОВА. (*From the next room.*) Ты что, Ленка! Это же центр-форвард «Спартака»! Это самый **знаменитый**° хоккеист на **свете**°!

ВИКТОР. Мы с ним учились в одном **классе.**°

(*Vova runs out of his room and into his parents'.*)

ВОВА. (*Shouting.*) Папа, папа, ты знаешь — Виктор учился в одном классе с Маниным!

ЛЕНА. (*To Viktor.*) Но я же ничего не знаю о Манине. И, откровенно говоря, никогда не **интересовалась**° хоккеем. О чём я буду его спрашивать?

ВИКТОР. У тебя **впереди**° ещё целая неделя. Я тебе дам почитать несколько статей о Манине, принесу фотографии — и ты **приготовишь**° вопросы.

СЕРГЕЙ ПЕТР. (*Appearing in the doorway of Lena's room.*) Виктор, неужели вы знаете Манина? Это **невероятно**°! А вы знаете, что в воскресенье финальный **матч** на **первенство**° России между «Спартаком» и «Динамо»? (*Sadly.*) Билеты достать невозможно.

ЛЕНА. Папочка, Виктор нас всех приглашает в воскресенье в Большой театр на «Евгения Онегина». Когда ты последний раз был в Большом?

СЕРГЕЙ ПЕТР. Не помню. Наверно, лет двадцать назад. Когда за твоей мамой **ухаживал.**° (*To Viktor.*) Виктор, **раз**° вы знаете Манина, может быть, вы сможете достать билеты на **финал**°? Я, откровенно говоря, оперу не очень люблю.

ВИКТОР. Хорошо, Сергей Петрович. Я попробую достать вам билет.

ВОВА. (*Imploringly.*) Два билета...

right away

взять... *to interview an athlete* / ни... *not a single*

will be able

familiar

famous

world

в... *in the same class*

никогда... (*I*) *was never interested in*

ahead

will prepare

unbelievable

championship

was courting / *since*

championship game

4. Как вы ду́маете, тру́дно доста́ть биле́ты в теа́тр в ва̄шем го́роде? А биле́ты на баскетбо́льный матч?

5. Где мо́жно купи́ть биле́ты на конце́рт ро́к-му́зыки? Э́то мо́жно сде́лать по телефо́ну?

6. В ва́шем го́роде есть теа́тр, где мо́жно послу́шать о́перу? Как он называ́ется?

7. Вы когда́-нибудь слу́шали по ра́дио и́ли смотре́ли по телеви́зору интервью́ со спортсме́ном? А с музыка́нтом? Когда́ э́то бы́ло?

8. Е́сли бы вы бы́ли журнали́стом (журнали́сткой), у кого́ вы бы хоте́ли взять интервью́? Почему́? Каки́е вопро́сы вы бы за́дали ему́ (ей)?

reference to the opera *house* (**теа́тр о́перы и бале́та**), rather than the opera itself. One hears **пойти́ на о́перу (быть на о́пере)** if a particular opera is mentioned (**За́втра я пойду́ на «Евге́ния Оне́гина»**) or if there is a contrast: — **Хо́чешь пойти́ на бале́т?** — **Лу́чше на о́перу, я бале́т не люблю́.**

Спорт

Visitors to Russia are likely to find much about Russian sports that is familiar to them: Many people—especially males—follow their favorite teams faithfully and idolize the best athletes. International events like the Olympics and the World Cup draw enormous TV audiences. **Футбóл** is clearly the most popular sport, but **хоккéй, баскетбóл, бокс, тéннис, волейбóл,** and **фигýрное катáние** (*figure skating*) also attract many fans.

There are some differences, however: Baseball and American football are not widely known in Russia, nor (so far) are the enormous salaries of North American professional stars. Major sports clubs like **«Динáмо»** have teams competing in several sports. A number of special sports schools in the largest cities accept the most athletically talented children, provide them with coaching, and expect at least eight hours of practice per day. These schools have produced many athletes who eventually became Olympic champions. However, since 1991, funding for these and other special schools (in the arts, languages, and sciences) has been much less secure than it was in the Soviet period.

ГРАММАТИКА И ПРАКТИКА

PROPER NOUNS—DECLINED OR NOT DECLINED?
Я ЧИТÁЮ «ПРÁВДУ»

Вúктор достáл билéты на **«Евгéния Онéгина».**	*Viktor got tickets to* Eugene Onegin.
Э́то матч мéжду **«Спартакóм»** и **«Динáмо».**[1]	*This is a match between "Spartak" and "Dinamo."*

Proper nouns, even those in quotation marks, are declined except when preceded by a noun that categorizes them. Compare the examples above with the following:

Вúктор достáл билéты на óперу **«Евгéний Онéгин».**	*Viktor got tickets to the opera* Eugene Onegin.
Э́то мáтч мéжду комáндами **«Спартáк»** и **«Динáмо».**	*This is a match between the teams "Spartak" and "Dinamo."*

---

[1] **Динáмо** is a neuter noun of Greek origin that is not declined.

In the second set of examples, the "category" nouns (**о́перу** and **кома́ндами**) show the required case ending. The nouns in quotation marks are not declined, even though they are in apposition to the "category" nouns.[2] However, when proper nouns stand in apposition and no quotes are involved, all words are declined:

Вы зна́ете хоккеи́ста **Ма́нина**?

Do you know the hockey player Manin?

УПРАЖНЕНИЕ 1.3.   Ты чита́л (чита́ла) «Войну́ и мир»?

You've just arrived in Russia for a semester of study and have met a ~~...~~ ~~...~~ ~~new friend is asking you about~~

Упражне́ние 1.3 (1). Point out that

Working with a classmate, use the items below to make up similar ex~~changes.~~

changes.

Ты был (была́) в… ?
Ты ви́дел (ви́дела)… ?
Ты зна́ешь… ?
Ты лю́бишь… ?
Ты что́-нибудь зна́ешь о
   (об)… ?
Тебе́ нра́вится… ?
Ты слу́шал (слу́шала)… ?
Ты чита́л (чита́ла)… ?

ро́к-му́зыку
Большо́й теа́тр
газе́та «Изве́стия»
«Пра́вда»
газе́та «Аргуме́нты и
   фа́кты»
музе́й Эрмита́ж
му́зыка Чайко́вского
рома́ны (*novels*)
   Достое́вского
Третьяко́вская галере́я
фильм «Алекса́ндр
   Не́вский»
футболи́ст Семёнов
«Евге́ний Оне́гин»
футбо́льный матч
конце́рт ро́к-му́зыки

SPECIAL MODIFIER: ВЕСЬ

Ви́ктор приглаша́ет нас **всех** в Большо́й теа́тр.

Viktor is inviting us all to the Bolshoi Theater.

and present a short report to ~~the~~ class. As a follow-up, tell students that on the next test they will be expected to provide one-sentence identifications of some of the individuals reported upon.

Special modifier: **весь.** There are hundreds of common expressions using forms of **весь.** Some that students at this level can recognize and/or use include **всё хорошо́, что хорошо́ конча́ется** (*all's well that ends well*); **(э́то) мне всё равно́** (*it's all the same [makes no difference] to me*), **всему́ своё вре́мя** (*there's a time for everything*); **оди́н за всех, все за одного́** (*one for all, all for one*); **Всего́ хоро́шего!** (*Best of luck!*)

---

[2] *Apposition* refers to a construction in which a noun (or noun phrase) is placed after another as an explanatory equivalent, such as "Tom" in the sentence *My brother, Tom, was born in Massachusetts.*

All the forms of **весь** function as adjectives (*all, entire*).[3] The neuter form **всё** (*everything*), and the plural form **все** (*everybody, everyone*) also function as pronouns. The declension of **весь** mixes characteristics of noun and adjective forms.

	MASCULINE	NEUTER	FEMININE	PLURAL
Nominative	весь	вс-ё	вс-я	вс-е
Accusative	Nom. or Gen.	вс-ё	вс-ю	Nom. or Gen.
Genitive	вс-его	вс-его	вс-ей	вс-ех
Prepositional	(обо) вс-ём	(обо) вс-ём	(о) вс-ей	(о) вс-ех
Dative	вс-ему́	вс-ему́	вс-ей	вс-ем
Instrumental	вс-ем	вс-ем	вс-ей	вс- éми

Two of these forms, **всего́** and **всех**, are commonly used in the following expressions:

бо́льше всего́	*most of all, more than anything else*
лу́чше всего́	*best of all, better than anything else*
бо́льше всех	*more than anyone else*
лу́чше всех	*better than anyone else*
Бо́льше **всего́** Во́ва лю́бит хокке́й.	*Vova likes hockey most of all (more than anything else).*
Мы все лю́бим хокке́й, но Во́ва лю́бит хокке́й бо́льше **всех**.	*We all like hockey, but Vova likes hockey more than anyone else does.*

УПРАЖНЕНИЕ 1.4.   **Я всю ночь не спала́!**

Ма́ша is telling her friend И́ра about the terrible night she had last night. Help her use the correct forms of **весь, всё, вся,** and **все** in the following dialogues. Decline as necessary.

(У́тро. Ма́ша звони́т свое́й подру́ге И́ре.)

МА́ША. До́брое у́тро, И́ра! Э́то Ма́ша. Как дела́?
И́РА. Приве́т, Ма́ша. У меня́ (1) _____ норма́льно. А у тебя́?
МА́ША. У меня́ (2) _____ пло́хо. Я больна́.
И́РА. Что у тебя́ боли́т?
МА́ША. (3) _____ боли́т. Я не спала́ (4) _____ ночь. Я не пойду́ сего́дня на заня́тия и бу́ду (5) _____ день спать.

Упражнение 1.4. 1 - всё; 2 - всё; 3 - всё; 4 - всю; 5 - весь; 6 - все; 7 - весь; 8 - всю; 9 - всех; 10 - всем; 11 - всё

---

[3] The adjective **весь** always agrees in case with the noun it modifies, even though its English equivalent *all* is sometimes rendered as *all of*: *All* (or *All of*) *my friends play hockey*. (**Все мои́ друзья́ игра́ют в хокке́й.**)

ЙРА. Пра́вильно, не ходи́ в университе́т. Я тебе́ ве́чером позвоню́ и расскажу́ (6) _____ но́вости.

(*Ве́чер. Йра звони́т Ма́ше.*)

ЙРА. Ма́ша, как ты?

МА́ША. Спаси́бо, лу́чше. Но я (7) _____ день спала́ и тепе́рь, наве́рно, не бу́ду спать (8) _____ ночь. Что но́вого в университе́те?

ЙРА. Тебе́ от (9) _____ приве́т. Ни́на получи́ла фотогра́фии от свое́й подру́ги из Аме́рики и (10) _____ их пока́зывала. Есть и други́е но́вости. Хо́чешь, я зайду́ к тебе́ и (11) _____ расскажу́?

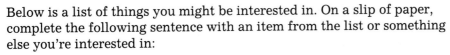

Хокке́и меня́ не интересу~~ет~~.

Интересова́ться + instrumental (of the object of interest) is an alternative to **интересова́ть** + accusative (of the person who is or isn't interested).

УПРАЖНЕ́НИЕ 1.5. Бо́льше всего́ я интересу́юсь...

Below is a list of things you might be interested in. On a slip of paper, complete the following sentence with an item from the list or something else you're interested in:

Бо́льше всего́ я интересу́юсь _____.

Trade your slip of paper with a classmate, trade that slip of paper with a different classmate, and then trade again with someone else. Now try to recover your slip of paper and find out who wrote the one you are holding by moving about the classroom, saying what you are most interested in, and asking what your classmates are most interested in:

Бо́льше всего́ я интересу́юсь... А ты? Чем ты бо́льше всего́ интересу́ешься?

америка́нская литерату́ра	иску́сство (*art*)	поли́тика
астроно́мия	кинематогра́фия	психоло́гия
биоло́гия	класси́ческая му́зыка	ру́сский язы́к
геогра́фия	компью́теры	спорт
геоло́гия	мо́да (*fashion*)	эконо́мика
европе́йская исто́рия		???

 Диалоги

ДИАЛОГ 1.1. **О вкусах не спорят.**

(Discussing preferences: sports)

— У меня есть билеты на хоккей на эту субботу. Хочешь пойти?
— Спасибо, но я не очень люблю хоккей.
— А какие виды спорта ты любишь?
— Гимнастику и теннис.
— Но ведь смотреть хоккей намного интереснее, чем смотреть гимнастику.
— О вкусах не спорят! (*There's no accounting for taste!*)

ДИАЛОГ 1.2. **Не знаю, что делать.**

(Giving advice on dating)

— Не знаю, что делать. Я пригласил Лену на футбольный матч, но она сказала, что футбол её не интересует.
— Пригласи её на балет или в театр.
— Вчера я пригласил её в театр, но она сказала, что её и театр не интересует.
— Всё понятно. Можно дать тебе совет? Пригласи не Лену, а Таню. Мне кажется, что её интересует всё, что интересует тебя.

ДИАЛОГ 1.3. **Что ты предпочитаешь?**

(Asking about preferences)

— Я достал два билета на балет и два билета на футбол. Два билета для нас с тобой и два — для твоих родителей. Что ты предпочитаешь?
— Конечно, балет!
— Отлично! Мы пойдём с тобой на балет, а твоим родителям отдадим билеты на футбол.
— Папа будет счастлив. А мама, откровенно говоря, футбол не любит.
— Но она любит папу — значит, пойдёт с ним на футбол.

УПРАЖНЕНИЕ 1.6.   **Ваш диало́г**

Create a dialogue in which you and a friend are planning to go to a sporting or cultural event. Discuss your preferences, settle on an event, and arrange a time and a place to meet.

УПРАЖНЕНИЕ 1.7.   **Перево́д**

"Vanya, I have two tickets for the theater for Friday (**на пя́тницу**). Do you want to go with me?"
"Gladly! What's playing?"
"Chekhov's *Three Sisters*. My friend gave me the tickets an hour ago as

Упражнение 1.7.
— Ва́ня, у меня́ есть два биле́та в теа́тр на пя́тницу. Хо́чешь пойти́ со мной?
— С удово́льствием. Что идёт?
— «Три сестры́» Че́хова. Мой друг дал мне биле́ты час наза́д, когда́ он уезжа́л в аэропо́рт.

УПРАЖНЕНИЕ 2.1.   **Подгото́вка к чте́нию**

Based on what you read in Часть пе́рвая, try to guess which of our characters—**Ле́на, Во́ва, Ви́ктор, Серге́й Петро́вич**—is likely to have the following lines in this scene.

1. _____ В воскресе́нье я за тобо́й зае́ду.
2. _____ Для тебя́ действи́тельно нет ничего́ невозмо́жного.
3. _____ Когда́ я могу́ взять интервью́?
4. _____ Мы с Во́вой идём на хокке́й, а пото́м мы с тобо́й — в Большо́й теа́тр.
5. _____ Ура́! Ура́! Ура́!
6. _____ Я договори́лся с Ма́ниным.

---

[4] The MKhAT (**МХАТ, Моско́вский Худо́жественный академи́ческий теа́тр**) is a well-known Russian theater that was founded in 1898 and quickly became famous for its innovative presentations of Chekhov's plays. When referred to orally it is pronounced [мммхат].

ЧТЕНИЕ

Договори́лись!

(The phone rings at the Silins'. Lena answers. It's Viktor.)

Discussion starters (see also WB/LM).

1. Когда́ Ви́ктор зае́дет за Лёной? (В воскресе́нье в полвторо́го.) Ку́да они́ пойду́т? (На стадио́н.) Когда́ они́ должны́ быть на стадио́не? (В полтре́тьего.)
2. Что Лёна хо́чет сде́лать по́сле ма́тча? (Она́ хо́чет верну́ться домо́й и переоде́ться.)
3. Куда́ Лёна и Ви́ктор пойду́т по́сле ма́тча? (В Большо́й теа́тр на «Евге́ния Оне́гина».)

ВИ́КТОР. Приве́т. Я договори́лся с Ма́ниным. Он обеща́л дать тебе́ интервью́. И переда́й Серге́ю Петро́вичу, что он мо́жет получи́ть два биле́та в ка́ссе № 8 пе́ред нача́лом ма́тча.

ЛЁНА. Замеча́тельно! Спаси́бо, Ви́тя! А когда́ я могу́ взять интервью́?

ВИ́КТОР. Мы с тобо́й должны́ быть в воскресе́нье в 2:30 у **вхо́да**° на стадио́н. Там мы полу́чим про́пуск.°   *entrance* *pass*

ЛЁНА. Ви́тя, для тебя́ действи́тельно нет ничего́ невозмо́жного.

ВИ́КТОР. Ты уже́ мне э́то говори́ла.

ЛЁНА. Тогда́ э́то была́ шу́тка, а тепе́рь я говорю́ серьёзно... Зна́ешь, я о́чень волну́юсь. Э́то моё пе́рвое интервью́ с таки́м изве́стным челове́ком.

ВИ́КТОР. Не волну́йся. Всё бу́дет в поря́дке. **На вся́кий слу́чай**,° я бу́ду ря́дом.   На... *Just in case*

ЛЁНА. Нет-нет, я пойду́ одна́. Я же не могу́ брать тебя́ с собо́й на ка́ждое интервью́.

ВИ́КТОР. Почему́? Я бы не возража́л.

ЛЁНА. *(Smiling.)* Я ду́маю, бу́дет лу́чше, е́сли я пойду́ одна́.

ВИ́КТОР. Наве́рно, ты права́. Ита́к,° в воскресе́нье я за тобо́й **зае́ду**.° В час три́дцать.   *So* я... *I'll pick you up*

ЛЁНА. Хорошо́, я бу́ду гото́ва. Мы **успе́ем**° зае́хать домо́й и переоде́ться° пе́ред теа́тром?

ВИ́КТОР. Коне́чно, вре́мени **доста́точно**.°

ЛЁНА. Прекра́сно. Тогда́ до воскресе́нья. Договори́лись?

ВИ́КТОР. Договори́лись.

> Мы... *Will we have time to change clothes*
>
> вре́мени... *we'll have enough time*

(Lena hangs up the phone and goes into her parents' room.)

ЛЁНА. Па́па, то́лько что звони́л Ви́ктор. Он доста́л тебе́ и Во́вке биле́ты на хокке́й.

СЕРГЕ́Й ПЕТР. Твой Ви́ктор — замеча́тельный па́рень! Во́ва, ты слы́шал? Мы идём на фина́л!

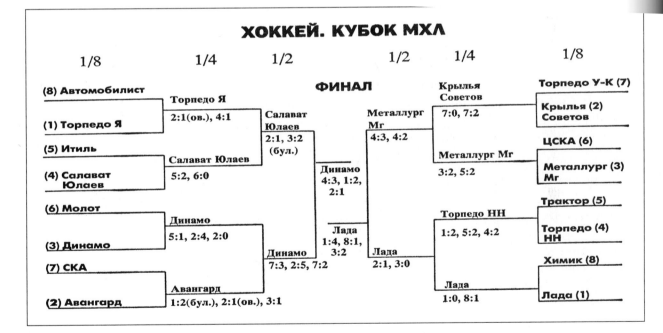

ХОККЕ́Й. КУ́БОК МХЛ

| 1/8 | 1/4 | 1/2 | | 1/2 | 1/4 | 1/8 |

ФИНА́Л

(8) Автомобилист
(1) Торпедо Я — Торпедо Я 2:1(ов.), 4:1
(5) Итиль
(4) Салават Юлаев — Салават Юлаев 5:2, 6:0
Салават Юлаев 2:1, 3:2 (бул.)

(6) Молот
(3) Динамо — Динамо 5:1, 2:4, 2:0
(7) СКА
(2) Авангард — Авангард 1:2(бул.), 2:1(ов.), 3:1
Динамо 7:3, 2:5, 7:2

Динамо 4:3, 1:2, 2:1

Лада 1:4, 8:1, 3:2

Металлург Mг 4:3, 4:2

Лада 2:1, 3:0

Крылья Советов 7:0, 7:2
Металлург Mг 3:2, 5:2

Торпедо НН 1:2, 5:2, 4:2
Лада 1:0, 8:1

Торпедо У-К (7)
Крылья (2) Советов

ЦСКА (6)
Металлург (3) Mг

Трактор (5)
Торпедо (4) НН

Химик (8)
Лада (1)

УПРАЖНЕ́НИЕ 2.2. Вопро́сы и отве́ты

1. Вы зна́ете како́го-нибудь изве́стного спортсме́на и́ли спортсме́нку?

2. Каки́ми ви́дами спо́рта вы интересу́етесь?

3. Е́сли бы у вас бы́ли биле́ты на бале́т и на хокке́й (в оди́н и тот же день), куда́ бы вы пошли́?

Упражнение 2.2. Have teams of students make up two additional questions each, based on this or the previous reading, for other students to try to answer.

4. Вы читáете в газéтах и журнáлах статьú о спóрте и спортсмéнах?

5. Кто сáмый знаменúтый футболúст в Амéрике? А бейсболúст? А баскетболúст? А хоккеúст? А теннисúст?

6. Скóлько стóит билéт на óперу úли на балéт? А в кинó? А на футбóльный матч? А на концéрт рóк-мýзыки?

7. Что, по-вáшему, труднéе — достáть билéты на концéрт úли на баскетбóльный матч?

8. В вáшем гóроде есть стадиóн, где мóжно смотрéть хоккéй? Как он называ́ется?

ГРАММАТИКА И ПРАКТИКА

ЗАЕЗЖÁТЬ/ЗАÉХАТЬ: *TO STOP BY, TO DROP IN*

Мы **заéдем** домóй и переодéнемся пéред теáтром.	*We'll stop at home and change clothes before the theater.*

The prefix **за-** on the combining form of a verb of motion (**заезжáть/ заéхать** or **заходúть/зайтú**) indicates that the subject stops by one place while on the way to another (by vehicle or on foot, respectively). It renders phrases like "I'll pick you up (at) . . ." and "I'll stop at the grocery store (for) . . . ."

The person or thing to be picked up is expressed by **за** + instrumental; the place where one is stopping is expressed by a **кудá** word or phrase.

Я за тобóй **заéду** в 1:30.	*I'll pick you up at 1:30.*
По дорóге в университéт я **зайдý** в аптéку за аспирúном (к бáбушке за письмóм, в библиотéку за кнúгой...)	*On the way to the university I'll stop by the drugstore for aspirin (Grandma's for a letter, the library for a book . . .)*

Я зайдý в аптéку за аспирúном. An acceptable alternative is the verbal construction «**Я зайдý в аптéку и куплю́ аспирúн**».

УПРАЖНÉНИЕ 2.3. По дорóге домóй...

Decide on a stop you might make or an errand you might do on the way home, then form a circle with your classmates and see who can remember the longest string of errands.

EXAMPLE: — По дорóге домóй я зайдý к бáбушке за письмóм, Лúза зайдёт на пóчту за мáрками, Пáвел зайдёт в магазúн за продýктами...

Упражнéние 2.3. This type of "chaining" exercise is usually more successful (that is, students can remember longer chains) if students name the most recent element first and work backwards to the first element named.

Я БЫ НЕ ВОЗРАЖА́Л: ADDITIONAL USES OF БЫ

Я **бы** не **возража́л**.	*I wouldn't object (I wouldn't mind).*

Here are two additional uses of **бы**. Remember that **бы** is always used with a past-tense form of the verb.

Expressing a wish (often emotional)

Е́сли **бы** она́ **была́** здесь!	*If only she were here!*
Е́сли **бы** сейча́с **бы́ло** ле́то!	*If only it were summer!*

УПРАЖНЕНИЕ 2.4.   Е́сли бы…

Which of our characters might say the following? In some cases, more than one answer may be possible.

1. _____ Е́сли бы у меня́ бы́ли биле́ты на фина́л!
2. _____ Е́сли бы у меня́ был автóграф Ма́нина!
3. _____ Ты бы принёс мне статьи́ о Ма́нине.
4. _____ Е́сли бы я был изве́стным хоккеи́стом!
5. _____ Ты бы пошёл в Большо́й теа́тр на «Евге́ния Онéгина».
6. _____ Е́сли бы я могла́ порабóтать журнали́сткой в Аме́рике.
7. _____ Е́сли бы вы смогли́ доста́ть биле́ты на фина́л по хоккéю!
8. _____ Ты бы пошёл погуля́ть с собáкой.

Упражнение 2.4. After doing this exercise, have students express their own wishes or tell what advice they might give someone, using **бы** constructions.

УСПЕ́ТЬ: *TO HAVE ENOUGH TIME, TO MANAGE*

Мы **успéем** заéхать домóй и переодéться пéред теа́тром?	*Will we have time (manage, be able) to stop at home and change before the theater?*

The perfective verb **успéть** indicates managing to do something when time is a factor. It is often followed by a perfective infinitive phrase.

УПРАЖНЕНИЕ 2.5.   **Не успе́ю...**

Most students rarely have the time to do all they want or need to do. Replace the phrases in parentheses with ones of your own, and see how many variations on the following statements your class (or a small group) can come up with.

1. Я не успе́ю сего́дня (написа́ть письмо́ роди́телям), потому́ что (мне ну́жно гото́виться к экза́мену).
2. Мне ну́жно бы́ло быть (в университе́те в 10 часо́в), и поэ́тому я не успе́ла (зайти́ в библиоте́ку).
3. (Ле́кция) начина́ется в два часа́, а сейча́с то́лько двена́дцать. Я успе́ю (зайти́ в магази́н за проду́ктами).
4. Я по́здно вы́шел и́з дому и не успе́л (на авто́бус).[5]

УПРАЖНЕНИЕ 2.6.   **А ты успе́ешь... ?**

You and a friend are talking about how busy everyone is. Complete the following dialogues:

EXAMPLE: — Сего́дня я бу́ду о́чень за́нят (занята́).
 — А ты успе́ешь зако́нчить перево́д?
 — Коне́чно, (не) успе́ю.

1. — Мы провели́ весь день на стадио́не.
 — А вы успе́ли... ?
2. — Мой друг доста́нет биле́ты на фина́л.
 — А он успе́ет... ?
3. — Я зае́ду за тобо́й в 6 часо́в.
 — А ты успе́ешь... ?
4. — Я вчера́ ходи́л (ходи́ла) к врачу́.
 — А ты успе́л (успе́ла)... ?

ДИАЛОГИ

Making plans

ДИАЛОГ 2.1.   **Мне ну́жно зае́хать в апте́ку.**

(Discussing errands)

— Ната́ша, я сего́дня прие́ду домо́й по́здно.
— Почему́?

Успе́ть (1). Point out to students that the construction *to manage to get somewhere on/in time* is успе́ть куда́ (with no verb of motion): успе́ть на авто́бус, на уро́к, в теа́тр, в шко́лу, к обе́ду, к нача́лу ма́тча, etc.

Успе́ть (2). To render *to succeed in one's purpose* (without the implication of a time constraint) Russian uses мне (ему́, ей, вам, etc.) удало́сь/уда́стся + infinitive: **Вам удало́сь купи́ть биле́ты?** (*Did you manage [were you able] to get tickets?*)

Упражне́ние 2.5. Variation: divide the class into small groups and have each group develop one variation on each of these statements. Then share the variations of all groups with the whole class.

---

[5] **И́з дому** means *out of one's home*; **из до́ма** means *out of the/a building*. In contemporary Russian the distinction between these two phrases is becoming increasingly blurred, with **и́з дому** becoming more common.

— Мне ну́жно зае́хать в апте́ку за лека́рством и на стадио́н за биле́тами. А пото́м я ещё зайду́ к Петру́ Петро́вичу.
— Что ты бу́дешь де́лать у Петра́ Петро́вича?
— Ната́ша, ну почему́ ты всегда́ хо́чешь всё знать!

ДИАЛОГ 2.2. Е́сли захо́чешь, то успе́ешь.

(Planning for a date)

Концерт начина́ется в 8 часо́в. Я зае́ду за тобо́й в 7.

ДИАЛОГ 2.3. Приходи́те к нам.

(Inviting someone to your home)

— Джим, приходи́те к нам в суббо́ту ве́чером, е́сли вы не за́няты.
— Спаси́бо, с удово́льствием.
— С ва́ми о́чень хотя́т познако́миться на́ши друзья́, кото́рые неда́вно е́здили в Аме́рику. Кста́ти, они́ живу́т ря́дом с ва́ми и мо́гут за ва́ми зайти́.
— А э́то удо́бно? Ведь мы не знако́мы.
— Они́ зна́ют, что вас зову́т Джим, а их зову́т О́ля и Ми́ша. Тепе́рь вы уже́ почти́ знако́мы!

УПРАЖНЕНИЕ 2.7. Ваш диало́г

Create a dialogue in which you arrange to go somewhere with a friend. Discuss when and where to drop by and pick your friend up in your car (or on foot).

УПРАЖНЕНИЕ 2.8. Перево́д

"Lara, where are you going?"
"To the library. I have to study."
"Will you be there for long?"
"I don't know. Two or three hours. The library closes at five o'clock. Then I have to stop by the store for bread."
"Don't forget that at seven we're going to the movies. Will you have enough time to do everything you have to?"
"Of course. See you (**уви́димся**) at seven."

Упражне́ние 2.8.
— Ла́ра, куда́ ты идёшь?
— В библиоте́ку. Мне на́до занима́ться.
— Ты там до́лго бу́дешь?
— Не зна́ю. Два-три часа́. Библиоте́ка закрыва́ется в пять часо́в. Пото́м мне на́до зайти́ в магази́н за хле́бом.
— Не забу́дь, что в семь мы идём в кино́. Ты успе́ешь (У тебя́ хва́тит вре́мени) сде́лать всё, что на́до?
— Коне́чно. Уви́димся в семь.

ЧАСТЬ ТРЕТЬЯ

УПРАЖНЕНИЕ 3.1. Подготовка к чтению

Each of the following sentences contains one or two new words. Match the Russian sentence with its English translation. Then, for each new Russian word or phrase, underline its English counterpart.

1. _____ Встре́тимся в **антра́кте** в фойе́ пе́рвого этажа́.
2. _____ Ма́нин забро́сил **реша́ющую ша́йбу**.
3. _____ Нам ну́жно **сдать пальто́** в гардеро́б.
4. _____ Ты мо́жешь получи́ть пальто́ **без о́череди**.
5. _____ У нас в теа́трах програ́ммы даю́т **беспла́тно**.
6. _____ Э́то **запрещено́** — нас не **пу́стят** в зал.

а. In theaters at home they give out programs for free.
б. Let's meet in the foyer of the first floor during the intermission.
в. Manin drove in the deciding goal.
г. That's forbidden; they won't let us into the hall.
д. We have to check our coats in the cloakroom.
е. You can get your coat without standing in line.

Discussion starters (see also WB/LM).

1. Кого́ ждут Ната́лья Ива́новна, Ле́на и Ви́ктор? (Серге́я Петро́вича.) Где они́ ждут его́? (О́коло Большо́го теа́тра.)
2. Кто подхо́дит, когда́ они́ ждут Си́лина? (Та́ня и Джим.) Джим когда́-нибудь был в Большо́м теа́тре? (Нет. Он идёт туда́ в пе́рвый раз.)
3. Где сидя́т Та́ня и Джим? (В амфитеа́тре.) Где они́ встре́тятся с Ле́ной и Ви́ктором в антра́кте? (В фойе́ пе́рвого этажа́.)

ЧТЕНИЕ

Век живи́, век учи́сь°

Век... *Live and learn*

(Sunday evening. Natalya Ivanovna, Lena, and Viktor are standing in front of the Bolshoi Theater.)

НАТА́ЛЬЯ ИВ. Ничего́ не понима́ю. Где Си́лин? Матч давно́ ко́нчился. *(To Lena and Viktor.)* Вы их не ви́дели на стадио́не?

ЛЕ́НА. Нет, мы уе́хали сра́зу же по́сле интервью́. Но я смотре́ла после́дний пери́од по телеви́зору и зна́ю, что Ма́нин забро́сил° **реша́ющую**° ша́йбу° за пять мину́т до конца́° ма́тча. Он действи́тельно замеча́тельный хоккеи́ст.

scored / deciding / goal
за... *five minutes before the end*

244

ТА́НЯ. Добрый ве́чер. Вы то́же идёте на «Евге́ния Оне́гина»?
ВИ́КТОР. Да. Москва́ тако́й «ма́ленький» го́род, что у вхо́да в
Большо́й теа́тр обяза́тельно встре́тишь знако́мых.
ДЖИМ. Я о́чень мно́го слы́шал о Большо́м теа́тре.
ЛЕ́НА. А ты лю́бишь о́перу?
ДЖИМ. Открове́нно говоря́, не о́чень. До́ма я в о́перу не хожу́.
Но Большо́й теа́тр — э́то совсе́м **друго́е де́ло**°...
ЛЕ́НА. Я ду́маю, что тебе́ понра́вится. А где вы сиди́те?
ТА́НЯ. В амфитеа́тре.° А вы?
ЛЕ́НА. В парте́ре.° Иди́те скоре́е, ско́ро начнётся. **Встре́тимся**°
в **антра́кте**° в фойе́° пе́рвого этажа́.
ДЖИМ. А почему́ вы не идёте?
ЛЕ́НА. Мы ждём па́пу.

э́то... *that's quite a different
matter*
rear orchestra
orchestra / Let's meet
intermission / lobby

(*Tanya and Jim walk away.*)

(*The lobby of the Bolshoi. The second bell rings. Tanya and
Jim go inside.*)

ТА́НЯ.   Скоре́е! Нам ну́жно **сдать пальто́**° в **гардеро́б**.°

ДЖИМ.   Заче́м? Дава́й возьмём их с собо́й.

ТА́НЯ.   Что ты! Нас не пу́стят в **зал**.° Нет, пальто́ ну́жно сдать, но зато́ мы возьмём в гардеро́бе бино́кль. Когда́ берёшь бино́кль, пото́м мо́жно получи́ть пальто́ без о́череди. Э́то сто́ит недо́рого.

ДЖИМ.   Век живи́, век учи́сь.

(They go off to the cloakroom and soon return to the foyer. At the door to the hall they are met by an usher.)

сдать… *check our coats / coat check (room)*

Нас… *They won't let us into the auditorium.*

БИЛЕТЁРША.° Каки́е у вас места́?

ТА́НЯ.   Амфитеа́тр, шесто́й ряд, места́ 24 и 25.

БИЛЕТЁРША.   Сюда́, пожа́луйста *(indicating the way)*.

ДЖИМ.   Спаси́бо.

БИЛЕТЁРША.   Програ́ммку хоти́те?

ДЖИМ.   *(He takes a program from the usher.)* Спаси́бо.

(The usher looks at him quizzically.)

ТА́НЯ.   *(She hands the usher money.)* Вот пожа́луйста.

ДЖИМ.   Извини́, Та́ня, я не знал, что за програ́ммку на́до плати́ть. У нас в теа́трах програ́ммки обы́чно даю́т беспла́тно.

ТА́НЯ.   Тепе́рь ты зна́ешь. Скоре́е, Джим, сейча́с начнётся увертю́ра.

Usher (female)

УПРАЖНЕ́НИЕ 3.2.   **Вопро́сы и отве́ты**

1. Когда́ вы после́дний раз бы́ли в теа́тре (на конце́рте, в о́пере, на бале́те)? Что вы смотре́ли? С кем вы ходи́ли?

2. Вам понра́вился спекта́кль (конце́рт, бале́т и т. д.)?

3. С кем вы обы́чно хо́дите в теа́тр (на конце́рт, в о́перу, на бале́т)? И́ли вы хо́дите оди́н (одна́)?

4. Вы встре́тили кого́-нибудь из знако́мых, когда́ вы в про́шлый раз бы́ли в теа́тре (на конце́рте, в о́пере, на бале́те)?

5. Что, по-ва́шему, бо́льше лю́бят молоды́е америка́нцы — кино́, конце́рт, бале́т и́ли о́перу?

6. В америка́нских теа́трах есть гардеро́б?

7. Где вы лю́бите сиде́ть — в амфитеа́тре и́ли в парте́ре?

8. Как вы ду́маете, биле́ты в теа́тр (на конце́рт и т. д.) — э́то хоро́ший пода́рок?

9. Вы когда́-нибудь дари́ли кому́-нибудь биле́ты в теа́тр (на конце́рт и т. д.) на день рожде́ния и́ли на како́й-нибудь пра́здник? Кому́?

Вечер в театре

A visit to the theater in Russia offers the opportunity to observe certain cultural norms. As Jim discovers, coats and hats must be checked in the **гардероб**. There, for a modest fee, you can rent binoculars. This not only affords you a better view of the performers, but also allows you to pick up your coat after the performance without having to stand in line. Programs are not handed out gratis, but must be purchased. A series of bells advises patrons to find (or return to) their seats. If you pass by ~~~~~~~~~~~~~~~~~~~~~ to reach your seat, the custom is to

ГРАММАТИКА И ПРАКТИКА

THE ART OF CONVERSATION: THE GENERIC *YOU*

Когда́ **берёшь** бино́кль, пото́м мо́жно получи́ть пальто́ без о́череди.

If (when) you rent binoculars, you can get your coat afterwards without standing in line.

В Москве́ не **заблу́дишься**, е́сли **зна́ешь** назва́ния ста́нций метро́.

In Moscow you won't get lost if you know the names of the metro stations.

Век **живи́**, век **учи́сь**.

Live and learn. (lit: Live a century, learn a century.)

Ты forms are normally reserved for use with family and friends. These forms often occur in sayings, proverbs, and when generalizing (rather than speaking directly to someone). In this usage, the subject pronoun **ты** is usually omitted.

УПРАЖНЕНИЕ 3.3.   Ру́сские посло́вицы

There are many parallels between Russian and English proverbs (**посло́вицы**). In Russian, generic **ты** forms are common, much as generic *you* forms are common in English. By making good guesses, match the Russian proverbs with their English counterparts.

1. _____ A man is known by the company he keeps.
2. _____ Don't buy a pig in a poke.
3. _____ Don't put off till tomorrow what you can do today.
4. _____ Live and let live.
5. _____ They are rich who have true friends.
6. _____ Haste makes waste.
7. _____ Speak less, but do more.
8. _____ You scratch my back, and I'll scratch yours.

а. Живи́ и жить дава́й други́м.
б. Ме́ньше говори́, да бо́льше де́лай.
в. Не име́й сто рубле́й, а име́й сто друзе́й.
г. Не откла́дывай на за́втра то, что мо́жешь сде́лать сего́дня.
д. Не покупа́й кота́ в мешке́.
е. Скажи́ мне, кто твой друг, и я скажу́ тебе́, кто ты.
ж. Ти́ше е́дешь — да́льше бу́дешь.
з. Ты — мне, я — тебе́.

REVIEW OF UNIDIRECTIONAL AND MULTIDIRECTIONAL MOTION

As you know, motion in one direction is rendered by the unidirectional verbs **идти́** and **е́хать**. Other types of motion (habitual trips, round trips, motion in many directions, random motion) require the multidirectional verbs **ходи́ть** and **е́здить**. The examples below contrast motion in one direction with habitual or regular trips.

— Куда́ ты **идёшь**?
— В университе́т.
— Ты ка́ждый день **хо́дишь** в университе́т?
— Нет, по суббо́там я рабо́таю.

"Where are you going?"
"To the university."
"Do you go to the university every day?"
"No, on Saturdays I work."

— Ты **е́дешь** в Но́вгород?
— Нет. Я ча́сто **е́зжу** туда́, но сего́дня я **е́ду** в Псков.

"Are you going to Novgorod?"
"No. I go there frequently, but today I'm going to Pskov."

In the past tense, the verbs **ходи́ть** and **е́здить** can convey the same meaning as **быть (где)**:

— Где вы бы́ли вчера́?
— Мы **ходи́ли** в теа́тр.
   (Мы **бы́ли** в теа́тре.)

"Where were you last night?"
"We went to the theater."
   ("We were at the theater.")

Он **е́здил** в Ки́ев (**был** в
Ки́еве) и верну́лся в пять
часо́в утра́.

He went to Kiev and came
back at five in the morning.

пода́рок к 8-ому ма́рта.

Multidirectional verbs are also used to indicate random motion with no
specific direction.

Я мно́го **хожу́** пешко́м.   *I walk a lot.*

In summary, the movement described by these verbs of motion can be
represented as follows:

а. **идти́** or **е́хать**: motion in one direction

б. **ходи́ть** or **е́здить**: other types of motion
(habitual trips, round trips, motion in many
directions, random motion)

УПРАЖНЕ́НИЕ 3.4. **Я ходи́л в кино́**

Упражне́ние 3.4. 1 - б; 2 - б; 3 - б;
4 - б; 5 - б; 6 - а; 7 - а; 8 - а

For each of the following sentences, decide whether a verb of type (a) or
type (б) (see above) would be needed. Do not try to translate the
sentences.

1. _____ After the game we just drove around town.
2. _____ My history professor goes to Russia every year.
3. _____ I went to the movies last night.
4. _____ My son is two years old and is already walking by himself.
5. _____ She goes to the library every evening.
6. _____ Tomorrow we're going to St. Petersburg.
7. _____ Where are you going?
8. _____ We were on our way to class when it started to rain.

УПРАЖНЕНИЕ 3.5.   Куда́ ты шёл (шла), когда́ я тебя́ ви́дел (ви́дела)?

Working with a classmate, create a dialogue around this scenario: As you were walking across campus yesterday you did not see your classmate, but your classmate saw you. Now your classmate is asking where you were going at the time.

EXAMPLE: — Тре́йси, я тебя́ ви́дел (ви́дела) вчера́ днём. Куда́ ты шла?
          — Вчера́ днём? Наве́рно, на ле́кцию по исто́рии.

УПРАЖНЕНИЕ 3.6.   Где ты был (была́)?

Choose a place you went to (or might have gone) yesterday evening (**в библиоте́ку, в кино́, на конце́рт, в апте́ку...**) and with a classmate create a dialogue about where you were when a friend tried to call.

EXAMPLE: — Я звони́л (звони́ла) тебе́ вчера́ ве́чером, но тебя́ не́ было.
          — Когда́ ты звони́л (звони́ла)?
          — Часо́в в во́семь.
          — Да, меня́ не́ было. Я ходи́л (ходи́ла) в (на)...
          — А ты ча́сто хо́дишь в (на)... ?
          — Раз в неде́лю (*or some other frequency*).

УПРАЖНЕНИЕ 3.7.   Ходи́ть и́ли идти́? Е́здить и́ли е́хать?

Select the correct verb in this conversation between Grandma Kruglov and Серге́й Петро́вич.

(*Grandma Kruglov is walking along the street. Серге́й Петро́вич, who is driving, stops the car and lowers the window.*)

— Алекса́ндра Никола́евна, вы далеко́ (идёте/хо́дите)[1]? Я могу́ вас подвезти́ (*give a ride*).
— Спаси́бо, Серге́й Петро́вич, я (иду́/хожу́)[2] в бу́лочную (*bakery*), э́то ря́дом. И вообще́ я бо́льше люблю́ (идти́/ходи́ть),[3] чем (е́хать/е́здить).[4] А куда́ вы (е́дете/е́здите)[5]?
— Снача́ла в магази́н радиотова́ров (*electronics*). Я (е́ду/е́зжу)[6] туда́ ка́ждую неде́лю. Пото́м я (е́зжу/пое́ду)[7] в спорти́вный магази́н, пото́м в апте́ку, а пото́м (е́зжу/зае́ду)[8] за Ната́шей.
— Что же, вы то́лько (е́дете/е́здите)[9] на маши́не и совсе́м пешко́м не (идёте/хо́дите)[10]?
— Да нет, иногда́ (иду́/хожу́)[11] — когда́ лома́ется (*breaks down*) маши́на.

ПОЙТИ AND ПОЕХАТЬ: *TO SET OUT*

Ни́ны нет. Она́ **пошла́** в библиоте́ку.

Nina's not here. She's gone to the library.

The perfectives **пойти́** and **пое́хать** commonly express *setting off for some destination.* In the preceding example, the speaker is saying that Nina is not at home; she has gone to the library. The speaker doesn't really know where Nina is, but does know where Nina was headed when she left. The same is true with **пое́хать**.

Неде́лю наза́д мой дя́дя **пое́хал** в Евро́пу.

A week ago my uncle went to Europe.

The speaker is telling us that his uncle has left for Europe; he's no longer here. The following example shows how the perfective verbs **пойти́** and **пое́хать** are commonly used to express change of direction or new destination during a trip already under way.

Мы сейча́с **е́дем** в апте́ку. Пото́м мы **пое́дем** к ба́бушке.

We're going to the store now. Then we'll go to Grandma's.

In the first sentence, the speaker is just about to leave for the drugstore (or is on his way). He then tells us that once he has been at the drugstore, he will set out for a new destination.

УПРАЖНЕНИЕ 3.8.   **Ходи́ть и́ли идти́/пойти́?**

Упражне́ние 3.8. 1 - идёшь; 2 - иду́; 3 - пойду́; 4 - хо́дишь; 5 - пойду́; 6 - пойду́; 7 - хожу́

Select the correct verb in this conversation.

(*На у́лице*)

— Ле́на, куда́ ты (идёшь/хо́дишь)[1]?
— Сейча́с я (иду́/хожу́)[2] в магази́н. Пото́м я верну́сь домо́й, переоде́нусь и (пойду́/хожу́)[3] на заня́тия.
— Но сего́дня суббо́та. Ты ведь по суббо́там обы́чно не (идёшь/хо́дишь)[4] в университе́т.
— Я не сказа́ла, что (пойду́/хожу́)[5] в университе́т. Я сказа́ла, что (пойду́/хожу́)[6] на заня́тия.
— Не понима́ю.
— Ну почему́ ты не понима́ешь? По суббо́там я (иду́/хожу́)[7] на заня́тия по англи́йскому языку́.

УПРАЖНЕНИЕ 3.9. **Мы éздим туда́ ка́ждое ле́то.**

Where will you be going this summer? Where did you vacation as a child? Working with a classmate, create a conversation around summer trips.

EXAMPLE: — Ско́ро ле́тние (*summer*) кани́кулы.
Что ты бу́дешь де́лать?
— Мы с роди́телями пое́дем в (на)...
— Вы е́дете туда́ в пе́рвый раз?
— Нет, мы е́здим туда́ ка́ждый год.

Упражне́ние 3.9. Pair work, followed by selected presentations, followed by third-party questions directed to the students who watch the presentations, followed by collection and grading of written dialogues will also work with this exercise.

УПРАЖНЕНИЕ 3.10. **Диало́ги**

Working with a classmate, prepare a short (four- or six-line) dialogue based on one of the following themes:

1. Last night you called a friend about a homework question and he/she was not in. You meet as you walk into class today and ask where he/she was last night.
2. You meet a friend on the street and ask where he/she is going. He/She tells you, and you ask if this person goes there often.

ДИАЛОГ 3.1. **Хо́чешь пойти́?**

(Arranging a theater date)

— Ты ча́сто хо́дишь в теа́тр?
— Не о́чень. После́дний раз я была́ в теа́тре год наза́д. А почему́ ты спра́шиваешь?
— Моя́ сестра́ рабо́тает в теа́тре «Совреме́нник». Она дала́ мне биле́ты на «Га́млета» на за́втра. Хо́чешь пойти́?
— Спаси́бо, с удово́льствием. Все говоря́т, что э́то о́чень хоро́ший спекта́кль.
— Встре́тимся о́коло теа́тра за полчаса́ до нача́ла, хорошо́?
— Хорошо́. У гла́вного вхо́да.

ДИАЛОГ 3.2.   У нас ра́зные вку́сы.

(Discussing preferences)

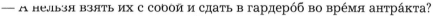

— Вы смотре́ли вчера́ телеспекта́кль по тре́тьему кана́лу (*channel*)?
— К сожале́нию, нет. У нас с му́жем ра́зные вку́сы: я люблю́
концерты и спекта́кли, а он лю́бит смотре́ть спорт. Вчера́ он весь
ве́чер смотре́л хокке́й...
— Я хорошо́ вас понима́ю. У меня́ до́ма ра́ньше бы́ло то же са́мое.
— И что же вы сде́лали?
— Купи́ла ещё оди́н телеви́зор.

— А нельзя́ взять их с собо́й и сдать в гардеро́б во вре́мя антра́кта?
— Нет, в пальто́ нас в зал не пу́стят.
— Что же де́лать?
— Я ду́маю, что мы успе́ем. Но наро́ду мно́го, поэ́тому дава́й возьмём
в гардеро́бе бино́кль, что́бы по́сле спекта́кля не стоя́ть в о́череди.

УПРАЖНЕНИЕ 3.11.   Ваш диало́г

Create a dialogue based on one of the following themes:

1. You and a friend are talking about the kinds of events (sports,
   plays, movies, concerts) you like to attend. You focus on an event
   your friend attended last week and ask whether this friend will go
   to a specific one that is coming up.
2. Your father (mother, friend, and so on) travels a lot. Pick a city or
   country this person likes to visit and describe to a friend how often
   he/she goes there and what he/she likes to do there.

УПРАЖНЕНИЕ 3.12.   Перево́д

"Where did you buy such lovely flowers? In a store?"
"No, at the market."
"They're very pretty. I need a gift for Ira. I've been shopping all day, and
  I can't find anything. I didn't know you could buy flowers at the mar-
  ket."
"You can go there tomorrow. The market opens early."
"Great. I'll go there early in the morning and buy her roses."

Упражне́ние 3.12.
— Где ты купи́л таки́е краси́вые
цветы́? В магази́не?
— Нет, на ры́нке.
— Они́ о́чень краси́вые. Мне
ну́жен пода́рок для И́ры. Я весь
день хожу́ по магази́нам и
ничего́ не могу́ найти́. Я не
знал, что цветы́ мо́жно купи́ть
на ры́нке.
— Ты мо́жешь пойти́ туда́ за́втра.
Ры́нок открыва́ется ра́но.
— Прекра́сно. Я пойду́ туда́ ра́но
у́тром и куплю́ ей ро́зы.

ЧАСТЬ ЧЕТВЁРТАЯ

УПРАЖНЕНИЕ 4.1 **Подготовка к чтению**

What is the most likely ending for this scene? Before reading the scene, take a class vote on the following endings, or provide a possible ending of your own.

1. _____ Силин успеет приехать в театр до начала спектакля.
2. _____ Силин немного опоздает и приедет в театр через несколько минут после начала спектакля.
3. _____ Силин опоздает и приедет в театр во время антракта.
4. _____ Силин совсем не приедет в театр.
5. _____ ... ???

Discussion starters (see also WB/LM).
1. Почему Силин опоздал в театр? (Потому что он хотел получить у Манина автограф, и им пришлось немного подождать.)
2. В чём был Силин, когда он приехал к театру? (В джинсах и футболке.)
3. Чего хочет Наталья Ивановна? (Она хочет, чтобы Силин поехал домой, переоделся и приехал в театр.)

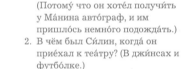

ЧТЕНИЕ

Лучше поздно, чем никогда.°

(*Lena, Viktor, and Natalya Ivanovna are standing at the entrance to the Bolshoi. People come up and question them.*)

ЖЕНЩИНА. У вас нет лишнего билетика?

МУЖЧИНА. Может быть, у вас есть лишний билет?

НАТАЛЬЯ ИВ. У меня нет лишнего билета! И не будет! (*To Lena and Viktor.*) Идите скорее, осталось пять минут до начала. А я буду ждать папу.

ВИКТОР. Наталья Ивановна, может быть, вы пойдёте с Лёной, а я подожду Сергея Петровича?

(*At this moment a taxi races up to the Bolshoi, and Сергей Петрович, beaming, jumps out. He is wearing blue jeans and a red "Spartak" rugby shirt.*)

НАТАЛЬЯ ИВ. Что случилось? Почему ты так поздно? Что за вид?!°

СЕРГЕЙ ПЕТР. Ура! Двойная° **победа**°!

Лучше... *Better late than never.*

Что... *What a sight you are!*
Double / victory

НАТА́ЛЬЯ ИВ.	(*Threateningly.*) Зна́чит, ты опозда́л **из-за**° авто́графа⁈ Посмотри́ на себя́. В джи́нсах и футбо́лке тебя́ в теа́тр не пу́стят. Бо́же мой, в пе́рвый раз за два́дцать лет я реши́ла пойти́ с тобо́й в Большо́й теа́тр — и тако́й фина́л°...
СЕРГЕ́Й ПЕТР.	(*Hopefully.*) Так я могу́ е́хать домо́й?
НАТА́ЛЬЯ ИВ.	(*Sternly.*) Ты сейча́с пое́дешь домо́й, переоде́нешься и вернёшься сюда́ ко второ́му **де́йствию**.° Вот твой биле́т. Встре́тимся в антра́кте в фойе́ пе́рвого этажа́.
ШОФЁР ТАКСИ́.	(*То Серге́й Петро́вич.*) Ну что, шеф,° пое́хали?
СЕРГЕ́Й ПЕТР.	(*Gloomily.*) Пое́хали...

because of

и... and look how it turned out

act

boss

(*Natalya Ivanovna, Lena, and Viktor run up the steps to the doors of the Bolshoi Theater.*)

УПРАЖНЕ́НИЕ 4.2.   Вопро́сы и отве́ты

1. В Аме́рике лю́ди ча́сто спра́шивают друг дру́га «У вас есть ли́шний биле́т?» у вхо́да в теа́тр? А у вхо́да на стадио́н?

2. Вы когда́-нибудь опа́здывали на конце́рт? Вы ча́сто опа́здываете на конце́рты (заня́тия и т. д.)? А ва́ши друзья́?

3. Когда́ начина́ются вече́рние спекта́кли в америка́нских теа́трах?

4. Кака́я университе́тская кома́нда была́ в про́шлом году́ чемпио́ном Аме́рики по футбо́лу? А по бейсбо́лу? А по баскетбо́лу? А по хокке́ю?

5. Вы когда́-нибудь бра́ли авто́граф у како́го-нибудь изве́стного арти́ста и́ли спортсме́на? Вы собира́ете (*collect*) авто́графы?

ΓРАММАТИКА И ПРАКТИКА

DECLENSION OF SURNAMES

Ви́ктор учи́лся с **Ма́ниным**!

Viktor went to school with Manin!

Я ничего́ не зна́ю о **Ма́нине**.

I don't know anything about Manin.

Declension of surnames. A complete discussion of surname declensions is well beyond the scope of this book.

The two most common forms of Russian surnames are the adjective type (for example, **Петро́вский** for a man, **Петро́вская** for a woman) and the noun type (for example, **Си́лин** or **Кругло́в** for a man, **Си́лина** or **Кругло́ва** for a woman). The adjective type declines like an adjective for the appropriate gender and number.

	MASCULINE	FEMININE	PLURAL
Nominative	Петро́вск-**ий**	Петро́вск-**ая**	Петро́вск-**ие**
Accusative	Петро́вск-**ого**	Петро́вск-**ую**	Петро́вск-**их**
Genitive	Петро́вск-**ого**	Петро́вск-**ой**	Петро́вск-**их**
Prepositional	(о) Петро́вск-**ом**	(о) Петро́вск-**ой**	(о) Петро́вск-**их**
Dative	Петро́вск-**ому**	Петро́вск-**ой**	Петро́вск-**им**
Instrumental	Петро́вск-**им**	Петро́вск-**ой**	Петро́вск-**ими**

Noun-type surnames mix characteristics of adjective and noun declensions.

	MASCULINE	FEMININE	PLURAL
Nominative	Си́лин	Си́лин-**а**	Си́лин-**ы**
Accusative	Си́лин-**а**	Си́лин-**у**	Си́лин-**ых**
Genitive	Си́лин-**а**	Си́лин-**ой**	Си́лин-**ых**
Prepositional	(о) Си́лин-**е**	(о) Си́лин-**ой**	(о) Си́лин-**ых**
Dative	Си́лин-**у**	Си́лин-**ой**	Си́лин-**ым**
Instrumental	Си́лин-**ым**	Си́лин-**ой**	Си́лин-**ыми**

УПРАЖНЕНИЕ 4.3. Вы зна́ете, кто э́то?

Complete the following sentences, using these names in their proper cases.

A. Алекса́ндра Никола́евна Кругло́ва   Ната́лья Ива́новна Си́лина

Илья́ Ильи́ч Петро́вский   Ле́на Си́лина

Воло́дя Ма́нин

1. Ви́ктор попроси́л своего́ дру́га, хоккеи́ста
_____, дать интервью
_____.

2. Са́ша хоте́л познако́мить Све́ту со свое́й ба́бушкой,
_____.

3. Э́то кни́га на́шего профе́ссора, _____
_____.

4. Ле́на пришла́ с ма́терью, _____.

Б. Достое́вский   Петруше́вская

THE ART OF CONVERSATION: EXPLANATIONS, EXCUSES

Ты опозда́л **из-за** авто́графа?   *You're late because of an autograph?*

Из-за + genitive explains causality (and often refers to circumstances that cause an unfavorable result or consequence). In many instances it parallels explanations using **потому́ что**.

Ты опозда́л **из-за** авто́графа?   =   Ты опозда́л, потому́ что ты хоте́л взять авто́граф?

Из-за followed by **того́, что** introduces a clause.

Я оста́лась до́ма **из-за того́, что** (потому́ что) слома́лась маши́на.   *I stayed home because the car broke down.*

УПРАЖНЕНИЕ 4.4.   **Почему́?**

Practice making excuses you might need in the next few days, using the following situations and excuses (or others of your own creation).

Я не успе́ла написа́ть письма́   ...из-за боле́зни.

Она́ не пришла́ на семина́р   ...из-за мете́ли (*blizzard*).

Мы опя́ть опозда́ем   ...и опя́ть из-за тебя́.

Аэропо́рт закры́т   ...из-за того́, что у меня́

???   было мно́го рабо́ты.

???

THE ART OF CONVERSATION: SPECIAL USES OF **ОДИ́Н**

Да́йте мне **одну́** ро́зу.
Я не зна́ю ни **одного́** спортсме́на.

Give me one rose.
I don't know even one (a single) athlete.

In addition to its numerical meaning, here are some other uses of **оди́н**:

Лу́чше я пойду́ **одна́**.
Мы с Ма́ниным учи́лись в **одно́м** кла́ссе.
В о́череди **одни́** мужчи́ны стоя́т.
Я зна́ю **одну́** де́вушку, кото́рая...

It's better that I go alone.
I was in the same class as Manin (in school).
There are only men standing in line.
I know a (certain) girl who . . .

The forms of **оди́н** always agree in gender, case, and number with the noun modified. Its forms mix characteristics of adjective and noun endings.

	MASCULINE	NEUTER	FEMININE	PLURAL
Nominative	оди́н	одн-о́	одн-а́	одн-и́
Accusative	Nom. or Gen.	одн-о́	одн-у́	Nom. or Gen.
Genitive	одн-ого́	одн-ого́	одн-о́й	одн-и́х
Prepositional	(об) одн-о́м	(об) одн-о́м	(об) одн-о́й	(об) одн-и́х
Dative	одн-ому́	одн-ому́	одн-о́й	одн-и́м
Instrumental	одн-и́м	одн-и́м	одн-о́й	одн-и́ми

УПРАЖНЕ́НИЕ 4.5.   **Я не зна́ю ни одного́...**

Working in small groups, list as many occupations or professions as you can. Review their genitive singular and genitive plural forms, then see how many of them your group can "chain" in the following manner:

Student 1: Я зна́ю мно́го студе́нтов, но не зна́ю ни одного́ спортсме́на.
Student 2: Я зна́ю мно́го спортсме́нов, но не зна́ю ни одного́ врача́.
Student 3: Я зна́ю мно́го враче́й, но не зна́ю ни одно́й медсестры́.
Student 4: Я зна́ю мно́го медсестёр, но не зна́ю...

УПРАЖНЕ́НИЕ 4.6.   **Я предпочита́ю... оди́н (одна́).**

Which of the following activities do you like to do alone (**оди́н, одна́**), and which do you like to do with friends?

EXAMPLE: Смотре́ть телеви́зор я люблю́ с друзья́ми, а в кино́ предпочита́ю ходи́ть оди́н (одна́).

Special uses of оди́н. Some idioms that use оди́н include **в оди́н прекра́сный день** (*one fine day*), **оди́н за други́м** (*one by one; one after another*), **оди́н на оди́н** (*one on one*).

Упражне́ние 4.5. Do this first as a whole-class activity; then let small groups of students work together.

готóвить пи́ццу   слу́шать му́зыку
занимáться в библиотéке   смотрéть футбóл
катáться на велосипéде (*to go bike riding*)   учи́ть ру́сские словá
прáздновать день рождéния   ходи́ть на стадиóн
прáздновать Нóвый год   ходи́ть по магази́нам

Диалоги

...д.... на работу.
— У тебя́ сли́шком хорóшая пáмять (*memory*).

ДИАЛОГ 4.2. **Почему́ вы так пóздно?**

(Explaining tardiness)

— Лéна, Ви́ктор, почему́ вы так пóздно?
— Мы ждáли арти́стов, хотéли попроси́ть у них автóграфы.
— Зачéм вам автóграфы арти́стов?
— Ты всегдá прóсишь автóграфы у спортсмéнов. Тебé нужны́ автóграфы спортсмéнов, а нам — автóграфы арти́стов.
— Но ведь спортсмéны — э́то совсéм другóе дéло!

ДИАЛОГ 4.3. **У вхóда в Большóй теáтр**

(Selling and buying extra tickets)

— У когó есть ли́шний билéтик? Прости́те, у вас нет ли́шнего билéтика?
— У меня́ есть оди́н ли́шний билéт. Балкóн, пéрвый ряд.
— Скóлько я вам дóлжен (должнá)?
— Билéт стóит пять ты́сяч рублéй.
— Вот, пожáлуйста, дéньги. И огрóмное вам спаси́бо (*And many, many thanks*).

УПРАЖНЕНИЕ 4.7. **Ваш диало́г**

Create your own dialogue in which you must explain a failure or make an excuse to a friend.

УПРАЖНЕНИЕ 4.8. **Перево́д**

"Do you want to go to a concert tomorrow night?"
"Gladly. Do you have tickets?"
"No, but I'm sure that we'll be able to buy them before the start."
"But at rock concerts it's hard to buy tickets before the start."
"Who told you that it's a rock concert? It's a concert of opera **(о́перный)** music."
"But I don't like opera! Why didn't you tell me right away?"
"Why didn't you ask?"

Упражнение 4.8.
— Хо́чешь пойти́ на конце́рт за́втра ве́чером?
— С удово́льствием. У тебя́ есть биле́ты?
— Нет, но я уве́рен (уве́рена), что мы смо́жем купи́ть их пе́ред нача́лом.
— Ты так ду́маешь? На конце́рт рок-му́зыки?
— А кто тебе́ сказа́л, что э́то конце́рт ро́к-му́зыки? Э́то конце́рт *о́перной* му́зыки.
— Но я не люблю́ о́перу! Почему́ ты мне сра́зу не сказа́л (сказа́ла)?

— А почему́ ты не спроси́л (спроси́ла)?

УПРАЖНЕНИЕ 4.9. **Что бу́дет да́льше?**

What will happen to our characters in the last chapter? Working with two or three classmates, select three characters and write a short scene involving them. For example, you might write a scene that shows how you think the relationship between Та́ня and Джим will end. Or you might write something about Во́ва, Бе́лка, and профе́ссор Петро́вский. Be prepared to perform your scene for the rest of the class.

НОВЫЕ СЛОВА

Nouns

антра́кт	intermission
вход	entrance
гардеро́б	coat check (room)
де́йствие	act (in a play, opera, etc.)
зал	auditorium; hall
класс	(a group of students) class
кон(е́)ц (*gen. sing.* **конца́**)	end
матч	match; game
пальто́ *neut. indecl.*	overcoat
пе́рвенство	championship
побе́да	victory
ряд (*gen. sing.* **ря́да** but 2, 3, 4 **ряда́**; *prep. sing.* **ряду́**; *pl.* **ряды́**)	row
свет	world

Adjectives

знако́мый	1. acquainted; 2. familiar
знамени́тый	famous
оди́н	*numeral* one; *pronoun* one; *adj.* 1. alone; 2. a (certain); 3. the same; 4. only
реша́ющий	deciding; decisive

Verbs

A translation is listed after the perfective only if it differs from the imperfective. "X" indicates that a paired verb exists but has not yet been presented as active vocabulary. "None in this meaning" indicates that there is no perfective for the meaning given here. "None" indicates that there is no aspectual counterpart for this verb.

IMPERFECTIVE		PERFECTIVE
встреча́ться (с + *instr.*)	to meet; to get together (with)	встре́титься (встре́чусь, встре́тишься)
	one or something); to stop by (some place) (for something)	
интересова́ться (интересу́юсь, интересу́ешься) (+ *instr.*)	to be interested in	None in this meaning
мочь (могу́, мо́жешь, мо́жет, мо́жем, мо́жете, мо́гут; *past* мог, могла́, могло́, могли́)	to be able	смочь
попада́ть (в or на + *acc.*)	to get to (a place or event); to get into	попа́сть (попаду́, попадёшь; *past* попа́л, попа́ла, попа́ло, попа́ли)
предпочита́ть	to prefer	X
представля́ть себе́	to imagine	предста́вить (предста́влю, предста́вишь) себе́
приходи́ться (прихо́дится) (+ *dat.* + *infin.*) *impersonal*	to have to	прийти́сь (придётся; *past* пришло́сь) *impersonal*
реша́ть	to decide	реши́ть (решу́, реши́шь)

(continued)

УПРАЖНЕНИЕ 1.6.   Вы хотите работать в России?

Your Russian instructor has brought into class an announcement about summer opportunities for foreign students in Russia. Some possibilities include

- serving as an exhibit guide for American firms participating in trade fairs in Russia
- working for a Western television network as a translator, driver, or secretary
- escorting musical groups or sports teams as an assistant manager/language aide
- serving with a religious or humanitarian organization
- helping scientists at an institute in Novosibirsk learn English
- caring for animals at an endangered-species preserve on Lake Baikal
- working as an editorial intern in a Russian publishing house that prepares English-language editions of books to be sold in the West
- being a counselor at a camp for young children in a rural area south of St. Petersburg
- assisting Russian businesses in Moscow establish contacts with similar businesses in Europe and North America

You decide you want to go. As a part of the application to the cooperating Russian organization, you must write a short letter in Russian introducing yourself—your studies, your interests, your family, and why you want to go to Russia.

Упражнение 1.6. These—and many more—are real possibilities for students with a basic working knowledge of Russian, such as advanced undergraduate majors.

ДИАЛОГИ

Discussing summer plans

ДИАЛОГ 1.1.   Не хочешь поехать с нами?

— Эрик, ты, кажется, хотел поехать в Россию? У нас в группе освободилось место. Не хочешь поехать с нами?

— Спасибо, но я уже договорился о поездке.

— Жаль. У нас хорошая группа и интересный маршрут (*itinerary*). Кроме того, наша поездка стоит недорого. А с кем ты едешь, если не секрет?

— Мне о́чень повезло́: освободи́лось ме́сто в гру́ппе бизнесме́нов, и мне предложи́ли пое́хать с ни́ми.
— Но ведь ты не бизнесме́н!
— Зато́ я хорошо́ говорю́ по-ру́сски.

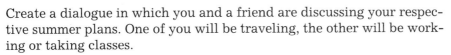

ДИАЛО́Г 1.2. У меня́ больши́е пла́ны.

— Ско́ро кани́кулы. Что ты бу́дешь де́лать ле́том?
— У меня́ больши́е пла́ны. По́сле экза́менов я пое́ду в Атла́нту к ба́бушке. Я всегда́ е́зжу к ней во вре́мя ле́т...

УПРАЖНЕ́НИЕ 1.7. Ваш диало́г

Create a dialogue in which you and a friend are discussing your respective summer plans. One of you will be traveling, the other will be working or taking classes.

ЧАСТЬ ВТОРАЯ

УПРАЖНЕ́НИЕ 2.1. Подгото́вка к чте́нию

Think about going out for a celebration at a fancy restaurant. What would you expect to find there (as compared with a moderately priced restaurant)? Write down (in English or Russian) six ideas that come to mind.

Discussion starters (see also WB/LM).

1. Почему́ Джим сказа́л швейца́ру и метрдоте́лю, что его́ фами́лия Кругло́в? (Потому́ что Са́ша Кругло́в рабо́тает в рестора́не и заказа́л сто́лик для свои́х друзе́й на свою́ фами́лию.)
2. Кто никогда́ не танцева́л в рестора́не? (Джим.)
3. Когда́ Та́ня и Илья́ Ильи́ч уезжа́ют в экспеди́цию? (В воскресе́нье ве́чером.)

Мир те́сен!°

Мир... *It's a small world!*

(*Saturday, 7 P.M. Jim and Tanya approach the Prague restaurant. At the entrance is a doorman and a sign reading* **Мест нет**.°)

Мест... *No space available.*

ДЖИМ. (*To the doorman.*) У нас зака́зан сто́лик° на семь ве́чера.

У... *We have a table reserved*

ШВЕЙЦА́Р.° Фами́лия?

doorman

ДЖИМ. Кругло́в.

ШВЕЙЦА́Р. (*Looks at a list.*) Заходи́те, пожа́луйста.

ТА́НЯ. (*As they enter, Tanya looks at Jim in surprise.*) «Кругло́в»?

ДЖИМ. В э́тот рестора́н попа́сть невозмо́жно. Но мне повезло́. Са́ша бу́дет всё ле́то игра́ть здесь в **орке́стре**. Э́то он **заказа́л**° для нас сто́лик. (*They are greeted by the maître d'.*)

Э́то... *He's the one who reserved*

МЕТРДОТЕ́ЛЬ.° До́брый ве́чер! Ва́ша фами́лия?

maître d'

ДЖИМ. Кругло́в.

МЕТРДОТЕ́ЛЬ. Сюда́, пожа́луйста.

(*He shows them to a table. They see Ilya Ilyich and Tatyana Dmitrievna sitting at another table in a corner. Jim notices them.*)

Чте́ние: господи́н. Although historically **господи́н** was used together with a family name as a sign of respect, Tanya's use of it here is in jest. The formula **господи́н** + family name or title (for example, **господи́н мини́стр**) is commonly used when Russians speak to or about foreign male visitors; **госпожа́** + family name is used for foreign female visitors. Male speakers of English may also be addressed as **ми́стер** + family name.

ДЖИМ. По-мо́ему, не мы одни́ отмеча́ем° в э́том рестора́не нача́ло экспеди́ции в Арха́нгельск.

are celebrating

ТА́НЯ. Вы, как всегда́, пра́вы, «**господи́н**° Кругло́в». (*Hesitantly.*) Джим, тебе́ не ка́жется, что Илья́ Ильи́ч и

Mr.

Татья́на Дми́триевна... что ме́жду Ильёй Ильичо́м и
Татья́ной Дми́триевной...

ДЖИМ. (*Smiling.*) Они́, наве́рно, говоря́т **то же са́мое**° о нас.

то... *the same thing*

(*They sit down. A waiter gives them menus. They look at
the menus, and after a short while the waiter returns.*)

ОФИЦИА́НТ.°**Вы уже́ вы́брали?**°

ДЖИМ. Да, мы гото́вы. Сала́т из кра́бов, сала́т «Весна́»,
котле́ты по-ки́евски — две **по́рции.**° **Десе́рт** мы
зака́жем пото́м.

ОФИЦИА́НТ. А что вы бу́дете пить? Вино́? Шампа́нское?

waiter / Вы... *Have you
decided?*

servings

(*Jim looks inquiringly at Tanya.*)

танцева́л° в рестора́не. Идём танцева́ть, я тебя́
приглаша́ю!

ТА́НЯ. С удово́льствием. (*They stand up.*) Посмотри́, кто за
роя́лем сиди́т! Пойдём, ска́жем Са́ше спаси́бо.

ДЖИМ. Пойдём.

никогда́... *have never danced*

(*Walking toward the band they pass the table of Ilya Ilyich
and Tatyana Dmitrievna.*)

Чте́ние: Прия́тного аппети́та.
Russians use this expression more
frequently than Americans use its
equivalent.

ТАТЬЯ́НА ДМ. Илья́ Ильи́ч, а вот Та́ня с Джи́мом!

ПРОФЕ́ССОР. Мир те́сен!

ДЖИМ. До́брый ве́чер!

ТА́НЯ. **Прия́тного аппети́та!**°

ПРОФЕ́ССОР. Спаси́бо. До́брый ве́чер, молоды́е лю́ди. Кста́ти, Та́ня, я
хоте́л вам сказа́ть, что я уже́ заказа́л такси́, чтобы
за́втра ве́чером е́хать на вокза́л. Вы мо́жете пое́хать со
мной, е́сли вы хоти́те. И я наде́юсь, что Джим **не
отка́жется**° нас **проводи́ть.**°

ТА́НЯ. Большо́е спаси́бо, Илья́ Ильи́ч. Джим, ты не
отка́жешься?

ДЖИМ. Коне́чно, нет!

ТА́НЯ. Вам здесь нра́вится, Татья́на Дми́триевна?

ТАТЬЯ́НА ДМ. О́чень нра́вится. Я всю жизнь живу́ в Москве́, но в э́том
рестора́не я в пе́рвый раз. Спаси́бо Са́ше — э́то он
заказа́л нам сто́лик.

ТА́НЯ. (*Smiling, to Ilya Ilyich.*) Так ва́ша фами́лия сего́дня
то́же Кругло́в?

Прия́тного... *Bon appétit!*

не... *won't refuse /* to see off

УПРАЖНЕНИЕ 2.2.   **Вопро́сы и отве́ты**

1. Где обы́чно едя́т америка́нские студе́нты — в кафе́ и́ли в рестора́нах? А вы? Вы ча́сто хо́дите в Макдо́нальдс и́ли Пи́цца Хат?

2. Вы когда́-нибудь обе́дали в хоро́шем рестора́не? Где и когда́ э́то бы́ло? С кем вы там бы́ли? Э́то сто́ило до́рого? Вы что́-нибудь отмеча́ли?

3. Како́й рестора́н в ва́шем го́роде са́мый дорого́й? Вы там когда́-нибудь обе́дали? Как вы ду́маете, э́то хоро́ший рестора́н?

4. Что вы обы́чно зака́зываете, когда́ вы обе́даете в рестора́не?

5. Вы обы́чно даёте официа́нту (официа́нтке) на чай (*tip*)?

6. Вы когда́-нибудь рабо́тали официа́нтом (официа́нткой)? Вам посети́тели дава́ли на чай?

7. Ско́лько при́нято дава́ть на чай в Аме́рике — де́сять проце́нтов, пятна́дцать проце́нтов, два́дцать проце́нтов? А в Росси́и?

8. Вы когда́-нибудь танцева́ли в рестора́не? Е́сли да, то где и когда́ э́то бы́ло? С кем вы танцева́ли?

Упражне́ние 2.2: #7. In Russian restaurants a tip of 10% is about right. If service is included in the bill, no tip is expected.

О РОССИИ

Где едя́т в Росси́и

At the end of the last scene we learned that Jim had invited Tanya out to dinner in a restaurant. The **«Пра́га»** (Prague) is one of Moscow's best and most expensive, but there is a wide range of eating establishments in all Russian cities. Here are some of the more common types of establishments.

рестора́н   a full-service restaurant. Most are currently so expensive that only the wealthy can afford to eat there.

кафе́   a cafe. The term is currently very popular and covers a wide range of eating establishments. Russians of relatively modest means who want a pleasant evening out would be likely to seek a nice cafe.

буфе́т   a snack bar, found in train stations, airports, hotels, theaters, and also in many workplaces. Usually offers cold sandwiches, snacks, soft drinks, coffee, and tea.

столо́вая   a cafeteria. This term is currently out of fashion and refers mostly to cafeterias in schools, universities, and workplaces.

ча́йная   a cafeteria serving tea and snacks.

пельме́нная   a fast-food shop specializing in **пельме́ни** (noodle dumplings filled with meat, similar to ravioli).

шашлы́чная   a fast-food shop specializing in **шашлы́к** (shish kebab).

(continued)

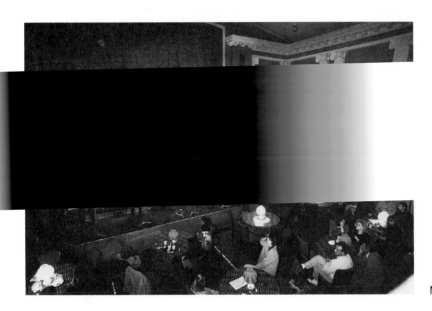

пирожко́вая   a fast-food shop specializing in **пирожки́** (pastries
   filled with meat, rice, potatoes, or the like).

пивно́й бар   a bar serving alcoholic beverages. The clientele in
   such places is usually male. Any inexpensive establishment that
   sells alcoholic drinks may colloquially be called a **забега́ловка,**
   which is not a compliment (that is, "fast food" used disparagingly).

Мы лю́бим джаз!

О РОССИИ

Ве́чер в хоро́шем рестора́не

*D*ining out in a fancy restaurant—a place
with a **швейца́р** (*doorman*) and/or valet
parking, a **метрдоте́ль** (*maître d'*), fine linens,
candles, excellent food and beverages, good
service, and possibly a dance floor and a
small **орке́стр**—is a special treat for most
people, Russians included. In the Soviet era,
such restaurants were expensive and difficult
for most citizens to get into, but most people
could occasionally get in with a little planning
and a good-sized bribe for the **швейца́р.**
Now, however, prices in many places are so
high (even by Western standards) that such
restaurants are out of the question for all but
the wealthiest members of Russian society.
Even if one comes up with the money, tables
may be hard to get and reservations are often
necessary. Unless, that is, one happens to
have connections at the restaurant
through an employee. . . .

ГРАММАТИКА И ПРАКТИКА

The many uses of на

Here are some of the many uses you have encountered of the preposition **на**:

на + accusative
1. Motion *to* a place or activity
    Антóн идёт на рабóту.
    Зáвтра вéчером мы идём на балéт.
    Ирúна постáвила шампáнское на стол.
2. *For* a particular time or event
    Сдéлайте э́то, пожáлуйста, на срéду.
    Вот вáше задáние на бýдущую недéлю.
    На день рождéния бáбушка подарúла мне компáкт-диск.
3. Other uses
    Мой брат стáрше меня́ на два гóда.
    Скóлько нáдо дать официáнту на чай?
    Я хочý заказáть стол на четверы́х (*for four people*).

на + prepositional
1. Location *at, on,* with respect to a place or activity
    Антóн был весь день на рабóте.
    Вчерá вéчером мы бы́ли на концéрте.
    Что э́то там, на столé? Шампáнское?
2. *By,* expressing conveyance
    Вы éдете на машúне úли на автóбусе?
3. *During* a certain week
    Вы бýдете свобóдны на слéдующей недéле?
4. Other uses
    Бáбушка на пéнсии.
    Вадúм женúлся на Ирúне.

УПРАЖНЕНИЕ 2.3.   Я хотéл бы заказáть стóлик.

Read the dialogue, then use it as a model to create your own dialogue in which you call to reserve a table at a restaurant for a certain day and time.

(You dial the number of the cafe. Someone answers the phone.)

— Кафе́ «Бе́лые но́чи».[1]
— До́брый день. Я хоте́л бы заказа́ть сто́лик на за́втра.
— На ско́лько челове́к?
— На четверы́х (*for four*).
— На како́е вре́мя?
— На семь ве́чера, пожа́луйста.
— Фами́лия?
— Кругло́в.
— Сто́лик на четверы́х, на за́втра на семь ве́чера.
— Большо́е спаси́бо.

enus in the better Russian restaurants are organized according to courses. A typical menu includes foods grouped under headings like these:

Фи́рменные блю́да	House specialties
Напи́тки	Beverages
Заку́ски	Appetizers
Пе́рвые блю́да	First-course dishes (mainly soups)
Вторы́е блю́да	Main courses
Десе́рт	Dessert

УПРАЖНЕНИЕ 2.4.   В рестора́не

You and a friend are in a restaurant and are about to order from the menu on page 276. You have 300,000 rubles between you to spend. What items would you select? Having made your decision, develop a dialogue with a waiter following the model in the reading.

---

[1] **«Бе́лые но́чи»** is how Russians refer to the few weeks in summer when the sun does not completely set in northern areas. The **бе́лые но́чи** evoke a romantic, almost holiday, spirit among Russians.

Меню
Кафе «Лира»

Холодные закуски
Ассорти рыбное   44300-00
Ассорти мясное   29500-00
Икра красная   65100-00
Икра чёрная   94400-00
Помидоры свежие   10000-00

Первые блюда
Борщ «Московский»   28200-00
Борщ «Московский» с пирожком   31900-00
Суп грибной   29500-00
Солянка рыбная   37700-00

Вторые горячие блюда
Бифштекс по-польски   45400-00
Котлета по-киевски   29900-00
Омлет с ветчиной   11100-00
Осетрина жареная   47100-00
Эскалоп из свинины   55500-00

Горячие напитки
Кофе чёрный   4700-00
Кофе с молоком   5500-00
Капучино   7800-00
Чай с сахаром   4700-00
Горячий шоколад   7400-00

Холодные напитки
Вода минеральная 0,5   9500-00
Вода фруктовая 0,5   9500-00
Соки натуральные 1,0   24000-00
Спрайт 1,5   26000-00
Пиво 0,5   29000-00
Шампанское «Надежда» 0,75   57750-00
Каберне 0,75   71000-00
Коньяк «Белый аист» 0,5   79000-00

Десерты
Мороженое «Варшава»   21200-00
Шоколадные конфеты (коробка)   15500-00
Коктейль-мороженое   13100-00

Упражнение 2.4. There are many guessable words here. Give students a few minutes to study the menu in small groups, then tell them they may ask you five words per group before placing their order—that is, as in a real restaurant setting, some words/dishes will be totally unfamiliar and even a dictionary will not always help.

Menu (1). These prices date from late 1995, at which time the exchange rate was $1 = 4,500 rubles.

Menu (2). Comparing prices: If up-to-date figures are available, have students calculate the cost of the dinner at a Russian restaurant as a percentage of a typical hourly or weekly wage (for example, a job that a student might hold) vs. the same figure for someone with a similar job in the United States.

Menu (3). Have students research the diet in a typical Russian home, perhaps by interviewing recent émigré families, and then compare that with typical restaurant fare.

THE ART OF CONVERSATION: MORE CONVERSATIONAL SIGNPOSTS

To speak or write in paragraphs (rather than in isolated sentences), a relatively small but important set of introductory and connecting phrases, as well as phrases that reflect the speaker's attitude toward what is being communicated, can be very helpful. Here is a short list of such expressions, many of which you already know:

К сожале́нию...	*Unfortunately* . . . (to express regret)
Как вы ду́маете,... ? Как по-ва́шему,... ?	*What do you think,* . . . ? (to inquire about the addressee's opinion)
Как вы уже́ зна́ете,...	*As you already know* . . . (to relate to something already stated or presumed known)
Кро́ме того́,...	*Besides* (or *In addition to*)

Art of Conversation. Have students create a dialogue scene (or even engage in a live debate) in which some of these phrases can be used. For example, the topic of a discussion at a social gathering might be **са́мая прести́жная рабо́та в Аме́рике** or **са́мые хоро́шие фи́льмы про́шлого го́да.**

	is candid)
Че́стное сло́во!	*Honestly!* (to confirm the truth of a statement)
По-мо́ему,...	*In my opinion,* . . . (to offer the speaker's own opinion)
По́сле э́того...	*After that,* . . . (to indicate sequence)
С одно́й стороны́,... с друго́й стороны́,...	*On one hand* . . . , *on the other hand* . . . (to contrast or compare)
Тем не ме́нее...	*Nevertheless* . . . (to introduce a contrast)
У меня́ к вам про́сьба...	*I have a request of you* . . . (to ask for a favor)
В конце́ концо́в...	*Finally* . . . (to provide a summary)

УПРАЖНЕНИЕ 2.5.   **Переска́з**

Working in small groups, decide on ten sentences to summarize the restaurant scene at the beginning of Part Two. Write each sentence in Russian on a single index card, using connecting phrases when appropriate. Shuffle the index cards and trade yours for those of another group. Then try to reassemble the other group's cards in the correct order.

Упражнение 2.5. After doing this preparatory activity, have students—individually or as a small-group project—rewrite the scene in narrative form without referring to the cards.

ДИАЛОГИ

Ordering in a restaurant

ДИАЛОГ 2.1. Давáй закáжем...

— Какóй красúвый ресторáн! Я в такóм ресторáне пéрвый раз.
— Я тут одúн раз был, и мне понрáвилось.
— (*Opening the menu.*) Посмотрú, тут одúх салáтов бóльше
двадцатú! Что ты закáжешь?
— Салáт «Лéтняя фантáзия».
— А что, éсли окáжется, что э́то обы́чный салáт из огурцóв?
— (*Reads the menu.*) Ты, как всегдá, правá: э́то действúтельно
обы́чный салáт из огурцóв.

ДИАЛОГ 2.2. Слúшком мнóго калóрий!

— Ты бу́дешь закáзывать десéрт?
— Навéрно, нет. Слúшком мнóго калóрий. А что?
— В э́том ресторáне óчень вку́сный «наполеóн». Ты так рéдко ешь
слáдкое (*sweets*). В концé концóв, ты имéешь прáво раз в год съесть
десéрт, в котóром мнóго калóрий. Мóжет быть, закáжешь?
— Хорошó, но потóм давáй пойдём домóй пешкóм.
— Но э́то óчень далекó — киломéтров дéсять!
— Óчень хорошó! Знáчит, у меня́ бу́дет прáво съесть десéрт и зáвтра.

УПРАЖНÉНИЕ 2.6. Ваш диалóг

Create a dialogue in which you and a friend are dining at a restaurant in
Moscow. Using the preceding dialogues as examples and the menu on
page 276, discuss what each of you will have to eat.

ЧАСТЬ ТРЕТЬЯ

УПРАЖНЕНИЕ 3.1. Подготовка к чтению

Skim the reading to find the names needed to complete the following
sentences:

ЧТЕНИЕ

Нам пора!

*(Sunday afternoon in Tatyana Dmitrievna's apartment.
The doorbell rings and Ilya Ilyich appears.)*

Discussion starters (see also
WB/LM).
1. Кому пора éхать на вокзáл?
   (Тáне и Ильé Ильичý.)
2. Кто обещáл проводить Тáню и
   Илью Ильичá? (Джим.)
3. Какие подáрки дáрит бáбушка
   Тане и Ильé Ильичý? (Тáне онá
   дáрит варéнье, а Ильé Ильичý
   — срéдство от простýды.)
4. Кто ещё уезжáет? (Лéна.)

ПРОФÉССОР. Мне тóлько что позвонил диспéтчер и сказáл, что такси
уже **выехало**.° Нóмер 68–12. Порá выходить.

ТАТЬЯНА ДМ. Давáйте присядем на дорóгу.°

такси... *the taxi is on the
way*
присядем... *sit down
before the trip*

279

(*Everyone sits down for a moment. After a short while they get up and begin to move toward the door.*)

ТА́НЯ.   Ничего́ не понима́ю. Джим обеща́л прие́хать, а он никогда́ не опа́здывает.

(*They take the elevator down and go outside, where Grandma and Grandpa Kruglov are sitting on a bench. Everyone greets one another.*)

БА́БУШКА.   Я сейча́с... (*She rushes into the building.*)
ДЕ́ДУШКА.   Как вы е́дете? На такси́?
ПРОФЕ́ССОР.   Да, мы заказа́ли такси́.
БА́БУШКА.   (*Rushes out of the building.*) Та́нечка, э́то вам. Дома́шнее варе́нье.°

Дома́шнее... *Homemade jam*

ТА́НЯ.   Большо́е спаси́бо!
БА́БУШКА.   А э́то вам, Илья́ Ильи́ч, прекра́сное сре́дство от просту́ды. На вся́кий слу́чай.
ПРОФЕ́ССОР.   (*Laughs.*) **Благодарю́ вас.**°
ДЕ́ДУШКА.   Ну, нам пора́. **Счастли́вого пути́**!°

Благодарю́... *Thank you.*
Счастли́вого... *Have a good trip!*

(*They say good-bye and leave while Tanya and the professor nervously keep checking the time.*)

ПРОФЕ́ССОР.   До свида́ния!
БА́БУШКА.   Счастли́вого пути́!

Чте́ние: Благодарю́ вас. If the question comes up, tell students that **Благодарю́ вас** is simply a somewhat more formal way to say **Спаси́бо.**

(*The scene shifts to the Silins'. Sergei Petrovich is looking out the window.*)

СЕРГЕ́Й ПЕТР.   Смотри́, Ната́ша, сосе́ди то́же куда́-то уезжа́ют.
НАТА́ЛЬЯ ИВ.   Да, Илья́ Ильи́ч говори́л, что он е́дет в Арха́нгельск со студе́нтами. (*Calls to the bedroom.*) Ле́на! Тебе́ пора́! (*Lena walks in with her suitcase.*) До́ченька, будь **осторо́жна**.°

careful

ЛЕ́НА.   Хорошо́, ма́ма, бу́ду.
СЕРГЕ́Й ПЕТР.   (*Hugs her.*) Ну, дочь, пора́!

УПРАЖНЕ́НИЕ 3.2.   Вопро́сы и отве́ты

1. Как вы обы́чно е́дете в аэропо́рт (на вокза́л, на авто́бусную ста́нцию) — на такси́, на свое́й маши́не, на маши́не своего́ дру́га, на авто́бусе?
2. Куда́ вы звони́те, е́сли вы хоти́те заказа́ть такси́?
3. Каки́е лека́рства вы берёте с собо́й, когда́ вы куда́-нибудь уезжа́ете, — сре́дство от просту́ды, лека́рство от головно́й бо́ли? Что ещё?
4. Берёте ли вы с собо́й конфе́ты и́ли кре́керы на доро́гу?
5. Вы когда́-нибудь опа́здывали на самолёт и́ли на по́езд?
6. Чего́ вам жела́ют роди́тели и друзья́, когда́ вы куда́-нибудь уезжа́ете?

О РОССИИ

Давайте присядем на дорогу

Before leaving home on a journey of any significant length, many Russians observe the custom of sitting down together for a few moments in silence. Historically, a prayer was offered for the travelers. Although the prayer ritual is rarely practiced nowadays, the custom of sitting silently before a trip is still widely observed.

THE ART OF CONVERSATION: EXPRESSING GOOD WISHES

Приятного аппетита!	*Bon appétit! Enjoy your meal!*
Счастливого пути!	*Have a good trip!*

These phrases, both of which are in the genitive case, are usually used as salutations—that is, when addressing someone directly. They can also be used descriptively with the verb **желать/пожелать,** which you learned to use in making toasts (for example, **Они пожелали нам счастливого пути**).

УПРАЖНЕНИЕ 3.3.   Пожелания

Skim the following expressions; then read the situations and decide what you might say in each instance.

> С приездом!
> С праздником!
> Приятного аппетита!
> Счастливого пути!
> Спасибо.

1. Вам нужно в аэропорт, и ваш друг вам говорит, что он вас довезёт (*will give you a ride*). Вы ему (ей) говорите _____ .

2. Вы купили своей подруге подарок к 8 Марта. Когда вы ей дарите подарок, вы ей говорите _____ .

3. Вы с друзьями в ресторане. Официант приносит пиццу, которую вы заказали. Вы ему говорите _____ .

4. Вы прихо́дите в рестора́н и ви́дите там своего́ нача́льника (*boss*) с жено́й. Они́ обе́дают. Вы говори́те им _____.

5. Вы встреча́ете дру́га в аэропорту́. Вы ему́ говори́те

_____.

20	РЖД	АСУ «ЭКСПРЕСС»	ПРОЕЗДНОЙ ДОКУМЕНТ		БЧ	283051

ПОЕЗД	ОТПРАВЛЕНИЕ				ВАГОН	ЦЕНА руб.		КОЛИЧ человек	ВИД ДОКУМЕНТА
№ шифр	число	месяц	часы	мин	№ тип	Билет	Плацкарта		

```
004 А6 17.06 23.59  08 Л   0108600 0144300   01 ПОЛНЫЙ ПП Ы
МОСКВА  ОКТ-С-ПЕТЕР-ГЛ  (2006004-2004001) ФИРМ
МЕСТА 010 SZ ОКТ
051 219 Н2 0341796 140695 1613 ММ12М35 Ч1927/20-108600Н/Н
Н-9600=КСБ.9600 Ч-253800=ТАР 252900+СТР.900 РУБ
```

УПРАЖНЕНИЕ 3.4.   Вы по́мните...?

On each of three separate index cards, write down an action done by characters from the story (in this or preceding lessons), and then convert each sentence to a question.

EXAMPLE: *Statement:* Когда́ Джим и Та́ня бы́ли в рестора́не, они́ пи́ли «Каберне́». →
Question: Что пи́ли Джим и Та́ня, когда́ они́ бы́ли в рестора́не?

Now circulate around the room and ask each other the questions on your cards. If someone cannot answer your question, give that person the card. If you cannot answer someone else's question, you must take the card containing that question. You may then try to get rid of it by finding someone else who does not know the answer. The object is to try to have as few cards as possible at the end of five minutes.

УПРАЖНЕНИЕ 3.5.   Кто э́то?

Working with at least two classmates, select three characters in our story to describe. Each student should work independently to write a two- or three-sentence description in the first person for each character. Do not use the character's name. Then combine and edit your descriptions to develop a general depiction of the characters you have selected. Finally, share your group descriptions with the rest of the class. Combine duplicate descriptions to develop as complete a picture of each character as possible.

Диалоги

ДИАЛОГ 3.1. Заказ такси

(Ordering a cab)

— (*On the phone.*) Алло́! Диспе́тчер? Могу́ я заказа́ть такси́ на за́втра на 8 утра́?
— Куда́ е́хать?
— На Ку́рский вокза́л.

ДИАЛОГ 3.2. Такси́ опа́здывает.

(Checking on a late cab)

— (*On the phone.*) Диспе́тчер? Алло́! Диспе́тчер?
— Диспе́тчер слу́шает.
— Я заказа́л маши́ну на 8 утра́. Уже́ 8 часо́в. Маши́ны нет. А мне ну́жно на вокза́л.
— Мину́точку. (Па́уза.) Такси́ 36-74 вы́ехало де́сять мину́т наза́д. Мы пыта́лись вам позвони́ть, но у вас бы́ло за́нято.
— Извини́те! Моя́ соба́ка...
— Что, соба́ка по телефо́ну разгова́ривала?
— Да нет, э́то ветерина́р звони́л.
— А что, соба́ка то́же е́дет на вокза́л? В такси́ с соба́кой нельзя́.
— Не волну́йтесь, соба́ка никуда́ не е́дет. Спаси́бо вам. Иду́ встреча́ть такси́.

УПРАЖНЕНИЕ 3.6. Ваш диало́г

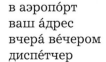

You are waiting for a cab to take you to the airport, but the cab is late. Create a dialogue in which you phone to check on the cab. You might use some of the following words and phrases:

в аэропо́рт	должно́ бы́ло быть здесь	пора́
ваш а́дрес	на че́тверть тре́тьего	пятна́дцать мину́т наза́д
вчера́ ве́чером	но́мер телефо́на	уже́ вы́ехало
диспе́тчер	опа́здывать/опозда́ть	мы ждём уже́ полчаса́

ЧАСТЬ ЧЕТВЁРТАЯ

УПРАЖНЕНИЕ 4.1.   Подготóвка к чтéнию

Skim the reading without looking up any words and try to answer the following questions:

1. Where is Lena going?
2. How does Professor Petrovsky get to the train station?
3. What is Jim's surprise for Tanya?

ЧТЕНИЕ

Discussion starters (see also WB/LM).

1. Кудá éдет Лéна? (В Кострумý.) Что онá бýдет дéлать там? (Онá бýдет писáть статью о костромскúх бизнесмéнах.)
2. На какóй вокзáл éдут Вúктор и Лéна? (На Ярослáвский.) А на какóй вокзáл éдут профéссор и Тáня? (На Ленингрáдский.)
3. Кто поéхал с Вúктором? (Лéна и профéссор.)

Всё хорошó, что хорошó кончáется.°

(Outside the apartment building, awaiting the cab.)

ПРОФÉССОР.   Ничегó не понимáю! Таксú давнó должнó бы́ло приéхать.

(Lena and Vova come out of the building. Lena is carrying her suitcase.)

ЛÉНА И ВÓВА.   Здрáвствуйте!

ТÁНЯ.   Вы тóже кудá-то уезжáете?

ЛÉНА.   Да. Я едý в Кострумý.° Бýду писáть статью́ о костромскúх бизнесмéнах. А вы кудá éдете?

ТÁНЯ.   Мы должны́ éхать на Ленингрáдский вокзáл, но таксú опáздывает. Бою́сь, что мы опоздáем на пóезд.

(A car drives up. It's Viktor.)

ВÚКТОР.   *(To Lena.)* Машúна пóдана.° Прошý садúться.

ВÓВА.   *(Looking at Ilya Ilyich, who is nervously looking at his watch.)* Вúктор, ты на Ярослáвский вокзáл éдешь?

ВÚКТОР.   Да, а что?

ВÓВА.   Так ведь Ярослáвский и Ленингрáдский вокзáлы на однóй плóщади! Её так и называ́ют: плóщадь трёх вокзáлов.

Всё... *All's well that ends well.*

Kostroma (a port city on the Volga River)

Машúна... *The car is at your service.*

Чтéние (1): Ярослáвский и Ленингрáдский вокзáлы. Point out to students the combined singular adjectives that modify a plural noun. Another example: **рýсский и англúйский языкú** (*the Russian and English languages*).

284

уезжа́ет, а кто остаётся?

ПРОФÉ ССОР. Уезжа́ем мы с Та́ней.

ВИ́КТОР. Сади́тесь скоре́е! (*Puts bags in trunk.*)

ТА́НЯ. Илья́ Ильи́ч, поезжа́йте с Ви́ктором, а я ещё немно́го подожду́ Джи́ма.

ПРОФÉ ССОР. Та́ня, вы опозда́ете на по́езд.

ТА́НЯ. Нет-нет, я не опозда́ю. Поезжа́йте.

ВИ́КТОР. До свида́ния.

(*Viktor, Lena, and Ilya Ilyich say good-bye to Tatyana Dmitrievna and get into the car. Lena waves to Vova and Tanya.*)

ТА́НЯ. Счастли́вого пути́!

ВÓ ВА. (*Trying to console her.*) Джим обяза́тельно прие́дет! (*A moment later.*) Смотри́, вон такси́, кото́рое вы зака́зывали! (*The taxi pulls over and Jim jumps out.*)

ТА́НЯ. Джим, всё в поря́дке? Что случи́лось?!

ДЖИМ. Я хоте́л сде́лать тебе́ **сюрпри́з**...

ВÓ ВА. (*Taking over.*) Джим, расска́жешь ей по доро́ге. **А то°**...   А... *Otherwise*

ТА́НЯ. (*Interrupting.*) Да, Джим, по́езд че́рез два́дцать пять мину́т.

ТАКСИ́СТ. А куда́ е́хать-то?°   А... *Where do you want to go?*

ТА́НЯ. На Ленингра́дский вокза́л.

ТАКСИ́СТ. Че́рез два́дцать пять мину́т? Мо́жем не успе́ть.

Чтение (2): Поéхали! In contexts that do not imply travel by vehicle, Пошли́! is used.

ВÓ ВА. (*Imploringly.*) Ну, пожа́луйста, постара́йтесь успе́ть.

ТА́НЯ. Мо́жет быть, мне отказа́ться от пое́здки?

ДЖИМ. Реши́м на вокза́ле. **Пое́хали!°**   *Let's go!*

(*They get into the cab.*)

ВОВА. Джим, я тебе́ ве́чером позвоню́, ла́дно?

ТА́НЯ. (*From the cab.*) Во́ва, спаси́бо!

(*The cab drives off.*)

ДЖИМ. (*In the cab, to Tanya.*) Так вот, я хоте́л сде́лать тебе́ сюрпри́з. У меня́ сего́дня бы́ло **интервью́** в **телекомпа́нии** CNN. Оно́ **продолжа́лось**° о́чень до́лго. А пото́м я до́лго не мог найти́ такси́. Хорошо́, что э́то такси́ е́хало к вам и води́тель согласи́лся меня́ взять. Но зато́... зато́... мне предложи́ли рабо́ту в моско́вском бюро́ CNN. Э́то зна́чит....

ТА́НЯ. Э́то зна́чит, что ты остаёшься в Москве́!

УПРАЖНЕНИЕ 4.2.   Вопро́сы и отве́ты

1. Что предпочита́ют америка́нцы: е́здить по́ездом и́ли лета́ть самолётом (*to fly*)?
2. Как вы обы́чно е́дете на вокза́л (в аэропо́рт) — на авто́бусе и́ли на маши́не?
3. Ско́лько сто́ит такси́ от ва́шего до́ма до вокза́ла (аэропо́рта)?
4. Как ча́сто вы е́здите по́ездом (лета́ете самолётом)?
5. От ва́шего до́ма далеко́ до вокза́ла? А до аэропо́рта?
6. Вы хоте́ли бы порабо́тать в CNN в Москве́?

Чтение (3): CNN. Some well-known Western acronyms are rendered in the Roman alphabet and sometimes are pronounced that way. Examples include CNN (**[си-эн-эн]**), IBM (**[ай-би-эм]**), and KLM (pronounced, however, **[ка-эл-эм]**).

went on

Others are rendered in Cyrillic and are pronounced that way, even though they are written out differently in their full form: NATO is written НАТО and pronounced **[на́то]** even though the full form in Russian is **Организа́ция Се́веро-атланти́ческого догово́ра**. Interestingly, a recent law requires that ads in foreign languages be accompanied by Russian translations and places size restrictions on non-Russian components of ads. Some Russian acronyms, such as **СПИД (синдро́м приобретённого иммунодефици́та)**, the acronym for AIDS, are treated as pronounceable and declinable words in their own right.

Упражнение 4.2: #1. Depending on time, you may elect to teach **лета́ть-лете́ть/полете́ть** as a parallel to **ходи́ть-идти́/пойти́** and **е́здить-е́хать/пое́хать**.

ЛЕНИНГРАДСКИЙ ВОКЗАЛ Октябрьской железной дороги

					еж.	9.02
				15.45	еж.	4.33
	32 фирменный	1106	18.17	7.48	неч.	9.02
Хельсинки (ч.Калинин - Бологое - Выборг б/з в С.-Петербург	682	411	20.45	чет.	*	11.06
Боровичи (ч.Бологое)	38 фирменный	803	22.00	еж.	11.02	13.19
Выборг (ч.Калинин–Ленинград–Фин.)	668	286	6.40		4.26	еж. по 28/IX
Вышний Волочек (ч.Калинин-Лихославль)	16	2095	0.30	еж. по 27/IX	36.49	
Мурманск (ч. Калинин-Бологое-Волховстрой I)				с 29/IX-11/IX	14.39	7.10
				еж.по 7/IX	39.05	еж. по 9/IX	15.42
Мурманск (ч. Калинин-Бологое-Волховстрой II)			16.05		42.12		6.40
Мурманск (ч. Калинин-Блогое-Волховстрой II)	344	1965	21.30		8.30	еж.	8.08
Новгорода (ч. Бологое-Чудово)	374	1965	22.10	еж.	11.15	чет.	10.25
Осташков (ч. Лихославль-Соблаго)	42	606	20.53	неч.	16.03	еж.	8.12
Петрозаводск (ч. Бологое-Волховстрой I)	666	449	18.22	еж.	12.27	еж.	8.25
Псков (ч. Бологое)	18	921	19.45	еж.	8.30	еж.	8.29
Санкт-Петербург (ч. Калинин)	70	687	23.55	еж.	8.30	еж.	7.35
Санкт-Петербург (ч. Калинин)	2 фирменный	650	23.55	еж.	8.25	еж.	6.40
Санкт-Петербург (ч. Калинин)	4 фирменный	650	23.10	еж.	8.24	еж.	5.05
Санкт-Петербург (ч. Калинин)	6 фирменный	650	22.16	еж.	8.30	еж.	9.38
Санкт-Петербург (ч. Калинин)	10 фирменный	650	20.35	еж.	8.38	еж.	20.53
Санкт-Петербург (ч. Калинин)	14	650	1.00	еж.	8.26	еж.	7.10
Санкт-Петербург (ч. Калинин)	20	650	12.27	еж.	8.10	еж.	5.50
Санкт-Петербург (ч. Калинин)	24 фирменный	650	23.00	еж.	8.09	еж.	11.10
Санкт-Петербург (ч. Калинин)	26 фирменный	650	21.41	еж.	9.18	еж.	8.50
Санкт-Петербург (ч. Калинин)	28	650	1.52	еж.	8.45		22.39
Санкт-Петербург (ч. Калинин)	30	650	0.05	еж.	9.16	вт..чт..пт..вск.	17.20
Санкт-Петербург (ч. Калинин)	36 фирменный	650	13.23	вт..чт..пт..вск.	4.58	пт.	23.20
Санкт-Петербург (ч. Калинин)	48	650	12.22	пт.	6.00	еж.	14.55
Санкт-Петербург (ч. Калинин)	158	650	17.20	еж.	12.25	х	9.45
Санкт-Петербург (ч. Калинин)	160	650	2.30	х	17.20	еж.	11.05
Санкт-Петербург (ч. Калинин)	652	964	17.25	еж.	20.05	еж.	0.16
Таллин (ч.Калинин-Тосно-Нарву)	34	1011	16.00	еж.	20.19	еж.	
Таллин (ч. Калинин-Дно-Псков-Тарту-Тапу)	176	650	3.57	еж.			
Санкт-Петербург (ч. Калинин)	942 почт.-баг.						

О РОССИИ

Названия вокзалов

The names of the train stations in **Москва** suggest the directions the stations serve. For example, trains arriving at or leaving the **Ленинградский вокзал** typically serve the region generally northwest toward **Санкт-Петербург**; trains using the **Ярославский вокзал** serve the northeast, toward **Ярославль**; trains leaving or arriving at the **Белорусский вокзал** serve the west, toward **Белоруссия**; and so on.

Площадь трёх вокзалов.

УПРАЖНЕНИЕ 4.3. **Это в моде?**

As his first assignment with CNN's Moscow bureau, Jim has been assigned to prepare a story, **Что в моде у американской молодёжи** (*youth*). He was given the following chart that was used for a similar story on Russian youth and has faxed it to you, asking for the collective opinion of your Russian class.

Упражнение 4.3. Because all "what's in/what's out" questionnaires are by definition likely to be outdated within a year, have students work in small groups to develop their own questionnaires to administer to other groups.

EXAMPLE: — Как ты думаешь, мини сейчас в моде или нет? →
— Да, мини в моде, а макси нет.

В МОДЕ	НЕ В МОДЕ	
———	———	аэробика
———	———	вегетарианская диета
———	———	высокие каблуки (*heels*)
———	———	гольф
———	———	длинные волосы (*hair*)
———	———	йога
———	———	Келвин Клайн
———	———	Кристи Ямагучи
———	———	мини
———	———	натуральные ткани (*fabrics*)
———	———	обувь на платформе
———	———	оптимизм
———	———	синтетика
———	———	теннис
———	———	Джоди Фостер
———	———	фатализм
———	———	экология

УПРАЖНЕНИЕ 4.4. Журналисты

You are a reporter working on a human-interest story about the experiences of the characters from the story who live in one of the newest apartment buildings in Moscow. You don't know whom you will be interviewing, so develop ten general questions you will ask one of the residents (played by another student in your class). From these general questions, you can develop other more specific questions. Write up your story, and allow your "interviewee" to read and edit it.

УПРАЖНЕНИЕ 4.5. Сколько лет, сколько зим!

What will happen to our characters in the next ten years? Imagine that they have all reunited in Moscow ten years from now. Adopt the identity of one of them and create for that person the life she or he has led for the last decade. Did the person finish his or her studies? Did she or he travel? Marry? Have children? Be prepared to tell your classmates who you are and what your life has been like, and to ask them questions about their lives.

Упражнение 4.5 (1). Depending on the size of your class, you may want to split it into two or even three groups for this activity so that there can be two or three Jims, Lenas, Vovas, and so on. You might let the class vote on who has invented the best life story. As a follow-up writing assignment, have the students write a short autobiography of their character's life over the last ten years: what happened to Lena and Viktor (Tanya and Jim, Sasha and Sveta, and so on) from Lena's point of view, from Viktor's point of view, or from the point of view of some other friend. Share the best student compositions with the whole class as a reading or a listening comprehension activity.

Упражнение 4.5 (2). *Variation:* Have students work in small groups to write and present a «Сколько лет, сколько зим!» scene in which some of the characters get together at a party to reminisce and catch up on one another's lives (who's had children, who's traveled, who's doing what professionally, and so on). The scenes could be presented to the class as a whole, with a small prize awarded the group that presents the best scene. Or, the best features of the several scenes could be integrated into one large class project, the result of which could be performed/videotaped and distributed to everyone in the class as a souvenir. Or, after students have shared their ideas (either as individuals or as part of creating a new "class reunion" scene), have them write a letter to someone who could not be at the "reunion," telling what's happened to the main characters in the story.

Упражнение 4.4 (1). *Variation:* Divide the class in half, with one group being "reporters" and the other group being "residents." As each "reporter" is developing his or her questions, help the other students decide which "resident" each would like to play. Have them

review and embellish upon what they know about that character. After the "interview," have each pair collaborate on writing up the story as a newspaper article. Collect the resulting stories and give both members of the "reporter-resident" pair the same grade on the story.

Упражнение 4.4 (2). Follow-up: Pose this question: **Вы кинорежиссёр и хотите сделать фильм о Джиме и о его жизни в Москве. Каких актёров и актрис вы бы выбрали для главных ролей?** Let the students discuss it in small groups, then allow them to present and defend their choices.

НОВЫЕ СЛОВА

Nouns

бутылка (*gen. pl.* бутылок)	bottle
восток	east
господин (*pl.* господа)	Mr.
десерт	dessert
запад	west
интервью *neut. indecl.*	interview
материал	material
оркестр	orchestra
официант/официантка (*gen. pl.* официанток)	waiter/waitress
поездка (*gen. pl.* поездок)	trip
порция	serving
ресторан	restaurant
север	north
сюрприз	surprise
телекомпания	television company
юг	south

Adjectives

осторожный	careful
способный	capable; talented

Verbs

A translation is listed after the perfective only if it differs from the imperfective. "X" indicates that a paired verb exists but has not yet been presented as active vocabulary. "None in this meaning" indicates that there is no perfective for the meaning given here. "None" indicates that there is no aspectual counterpart for this verb.

IMPERFECTIVE		PERFECTIVE
вы́бирать	to choose; to select	вы́брать (вы́беру, вы́берешь)
выезжа́ть	to leave	вы́ехать
	only)	*only)*
освобожда́ться	to become available; to become free	освободи́ться (освобожу́сь, освободи́шься)
отка́зываться	to refuse	отказа́ться (откажу́сь, отка́жешься)
провожа́ть (в аэропо́рт, на вокза́л, etc.)	to see (someone) off (to the airport, train station, etc.)	проводи́ть (провожу́, прово́дишь)
продолжа́ться (*3rd pers. only*)	to go on; to continue	продо́лжиться (*3rd pers. only* продо́лжится, продо́лжатся)
собира́ть	to gather	собра́ть (соберу́, соберёшь; *past* собра́л, собрала́, собра́ло, собра́ли)
соглаша́ться (+ *infin.*)	to agree (to)	согласи́ться (соглашу́сь, согласи́шься)
танцева́ть (танцу́ю, танцу́ешь)	to dance	станцева́ть

Adverbs

вдруг	suddenly

Other

до (+ *gen.*)	to
у (+ *gen.*)	near

Idioms and Expressions

а то	otherwise; or
благодарю́ вас	thank you
всё равно́	1. in any case; 2. all the same; still
Всё хорошо́, что хорошо́ конча́ется.	All's well that ends well.
Вы уже́ вы́брали? (*when ordering at a restaurant*)	Have you decided?
Мест нет.	No space available.
Мир те́сен.	It's a small world.
...не так ли?	. . . isn't that so?
Пое́хали!	Let's go!
Прия́тного аппети́та!	Bon appétit!; Enjoy your meal!
Счастли́вого пути́!	Have a good trip!
Такси́ уже́ вы́ехало.	The taxi is on the way.
то же са́мое	the same thing

Topics

Restaurant, dining: рестора́н, кафе́, бар, пельме́нная; дорого́й/недорого́й рестора́н, швейца́р, метрдоте́ль, официа́нт/официа́нтка, «Мест нет», (дава́ть, оставля́ть) чаевы́е (*a tip*); орке́стр, джа́з-орке́стр, игра́ть в орке́стре, игра́ть джаз (популя́рную му́зыку и т. д.), танцева́ть в рестора́не; попа́сть в рестора́н, зака́зывать/заказа́ть сто́лик, заказа́ть сто́лик на двои́х (на трои́х, на четверы́х), заказа́ть сто́лик на семь часо́в ве́чера, отмеча́ть в рестора́не день рожде́ния (8 Ма́рта и т. д.); меню́, заку́ска, по́рция, пе́рвое, второ́е, десе́рт, выбира́ть/вы́брать, зака́зывать/заказа́ть; заку́ска, сала́т («Весна́», из кра́бов, из тунца́ и т. д.), кра́сная (чёрная) икра́; минера́льная вода́, лимона́д, спрайт, ко́ка-ко́ла, пе́пси; котле́ты по-ки́евски, бефстро́ганов, бифште́кс, что́-нибудь вегетариа́нское; десе́рт, чёрный ко́фе, ко́фе с коньяко́м, наполео́н, моро́женое (*ice cream*), ше́рбет; вино́ (бе́лое, кра́сное), лёгкое вино́, шампа́нское, конья́к, во́дка, кокте́йль, пи́во (*beer*), буты́лка, бока́л, поднима́ть/подня́ть бока́л(ы); Прия́тного аппети́та!, За твоё (ва́ше) здоро́вье!

Traveling: вокза́л, по́езд, е́хать по́ездом (= на по́езде), Ку́рский (Яросла́вский, Ленингра́дский и т. д.) вокза́л; аэропо́рт, самолёт, лете́ть самолётом (*to fly*); биле́т, зака́зывать/заказа́ть биле́т, покупа́ть/купи́ть биле́т, на 5 ма́я биле́тов нет; пое́здка, экспеди́ция, путеше́ствие (*trip*), гото́виться к пое́здке (к экспеди́ции и т. д.); зака́зывать/заказа́ть такси́ (на во́семь ве́чера), е́хать на вокза́л (в аэропо́рт) на такси́ (на маши́не), маши́на по́дана, в маши́не не хва́тит ме́ста для всех; провожа́ть/проводи́ть (на вокза́л, в аэропо́рт и т. д.), довози́ть/довезти́ до вокза́ла, опа́здывать/опозда́ть на по́езд (на самолёт и т. д.); уезжа́ть/уе́хать (*куда́, отку́да*), приезжа́ть/прие́хать (*куда́, отку́да*), е́хать (*куда́, отку́да*), е́здить (*куда́*); Счастли́вого пути́!, С прие́здом!

APPENDICES

APPENDIX A

COMMON USES OF RUSSIAN CASES

CASE	USE	EXAMPLES
NOMINATIVE **Имени́тельный** (кто, что)	(*Dictionary form*) 1. Subject of sentence or clause 2. Predicate nominative	**студе́нтка** Он зна́ет, где живёт **э́та студе́нтка.** Она́ **хоро́шая студе́нтка.**
ACCUSATIVE **Вини́тельный** (кого́, что)	1. Direct object 2. Object of prepositions **в, на, за, под,** when indicating motion toward a goal 3. A game or sport that is the object of preposition **в** 4. A day, hour, or minute that is the object of preposition **в**, indicating time when (**когда́?**) 5. Time or distance covered 6. Object of preposition **че́рез**	Я купи́ла **ру́чку.** Ма́ма пошла́ на **по́чту.** Они́ игра́ют в **те́ннис.** Вади́м придёт в **пя́тницу.** Я был там **неде́лю.** Ма́ша прие́дет че́рез **неде́лю.**
GENITIVE **Роди́тельный** (кого́, чего́)	1. Ownership 2. Linking 3. Object of prepositions **у, от, до, из, для, без, о́коло, кро́ме, ми́мо, во́зле, и́з-за, про́тив,** and **с** when **с** means *from* 4. To indicate the absence or lack of someone or something (used with **нет, не́ было, не бу́дет**) 5. Nonspecific direct object of a negated verb 6. After numbers (singular after 2–4; plural after 5–20) 7. With certain verbs including **боя́ться.** Some verbs like **иска́ть, ждать, хоте́ть, жела́ть, проси́ть** take genitive if the object is indefinite. 8. The date on which an event occurred or will occur 9. Partitive *some*	Э́то каранда́ш **Бори́са.** Остано́вка **авто́буса** там. Я получи́ла письмо́ от **Ива́на.** Они́ е́дут с **конце́рта.** Там нет **шко́лы.** Мы не слы́шим **никако́й му́зыки.** Три **биле́та,** два́дцать **биле́тов** **Чего́** ты бои́шься? Она́ ждёт **авто́буса.** Мой брат прие́дет **второ́го** ма́я. Нале́й мне **со́ка.**

CASE	USE	EXAMPLES
PREPOSITIONAL **Предло́жный** **(о ком, о чём)**	1. Object of preposition **о (об)** 2. Object of prepositions **в** or **на** when indicating location 3. **Неде́ле** is the object of preposition **на**, indicating time when (**когда́?**) 4. A month, year, or larger unit is ~~the object of preposition~~ **в**, indi-	Мы лю́бим говори́ть об **исто́рии.** Кни́га на **столе́.** Э́то бы́ло на **про́шлой неде́ле.** Э́то бы́ло в **ма́рте.**
	~~менять,~~ 3. With the verb **нра́виться** and with constructions containing **мо́жно, ну́жно, тепло́,** and so on 4. The person or thing whose age is indicated 5. Object of prepositions **к, по**	~~Мне нравится~~ **Нам** ну́жно позвони́ть ма́ме. **Мое́й сестре́** шесть лет. Мы за́втра пое́дем к **Бори́су.**
INSTRUMENTAL **Твори́тельный** **(кем, чем)**	1. The means by which something is done, especially mode of travel 2. Object of prepositions **за, под, над, пе́ред,** or **ме́жду,** when indicating location. (**за** and **под** take other cases in other situations) 3. Complement of many reflexive verbs: **занима́ться, по́льзоваться, интересова́ться, каза́ться, станови́ться** 4. Adverbs indicating time of day and seasons are identical to instrumental of corresponding nouns 5. Object of preposition **с** when **с** means *together with*	Студе́нтка пи́шет **ру́чкой.** Све́та е́дет **маши́ной.** Челове́к стои́т пе́ред **до́мом.** Мы занима́емся **ру́сским языко́м.** Я встал ра́но **у́тром.** Он рабо́тает **ле́том.** Я люблю́ разгова́ривать с **Ири́ной.**

APPENDIX B

SPELLING RULES

RULE	AFTER г, к, х	AFTER ж, ч, ш, щ	AFTER ц
«Кни́ги» rule: **и** (not **ы**)	и	и	
«Хоро́шее» rule: **е** (not unstressed **о**)		е	е
«Ви́жу» rule: **у** (not **ю**), **а** (not **я**)		у, а	

| | NOMINATIVE PLURAL FOR NOUNS ENDING IN | | |
	-ь	-я	-й
«Роя́ли» rule: **и** (not **ы**)	и	и	и

APPENDIX C

DECLENSIONS: NOUNS

MASCULINE SINGULAR

CASE	BASIC ENDING	HARD	SOFT: -ь	SOFT: -й	SOFT: -ий
Nominative кто, что	(none)	автобус	гость	случай	гéний
Accusative	inanimate =		гóстя	случай	гéния
кому́, чему́					
Instrumental кем, чем	-ом	автóбусом	гóстем	слу́чаем	гéнием

MASCULINE PLURAL

CASE	BASIC ENDING	HARD	SOFT: -ь	SOFT: -й	SOFT: -ий
Nominative	-ы	автóбусы	гóсти	слу́чаи	гéнии
Accusative	inanimate = nominative; animate = genitive	автóбусы	гостéй	слу́чаи	гéниев
Genitive	-ов	автóбусов	гостéй	слу́чаев	гéниев
Prepositional	-ах	автóбусах	гостя́х	слу́чаях	гéниях
Dative	-ам	автóбусам	гостя́м	слу́чаям	гéниям
Instrumental	-ами	автóбусами	гостя́ми	слу́чаями	гéниями

NEUTER SINGULAR

CASE	BASIC ENDING	HARD	SOFT: -ие	SOFT: -ье	-мя
Nominative что	-о	де́ло	зада́ние	воскресе́нье	и́мя
Accusative что	-о	де́ло	зада́ние	воскресе́нье	и́мя
Genitive чего́	-а	де́ла	зада́ния	воскресе́нья	и́мени
Prepositional о чём	-е	де́ле	зада́нии	воскресе́нье	и́мени
Dative чему́	-у	де́лу	зада́нию	воскресе́нью	и́мени
Instrumental чем	-ом	де́лом	зада́нием	воскресе́ньем	и́менем

NEUTER PLURAL

CASE	BASIC ENDING	HARD	SOFT: -ие	SOFT: -ье	-мя
Nominative	-а	дела́	зада́ния	воскресе́нья	имена́
Accusative	-а	дела́	зада́ния	воскресе́нья	имена́
Genitive	(none)	дел	зада́ний	воскресе́ний[1]	имён
Prepositional	-ах	дела́х	зада́ниях	воскресе́ньях	имена́х
Dative	-ам	дела́м	зада́ниям	воскресе́ньям	имена́м
Instrumental	-ами	дела́ми	зада́ниями	воскресе́ньями	имена́ми

---

[1] The neuter nouns **по́ле** (*field*) and **мо́ре** (*sea*) have the ending -ей in the genitive plural (**море́й, поле́й**). The neuter noun **пла́тье** (*dress*) has the ending -ев in the genitive plural (**пла́тьев**).

FEMININE SINGULAR

CASE	BASIC ENDING	HARD	SOFT: **-я**	SOFT: **-ь**	SOFT: **-ия**	SOFT: **-ья**
Nominative кто, что	**-а**	газе́та	неде́ля	крова́ть	исто́рия	статья́
Accusative кого́, что	**-у**	газе́ту	неде́лю	крова́ть	исто́рию	статью́
Genitive кого́, чего́	**-ы**	газе́ты	неде́ли	крова́ти	исто́рии	статьи́
	-е	газе́те	неде́ле	крова́ти	исто́рии	статье́

FEMININE PLURAL

CASE	BASIC ENDING	HARD	SOFT: **-я**	SOFT: **-ь**	SOFT: **-ия**	SOFT: **-ья**
Nominative	**-ы**	газе́ты	неде́ли	крова́ти	исто́рии	статьи́
Accusative	inanimate = nominative; animate = genitive	газе́ты	неде́ли	крова́ти	исто́рии	статьи́
Genitive	(none)	газе́т	неде́ль	крова́тей	исто́рий	стате́й
Prepositional	**-ах**	газе́тах	неде́лях	крова́тях	исто́риях	статья́х
Dative	**-ам**	газе́там	неде́лям	крова́тям	исто́риям	статья́м
Instrumental	**-ами**	газе́тами	неде́лями	крова́тями	исто́риями	статья́ми

APPENDIX D

DECLENSIONS: PRONOUNS

INTERROGATIVE/RELATIVE, PERSONAL, REFLEXIVE

CASE	INTERROG./ RELATIVE		PERSONAL								REFLEX.
Nominative	кто	что	я	ты	он	оно́	она́	мы	вы	они́	(none)
Accusative	кого́	что	меня́	тебя́	его́	его́	её	нас	вас	их	себя́
Genitive	кого́	чего́	меня́	тебя́	его́	его́	её	нас	вас	их	себя́
Prepositional	ком	чём	мне	тебе́	нём	нём	ней	нас	вас	них	себе́
Dative	кому́	чему́	мне	тебе́	ему́	ему́	ей	нам	вам	им	себе́
Instrumental	кем	чем	мной	тобо́й	им	им	ей	на́ми	ва́ми	и́ми	собо́й

DEMONSTRATIVE

CASE	ЭТОТ				ТОТ			
	MASC.	NEUT.	FEM.	PLUR.	MASC.	NEUT.	FEM.	PLUR.
Nominative	э́тот	э́то	э́та	э́ти	тот	то	та	те
Accusative (For masculine and plural: inanimate = nominative; animate = genitive)	э́тот/ э́того	э́то	э́ту	э́ти/ э́тих	тот/ того́	то	ту	те/ тех
Genitive	э́того	э́того	э́той	э́тих	того́	того́	той	тех
Prepositional	э́том	э́том	э́той	э́тих	том	том	той	тех
Dative	э́тому	э́тому	э́той	э́тим	тому́	тому́	той	тем
Instrumental	э́тим	э́тим	э́той	э́тими	тем	тем	той	те́ми

DETERMINATIVE

CASE	MASCULINE	NEUTER	FEMININE	PLURAL
Nominative	весь	всё	вся	все
Accusative (For masculine and plural: inanimate = nominative; animate = genitive)	весь/ всего́	всё	всю	все/ всех
Genitive	всего́	всего́	всей	всех
всём	всём	всей	всех

POSSESSIVE: МОЙ (ТВОЙ, СВОЙ)

CASE	MASCULINE	NEUTER	FEMININE	PLURAL
Nominative	мой	моё	моя́	мои́
Accusative (For masculine and plural: inanimate = nominative; animate = genitive)	мой/ моего́	моё	мою́	мои́/ мои́х
Genitive	моего́	моего́	мое́й	мои́х
Prepositional	моём	моём	мое́й	мои́х
Dative	моему́	моему́	мое́й	мои́м
Instrumental	мои́м	мои́м	мое́й	мои́ми

POSSESSIVE: НАШ (ВАШ)

CASE	MASCULINE	NEUTER	FEMININE	PLURAL
Nominative	наш	на́ше	на́ша	на́ши
Accusative (For masculine and plural: inanimate = nominative; animate = genitive)	наш/ на́шего	на́ше	на́шу	на́ши/ на́ших
Genitive	на́шего	на́шего	на́шей	на́ших
Prepositional	на́шем	на́шем	на́шей	на́ших
Dative	на́шему	на́шему	на́шей	на́шим
Instrumental	на́шим	на́шим	на́шей	на́шими

POSSESSIVE INTERROGATIVE

CASE	MASCULINE	NEUTER	FEMININE	PLURAL
Nominative	чей	чьё	чья	чьи
Accusative (For masculine and plural: inanimate = nominative; animate = genitive)	чей/ чьего́	чьё	чью	чьи/ чьих
Genitive	чьего́	чьего́	чьей	чьих
Prepositional	чьём	чьём	чьей	чьих
Dative	чьему́	чьему́	чьей	чьим
Instrumental	чьим	чьим	чьей	чьи́ми

EMPHATIC

CASE	MASCULINE	NEUTER	FEMININE	PLURAL
Nominative	сам	само́	сама́	са́ми
Accusative (For masculine and plural: inanimate = nominative; animate = genitive)	сам/ самого́	само́	саму́	са́ми/ сами́х
Genitive	самого́	самого́	само́й	сами́х
Prepositional	само́м	само́м	само́й	сами́х
Dative	самому́	самому́	само́й	сами́м
Instrumental	сами́м	сами́м	само́й	сами́ми

APPENDIX E

DECLENSIONS: ADJECTIVES

MASCULINE

CASE	BASIC ENDING	UNSTRESSED ENDING	STRESSED ENDING	SOFT
Nominative	**-ый (-ой)**	но́**вый**	молодо́**й**	ли́шн**ий**
Accusative	**-ый (-ой)/**	но́**вый/**	молодо́**й/**	ли́шн**ий/**
	-ого	но́**вого**	молодо́**го**	ли́шн**его**

NEUTER

CASE	BASIC ENDING	HARD	SOFT
Nominative	**-ое**	но́**вое**	ли́шн**ее**
Accusative	**-ое**	но́**вое**	ли́шн**ее**
Genitive	**-ого**	но́**вого**	ли́шн**его**
Prepositional	**-ом**	но́**вом**	ли́шн**ем**
Dative	**-ому**	но́**вому**	ли́шн**ему**
Instrumental	**-ым**	но́**вым**	ли́шн**им**

FEMININE

CASE	BASIC ENDING	HARD	SOFT
Nominative	**-ая**	но́вая	ли́шняя
Accusative	**-ую**	но́вую	ли́шнюю
Genitive	**-ой**	но́вой	ли́шней
Prepositional	**-ой**	но́вой	ли́шней
Dative	**-ой**	но́вой	ли́шней
Instrumental	**-ой**	но́вой	ли́шней

PLURAL

CASE	BASIC ENDING	HARD	SOFT
Nominative	**-ые**	но́вые	ли́шние
Accusative (For masculine and plural: inanimate = nominative; animate = genitive)	**-ые/** **-ых**	но́вые/ но́вых	ли́шние/ ли́шних
Genitive	**-ых**	но́вых	ли́шних
Prepositional	**-ых**	но́вых	ли́шних
Dative	**-ым**	но́вым	ли́шним
Instrumental	**-ыми**	но́выми	ли́шними

APPENDIX F

DECLENSIONS: CARDINAL NUMERALS

1–4

CASE	ОДИ́Н				ДВА MASC. AND NEUT.	FEM.	ТРИ	ЧЕТЫ́РЕ
	MASC.	NEUT.	FEM.	PLUR.				
	оди́н	одно́	одна́	одни́	два	две	три	четы́ре
Genitive	одного́	одного́	одно́й	одни́х	двух	двух	трёх	четырёх
Prepositional	одно́м	одно́м	одно́й	одни́х	двух	двух	трёх	четырёх
Dative	одному́	одному́	одно́й	одни́м	двум	двум	трём	четырём
Instrumental	одни́м	одни́м	одно́й	одни́ми	двумя́	двумя́	тремя́	четырьмя́

5+

CASE	
Nominative	пять
Accusative	пять
Genitive	пяти́
Prepositional	пяти́
Dative	пяти́
Instrumental	пятью́

APPENDIX G

CONJUGATIONS

-ЕШЬ/-ЁШЬ VERBS		-ИШЬ VERBS
Stem stress and shifting stress[1]		*All stems and stress patterns*[2]
Vowel stem	*Consonant stem*	
читáть (читá-)	éхать (éд-)	говори́ть (говор-); ви́деть (ви́д-);
интересовáть	писáть (пиш-)	смотрéть (смотр-); стоя́ть (сто-)
(интересý-)		
-ю	-у (or -ý)[3]	-ю (or -у)[4]
-ешь	-ешь	-ишь
-ет	-ет	-ит
-ем	-ем	-им
-ете	-ете	-итс
-ют	-ут	-ят (or -ат)[5]
Ending stress		
Vowel stem	*Consonant stem*	
давáть (да-)	идти́ (ид-)	
вставáть (вста-)	жить (жив-)	
-ю́	-ý	
-ёшь	-ёшь	
-ёт	-ёт	
-ём	-ём	
-ёте	-ёте	
-ю́т	-ýт	

Stem Changes in -ешь/-ёшь Verbs

A great many **-ешь/-ёшь** verbs exhibit changes in their nonpast stem—that is, in the form of the verb to which endings are added in nonpast tenses (both present tense and perfective future). This stem differs from that of the dictionary (infinitive) form of the verb. Many of these changes appear arbitrary.

> éхать (éд-): éду, éдешь
> жить (жив-): живý, живёшь

---

[1] Shifting-stress verbs have ending stress only on the **я** form.
[2] Stress is not shown below for these endings.
[3] Use **-ý** for shifting-stress verbs.
[4] Use **-у** when the «ви́жу» spelling rule applies—that is, following the "hushers" **ж,ч, щ, ш**.
[5] Use **-ат** when the «ви́жу» spelling rule applies—that is, following the "hushers" **ж,ч, щ, ш**.

Some of these changes, however, are systematic. For example, all non-past verbs ending in **-авать** change the **-ава-** to a simple **-а-** before adding stressed endings.

> дава́ть (да-): даю́, даёшь
> встава́ть (вста-): встаю́, встаёшь

Another such systematic change occurs in verbs ending in **-овать** and **-евать,** where in most cases the sequences **-ова-** and **-ева-** change to **-у-** before adding endings.

> интересова́ть (интересу́-): интересу́ю, интересу́ешь
> танцева́ть (танцу́-): танцу́ю, танцу́ешь

stem, but this shift appears only in the **я** form.

> спроси́ть (спрош-): спрошу́, спро́сишь

Consonant Shift Patterns

About ten patterns of consonant shifts—encountered in both **-ешь/-ёшь** and **-ишь** verbs—are exhibited among the verbs in this book.

б to **бл**	люби́ть	(люблю́, лю́бишь)
п to **пл**	купи́ть	(куплю́, ку́пишь)
м to **мл**	познако́мить	(познако́млю, познако́мишь)
в to **вл**	ста́вить	(ста́влю, ста́вишь)
д to **ж**	ходи́ть	(хожу́, хо́дишь)
з to **ж**	сказа́ть	(скажу́, ска́жешь)
т to **ч**	встре́тить	(встре́чу, встре́тишь)
с to **ш**	проси́ть	(прошу́, про́сишь)
ст to **щ**	прости́ть	(прощу́, прости́шь)
ск to **щ**	иска́ть	(ищу́, и́щешь)

APPENDIX H

SELECTED EVENTS IN RUSSIAN AND WESTERN HISTORY

YEAR	NOTABLE EVENTS IN RUSSIAN HISTORY	IMPORTANT EVENTS ELSEWHERE
800	Cyril and Methodius devise Slavic alphabet (863) **Рю́рик** rules **Но́вгород** (862–879)	Reign of Charlemagne (768–814)
900	Rise of **Ки́ев. Влади́мир** accepts Christianity as state religion (988–990)	
1000		Battle of Hastings (1066) First Crusade (1099)
1100	**Москва́** first mentioned in chronicles (1147)	Rise of independent towns in Europe
1200	**Тата́ры** invade Russia (1237–1240), beginning **тата́рское и́го** (Tatar yoke)	
1300	**Дми́трий Донско́й** defeats Tatars (1380)	Outbreak of the plague in Europe (1348) Renaissance begins (midcentury)
1400	**Тата́ры** decline; **Москва́** rises **Царь Ива́н III** reigns 1462–1505	Columbus discovers America (1492)
1500	**Царь Ива́н IV** (the Terrible) reigns 1533–1584; Time of Troubles begins with his death	Protestant Reformation begins (1517); Queen Elizabeth I reigns (1558–1603)
1600	Founding of **Рома́нов** dynasty (1613) Old Believers break from Russian Orthodox Church (1654–1656) **Царь Пётр I** (the Great) reforms Russia, ruling 1682–1725	Pilgrims land at Plymouth Rock (1620) Thirty Years' War in Europe (1618–1648)
1700	**Санкт-Петербу́рг** founded (1703) **Цари́ца Екатери́на II** (the Great) reigns (1762–1796)	American Declaration of Independence (1776) Constitution of **США** (USA) ratified (1787) **Францу́зская револю́ция** (1789)
1800	**Ру́сские** under **Алекса́ндр I** defeat Napoleon's Grand Army (1812) Crimean War (1853–1856) **Алекса́ндр II** frees serfs (1861)	**Наполео́н** rules France (1804–1815) Gold rush in California (1848) Civil War in **США** (1861–1865); **Авраа́м Ли́нкольн** ends slavery (1863)

YEAR	NOTABLE EVENTS IN RUSSIAN HISTORY	IMPORTANT EVENTS ELSEWHERE
1900	**Росси́я** enters WWI (1914), as do **А́нглия и Фра́нция**	
	Царь Никола́й II abdicates in March, 1917; **Влади́мир Ле́нин** and the **большевики́** seize power in October/November 1917; devastating civil war 1917–1921	**США** enters WWI (1917)
	СССР (USSR) created; death of **Ле́нин** (1924); **Ста́лин** takes control	Roaring Twenties; Jazz Age
		Stock market crash in **США**
	denounces **Ста́лин**	
	Спу́тник (first artificial satellite) launched (1957)	Cuban missile crisis (1962)
	Бре́жнев ousts **Хрущёв** (1964)	Vietnam War (1960–1975)
	Горбачёв takes power (1985)	
	Communist regimes in Central Europe collapse (1989–1990)	
	Е́льцин elected **президе́нт**; end of **СССР** and Communist rule (August 21, 1991)	Persian Gulf war (1991)

RUSSIAN-ENGLISH VOCABULARY

Key

acc. = accusative	*indecl.* = indeclinable	*pfv.* = perfective
adj. = adjective	*infin.* = infinitive	*pl.* = plural
compar. = comparative	*instr.* = instrumental	*prep.* = prepositional
dat. = dative	*m.* = masculine	*sing.* = singular
f. = feminine	*multidir.* = multidirectional	*superl.* = superlative
gen. = genitive	*neut.* = neuter	*unidir.* = unidirectional
impfv. = imperfective	*pers.* = person	*usu.* = usually

A number in parentheses after an English equivalent indicates the lesson in which the Russian word was first marked as active. A number in brackets indicates the lesson in which the Russian word first appears as passive

áвгуст August (I:8)
автóбус bus (I:3)
  останóвка автóбуса bus stop (I:3)
автóбусный bus (*adj.*) (I:5)
  автóбусная останóвка bus stop (I:5)
автóграф autograph [II:7]
автошкóла driving school [II:2]
áдрес (*pl.* адресá) address (I:2)
акцéнт accent (II:1)
аллó (*said when answering the phone*) hello (I:7)
Амéрика America (I:1)
американ(е)ц/америкáнка (*gen. pl.* америкáнок) an American (I:4)
америкáнский American (*adj.*) (I:3)
амфитеáтр rear orchestra (seats) [II:7]
англи́йский English (I:7)
ансáмбль *m.* ensemble [II:1]
антрáкт intermission (II:7)
аппети́т appetite (II:8)
  Прия́тного аппети́та! *Bon appétit!*; Enjoy your meal! (II:8)
апрéль *m.* April (I:8)
аптéка drugstore; pharmacy [I:3] (II:5)
арбýз watermelon [II:3]
áрмия army (I:5)
архитекту́рный architectural [II:1]
аспирáнт/аспирáнтка (*gen. pl.* аспирáнток) graduate student (I:2)
асфáльт asphalt [I:5]

Б

бáбушка (*gen. pl.* бáбушек) grandmother (I:2)
балкóн balcony (I:5)

без (+ *gen.*) without (II:8)
  без чéтверти шесть (at) a quarter to six (II:4)
бéлый white (II:4)
бесплáтно free (of charge); for free (I:5)
беспокóить (беспокóю, беспокóишь) to bother (II:5)
беспокóиться (беспокóюсь, беспокóишься) to worry (II:5)
беспокóйство inconvenience
  Никакóго беспокóйства. It's no trouble at all. (II:5)
библиотéка library; home library (I:5)
би́знес business [I:5]
бизнесмéн businessman [I:7]
билéт ticket (I:8)
билетёр/билетёрша usher [II:7]
билéтик *diminutive* ticket [II:7]
бинóкль *m.* binoculars [II:7]
благодари́ть (благодарю́, благодари́шь)/ **поблагодари́ть** to thank (II:8)
  Благодарю́ вас. Thank you. (II:8)
бли́зко (it's/that's) near; (it's/that's) close (I:5)
блонди́н/блонди́нка (*gen. pl.* блонди́нок) blond [I:4]
блю́дце (*gen. pl.* блю́дец) saucer [II:6]
богáтый rich (II:1)
Бóже мой! Good heavens!; My goodness! [I:4] (II:4)
бокáл wineglass [II:3]
  поднимáть/подня́ть бокáл(ы) (**за** + *acc.*) to raise a glass (glasses) (to) [II:3]
бóлее (*used to form comparatives*) more: **бóлее суевéрный** more superstitious (II:2)
болéзнь *f.* sickness; disease (II:5)
  У вас не опáсная болéзнь. You're not dangerously (*or* seriously) sick. (II:5)

боле́ть[1] (боле́ю, боле́ешь) to be ill; to be sick (II:5)

боле́ть[2] (боли́т, боля́т) (*3rd pers. only*) to ache; to hurt (II:5)

больни́чный *noun, declines like adj.* See **больни́чный лист.**

больни́чный лист medical excuse [II:5]

больно́й (бо́лен, больна́, больно́, больны́) sick (II:2)

бо́льше (*compar. of* большо́й) bigger; larger; (*compar. of* мно́го) more (II:1)

    бо́льше ничего́ nothing else; not anything else [I:8]

большо́й 1. big; large (I:2); **2.** *noun, declines like adj., colloquial* grownup [I:6]

боя́ться (+ *gen.*) to be afraid (of); to fear (II:2)

Брази́лия Brazil [II:4]

брат (*pl.* бра́тья, *gen. pl.* бра́тьев) brother (I:1)

брать (беру́, берёшь; *past* брал, брала́, бра́ло, бра́ли)/**взять** (возьму́, возьмёшь; *past* взял, взяла́, взя́ло, взя́ли) **1.** to take **2.** to get (I:6)

бу́дущее *noun, declines like adj.* the future [I:8]

будь добр (добра́), бу́дьте добры́ would you mind . . . ; if you don't mind (II:4)

Будь здоро́в (здоро́ва)!; Бу́дьте здоро́вы! (*used when someone sneezes*) Bless you!; Gesundheit! (II:5)

бу́ква letter (of the alphabet) (I:1)

буке́т bouquet [II:6]

буке́тик *diminutive* small bouquet [II:6]

буты́лка (*gen. pl.* буты́лок) bottle (II:8)

бы́стро quickly; fast (I:6)

бы́стрый quick; fast (II:1)

быть (*future* бу́ду, бу́дешь; *past* был, была́, бы́ло, бы́ли) to be (I:6)

    мо́жет быть *parenthetical* maybe; perhaps (I:4)

    Не мо́жет быть! Unbelievable! (I:7)

бюро́ *neut. indecl.* office; bureau [II:8]

В

в 1. (+ *acc.—to denote a destination*) to; into: **Мы е́дем в Москву́.** We're going to Moscow. (I:8); **2.** (+ *acc.—to indicate a time of day*) at: **в семь часо́в** at seven o'clock; **3.** (+ *acc. with days of the week*) on: **в пя́тницу** on Friday (I:7); **4.** (+ *prep.—to denote location*) in; at: **в Москве́** in Moscow (I:3); **5.** (+ *prep.—with time units of a month or more*) in: **в апре́ле** in April (I:7)

    в конце́ концо́в after all (I:8)

    в кото́ром часу́? at what time?; when? (I:7)

    игра́ть в хокке́й (баскетбо́л, etc.) to play hockey (basketball, etc.) (I:3)

вам *dat. of* вы

ва́нна bathtub (I:4)

ва́нная bathroom (I:4)

варе́нье jam [II:8]

    дома́шнее варе́нье homemade jam [II:8]

вас *gen., acc., and prep. of* **вы**

ваш (ва́ша, ва́ше, ва́ши) *formal or pl.* your; yours (I:1)

вдруг suddenly (II:8)

ведро́ (*pl.* вёдра, *gen. pl.* вёдер) bucket (II:2)

ведь *particle* (*used for emphasis; often omitted in translation*) you know; why; after all (I:7)

везде́ everywhere (I:5)

везти́ (везёт; *past* везло́)/**повезти́** (+ *dat.*) *impersonal* to have good luck; to be lucky (II:2)

    Вам не повезло́. You had bad luck. (II:2)

    Вам повезло́. You had good luck.; You were lucky. (II:2)

Век живи́, век учи́сь! Live and learn! (II:7)

вен(о́)к (*gen. sing.* венка́) wreath [II:4]

ве́рить (ве́рю, ве́ришь)/**пове́рить** (+ *dat.*) to believe: **Ты ей ве́ришь?** Do you believe her? (I:8)

Ве́рно! That's true!; That's right! (I:7)

верну́ться (верну́сь, вернёшься) *pfv.* (*impfv.* возвраща́ться) to return; to come back; to go back (II:1)

ве́село: Бы́ло о́чень ве́село. It was a lot of fun.; We had a lot of fun. (I:7)

весна́ spring (II:6)

весно́й in the spring (II:1)

весь (вся, всё, все) all; the whole; all of (I:4)

ве́чер evening

    До́брый ве́чер! Good evening! (I:5)

ве́чером in the evening (I:5)

ве́шать/пове́сить (пове́шу, пове́сишь) to hang; to hang up [I:6]

вещь (*gen. pl.* веще́й) *f.* thing (II:1)

взять (возьму́, возьмёшь; *past* взял, взяла́, взя́ло, взя́ли) *pfv.* (*impfv.* брать) **1.** to take; **2.** to get (II:1)

вид 1. sight **2.** type; kind; sort (II:1)

    Что за вид?! What a sight you are! (II:7)

ви́деть (ви́жу, ви́дишь)/**уви́деть** to see (I:6)

    Вот ви́дишь (ви́дите)! You see!; See! (I:4)

ви́лка (*gen. pl.* ви́лок) fork (II:2)

винегре́т salad with beets [II:3]

вино́ wine [I:7] (II:3)

винова́т (винова́та, винова́то, винова́ты) at fault; to blame [II:4]

    (Э́то) я винова́т (винова́та). It's my fault. [II:4]

виолонче́ль *f.* cello (II:1)

висе́ть (*usu. 3rd pers.*) (виси́т, вися́т) to hang; to be hanging (I:5)

вкус taste

    О вку́сах не спо́рят. There's no accounting for taste. (II:7)

вку́сно (it's/that's) tasty; (it's/that's) delicious (II:3)

    вку́сно пое́сть to eat well; to have something good to eat (II:3)

вку́сный tasty; delicious [I:8] (II:2)

вме́сте together (I:7)

вначáле at first [II:4]

внизý downstairs; below (I:4)

внимáтельно attentively; carefully [II:4]

внимáтельный (внимáтелен, внимáтельна, внимáтельно, внимáтельны) attentive (II:6)

внук grandson (I:2)

внýчка granddaughter (I:2)

во-вторы́х *parenthetical* in the second place (II:7)

водá (*acc. sing.* вóду) water (I:4)

  минерáльная водá mineral water (II:3)

водúтель *m.* driver [I:8]

водúть (вожý, вóдишь) (машúну) to drive (II:2)

вождéние driving [II:2]

всё[1] *adverb* 1. still [II:6]; 2. (+ *compar.*) -er and -er; more and more: всё рáньше и рáньше earlier and earlier; всё чáще и чáще more and more often (II:1)

всё[2] everything; all (I:4)

  Всё в поря́дке. Everything is in order; Everything's fine. (I:6)

  всё врéмя all the time; constantly; keep (doing something) (II:1)

  всё равнó 1. in any case (II:8); 2. all the same; still (II:4)

  Всё хорошó, что хорошó кончáется. All's well that ends well. (II:8)

be nervous

  Не волнýйся (волнýйтесь)! Don't worry! (I:6)

вон (over) there (I:2)

вообщé *parenthetical* in the first place (II:7)

во-пéрвых in general (I:8)

вопрóс question (I:3)

  задавáть/задáть вопрóс (+ *dat.*) to ask (someone) a question (I:8)

восемнáдцать eighteen (I:6)

вóсемь eight (I:2)

вóсемьдесят eighty (I:6)

воскресéнье Sunday (I:7)

воспóльзоваться (воспóльзуюсь, воспóльзуешься) (+ *instr.*) *pfv.* (*impfv.* пóльзоваться) to use; to make use of (II:6)

востóк east (II:8)

восьмóй eighth (I:6)

вот here (is) (I:2)

  Вот вúдишь (вúдите)! You see!; See! (I:4)

  Вот э́то да! Now *that's* a . . . ! (II:3)

вперёд forward

  Вперёд! Let's go! (II:3)

впередú ahead (II:7)

врать (вру, врёшь; *past* врал, вралá, врáло, врáли)/ соврáть to lie [II:3]

врач (*gen. sing.* врачá) physician; doctor (I:6)

врéмя (*gen., dat., and prep. sing.* врéмени) *neut.* time (I:6)

  всё врéмя all the time; constantly; keep (doing something) (II:1)

  пéрвое врéмя at first (II:4)

все (*pl. of* весь) 1. everybody; everyone; 2. all (I:4)

вставáть/встать (встáну, встáнешь) to get up (II:1)

встрéтить (встрéчу, встрéтишь) *pfv.* (*impfv.* встречáть) 1. to meet (I:8); 2. to celebrate (a holiday) (II:3)

встрéтиться (встрéчусь, встрéтишься) (с + *instr.*) *pfv.* (*impfv.* встречáться) to meet; to get together (with) (II:7)

встрéча encounter [II:2]

встречáть/встрéтить (встрéчу, встрéтишь) 1. to meet (I:8); 2. to celebrate (a holiday) (II:3)

  встречáть Нóвый год to celebrate New Year's Eve (II:3)

встречáться/встрéтиться (встрéчусь, встрéтишься) (с + *instr.*) to meet; to get together (with) (II:7)

вся́кий any

  на вся́кий слýчай just in case (II:7)

втóрник Tuesday (I:7)

  во втóрник on Tuesday (I:7)

вторóй second (I:6)

вход entrance (II:7)

  Вход воспрещáется. No admittance. [II:1]

вчерá yesterday (I:6)

вы *formal or pl.* you (I:1)

  Вы не скáжете... ? Could you tell me . . . ? (I:8)

  Чтó вы! What are you talking about!; What do you mean! (I:8)

выбирáть/вы́брать (вы́беру, вы́берешь) to choose; to select (II:8)

  (*when ordering at a restaurant*) Вы ужé вы́брали? Have you decided? (II:8)

выезжáть/вы́ехать (вы́еду, вы́едешь) to leave (by vehicle) (II:8)

  Таксú ужé вы́ехало. The taxi is on the way. (II:8)

вы́звать (вы́зову, вы́зовешь) *pfv.* (*impfv.* вызыва́ть) to call (II:5)

Выздора́вливай(те)! Get well! (II:5)

   Скоре́е выздора́вливай(те)! Get well soon! (II:5)

вызыва́ть/вы́звать (вы́зову, вы́зовешь) to call (II:5)

   вызыва́ть/вы́звать врача́ to call a doctor; to get a doctor (II:5)

вы́йти (вы́йду, вы́йдешь; *past* вы́шел, вы́шла, вы́шло, вы́шли) *pfv.* (*impfv.* выходи́ть) to go out (of); to come out (of) (II:1)

выле́чивать/вы́лечить (вы́лечу, вы́лечишь) (**от** + *gen.*) to cure (of) (II:5)

выпи́сывать/вы́писать (вы́пишу, вы́пишешь) to write out (II:5)

   вы́писать больни́чный лист (+ *dat.*) to write (out) a medical excuse (for someone) (II:5)

   вы́писать на рабо́ту to clear someone for work (II:5)

   вы́писать реце́пт to write out a prescription (II:5)

вы́пить (вы́пью, вы́пьешь) *pfv.* (*impfv.* пить) to drink (II:3)

вы́расти (вы́расту, вы́растешь; *past* вы́рос, вы́росла, вы́росло, вы́росли) *pfv.* (*impfv.* расти́) **1.** to grow [II:3]; **2.** to grow up [I:6]

высо́кий 1. high; **2.** tall (II:3)

   высо́кая температу́ра high temperature

вы́учить (вы́учу, вы́учишь) *pfv.* (*impfv.* учи́ть) to learn; to memorize (I:7)

выходи́ть (выхожу́, выхо́дишь)/**вы́йти** (вы́йду, вы́йдешь; *past* вы́шел, вы́шла, вы́шло, вы́шли) to go out (of); to come out (of) (II:1)

   выходи́ть/вы́йти за́муж (**за** + *acc.*) (*of a woman*) to marry; to get married (to): **Она́ вы́шла за́муж за Ви́ктора.** She married Victor. (I:8)

Вьетна́м Vietnam [II:4]

вьетна́м(е)ц/вьетна́мка (*gen. pl.* вьетна́мок) a Vietnamese [II:4]

Г

газе́та newspaper (I:1)

галере́я gallery [II:1]

гара́ж (*gen. sing.* гаража́) garage [I:5]

гардеро́б coat check (room) [II:7]

гвозди́ка carnation [II:6]

где where (I:1)

герои́ня heroine [I:7]

гид guide [I:5]

гита́ра guitar [I:7] [II:3]

гла́вное *noun, declines like adj.* the main thing [I:6] (II:1)

   са́мое гла́вное the most important thing (II:1)

гла́вный main; chief [I:6] (II:2)

глу́пый stupid [II:2]

говори́ть (говорю́, говори́шь) (I:4)/**сказа́ть** (скажу́, ска́жешь) (I:6) **1.** (*impfv. only*) to speak; to talk; **2.** to say; to tell

говори́ть по-ру́сски to speak Russian

говори́ть «ты» («вы») (+ *dat.*) to use "ты" ("вы") with someone

открове́нно говоря́ *parenthetical* frankly speaking (II:5)

год (*prep. sing.* в году́, *pl.* го́ды, *gen. pl.* лет) year (I:6)

голова́ (*acc. sing.* го́лову, *pl.* го́ловы, *gen. pl.* голо́в, *dat. pl.* голова́м) head (II:5)

голубо́й light blue (II:4)

гора́здо (+ *compar.*) much; far (II:1)

горди́ться (горжу́сь, горди́шься) (+ *instr.*) to be proud (of) [II:1]

го́рло throat (II:5)

го́род (*pl.* города́) city; town (I:5)

городско́й тра́нспорт public transportation (II:1)

горчи́чник mustard plaster [II:5]

горя́чий hot (II:5)

горячо́ (it's/that's) hot (II:5)

господи́н (*pl.* господа́) (*usu. used before a full name or last name*) Mister; Mr. (II:8)

гость (*gen. sing.* го́стя, *gen. pl.* госте́й)/**го́стья** guest (I:4)

   в гостя́х (быть) (to be) visiting (II:4)

   приглаша́ть/пригласи́ть (+ *acc.*) **в го́сти** to invite (someone) over (II:4)

гото́в (гото́ва, гото́во, гото́вы) ready (I:8)

гото́вить (гото́влю, гото́вишь)/**пригото́вить 1.** to prepare; **2.** to cook (I:7)

гото́виться (гото́влюсь, гото́вишься) **к экза́мену** to prepare for an exam; to get ready for an exam (II:2)

граби́тель robber [II:2]

грани́ца:

   за грани́цей abroad (II:6)

   пое́здка за грани́цу a trip abroad (II:4)

   пое́хать за грани́цу to go abroad (II:4)

гриб (*gen. sing.* гриба́) mushroom (II:3)

грипп influenza; flu (II:5)

гро́мко loudly [I:4]

гру́ппа group; section; class (*at a university, etc.*) (II:4)

грусти́ть (грущу́, грусти́шь) (**о** + *prep.*) to yearn (for) [II:3]

гру́стный sad (II:6)

гря́зно (it's) muddy [I:7]

грязь (*prep. sing.* в грязи́) *f.* mud [I:5]

гуля́ть/погуля́ть to walk; to go for a walk; to take a walk (I:4)/(II:4)

гурма́н gourmet [II:3]

гусь (*gen. pl.* гусе́й) *m.* goose (II:3)

Д

да yes (I:1)

дава́й(те) *particle* let's . . . : **Дава́й смотре́ть телеви́зор.** Let's watch TV.

   Дава́йте познако́мимся. Let's get acquainted. (I:2)

дава́ть (даю́, даёшь)/дать (дам, дашь, даст, дади́м, дади́те, даду́т; *past* дал, дала́, да́ло, да́ли) **1.** (+ *dat.* + *acc.*) to give (I:5); **2.** *colloquial* (*usu. impfv. 3rd pers. pl.* даю́т, дава́ли) to be selling (II:6)

давно́ **1.** long ago; **2.** (for) a long time (II:2)

да́же *particle* even (I:5)

далеко́ far; far away (I:3)

да́льше (*compar. of* далёкий and далеко́) **1.** farther; **2.** further; **3.** next (II:3)

дари́ть (дарю́, да́ришь)/подари́ть (+ *dat.* + *acc.*) to give (*as a present*) (I:6)

двойно́й double [II:7]

двор (*gen. sing.* двора́) courtyard (II:3)

де́вочка (little) girl (I:2)

де́вушка girl; young woman (I:5)

люби́мая де́вушка the girl one is in love with [II:3]

девчо́нка (*gen. pl.* девчо́нок) *colloquial* girl [II:6]

девяно́сто ninety (I:6)

девятна́дцать nineteen (I:6)

девя́тый ninth (I:6)

де́вять nine (I:2)

Дед Моро́з Grandfather Frost (II:3)

де́душка (*gen. pl.* де́душек) grandfather (I:2)

дежу́рный/дежу́рная *noun, declines like adj.* man/woman on duty [II:4]

де́йствие act (*in a play, opera, etc.*) (II:7)

действи́тельно really; actually (I:5)

дека́брь (*gen. sing.* декабря́) *m.* December (I:8)

де́лать/сде́лать **1.** to do (I:3); **2.** to make (I:7)

де́ло (*pl.* дела́, *gen. pl.* дел) matter; business (I:8)

В чём де́ло? What's the problem?; What's the matter? (I:5)

друго́е де́ло (that's) a different matter; (that's) another matter (II:7)

Как (у тебя́, у вас) дела́? How are things (with you)?; How are you doing? (I:1)

по де́лу on business [I:7]

Это не твоё (не ва́ше) де́ло. *rather rude* It's/That's none of your business. (I:8)

делово́й **1.** business (*adj.*); **2.** businesslike (II:3)

д(е)нь (*gen. pl.* дней) *m.* day (I:7)

До́брый день! Good day!; Good afternoon! (I:4)

Междунаро́дный же́нский день International Women's Day (II:6)

нерабо́чий день day off [II:6]

де́ньги (*gen.* де́нег, *dat.* деньга́м) *pl.* money (I:8)

держа́ть (держу́, де́ржишь) to hold [II:2]

Держи́те! (*when throwing something to someone*) Catch! [II:2]

десе́рт dessert (II:8)

деся́тый tenth (I:6)

де́сять ten (I:2)

де́ти (*gen.* дете́й, *dat.* де́тям, *instr.* детьми́) *pl.* (*sing.* ребён(о)к) children (I:6)

дети́шки *affectionate* children; kids [II:3]

диссерта́ция dissertation; thesis [I:5]

дли́нный long (I:8)

для (+ *gen.*) for: Принеси́ что́-нибудь вку́сное для Бе́лки. Bring something tasty for Belka. (I:8)

днём **1.** in the daytime; **2.** in the afternoon (I:7)

дно bottom [II:3]

(Пей) до дна! Bottoms up! [II:3]

до (+ *gen.*) **1.** (up) to: от вокза́ла до аэропо́рта from the train station to the airport (II:8); **2.** before: До институ́та я зако́нчила медици́нское учи́лище. I finished a special school for nurses before the institute. (I:7); **3.** until; till: Мы бу́дем тут до апре́ля. We'll be here till April. (II:3)

до свида́ния goodbye (I:1)

до сих пор until now; even now (II:4)

добр: будь добр (добра́), бу́дьте добры́ would you mind . . . ; if you don't mind (II:4)

до́брый **1.** kind; **2.** good

До́брый ве́чер! Good evening! (I:5)

До́брый день! Good day!; Good afternoon! (I:4)

довози́ть (довожу́, дово́зишь)/довезти́ (довезу́, довезёшь; *past* довёз, довезла́, довезло́, довезли́) (до + *gen.*) to take (to); to give a ride (to) (II:8)

договори́ться (договорю́сь, договори́шься) *pfv.* to agree (to) (II:4)

Договори́лись! It's settled!; Agreed! (I:7)

дождь (*gen. sing.* дождя́) *m.* rain (II:1)

Идёт дождь. It's raining. (I:7)

до́ктор (*pl.* доктора́) doctor (II:5)

докуме́нт document (I:5)

до́лго for a long time; long (I:8)

до́лжен (должна́, должно́, должны́) 1. must; have to; **2.** should; be supposed to (I:5)

дом (*pl.* дома́) **1.** house; **2.** building; **3.** apartment building (I:2)

до́ма at home (I:1)

    чу́вствовать себя́ как до́ма to feel at home (II:3)

дома́шний 1. home (*adj.*); **2.** homemade; home-cooked [II:3] (II:5)

    дома́шнее зада́ние homework (assignment) (I:3)

домо́й (*indicates direction*) home (II:1)

доро́га way (I:8)

    перебега́ть/перебежа́ть доро́гу (+ *dat.*) to cross someone's path [II:2]

    по доро́ге on the way; along the way (II:6)

    присе́сть на доро́гу to sit down before a trip [II:8]

    Я показа́л ему́ доро́гу. I showed him the way; I told him how to get there.

дорого́й 1. dear (I:2); **2.** expensive (I:5)

достава́ть (достаю́, достаёшь)/**доста́ть** (доста́ну, доста́нешь) to get; to obtain (II:7)

доста́точно enough (II:7)

    Вре́мени доста́точно. (One has/There is) enough time. (II:7)

доста́ть (доста́ну, доста́нешь) *pfv.* (*impfv.* достава́ть) to get; to obtain (II:7)

до́ченька *affectionate* daughter [I:3]

дочь (*gen., dat., and prep. sing.* до́чери, *pl.* до́чери, *gen. pl.* дочере́й) *f.* daughter (I:2)

друг (*pl.* друзья́, *gen. pl.* друзе́й) friend (I:5)

друг дру́га (**друг дру́гу, друг о дру́ге,** etc.) (to, about, etc.) each other; (to, about, etc.) one another (I:6)

друго́й other; another (I:5)

    друго́е де́ло (that's) a different matter; (that's) another matter (II:7)

дру́жба friendship (II:3)

ду́мать/поду́мать to think (I:5)

духи́ (*gen.* духо́в) *pl.* perfume (II:6)

душ shower (I:4)

дыша́ть (дышу́, ды́шишь) to breathe [II:5]

Е

«Евге́ний Оне́гин» *Eugene Onegin* (*a novel in verse by A. S. Pushkin*) [I:7]

его́ 1. *gen. and acc. of* он *and* оно́; **2.** *possessive* his; its (I:1)

еди́нственный only (II:3)

её 1. *gen. and acc. of* она́; **2.** *possessive* her; hers; its (I:1)

е́здить (е́зжу, е́здишь) *multidir. of* е́хать to go (*by vehicle*); to ride; to drive (II:4)

ей *dat. and instr. of* она́

ёлка (*gen. pl.* ёлок) New Year's tree (II:3)

ёлочка (*gen. pl.* ёлочек) *diminutive* New Year's tree (II:3)

ему́ *dat. of* он *and* оно́

е́сли if (I:4)

есть[1] (ем, ешь, ест, еди́м, еди́те, едя́т; *past* ел, е́ла, е́ло, е́ли) **1.** *pfv.* **съесть** to eat; (*pfv. only*) to eat up (I:8); **2.** *pfv.* **пое́сть** to eat; to have something to eat; to have a bite (II:3)

есть[2] (*3rd person sing. present of* быть) **1.** there is (are); **2.** with **у меня́ (у тебя́,** etc.) I (you, etc.) have

    Там есть лифт. There's an elevator there.

    У вас есть слова́рь? Do you have a dictionary? (I:4)

е́хать (е́ду, е́дешь)/**пое́хать 1.** to go (*by vehicle*); to ride; to drive; **2.** *pfv. only* to set out (*by vehicle*) [I:8]

ещё 1. still; **2.** yet (I:2); **3.** else (I:2)

    ещё нет not yet (I:2)

    ещё раз once again (I:7)

Ж

жаль it's/that's a pity!; (that's) too bad (I:6)

жа́рко (it's) hot (II:1)

    Мне жа́рко. I'm hot.

жарко́е *noun, declines like adj.* roasted meat [II:5]

ждать (жду, ждёшь; *past* ждал, ждала́, жда́ло, жда́ли) **1.** to wait (for) (I:4); **2.** to expect (I:7)

же *particle* (*used for emphasis*) surely; after all (I:6)

жела́ть (+ *dat.* + *gen.*) to wish (someone something) (II:2)

    Жела́ю вам здоро́вья! I wish you good health!

    Жела́ю (вам) уда́чи! Good luck! (II:2)

    Жела́ю успе́ха! Best of luck!; Hope you're successful! (II:6)

    Жела́ю (вам) хорошо́ провести́ вре́мя! Have a good time! (II:2)

жёлтый yellow (II:4)

жена́ (*pl.* жёны, *gen. pl.* жён) wife (I:2)

    муж и жена́ Кругло́вы Mr. and Mrs. Kruglov; the Kruglovs, husband and wife (I:2)

жена́т(ы) (*of a man or a couple*) married: **Он жена́т.** He's married; **Они́ жена́ты.** They're married. (I:8)

жени́ться (женю́сь, же́нишься) (**на** + *prep.*) *impfv. and pfv.* (*of a man*) to get married; to marry (someone): **Он жени́лся на Ле́не.** He married Lena. (I:8)

же́нский woman's; women's (II:6)

же́нщина woman (I:4)

же́ртва sacrifice [II:7]

живо́т (*gen. sing.* живота́) stomach [II:5]

жизнь *f.* life [II:1] (II:4)

жить (живу́, живёшь; *past* жил, жила́, жи́ло, жи́ли) to live (I:2)

журна́л magazine; journal (I:1)

журналист/журналистка (*gen. pl.* журналисток) journalist [I:2]

журналистика journalism [I:4]

    факультет журналистики journalism department

З

за 1. (*+ acc.*) for: **за билеты платит фирма** the firm pays for the tickets (I:8); **2.** (*+ acc. to indicate how long it takes to complete something*) in; it takes . . . (II:4); **3.** (*+ instr.*) behind (I:8); **4.** (*+ instr.*) for; to get: **Он вернулся за сигаретами.** He went back for his cigarettes. (II:1); **5.** (*+ i̶ n̶ s̶ t̶ r̶.̶*) a̶ t̶ t̶ h̶ e̶ s̶ t̶ o̶ l̶ o̶ m̶ at the table (II:2)

забросить шайбу to score a goal [II:7]

забывать/забыть (забуду, забудешь) to forget (II:1)

завтра tomorrow (I:7)

завтракать/позавтракать to have breakfast; to have lunch (II:6)

задавать (задаю, задаёшь)/**задать** (задам, задашь, задаст, зададим, зададите, зададут; *past* задал, задала, задало, задали) **вопрос** (*+ dat.*) to ask (someone) a question (I:8)

задание assignment

    домашнее задание homework (assignment) (I:3)

заезжать/заехать (в *or* на + *acc. or* к + *dat.*) to stop in (at); to stop by (at); to drop by; (**за** + *instr.*) to pick up (someone or something); to stop by (some place) for something (II:7)

зайти (зайду, зайдёшь; *past* зашёл, зашла, зашло, зашли) *pfv.* (*impfv.* заходить) (в *or* на + *acc. or* к + *dat.*) to call (on someone); to stop by; to stop at; to stop in (II:5)

заказывать/заказать (закажу, закажешь) to order; to reserve (II:8)

    У нас заказан столик. We have a table reserved. [II:8]

    Это он заказал нам столик. He's the one who reserved a table for us. [II:8]

заканчивать/закончить (закончу, закончишь) to finish (I:7)

закрывать/закрыть (закрою, закроешь; *past passive participle* закрытый) to close; to shut [I:4] (II:5)

закрываться/закрыться (закроется, закроются) (*3rd pers. only*) to close; to be closed [II:1]

закрытый (*adj. and past passive participle of* закрыть) closed [II:2] (II:5)

закуска (*gen. pl.* закусок) appetizer [II:6]

зал hall; auditorium (II:7)

заметить (замечу, заметишь) *pfv.* (*impfv.* замечать) to notice (I:8)

замечательно wonderfully; marvelously; (it's/that's) wonderful; (it's/that's) marvelous (I:6)

    Замечательно! Great! (I:6)

замечательный wonderful; marvelous (I:3)

замечать/заметить (замечу, заметишь) to notice (I:8)

зам(о)к (*gen. sing.* замка) lock [I:5]

занятый (**занят, занята, занято, заняты**) busy (II:̶ 5̶)̶

запад west (II:8)

записка (*gen. pl.* записок) note [II:5]

записная книжка notebook; address book [I:6]

заплатить (заплачу, заплатишь) (**за** + *acc.*) *pfv.* (*impfv.* платить) to pay (for) (I:8)

зато (*often* **но зато**) but (then); but on the other hand (II:6)

заходить (захожу, заходишь)/**зайти** (зайду, зайдёшь; *past* зашёл, зашла, зашло, зашли) (**в** *or* **на** + *acc. or* **к** + *dat.*) to call (on someone); to stop by; to stop at; to stop in (II:5)

    Заходи(те)! Come in! (I:6)

зачем what (does one need . . .) for; why (I:4)

звать (зову, зовёшь) *see* **зовут**

звонить (звоню, звонишь)/**позвонить** (+ *dat.*) to call; to phone (I:7)

звук sound (I:1)

здание building (II:2)

здесь here (I:1)

здороваться/поздороваться to greet (someone) [II:2]

здоровый healthy (II:5)

здоровье health (I:6)

    Как ваше здоровье? How are you? (I:6)

Здравствуй(те)! Hello! (I:1)

зелёный green [II:3] (II:4)

зеркало (*pl.* зеркала) mirror (II:2)

зима (*acc. sing.* зиму, *pl.* зимы) winter [II:6]

зимой in the winter (II:1)

знакомить (знакомлю, знакомишь)/**познакомить** (+ *acc.* + **с** + *instr.*) to introduce (someone to) [II:4]

знако́миться (знако́млюсь, знако́мишься)/
  познако́миться (с + *instr.*) to get acquainted
  (with) (I:2)
знако́мый 1. *adj.* acquainted (II:6); **2.** *adj.* familiar
  (II:7); **3.** знако́мый/знако́мая *noun, declines like*
  adj. acquaintance
знамени́тый famous (II:7)
знать to know (I:1)
  (*in response to receiving some information*) **Бу́ду**
    знать. I'll remember that. [II:6]
зна́чит *parenthetical* so; then (I:6)
зна́чить (зна́чу, зна́чишь) to mean (II:3)
зову́т:
  Как тебя́ (вас) зову́т? What's your name? (I:1)
  Меня́ зову́т... My name is . . . (I:1)
золото́й gold; golden (II:4)
золоты́е ру́ки (у + *gen.*) (one is) good with one's
  hands (I:4)

И

и 1. and (I:1); **2.** also; as well (II:2); **3.** *used for empha-*
  sis: **Прогно́з, мо́жет быть, и хоро́ший, но...** The
  forecast may indeed be good but . . . (II:2)
игра́ть to play (I:3)
  игра́ть в хокке́й (баскетбо́л, etc.**)** to play hockey
    (basketball, etc.) (I:3)
  игра́ть на роя́ле (гита́ре, etc.**)** to play the piano
    (the guitar, etc.) (I:4)
иде́я idea (I:6)
идти́ (иду́, идёшь; *past* шёл, шла, шло, шли)/**пойти́**
  (пойду́, пойдёшь; *past* пошёл, пошла́, пошло́,
  пошли́) **1.** to go; **2.** *impfv. only* to walk; **3.** *pfv.*
  only to set out (I:8)
  Идёт дождь. It's raining. (I:7)
  идти́ в похо́д to go camping; to go hiking (II:1)
  Пойдём! Let's go! (I:4)
из (+ *gen.*) **1.** from: **из Москвы́** from Moscow; **2.** of;
  made of: **сала́т из тунца́** tuna salad (I:7)
изве́стный (изве́стен, изве́стна, изве́стно,
  изве́стны) well-known (II:4)
Извини́(те)! Excuse me! (I:2)
из-за (+ *gen.*) because of (II:7)
измеря́ть/изме́рить (изме́рю, изме́ришь) to measure [II:5]
  изме́рить температу́ру (+ *dat.*) to take someone's
    temperature [II:5]
изуча́ть/изучи́ть (изучу́, изу́чишь) to study (in
  depth) [I:8] (II:2)
и́ли or (I:2)
  и́ли... и́ли either . . . or . . . (I:7)
им 1. *instr. of* он *and* оно́; **2.** *dat. of* они́
име́ть to have
  име́ть пра́во to have the right (I:8)
и́мпортный imported (I:3)

и́мя (*gen., dat., and prep. sing.* и́мени, *pl.* имена́, *gen.*
  pl. имён) *neut.* (first) name (I:2)
  называ́ть по и́мени (и о́тчеству) to call someone
    by first name (and patronymic) (I:8)
ина́че otherwise; or (II:1)
И́ндия India [II:4]
инициа́лы (*usu. pl.*) initials [I:6]
иногда́ sometimes (I:5)
иностра́н(е)ц/иностра́нка (*gen. pl.* иностра́нок)
  foreigner [I:8] (II:1)
иностра́нный foreign (II:1)
институ́т institute (I:6)
инструме́нт tool [I:4]
интервью́ *neut. indecl.* interview [II:7] (II:8)
  брать/взять интервью́ (у + *gen.*) to interview
    (someone); to do an interview (with someone) [II:7]
  Интере́сно, где... (когда́... и т. д.) I wonder
    where . . . (when . . . , *and so on*) (II:6)
интере́сно in an interesting manner; (it's/that's) interesting (I:3)
интере́сный interesting (I:3)
интересова́ть (интересу́ю, интересу́ешь; *often 3rd*
  pers.) to interest: **Меня́ интересу́ет спорт.** I'm
  interested in sports. (I:8)
интересова́ться (интересу́юсь, интересу́ешься)
  (+ *instr.*) to be interested (in) (II:7)
иска́ть (ищу́, и́щешь) to look for (II:1)
исправля́ть/испра́вить (испра́влю, испра́вишь) to
  correct [I:8]
исто́рик historian (I:4)
истори́ческий historical; history (*adj.*) (I:5)
  истори́ческий факульте́т history department (I:5)
исто́рия history (I:5)
ита́к so; and so [I:7]
их 1. *gen. and acc. of* они́; **2.** *possessive* their; theirs
  (I:1)
ию́ль *m.* July (I:8)
ию́нь *m.* June (I:8)

К

к (ко) (+ *dat.*) **1.** to: **Я иду́ к врачу́.** I'm going to the
  doctor. (I:8); **2.** (*when expressing time*) by: **к**
  ве́черу by the evening (II:3); **3.** for: **Э́то тебе́**
  пода́рок ко дню рожде́ния. This is a present for
  your birthday.
  к сожале́нию *parenthetical* unfortunately (I:6)
ка́ждый every; each (I:5)
ка́жется *parenthetical* it seems (I:4)
каза́ться (кажу́сь, ка́жешься)/**показа́ться** to seem
  (II:6)
как how (I:1)
  Как ва́ше здоро́вье? How are you? (I:6)
  Как (у тебя́, у вас) дела́? How are things with
    you?; How are you doing? (I:7)

Как (вы) поживáете? How are you (doing)? (I:7)
Как тебé (вам) не сты́дно! Shame on you! (II:3)
Как тебя́ (вас) зовýт? What's your name? (I:1)
Как э́то (+ *the word or phrase to which the speaker is reacting*)**?** What do you mean . . . ? (I:8)
какóй 1. which; what; **2.** what sort of; what is (are) . . . like?
Какóй позóр! How humiliating! [II:4]
Какóй стыд! How embarrassing! [II:4]
какóй-то some [II:3]
Калифóрния California [I:8]
~~́ (~~ ~~) pl. vacation (II:5)~~

~~картóшек) a potato (II:5)~~
касáться/коснýться (коснётся, коснýтся) (*3rd pers. only*) (+ *gen.*) to concern; to have to do with (I:8)
кáсса cashier's counter [II:7]
 Я заплатúл(а) в кáссу. I paid the cashier. [II:6]
кассéта cassette [I:5]
категóрия category [II:2]
кат(ó)к (*gen. sing.* каткá) skating rink [II:5]
кáш(е)ль (*gen. sing.* кáшля) *m.* cough [II:5]
кáшлять/кáшлянуть (кáшляну, кáшлянешь... — *one-time action*) to cough [II:5]
квартúра apartment (I:2)
кинó *neut. indecl.* (the) movies (II:5)
кúслый: кúслая капýста sauerkraut [II:3]
класс 1. (*a group of students*) class (in school): **Мы учúлись в однóм клáссе.** We were in the same class in school. (II:7); **2.** grade (in school) **Ты в какóм клáссе?** What grade are you in? (I:6)
клáссика 1. the classics; **2.** classical music [I:4]
классúческий classical [I:3]
класть (кладý, кладёшь)**/положúть** (положý, полóжишь) to lay; to put (II:3)
ключ (*gen. sing.* ключá) key (I:5)
кнúга book (I:1)
кнúжка:
 записнáя кнúжка notebook; address book [I:6]
кнúжная пóлка bookshelf (I:5)
кнúжный шкаф bookcase (I:5)
ко = к: ко мне to my place (office) (I:8) (II:1)
когдá when (I:5)
кóе-какóй some [II:5]
колбасá sausage (I:3)

коллéга *m. and f.* colleague [II:6]
кольцевóй circle (*adj.*) [II:1]
комáндовать (комáндую, комáндуешь) to boss around [I:6]
кóмната room (I:2)
компáния group (of people) (I:7)
комплимéнт compliment [II:6]
композúтор composer [I:3]
конвéрт envelope (I:6)
кон(é)ц (*gen. sing.* концá) end (II:7)
 в концé концóв after all (I:8)
конéчно *parenthetical* of course (I:3)
консерватóрия conservatory [I:6] (II:4)

корóбка (*gen. pl.* корóбок) box [II:6]
космéтика make-up; cosmetics [II:6]
коснýться (коснётся, коснýтся), (*3rd pers. only*) (+ *gen.*) *pfv.* (*impfv.* касáться) to concern; to have to do with (I:8)
кот (*gen. sing.* котá) tomcat [I:2]
котлéта (breaded) meat patty; cutlet [II:2]
котóрый who; that; which (I:5)
 в котóром часý? when?; at what time?
кóфе *m. indecl.* coffee [II:6]
кофéйник coffeepot [II:6]
кофéйный coffee (*adj.*) [II:6]
кóшка cat (I:2)
кошмáр nightmare (I:4)
краб crab [II:8]
красúво beautifully; (it's/that's) beautiful; (it's/that's) pretty [II:6]
красúвый beautiful; good-looking (I:2)
Крáсная плóщадь Red Square [II:1]
крáсный red (II:4)
Кремль (*gen. sing.* Кремля́) *m.* the Kremlin [II:1]
крéпко целýю (*usu. at the end of a letter to a close relative, sweetheart, or friend*) lots of love [I:7]
крéсло easy chair (I:3)
кровáть *f.* bed (I:5)
крóме тогó *parenthetical* besides (that); moreover (I:8)
кры́шка (*gen. pl.* кры́шек) lid [II:5]
кстáти о (+ *prep.*)... speaking of . . . (II:3)
кто who (I:1)
ктó-нибудь someone; somebody; anyone; anybody (II:3)

кто́-то someone; somebody (II:3)

куда́ (*indicates direction*) where (to) (I:4)
   Куда́ ты? Where are you going? (I:4)

культу́рный cultured (I:6)

купи́ть (куплю́, ку́пишь) *pfv.* (*impfv.* покупа́ть) to buy (I:5)

курс year (*of college*) (I:6): **Она́ на второ́м ку́рсе.** She's a second-year student; She's in her second year.

курсова́я *noun, declines like adj.*; *see* **курсова́я рабо́та**

курсова́я рабо́та term paper (I:3)

ку́хня kitchen (I:2)

Л

ла́дно all right; okay [I:7] (II:4)

ла́мпа lamp (I:3)

лёгкий 1. (*of weight*) light (I:3); **2.** easy; **3.** (*of wine, beer, etc.*) light (II:8)

легко́ easily; (it's/that's) easy [I:3]

ле́гче (*compar.* of лёгкий) easier, lighter (II:1)

лека́рство (**от** + *gen.*) medicine (for something) (II:5)

ле́кция lecture (I:7)
   Он хорошо́ чита́ет ле́кции. He is a good lecturer. [I:7]
   чита́ть ле́кции to give lectures [II:5]

ле́нта ribbon [II:4]

лес (*prep. sing.* в лесу́, *pl.* леса́) forest (II:3)

лет (*gen. pl. of* год) years (I:6)
   Ско́лько ему́ лет? How old is he? (I:6)

ле́то summer (II:6)

ле́том in the summer (I:7)

лечи́ть (лечу́, ле́чишь) to treat (medically) (II:5)

ли 1. *conjunction* if; whether; **Он спроси́л, получи́ла ли я его́ письмо́.** He asked whether I had received his letter. (I:7); **2.** *interrogative particle* **Зна́ете ли вы об э́том?** Do you know about this?

лимо́н lemon [II:5]

ли́ния line (II:1)
   кольцева́я ли́ния circle line [II:1]
   радиа́льная ли́ния cross-town line [II:1]

литерату́ра literature (I:7)

литерату́рный literary [I:7]

лифт elevator (I:4)

ли́шний spare; extra (I:6)

ло́жка (*gen. pl.* ло́жек) spoon (II:2)

Лос-А́нджелес Los Angeles [I:8]

лу́чше (*compar. of* хоро́ший, хорошо́) better (II:1)
   (*in response to a suggestion*) **Лу́чше не на́до.** It's/That's not a good idea.; Better you didn't. (II:5)
   Лу́чше по́здно, чем никогда́. Better late than never. (II:7)

лу́чший (*compar. and superl. of* хоро́ший) **1.** better; **2.** (the) best (II:5)

люби́мый 1. favorite (I:3); **2.** beloved [II:3]
   люби́мая де́вушка the girl one is in love with [II:3]

люби́ть (люблю́, лю́бишь) **1.** to love; **2.** to like (I:4)

люб(о́)вь (*gen.* любви́) *f.* love (II:3)

любо́й any (II:5)

лю́ди (*gen.* люде́й *but* пять, шесть, *etc.*, челове́к; *dat.* лю́дям, *instr.* людьми́) *pl.* (*sing.* челове́к) people (I:6)

М

магази́н store; shop (I:3)
   ходи́ть по магази́нам to shop; to go shopping; to go from store to store (II:6)

магнитофо́н tape recorder; tape player (I:5)

май May (I:8)

ма́ленький small; little (I:2)

ма́ло (+ *gen.*) **1.** little **2.** few (I:3)

ма́льчик boy (I:4)

ма́ма mom (I:1)

ма́мочка *affectionate* mom; mother dear [I:7]

ма́рка (*gen. pl.* ма́рок) stamp (I:6)

март March (I:8)

ма́ска mask [II:3]

ма́стер:
   ма́стер на все ру́ки jack-of-all-trades (I:4)

материа́л material (II:8)

матч match; game [II:2] (II:7)

мать (*gen., dat., and prep. sing.* ма́тери, *pl.* ма́тери, *gen. pl.* матере́й) *f.* mother (I:1)

маши́на car (I:5)
   Маши́на по́дана. The car is at your service. [II:8]

ме́бель *f.* furniture (I:3)

мёд honey [II:5]

медици́нский medical [I:6]
   медици́нская сестра́ (медсестра́) nurse [I:7]
   медици́нское учи́лище nurse-training school [I:7]

ме́дленно slowly (I:8)

медсестра́ (медици́нская сестра́) nurse [I:7]

ме́жду (+ *instr.*) between (II:1)

ме́жду про́чим *parenthetical* by the way; incidentally (I:8)

междунаро́дный international (II:6)
   Междунаро́дный же́нский день International Women's Day (II:6)

ме́ньше (*compar. of* ма́ленький) smaller; (*compar. of* ма́ло) less; fewer (II:1)

меня́ *gen. and acc. of* я (I:1)
   Меня́ зову́т... My name is . . . (I:1)

ме́рить (ме́рю, ме́ришь) to measure
   ме́рить температу́ру to take someone's temperature (II:5)

ме́сто 1. place; **2.** space; room (I:5)
  Мест нет. No space available. (II:8)
ме́сяц month (I:7)
ме́тод method (II:5)
метрдоте́ль (*pronounced* -тэль) *m.* maitre d' [II:8]
метро́ *neut. indecl.* subway; metro (II:1)
метрополите́н (*pronounced* -тэн) *formal* subway; metro [II:1]
меша́ть (+ *dat.*) to bother [I:7]
  Я не хочу́ вам меша́ть. I don't want to bother you. [I:7]
микрорайо́н neighborhood (I:3)
ми́ленький *affectionate* sweetie [II:4]

мно́гие *pl. only* many; (*when used as a noun*) many people (I:7)
мно́го (+ *gen.*) much; many (I:3)
мо́жет быть *parenthetical* maybe; perhaps (I:4)
  Не мо́жет быть! Unbelievable! (I:7)
мо́жно one can; one may (I:4)
  (*on the phone*) **Мо́жно попроси́ть...?** May I speak to...? [I:7]
мой (моя́, моё, мой) my; mine (I:1)
молодёжь *f.* young people [II:2]
Молоде́ц! Good job!; Well done! (I:4)
молодо́й young (I:3)
  молодо́й челове́к young man (I:5)
молоко́ milk (I:3)
Москва́ Moscow (I:2)
москви́ч (*gen. sing.* москвича́)/**москви́чка** (*gen. pl.* москви́чек) Muscovite; resident of Moscow [I:8]
моско́вский Moscow (*adj.*) [I:6] [II:1]
мочь (могу́, мо́жешь, мо́гут; *past* мог, могла́, могло́, могли́)/**смочь** to be able (I:5)/(II:7)
  Не мо́жет быть! Unbelievable! (I:7)
  Ты не мог (могла́) бы испра́вить мои́ оши́бки? Could you please correct my mistakes?; Could you possibly correct my mistakes? [I:8]
муж (*pl.* мужья́, *gen. pl.* муже́й) husband (I:2)
  муж и жена́ Кругло́вы Mr. and Mrs. Kruglov; the Kruglovs, husband and wife (I:2)
мужско́й 1. male; **2.** men's [I:8]
мужчи́на man (I:6)
му́зыка music (I:3)
музыка́нт musician [I:2] (II:4)

мы we (I:1)
мя́со meat (II:3)

Н

на 1. (+ *acc.* — *to denote a destination*) to: **Она́ идёт на по́чту.** She is going to the post office. (I:8); **2.** (+ *acc. to denote how long the result of an action is in effect*) for: **Мне э́та кни́га нужна́ на два дня.** I need this book for two days. (II:5); **3.** (+ *prep.* — *to denote location*) on: **на по́лке** on the shelf (I:4); **4.** (+ *prep.* — *at an event, an open place, etc.*) at; in: **на конце́рте** at a concert; **на стадио́не** at the stadium (I:4)

надева́ть/наде́ть (наде́ну, наде́нешь) to put on (clothes, shoes, etc.) [I:7]
наде́яться to hope (II:3)
на́до (+ *dat.* + *infin.*) (one) has to; (one) must (I:3) (*in response to a suggestion*) **Лу́чше не на́до.** It's/ That's not a good idea.; Better you didn't. (II:5)
наза́д:
  (тому́) наза́д ago (I:7)
  три го́да (тому́) наза́д three years ago
назва́ние name (I:5)
называ́ть:
  называ́ть по и́мени (и о́тчеству) to call someone by first name (and patronymic) (I:8)
найти́ (найду́, найдёшь; *past* нашёл, нашла́, нашло́, нашли́) *pfv.* (*impfv.* находи́ть) to find (II:6)
наконе́ц at last; finally (II:6)
накрыва́ть/накры́ть (накро́ю, накро́ешь) to cover
  накрыва́ть на стол to set the table [II:6]
нале́во to the left; on the left (I:3)
налива́ть/нали́ть (налью́, нальёшь) to pour (II:3)
нам *dat. of* мы
намно́го (+ *compar.*) much; far (II:1)
написа́ть (напишу́, напи́шешь) *pfv.* (*impfv.* писа́ть) to write (I:7)
напра́во to the right; on the right (I:3)
наприме́р for example; for instance (II:2)
наро́д 1. a people; **2.** people [II:1] (II:2)
наря́дный decorated [II:3]
нас *gen., acc., and prep. of* мы
на́сморк runny nose (II:5)
настоя́щий 1. present; **2.** real; true (II:1)
настрое́ние mood (I:5)

наступа́ющий: С наступа́ющим (Но́вым го́дом)! Happy New Year! (II:3)

научи́ть (научу́, нау́чишь) *pfv.* (*impfv.* учи́ть) to teach: **Я тебя́ научу́ води́ть маши́ну.** I'll teach you to drive. (II:2)

научи́ться (научу́сь, нау́чишься) *pfv.* (*impfv.* учи́ться, sense 2.) to learn (how to do something) [I:7] (II:2)

нау́шники *pl.* earphones (II:1)

находи́ть (нахожу́, нахо́дишь)/**найти́** (найду́, найдёшь; *past* нашёл, нашла́, нашло́, нашли́) to find (II:6)

нача́ло beginning; start

начина́ть/нача́ть (начну́, начнёшь) to begin (I:7)

начина́ться/нача́ться (начнётся, начну́тся; *past* начался́, начала́сь, начало́сь, начали́сь) (*3rd pers. only*) to start; to begin (*intransitive*) (II:5)

наш (на́ша, на́ше, на́ши) our; ours (1)

не not (I:1)

  (*over the telephone*) **Вы не туда́ попа́ли.** You got the wrong number (II:5)

  Не волну́йся (волну́йтесь)! Don't worry! (I:6)

  (*in response to* **Спаси́бо!**) **Не́ за что!** Don't mention it!; No problem! (I:5)

  Не мо́жет быть! Unbelievable! (I:7)

  не при́нято it is not (considered) appropriate; we don't do that (here) [I:7]

  ...не так ли? . . . isn't that so?; . . . right? (II:8)

  (Это) не твоё (ва́ше) де́ло. *rather rude* It's/That's none of your business. (I:8)

  У нас э́то не при́нято. We don't do that (here). [I:7]

не тот... the wrong . . . ; not the right . . . (I:5)

не́бо sky (II:2)

небольшо́й not large (I:3)

нева́жно:

  Э́то нева́жно. That doesn't matter. (I:7)

невероя́тно unbelievably; (it's/that's) unbelievable

  Э́то невероя́тно, но... You're not going to believe it (this), but . . . [I:7]

невозмо́жно (it's/that's) impossible (I:4)

невозмо́жный impossible (II:2)

него́ *variant of* его́ (*gen. and acc. of* он *and* оно́) *used after prepositions*

неда́вно recently (I:6)

недалеко́ от (+ *gen.*) not far from (I:6)

неде́ля week (I:7)

недорого́й inexpensive (I:5)

неё *variant of* её (*gen. and acc. of* она́) *used after prepositions*

незнако́мый unknown; unfamiliar

  незнако́мые лю́ди strangers [I:8]

неизве́стный unknown [II:2]

ней *variant of* ей (*dat. and instr. of* она́) *used after prepositions*

не́который some (II:2)

нелегко́ (it's/that's) not easy; (it's/that's) difficult (II:6)

нело́вко awkwardly

  Мне нело́вко вас беспоко́ить. I feel uncomfortable bothering you. [II:5]

нельзя́ 1. one cannot; it is impossible; **2.** one may not; it is forbidden (I:4)

нём *prep. of* он *and* оно́

неме́дленно at once; immediately [II:5]

неме́цкий German (II:1)

немно́го (+ *gen.*) a little (I:6)

нему́ *variant of* ему́ (*dat. of* он *and* оно́) *used after prepositions*

ненави́деть (ненави́жу, ненави́дишь) to hate [II:5]

непло́хо quite well; pretty well; (it's/that's) not bad (I:7)

неприя́тный unpleasant [II:1]

нерабо́чий: нерабо́чий день day off [II:6]

несимпати́чный unpleasant (I:4)

не́сколько a few; several; some (II:6)

нести́ (несу́, несёшь; *past*: нёс, несла́, несло́, несли́) to carry [I:8] (II:2)

нет 1. (*used at the beginning of a negative response*) no (I:1); **2.** not: **ещё нет** not yet; **Вы идёте и́ли нет?** Are you going or not?; **3.** *predicative* (+ *gen.*) there isn't (there aren't); there's (there are) no . . . : **Там нет ли́фта.** There's no elevator there.; **4.** *predicative* (+ *gen.* + **у** + *gen.*) I (you, etc.) don't have . . . ; I (you, etc.) have no . . . : **У меня́ нет соба́ки.** I don't have a dog.

  Нет ничего́ невозмо́жного. Nothing is impossible. (II:2)

  Никого́ нет. There's nobody there (I:4)

неуда́ча bad luck [II:2]

неуже́ли? really? (II:1)

ни...ни... neither . . . nor . . . ; (*negation* +) either . . . or . . . (II:4)

нигде́ nowhere (I:5)

никако́й no . . . (at all); not any (I:4)

  Никако́го беспоко́йства. It's no trouble at all. (II:5)

никогда́ never (I:4)

никого́ *gen. and acc. of* никто́ (I:4)

  Никого́ нет. There's nobody there. (I:4)

никто́ no one; nobody (I:4)

никуда́ nowhere; not . . . anywhere (II:4)

ним *variant of* им (*instr. of* он *and* оно́; *dat. of* они́) *used after prepositions*

них *variant of* их (*gen., acc., and prep. of* они́) *used after prepositions*

ничего́ nothing (I:4)

  бо́льше ничего́ nothing else; not anything else [I:8]

  (*in response to an apology*) **Ничего́!** That's okay! That's all right! (I:1)

(*in response to* **Как дела́?**) **Ничего́.** Okay.
   Ничего́, что письмо́ дли́нное? Is it okay that the letter is long? [I:8]
но but (I:3)
новогодний New Year's [II:3]
новосе́лье housewarming [I:6]
но́вость (*pl.* но́вости, *gen. pl.* новосте́й) *f.* news [I:6] [II:7]
но́вый new (I:2)
нога́ (*acc. sing.* но́гу, *pl.* но́ги, *gen. pl.* ног, *dat. pl.* нога́м) **1.** leg; **2.** foot (II:5)
нож (*gen. sing.* ножа́) knife (II:2)

ноя́брь (*gen. sing.* ноября́) *m.* November (I:8)
нра́виться (*usu. 3rd pers.* нра́вится, нра́вятся)/ **понра́виться** (+ *dat.*) to please (someone) (I:6)
   Вам понра́вился фильм? Did you like the movie?
   Мне (им, *etc.***) э́та кни́га нра́вится.** I (they, etc.) like this book. (I:6)
ну́жен (нужна́, ну́жно, нужны́) 1. needed; **2.** (+ *dat.*) one needs (II:1)
   всё, что ну́жно everything one needs [I:7]
   Мне нужны́ ма́рки. I need stamps.
ну́жно (one) must; (one) has to; (one) needs to
   Мне ну́жно занима́ться. I need to study. (I:7)
нуль *see* **ноль**

О

о (об, обо) (+ *prep.*) about; of (I:4)
   О вку́сах не спо́рят. There's no accounting for taste. (II:7)
обе́д afternoon meal; dinner (I:7)
обе́дать/пообе́дать to have dinner; to have lunch (II:6)
обеща́ть *impfv. and pfv.* to promise (II:2)
обижа́ть/оби́деть (оби́жу, оби́дишь) to offend [I:7]
обме́н exchange (II:4)
   по обме́ну on an exchange program; as an exchange student (II:4)
общежи́тие dormitory (I:5)
объявле́ние sign [I:6]
объясня́ть/объясни́ть (объясню́, объясни́шь) to explain (II:6)
обы́чно usually (I:4)
обяза́тельно absolutely; definitely; by all means (I:7)

огур(е́)ц (*gen. sing.* огурца́) cucumber (II:3)
оди́н (одна́, одно́, одни́) 1. *numeral* one (I:2); **2.** *pronoun* one: **оди́н из его́ би́знесов** one of his businesses (II:2); **3.** *adj.* alone (II:1); **4.** *adj.* a (certain); **5.** *adj.* the same (II:7); **6.** *adj.* only [II:3]
   ни оди́н (ни одного́, etc.) not a single (II:7)
одина́ковый identical [II:6]
оди́ннадцатый eleventh (I:6)
оди́ннадцать eleven (I:2)
одно́ *neut. of* **оди́н**
   одно́ и то же the same thing (II:3)
окно́ (*pl.* о́кна, *gen. pl.* о́кон) window (I:2)
о́коло (+ *gen.*) near; close to (II:4)

опозда́ть (опозда́ю, опозда́ешь) *pfv.* (*impfv.* опа́здывать) to be late (I:7)
опуска́ть/опусти́ть (опущу́, опу́стишь) to lower [II:5]
о́пыт experience (II:1)
опя́ть again (I:3)
организова́ть (организу́ю, организу́ешь) *impfv. and pfv.* to organize (I:8)
оригина́льно creatively; (it's/that's) creative [I:3]
оригина́льный original; creative [II:6]
орке́стр orchestra (II:8)
освобожда́ться/освободи́ться (освобожу́сь, освободи́шься) to become available; to become free (II:8)
о́сень *f.* fall (II:6)
о́сенью in the fall (II:1)
осо́бенно especially (II:1)
остава́ться (остаю́сь, остаёшься)/**оста́ться** (оста́нусь, оста́нешься) **1.** to remain; to stay (I:7); **2.** to be left; to remain (II:3)
остана́вливать/останови́ть (остановлю́, остано́вишь) to stop (someone or something) [I:8]
остана́вливаться/останови́ться (остановлю́сь, остано́вишься) to stop; to come to a stop [I:8]
остано́вка (*of a bus, train, etc.*) stop
   авто́бусная остано́вка bus stop (I:3)
оста́ться (оста́нусь, оста́нешься) *pfv.* (*impfv.* остава́ться) **1.** to remain; to stay; **2.** to be left; to remain (I:7)
Осторо́жно! Careful!; Be careful! (II:1)

осторо́жный (осторо́жен, осторо́жна, осторо́жено, осторо́жны) careful (II:8)

от (+ *gen.*) from (I:5)

отве́т answer (I:3)

отвеча́ть/отве́тить (отве́чу, отве́тишь) (+ *dat.*) to answer (I:8)

отдава́ть (отдаю́, отдаёшь)/**отда́ть** (отда́м, отда́шь, отда́ст, отдади́м, отдади́те, отдаду́т; *past* о́тдал, отдала́, о́тдало, о́тдали) **1.** to return; to give (back) (I:5); **2.** to give (II:3)

отдалённый distant [II:1]

отда́ть (отда́м, отда́шь, отда́ст, отдади́м, отдади́те, отдаду́т; *past* о́тдал, отдала́, о́тдало, о́тдали) *pfv.* (*impfv.* отдава́ть) **1.** to return; to give (back) (I:5); **2.** to give (II:3)

от(е́)ц (*gen. sing.* отца́) father (I:1)

отка́зываться/отказа́ться (откажу́сь, отка́жешься) **1.** to refuse (II:8); **2.** (**от** + *gen.*) to turn down (II:3)

открове́нно frankly (II:5)

 открове́нно говоря́ *parenthetical* frankly speaking (II:5)

открыва́ть/откры́ть (откро́ю, откро́ешь) to open (I:5) (II:3)

откры́тка (*gen. pl.* откры́ток) postcard

 поздрави́тельная откры́тка greeting card (II:6)

откры́ть (откро́ю, откро́ешь) *pfv.* (*impfv.* открыва́ть) to open (II:3)

отку́да 1. from where: **Отку́да вы?** Where are you from?; **2.** how: **Отку́да ты зна́ешь?** How do you know? (I:6)

отли́чно excellently

 Отли́чно! Excellent! (I:7)

отли́чный excellent (I:7)

отменя́ть/отмени́ть (отменю́, отме́нишь) to cancel [II:5]

отмеча́ть/отме́тить (отме́чу, отме́тишь) to celebrate; to mark [II:8]

относи́ть (отношу́, отно́сишь)/**отнести́** (отнесу́, отнесёшь) to take; to carry [II:5]

отопле́ние heating [I:4]

отпра́здновать (отпра́здную, отпра́зднуешь) *pfv.* (*impfv.* пра́здновать) to celebrate (I:6)

о́тчество patronymic (I:2)

 называ́ть по и́мени и о́тчеству to call someone by first name and patronymic (I:8)

официа́льно formally; officially [II:3]

официа́льный official (II:6)

официа́нт waiter (II:8)

официа́нтка (*gen. pl.* официа́нток) waitress (II:8)

о́чень very (I:1)

 О́чень прия́тно (познако́миться)! (It's/It was) very nice to meet you! (I:1)

о́чередь (*gen pl.* очереде́й) *f.* **1.** turn (II:3); **2.** line (I:8)

 ждать свое́й о́череди to wait one's turn (II:3)

 Кака́я дли́нная о́чередь! What a long line!

 стать в о́чередь to get in line (I:8)

 стоя́ть в о́череди to stand in line (I:8)

оши́бка mistake (I:6)

П

па́дать/упа́сть (упаду́, упадёшь; *past* упа́л, упа́ла, упа́ло, упа́ли) to fall [II:2]

паке́т bag [I:8]

пала́тка (*gen. pl.* пала́ток) tent (II:1)

пальто́ *neut. indecl.* (over)coat (II:7)

па́па dad (I:1)

 па́почка *affectionate* dad [II:7]

па́ра 1. pair; **2.** couple (II:3)

па́р(е)нь (*gen. pl.* парней) *m.* guy; fellow [I:7] (II:3)

паркова́ть (парку́ю, парку́ешь) to park [I:5]

па́рный forming a pair; "paired" [II:2]

парте́р (*pronounced* -тэр) orchestra (seats) [II:7]

пассажи́р/пассажи́рка (*gen. pl.* пасажи́рок) passenger [II:1]

пау́к spider [II:2]

па́хнуть (*usu. 3rd pers.* па́хнет, па́хнут; *past* пах *and* па́хнул, па́хла, па́хло, па́хли) (+ *adverb*) to smell (good, bad, etc.) [II:3]

паште́т pâté [II:3]

пе́нсия pension (I:6)

пе́рвенство championship (II:7)

пе́рвый first (I:6)

 пе́рвое вре́мя at first (II:4)

перебега́ть/перебежа́ть (перебегу́, перебежи́шь, перебегу́т) **доро́гу** (+ *dat.*) to cross someone's path [II:2]

пе́ред (пе́редо) (+ *instr.*) in front of; before (II:1)

передава́ть (передаю́, передаёшь)/**переда́ть** (переда́м, переда́шь, переда́ст, передади́м, передади́те, передаду́т; *past* пе́редал, передала́, пе́редало, пе́редали) to hand (something to someone); to pass (II:3)

пе́редо = **пе́ред: пе́редо мной** in front of me [II:1]

переду́мать *pfv.* to change one's mind [II:4]

переодева́ться/переоде́ться (переоде́нусь, переоде́нешься) to change clothes [II:7]

переса́дка (*gen. pl.* переса́док) change (of trains, buses, etc.) [II:1]

 сде́лать переса́дку to change trains (buses, etc.)

пери́од period (*of time*) [II:7]

пе́сня (*gen. pl.* пе́сен) song (II:3)

петь (пою́, поёшь)/**спеть** to sing [I:7] (II:3)

пешехо́д pedestrian [II:1]

пешко́м on foot

пиани́ст/пиани́стка (*gen. pl.* пиани́сток) pianist [I:2]

пирож(о́)к (*gen. sing.* пирожка́) pirozhok (small filled pastry) (II:3)

писа́ть (пишу́, пи́шешь)/**написа́ть** to write (I:3)

письмо́ (*pl.* пи́сьма, *gen. pl.* пи́сем) letter (I:1)

пить (пью, пьёшь)/**вы́пить** (вы́пью, вы́пьешь) to drink; *usu. pfv.* to drink up (II:3)

пи́цца pizza [I:7]

плати́ть (плачу́, пла́тишь)/**заплати́ть** (за + *acc.*) to pay (for) (I:8)

пло́хо badly; (it's/that's) bad (I:4)

плохо́е *noun, declines like adj.* bad things [II:2]

плохо́й bad (I:2)

пло́щадь (*gen. pl.* площаде́й) *f.* (city) square (II:1)

по (+ *dat.*) **1.** along: **по у́лице** along the street; **2.** around: **гуля́ть по го́роду** walk around town

по-англи́йски (II) English

    говори́ть по-англи́йски to speak English

    писа́ть по-англи́йски to write in English

побе́да victory (II:7)

поблагодари́ть (поблагодарю́, поблагодари́шь) *pfv.* (*impfv.* благодари́ть) to thank (II:8)

повезти́ (повезёт; *past* повезло́) (+ *dat.*) *pfv.* (*impfv.* везти́) *impersonal* to have good luck; to be lucky (II:2)

    Вам не повезло́. You had bad luck. (II:2)

    Вам повезло́. You had good luck.; You were lucky. (II:2)

пове́рить (пове́рю, пове́ришь) (+ *dat.*) *pfv.* (*impfv.* ве́рить) to believe (I:8)

пове́сить (пове́шу, пове́сишь) *pfv.* (*impfv.* ве́шать) to hang; to hang up [I:6] [II:6]

    Пове́сьте объявле́ние. Put up a sign. [I:6]

    Пове́сьте тру́бку. Hang up. [II:4]

поговори́ть (поговорю́, поговори́шь) *pfv.* to have a talk [II:4]

пого́да weather (II:1)

    прогно́з пого́ды weather forecast (II:1)

погуля́ть *pfv.* (*impfv.* гуля́ть) to go for a walk; to take a walk (II:4)

подари́ть (подарю́, пода́ришь) (+ *dat.* + *acc.*) *pfv.* (*impfv.* дари́ть) to give (as a present) (I:6)

пода́р(о)к gift; present (I:6)

подготови́тельный preparatory [II:4]

подзе́мный underground [II:1]

поднима́ть/подня́ть (подниму́, подни́мешь; *past* по́днял, подняла́, по́дняло, по́дняли) to raise [II:3]

подожда́ть *pfv.* to wait (II:2)

подойти́ (подойду́, подойдёшь; *past* подошёл, подошла́, подошло́, подошли́) (к + *dat.*) *pfv.* (*impfv.* подходи́ть) to walk up (to); to go over (to) (II:4)

подру́га (female) friend (I:6)

поду́мать *pfv.* (*impfv.* ду́мать) to think (I:8)

подходи́ть (подхожу́, подхо́дишь)/**подойти́** (подойду́, подойдёшь; *past* подошёл, подошла́, подошло́, подошли́) (к + *dat.*) to walk up (to); to go over (to) (II:4)

подъе́зд entryway; entrance; doorway (I:6)

по́езд (*pl.* поезда́) train (II:1)

пое́здка (*gen. pl.* пое́здок) trip [II:4] (II:8)

Пое́хали! Let's go! (II:8)

пожа́луйста 1. please; **2.** You're welcome!; **3.** Here you are! (I:1)

пожива́ть:

    Как (вы) пожива́ете? How are you (doing)? (I:7)

поза́втракать *pfv.* (*impfv.* за́втракать) to have breakfast; to have lunch (II:6)

позвони́ть (позвоню́, позвони́шь) (+ *dat.*) *pfv.* (*impfv.* звони́ть) to call; to phone (I:7)

по́здно late (II:1)

поздоро́ваться *pfv.* (*impfv.* здоро́ваться) to greet (someone) [II:2]

поздрави́тельная откры́тка greeting card [II:6]

поздравля́ть/поздра́вить (поздра́влю, поздра́вишь) (+ *acc.* + с + *instr.*) to congratulate; to extend greetings (to); to wish (someone) a happy (holiday) [II:3] (II:6)

познако́мить (познако́млю, познако́мишь) (+ *acc.* + с + *instr.*) *pfv.* (*impfv.* знако́мить) to introduce (someone to) [II:4]

познако́миться (познако́млюсь, познако́мишься) (с + *instr.*) *pfv.* (*impfv.* знако́миться) to get acquainted (with) (I:2)

    Дава́йте познако́мимся. Let's get acquainted. (I:2)

    О́чень прия́тно познако́миться. (It's/It was) very nice to meet you. [I:4]

    Познако́мьтесь, э́то... Allow me to introduce . . . (I:2)

позо́р: Како́й позо́р! How humiliating! [II:4]

пойти́ (пойду́, пойдёшь; *past* пошёл, пошла́, пошло́, пошли́) *pfv.* (*impfv.* идти́) **1.** to go; **2.** to set out (I:8)

    Пойдём! Let's go! [I:4]

Пока́! *informal* Bye! (I:1)

показа́ться (покажу́сь, пока́жешься) *pfv.* (*impfv.* каза́ться) to seem (II:6)

пока́зывать/показа́ть (покажу́, пока́жешь) (+ *dat.* + *acc.*) to show (I:8)

Я показа́л ему́ доро́гу. I showed him the way; I told him how to get there.

покупа́тель *m.* shopper [I:8]

покупа́ть/купи́ть (куплю́, ку́пишь) to buy (I:5)

пол (*prep. sing.* на полу́, *pl.* полы́) floor (I:4)

пол- = **полови́на** (II:4)

полго́да half a year [II:1]

полечи́ть (полечу́, поле́чишь) *pfv.* to treat (for a while) (II:5)

поликли́ника outpatient clinic (II:5)

по́лка shelf (I:4)

кни́жная по́лка bookshelf (I:5)

по́лный full (II:1)

полови́на half (II:4)

полови́на пя́того half-past four (II:4)

положи́ть (положу́, поло́жишь) *pfv.* (*impfv.* класть) to lay; to put (II:3)

Вам (тебе́) положи́ть...? (*when serving food*) Would you like . . . ? (II:3)

получа́ть/получи́ть (получу́, полу́чишь) to receive; to get (I:5)

получа́ться/получи́ться (полу́чится, полу́чатся) (*3rd pers. only*) to turn out [II:4]

полчаса́ half an hour (II:3)

по́льзоваться (по́льзуюсь, по́льзуешься)/ **воспо́льзоваться** (+ *instr.*) to use; to make use of (II:6)

по́льский Polish [I:3]

помидо́р tomato (II:3)

по́мнить (по́мню, по́мнишь) to remember (I:5)

помога́ть/помо́чь (помогу́, помо́жешь, помо́гут; *past* помо́г, помогла́, помогло́, помогли́) (+ *dat.*) to help (I:5)

Помоги́те! Help! (I:4)

по-мо́ему *parenthetical* in my opinion (I:3)

по-моско́вски Moscow style [I:5]

по́мощь *f.* help

ско́рая по́мощь ambulance service (I:6)

понеде́льник Monday (I:7)

понима́ть/поня́ть (пойму́, поймёшь; *past* по́нял, поняла́, по́няло, по́няли) to understand (I:3)

Им нас не поня́ть! They can't understand us! (II:4)

понра́виться (+ *dat.*) *pfv.* (*impfv.* нра́виться) to please (I:7)

Вам понра́вился фильм? Did you like the movie?

поня́тно:

Поня́тно. I understand; I see. (I:7)

поня́ть (пойму́, поймёшь; *past* понял, поняла́, по́няло, по́няли) *pfv.* (*impfv.* понима́ть) to understand (I:7)

пообе́дать *pfv.* (*impfv.* обе́дать) to have dinner; to have lunch (II:6)

попада́ть/попа́сть (попаду́, попадёшь; *past* попа́л, попа́ла, попа́ло, попа́ли) (**в** *or* **на** + *acc.*) to get to (a place or event); to get into (II:7)

(*over the telephone*) **Вы не туда́ попа́ли.** You got the wrong number. (II:5)

попада́ть/попа́сть впроса́к to make a blunder; to put one's foot in it (II:4)

попро́бовать (попро́бую, попро́буешь) *pfv.* (*impfv.* про́бовать) **1.** to try [I:5] (II:1); **2.** to taste (II:3)

попроси́ть (попрошу́, попро́сишь) *pfv.* (*impfv.* проси́ть) **1.** (+ *acc.* + *infin.*) to ask; **2.** (+ *acc. or* **y** + *gen.*) to ask for; to request (I:8)

попроща́ться *pfv.* (*impfv.* проща́ться) (**с** + *instr.*) to say good-bye (to) (II:3)

популя́рный popular [II:2]

попыта́ться *pfv.* (*impfv.* пыта́ться) to try; to attempt (II:4)

пора́ it's time . . .

до сих пор until now; even now (II:4)

Мне пора́ в библиоте́ку. It's time for me to go to the library. (I:7)

поро́г threshold [II:2]

портфе́ль *m.* briefcase [II:1]

по-ру́сски (in) Russian (I:4)

говори́ть по-ру́сски to speak Russian

писа́ть по-ру́сски to write in Russian

по́рция serving (II:8)

по́сле (+ *gen.*) after (II:4)

после́дний last (*in a series*) (I:7)

послеза́втра the day after tomorrow (II:5)

послу́шать *pfv.* (*impfv.* слу́шать) to listen (to) [I:7] (II:1)

послу́шать больно́го to listen to a patient's heart and lungs [II:5]

посмотре́ть (посмотрю́, посмо́тришь) *pfv.* (*impfv.* смотре́ть) **1.** to look (at); **2.** to watch (I:7)

посове́товать (посове́тую, посове́туешь) (+ *dat.*) *pfv.* (*impfv.* сове́товать) to advise; to tell someone (to do something); to suggest (that someone do something) [II:6]

поспеши́ть (поспешу́, поспеши́шь) *pfv.* (*impfv.* спеши́ть) to hurry [I:8]

поссо́риться (поссо́рюсь, поссо́ришься) *pfv.* (*impfv.* ссо́риться) to quarrel; to argue [I:8]

поста́вить (поста́влю, поста́вишь) *pfv.* (*impfv.* ста́вить) to put; to stand; to place (in a standing position) (II:1)

постара́ться *pfv.* (*impfv.* стара́ться) to try (II:6)

постепе́нно gradually (II:6)

посу́да dishes; dishware [II:6]

посчита́ть *pfv.* (*impfv.* счита́ть) to count [II:4]

посыла́ть/посла́ть (пошлю́, пошлёшь) to send (II:6)

потеря́ть *pfv.* (*impfv.* теря́ть) to lose (II:5)

пото́м later (I:4)

потому́ что because (I:3)

поу́жинать *pfv.* (*impfv.* у́жинать) to have supper (II:6)

похо́д camping trip; hike (II:1)

   идти́ в похо́д to go camping; to go hiking (II:1)

похо́ж (похо́жа, похо́жи) на (+ *acc.*) resembles;

поэ́тому that's why; therefore; so (I:5)

прав (права́, пра́во, пра́вы) right; correct (II:2)

пра́вда 1. truth: **Э́то пра́вда.** That's true. **2.** *parenthetical* true (I:7)

   Пра́вда? Really? (I:7)

пра́вильно correctly; (that's) right; (that's) correct (I:6)

пра́вильный right; correct (I:6)

пра́во: име́ть пра́во have the right (I:8)

пра́здник holiday (II:3)

пра́здновать (пра́здную, пра́зднуешь)/**отпра́здновать** to celebrate (I:6)

пра́ктика practice (I:4)

предлага́ть/предложи́ть (предложу́, предло́жишь) **1.** to offer [I:6]; **2.** to suggest [I:7] (II:2)

предпочита́ть to prefer (II:7)

представля́ть/предста́вить (предста́влю, предста́вишь) **(себе́)** to imagine (II:7)

пре́жний: пре́жние дни days gone by [II:3]

прекра́сно wonderfully; (it's/that's) wonderful (I:4)

прекра́сный wonderful (I:6)

преподава́тель/преподава́тельница instructor (*in college*); teacher (I:6)/(II:4)

преподава́ть (преподаю́, преподаёшь) to teach [I:6]

привезти́ (привезу́, привезёшь; *past* привёз, привезла́, привезло́, приезли́) *pfv.* (*impfv.* привози́ть) to bring (*by vehicle*) [II:6]

привести́ (приведу́, приведёшь; *past* привёл, привела́, привело́, привели́) *pfv.* (*impfv.* приводи́ть) to bring (someone along) [II:4]

Приве́т! *informal* Hi!; Hello there! (I:1)

приводи́ть (привожу́, приво́дишь)/**привести́** (приведу́, приведёшь; *past* привёл, привела́, привело́, привели́) to bring (someone along) [II:4]

привози́ть (привожу́, приво́зишь)/**привезти́** (привезу́, привезёшь; *past* привёз, привезла́, привезло́, привезли́) to bring (*by vehicle*) [II:6]

привыка́ть/привы́кнуть (привы́кну, привы́кнешь; *past* привы́к, привы́кла, привы́кло, привы́кли) **(к** + *dat.*) to get used to (II:4)

приглаша́ть/пригласи́ть (приглашу́, пригласи́шь) to invite (I:7)

   пригласи́ть (+ *acc.*) **в го́сти** to invite (someone) over (II:4)

пригото́вить (пригото́влю, пригото́вишь) *pfv.* (*impfv.* гото́вить) **1.** to prepare; **2.** to cook (I:7)

принести́ (принесу́, принесешь; *past* принёс, принесла́, принесло́, принесли́) *pfv.* (*impfv.* приноси́ть) to bring (II:2)/(I:7)

принима́ть/приня́ть (приму́, при́мешь; *past* при́нял, приняла́, при́няло, при́няли) **лека́рство** to take medicine (II:5)

приноси́ть (приношу́, прино́сишь)/**принести́** (принесу́, принесёшь; *past* принёс, принесла́, принесло́, принесли́) to bring (I:7)

при́нято it is customary (to . . .); it is (considered) appropriate (II:2)/(I:7)

   не при́нято it is not (considered) appropriate [I:7]

   У нас э́то не при́нято. We don't do that (here). [I:7]

приня́ть (приму́, при́мешь; *past* при́нял, приняла́, при́няло, при́няли) *pfv.* (*impfv.* принима́ть) **лека́рство** to take medicine (II:5)

приса́живаться/присе́сть (прися́ду, прися́дешь; *past* присе́л, присе́ла, присе́ли) to sit down (for a while) [II:8]

   присе́сть на доро́гу to sit down before a trip [II:8]

присыла́ть/присла́ть (пришлю́, пришлёшь) to send (II:6)

   Мне присла́ли... They sent me . . . ; I received . . . (II:6)

приходи́ть (прихожу́, прихо́дишь)/**прийти́** (приду́, придёшь; *past* пришёл, пришла́, пришло́, пришли́) to come; to arrive; to come back (I:7)

приходи́ться (прихо́дится)/**прийти́сь** (придётся; *past* пришло́сь) (+ *dat.* + *infin.*) *impersonal* to have to (II:7)

   мне (им, etc.**) прихо́дится...** I (they, etc.) have to . . . [I:7]

прия́тно (it's/that's) pleasant; (it's/that's) nice
   Им э́то бу́дет прия́тно. They'll like it. (II:6)
   О́чень прия́тно (познако́миться)! (It's/It was) very nice to meet you! (I:1)
прия́тный pleasant [I:6]
   Прия́тного аппети́та! *Bon appétit!*; Enjoy your meal! (II:8)
пробле́ма problem (I:4)
про́бовать (про́бую, про́буешь)/**попро́бовать 1.** to try [I:5] (II:1); **2.** to taste (II:3)
проверя́ть/прове́рить (прове́рю, прове́ришь) to check [I:4]
провожа́ть/проводи́ть (провожу́, прово́дишь) (в аэропо́рт, на вокза́л и т. д.) to see (someone) off (to the airport, train station, and so on) (II:8)
   провожа́ть/проводи́ть ста́рый год to see out the old year [II:3]
прогно́з forecast (II:1)
   прогно́з пого́ды weather forecast (II:1)
програ́ммка (*gen. pl.* програ́ммок) *diminutive* program [II:7]
програ́мма program [II:7]
продава́ть (продаю́, продаёшь)/**прода́ть** (прода́м, прода́шь, прода́ст, продади́м, продади́те, продаду́т; *past* про́дал, продала́, про́дало, про́дали) (+ *dat.* + *acc.*) to sell (I:5)
продав(е́)ц (*gen. sing.* продавца́)/**продавщи́ца** salesclerk [I:8] (II:4)
продолжа́ться/продо́лжиться (продо́лжится, продо́лжатся) (*3rd pers. only*) to go on; to continue (II:8)
проду́кты *pl.* groceries (I:3)
прои́грывать/проигра́ть (*of a game, etc.*) to lose [II:2]
происхожде́ние origin [II:6]
пройти́ (пройду́, пройдёшь; *past* прошёл, прошла́, прошло́, прошли́) *pfv.* (*impfv.* проходи́ть) **1.** to walk (into, along, etc.); **2.** (*of pain, a cough, etc.*) to pass; to go away (II:5)
   пройти́ ми́мо to pass by (II:6)
   Проходи́(те)! (*when inviting someone in*) Come in! (II:6)
про́пуск (*pl.* пропуска́) pass [II:7]
проси́ть (прошу́, про́сишь)/**попроси́ть 1.** (+ *acc.* + *infin.*) to ask; **2.** (+ *acc. or* у + *gen.*) to ask for; to request (I:8)
   (*on the phone*) **Мо́жно попроси́ть... ?** May I speak to . . . ? [I:7]
   Прошу́ всех к столу́! Everyone please come to the table! (II:3)
проспе́кт avenue; (*in names of streets*) Prospekt [II:1] [II:4]
Прости́те! Excuse me! (I:5)
про́сто simply; (it's/that's) simple [I:3] (II:3)

просто́й simple (I:3)
просту́да a cold (II:5)
просту́живаться/простуди́ться (простужу́сь, просту́дишься) to catch cold (II:5)
   си́льно простуди́ться to catch a bad cold (II:5)
про́сьба request
   У меня́ к тебе́ (вам) про́сьба. I have a favor to ask of you. (I:8)
профе́ссия profession (I:3)
профе́ссор professor (I:1)
проходи́ть/пройти́ (пройду́, пройдёшь; *past* прошёл, прошла́, прошло́, прошли́) **1.** to walk (into, along, etc.); **2.** (*of pain, a cough, etc.*) to pass; to go away (II:5)
   пройти́ ми́мо to pass by (II:6)
   Проходи́(те)! (*when inviting someone in*) Come in! (II:6)
прохо́жий *noun, declines like adj.* passerby [I:8]
проце́нт percent (II:6)
про́чий: ме́жду про́чим *parenthetical* by the way; incidentally [I:8]
прочита́ть *pfv.* (*impfv.* чита́ть) to read (I:7)
про́шлый last (*preceding the present one*) (I:7)
проща́ться/попроща́ться (с + *instr.*) to say good-bye (to someone) (II:3)
пуска́ть/пусти́ть (пущу́, пу́стишь) to let in [II:7]
пусто́й (пуст, пуста́, пу́сто, пусты́) empty (II:2)
пусть let . . . : **Пусть (она́) угада́ет.** Let her guess.; have (someone do something) (II:5)
путь (*gen., dat., and prep. sing.* пути́, *instr. sing.* путём) *m.* way
   Счастли́вого пути́! Have a good trip! (II:8)
пыта́ться/попыта́ться to try; to attempt (II:4)
пятна́дцать fifteen (I:6)
пя́тница Friday (I:7)
пя́тый fifth (I:6)
пять five (I:2)
пятьдеся́т fifty (I:6)
пятьсо́т five hundred [I:5]

Р

рабо́та 1. work [I:4] (II:1); **2.** job
   курсова́я рабо́та term paper (I:3)
   тяжёлая рабо́та hard work (II:1)
рабо́тать to work (I:3)
равно́: всё равно́ 1. in any case (II:8); **2.** all the same; still (II:4)
рад (ра́да, ра́до, ра́ды) glad; pleased (I:2)
ра́ди (+ *gen.*) for (the sake of) (II:4)
радиа́льный: радиа́льная ли́ния cross-town line [II:1]
ра́дио radio (I:5)
ра́диус cross-town line [II:1]
ра́дость *f.* joy (II:3)

раз 1. (*gen. pl.* раз) *noun* time; occasion (I:7); **2.** *conjunction* since (II:7)
  ещё раз once again (I:7)
  пять раз five times
разбива́ть/разби́ть (разобью́, разобьёшь) to break [II:2]
ра́зве? really? (II:5)
  Ра́зве так мо́жно? How could you possibly do that? (II:5)
разгова́ривать to talk, to speak (II:1)
разме́р size (I:5)
ра́зный 1. different; **2.** various (I:5)
~~/ разреши́ть (разрешу́, разреши́шь)~~

рука́ (*acc. sing.* ру́ку, *pl.* ру́ки) **1.** hand; **2.** arm (I:4)
  золоты́е ру́ки (у + *gen.*) (one is) good with his hands (I:4)
  ма́стер на все ру́ки jack-of-all-trades (I:4)
ру́сский *adj.* Russian (I:5)
ру́сский/ру́сская *noun, declines like adj.* a Russian
ру́сско-америка́нский Russian-American [I:8]
ру́чка (*gen. pl.* ру́чек) pen (I:1)
ры́н(о)к market (II:4)
ряд (*gen. sing.* ря́да *but* 2, 3, 4 ряда́; *pl.* ряды́) **1.** (*prep. sing.* в ряду́) row (II:7); **2.** (*prep. sing.* в ря́де) series; a number of (II:1)
ря́дом (right) nearby; next door (I:3)

~~[ро́с]/вы́~~ вы́рос, вы́росла, вы́росло, вы́росли) **1.** to grow [II:3]; **2.** to grow up [I:6]
ребён(о)к (*pl.* ребя́та, *gen. pl.* ребя́т, *or pl.* де́ти, *gen. pl.* дете́й) child [II:1]
ребя́та (*gen. pl.* ребя́т) **1.** *pl. of* ребёнок; **2.** *colloquial* guys (II:3)
революцио́нный revolutionary [II:6]
ре́дко rarely (I:8)
рези́новый rubber (*adj.*) (I:5)
рекла́ма 1. advertising; **2.** commercial; advertisement (II:4)
репроду́кция reproduction; art print [I:5]
рестора́н restaurant [I:8] (II:8)
реце́пт prescription (II:5)
речь (*in this meaning—no pl.*) *f.* speech [II:4]
реша́ть/реши́ть (решу́, реши́шь) to decide (II:4)
реша́ющий deciding; decisive (II:7)
риск risk [II:2]
рискова́ть (риску́ю, риску́ешь) to take chances (a chance); to risk (something) (II:2)
ро́вно exactly
  ро́вно в семь часо́в at seven o'clock sharp [I:7]
роди́тели (*gen.* роди́телей) *pl.* parents (I:2)
рожда́ться/роди́ться (*past* роди́лся, родила́сь, роди́лись) to be born (I:8)
рожде́ние birth (II:5)
ро́за rose [II:4] (II:6)
Росси́я Russia (I:1)
р(о)т (*gen. sing.* рта, *prep. sing.* во рту) mouth (II:5)
роя́ль *m.* piano (I:2)
руба́шка (*gen. pl.* руба́шек) shirt [II:5]
рубль (*gen. sing.* рубля́) *m.* ruble (I:5)

~~[се́л]/~~ *past* сел, се́ла, се́ло, се́ли) to sit down, to take a seat (II:3)
сала́т salad (I:7)
  карто́фельный сала́т potato salad [I:7]
  сала́т из тунца́ tuna salad (I:7)
сам (**сама́, само́, са́ми**) *emphatic pronoun* oneself; myself, yourself, *etc.* (I:8)
са́мый (*used to form superlatives*) the most . . . (II:1)
  са́мое гла́вное the most important thing (II:1)
  то же са́мое the same thing (II:8)
Санкт-Петербу́рг Saint Petersburg (I:1)
сапоги́ (*gen.* сапо́г) *pl.* (*sing.* сапо́г, *gen. sing.* сапога́) boots (I:5)
свет world (II:7)
све́тлый bright; light [I:3]
свида́ние date (*social*); appointment (I:8)
  до свида́ния goodbye (I:1)
свобо́дный (**свобо́ден, свобо́дна, свобо́дно, свобо́дны**) free (II:4)
свой one's; my, your, *etc.* (I:6)
свя́зывать to connect [II:1]
сдава́ть (сдаю́, сдаёшь)/**сдать** (сдам, сдашь, сдаст, сдади́м, сдади́те, сдаду́т; *past* сдал, сдала́, сда́ло, сда́ли) **1.** to rent out (an apartment) [I:6]; **2.** to check (a coat, etc., in a coat check room) (II:7)
сде́лать *pfv.* (*impfv.* де́лать) **1.** to do (I:3); **2.** to make (I:7)
сеа́нс showing (of a film); show (*in a movie theater*) [II:5]
  Сеа́нс начина́ется в три часа́. The movie starts at three o'clock. (II:5)

себя́ oneself (II:3)

се́вер north (II:8)

сего́дня today (I:6)

седьмо́й seventh (I:6)

сезо́н season [II:2]

сейча́с 1. now; right now; **2.** right away; at once (I:4)
  Я сейча́с! I'll be right there! (I:4)

секре́т secret [I:8] (II:1)

семина́р seminar [II:5]

семна́дцать seventeen (I:6)

семь seven (I:2)

се́мьдесят seventy (I:6)

семья́ (*pl.* се́мьи, *gen. pl.* семе́й, *dat. pl.* се́мьям) family (I:2)

сентя́брь (*gen. sing.* сентября́) *m.* September (I:8)

серви́з: ча́йный серви́з tea service; tea set [II:6]

се́рый gray (II:4)

серьёзно seriously (II:2)

сестра́ (*pl.* сёстры, *gen. pl.* сестёр, *dat. pl.* сёстрам) sister (I:1)
  медици́нская сестра́ nurse [I:7]

сесть (ся́ду, ся́дешь; *past* сел, се́ла, се́ло, се́ли) *pfv.* (*impfv.* сади́ться) to sit down; to take a seat (II:3)

сиде́ть (сижу́, сиди́шь) to sit; to be sitting (II:3)

си́льно: си́льно простуди́ться to catch a bad cold (II:5)

си́мвол symbol [II:6]

симпати́чный nice; likable (I:3)

си́ний dark blue (II:4)

систе́ма system (I:7)

сказа́ть (скажу́, ска́жешь) *pfv.* (*impfv.* говори́ть) to say; to tell (I:6)
  Вы не ска́жете... ? Could you tell me . . . ? (I:8)
  Что ты хо́чешь э́тим сказа́ть? What are you trying to say?; What do you mean by that? (II:6)

ско́лько (+ *gen.*) how many; how much (I:6)
  Ско́лько ему́ лет? How old is he? (I:6)
  Ско́лько с меня́? How much is it? How much do I owe? (I:8)
  Ско́лько у вас де́нег? How much money do you have? (I:8)

ско́рая по́мощь ambulance service (I:6)

скоре́е 1. *compar. of* ско́ро; **2.** quickly; as quickly as possible; **3. Скоре́е!** Hurry up! (II:4)
  Скоре́е выздора́вливайте! Get well soon! (II:5)

ско́ро soon (II:1)

ску́чно boringly; (it's/that's) boring (I:6)
  Мне ску́чно. I'm bored.

ску́чный boring (II:6)

сле́ва on the left (I:7)

сле́дующий next [II:1]

сли́шком too; excessively: сли́шком до́рого too expensive (I:4)

сло́во word (I:1)
  Че́стное сло́во! Honest! (I:7)

слу́чай 1. case; **2.** incident (II:4)
  на вся́кий слу́чай just in case (II:7)

случа́ться/случи́ться (случи́тся, случа́тся) (*3rd pers. only*) to happen; to occur
  Что случи́лось? What happened? (II:4)

слу́шать/послу́шать to listen (to) (I:3)
  слу́шать/послу́шать больно́го to listen to a patient's heart and lungs [II:5]

слы́шать (слы́шу, слы́шишь) to hear (II:1)

слы́шно: Всё слы́шно. I (we, etc.) can hear everything. [I:4]

смея́ться (смею́сь, смеёшься) **1.** to laugh; **2.** (над + *instr.*) to laugh at; to make fun of (II:4)

смотре́ть (смотрю́, смо́тришь)/**посмотре́ть 1.** to look (at); **2.** to watch: **смотре́ть но́вости по телеви́зору** to watch the news on TV (I:4)
  Смотри́(те)! Look! (I:3)

смочь (смогу́, смо́жешь, смо́гут; *past* смог, смогла́, смогло́, смогли́) *pfv.* (*impfv.* мочь) to be able (II:7)

снача́ла at first (I:7)

снегу́рочка snow maiden [II:3]

снима́ть/снять (сниму́, сни́мешь; *past* снял, сняла́, сня́ло, сня́ли) **1.** to rent (I:5); **2.** to take off: **Сними́те пальто́.** Take off your coat. (II:5)

сно́ва again (II:5)

со = с: со мной with me (I:8) (II:1)

соба́ка dog (I:2)

собира́ть/собра́ть (соберу́, соберёшь; *past* собра́л, собрала́, собра́ло, собра́ли) to gather (II:8)

собо́р cathedral [II:1]
  собо́р Васи́лия Блаже́нного St. Basil's Cathedral [II:1]

собра́ть (соберу́, соберёшь; *past* собра́л, собрала́, собра́ло, собра́ли) *pfv.* (*impfv.* собира́ть) to gather (II:8)

со́бственный one's own [I:6]

сове́т advice (II:2)

сове́товать (сове́тую, сове́туешь)/**посове́товать** (+ *dat.*) to advise; to tell someone (to do something); to suggest (that someone do something) [II:6]

совпаде́ние coincidence [II:6]

совра́ть (совру́, соврёшь; *past* совра́л, соврала́, совра́ло, совра́ли) *pfv.* (*impfv.* врать) to lie [II:3]

совсе́м completely; entirely (I:6)
  совсе́м не... not at all

соглаша́ться/согласи́ться (соглашу́сь, согласи́шься) (+ *infin.*) to agree (to) (II:8)

со́да baking soda [II:5]

соединя́ть/соедини́ть (соединю́, соедини́шь) to connect; to link [II:1]

сок juice [II:5]

солёный pickled; salted [II:3]

солида́рность *f.* solidarity [I:8]

соль *f.* salt [II:2]

сомне́ние doubt [II:5]

со́рок forty (I:6)

сосе́д (*pl.* сосе́ди, *gen. pl.* сосе́дей)/**сосе́дка** (*gen. pl.* сосе́док) neighbor (I:2)

сочине́ние (*a writing assignment*) composition [I:3]

сочу́вствовать (сочу́вствую, сочу́вствуешь) (+ *dat.*) to sympathize (with); to feel sorry (for) [II:4]

спаси́бо thank you; thanks (I:1)

Большо́е спаси́бо (Спаси́бо большо́е)! Thank you very much! (I:5)

спать (сплю, спишь) to sleep (I:4)

спекта́кль *m.* performance; show [II:7]

athlete [II:7]

спосо́бный capable; talented (II:8)

спра́ва on the right (I:7)

спра́шивать/спроси́ть (спрошу́, спро́сишь) **1.** (+ *acc. or* **у** + *gen.*) to ask (someone); **2.** (+ *acc. or* **о** + *prep.*) to ask (about); to inquire (I:7)

спроси́ть доро́гу to ask the way

сра́зу immediately; at once (II:3)

среда́ (*acc. sing.* сре́ду) Wednesday (I:7)

сре́дство 1. means; **2.** remedy (II:5)

сро́чно 1. urgently; (it's/that's) urgent; **2.** immediately; right away (II:7)

ссо́ра quarrel; argument [II:2]

ссо́риться (ссо́рюсь, ссо́ришься)/**поссо́риться** to quarrel; to argue [I:8]

ста́вить (ста́влю, ста́вишь)/**поста́вить** to put; to stand; to place (in a standing position) (II:1)

становиться[1] (становлю́сь, стано́вишься)/**стать** (ста́ну, ста́нешь) (+ *instr. or impersonal*) to become (II:2)

становиться[2] (становлю́сь, стано́вишься)/**стать** (ста́ну, ста́нешь) to stand (I:8)

станцева́ть (станцу́ю, станцу́ешь) *pfv.* (*impfv.* танцева́ть) to dance (II:8)

ста́нция station (II:1)

стара́ться/постара́ться to try (II:6)

старина́ *colloquial* (usu. used when addressing a male friend) old friend; old man [II:3]

ста́ршие *noun, declines like adj.* (*pl. only*) one's elders (I:6)

ста́рый old (I:2)

стать[1] (ста́ну, ста́нешь) (+ *instr. or impersonal*) *pfv.* (*impfv.* станови́ться) to become (II:2)

стать[2] (ста́ну, ста́нешь) *pfv.* (*impfv.* станови́ться) to stand (I:8)

стать в о́чередь to get in line (I:8)

статья́ (*gen. pl.* стате́й) article (I:3)

стена́ wall (I:4)

сто hundred (II:6)

сто́ить (сто́ит, сто́ят) (*usu. 3rd. pers.*) to cost

Ско́лько э́то сто́ит? How much does this cost? (I:6)

стол (*gen. sing.* стола́) table (I:3)

накрыва́ть на стол to set the table [II:6]

сто́лик table (*in a restaurant*) [II:8]

У нас зака́зан сто́лик. We have a table reserved. [II:8]

страна́ (*pl.* стра́ны) country (I:5)

страни́ца page [I:8]

стра́нный strange (I:3)

стро́гий strict [I:6]

стро́йный slender [II:3]

студе́нт/студе́нтка (*gen. pl.* студе́нток) student (I:1)

стул (*pl.* сту́лья, *gen. pl.* сту́льев) chair (I:3)

стыд: Како́й стыд! How embarrassing! [II:4]

сты́дно it's a shame

Как тебе́ (вам) не сты́дно! Shame on you! (II:3)

Мне сты́дно. I'm ashamed. (I:7)

суббо́та Saturday (I:7)

суеве́рие superstition (II:2)

суеве́рный (суеве́рен, суеве́рна, суеве́рно, суеве́рны) superstitious [II:2]

су́мка (*gen. pl.* су́мок) bag [II:1]

схе́ма map [II:1]

счастли́вый happy

Счастли́вого пути́! Have a good trip! (II:8)

сча́стье happiness (II:3)

счита́ть/посчита́ть to count [II:4]

съесть (съем, съешь, съест, съеди́м, съеди́те, съедя́т; *past* съел, съе́ла, съе́ло, съе́ли) *pfv.* (*impfv.* есть) to eat; to eat up (I:8)

сын (*pl.* сыновья́, *gen. pl.* сынове́й) son (I:1)

сыр cheese [I:7]

сюда́ (*indicates direction*) here; this way (II:1)

сюрпри́з surprise (II:8)

Т

табле́тка (*gen. pl.* табле́ток) pill [II:5]

табли́чка (*gen. pl.* табли́чек) sign [II:4]

так 1. (in) this way; like this; like that; thus; **2.** (*with adverbs and short-form adjs.*) so; (*with verbs*) so much; **3.** so; then (I:2)

...не так ли? . . . isn't that so?; . . . right? (II:8)

так же... как и... as . . . as (II:2)

та́кже also; too [II:2]

(*in response to* **Жела́ю вам/тебе́...**) **И вам (тебе́) та́кже.** The same to you! (II:2)

тако́й 1. such (a); like that; this kind of (II:1); **2.** (*with adj. + noun*) such (a); (*with adj.*) so; (*with noun*) a real . . .

Кто он тако́й? Who is he?

Ле́на така́я краси́вая! Lena is so beautiful! (I:5)

тако́й же the same (II:6)

такси́ *neut. indecl.* taxi (II:3)

стоя́нка такси́ taxi stand [II:4]

Такси́ уже́ вы́ехало. The taxi is on the way. (II:8)

такси́ст cab driver [II:3]

там there (I:1)

та́н(е)ц (*gen. sing.* та́нца) dance [II:3]

танцева́ть (танцу́ю, танцу́ешь)/**станцева́ть** to dance [II:3] (II:8)

таре́лка (*gen. pl.* таре́лок) plate; dish (II:6)

твой (твоя́, твоё, твои́) *informal* your; yours (I:1)

теа́тр theater (II:1)

тебе́ *dat. and prep. of* **ты**

тебя́ *gen. and acc. of* **ты**

Как тебя́ зову́т? What's your name? (I:1)

телеви́зор television (set); TV (set) (I:3)

телекомпа́ния television company (II:8)

телефо́н telephone (I:6)

телефо́н-автома́т pay phone (I:8)

те́ма topic; subject; theme (I:3)

температу́ра temperature (II:5)

У вас высо́кая температу́ра. You have a (high) temperature. (II:5)

тепе́рь now (I:3)

теря́ть/потеря́ть to lose (II:5)

те́сен: Мир те́сен. It's a small world. (II:8)

тётка (*gen. pl.* тёток) *rather rude* woman [II:4]

типи́чный typical [II:5]

ти́хо quietly; softly [I:4]

то *neut. of* **тот** [I:5]

то же са́мое the same thing (II:8)

то́ есть (*often abbreviated* **т.е.**) that is (I:8)

тогда́ then (I:7)

то́же 1. also; too (I:2); **2.** (*with a negated verb*) either (I:2)

то́лстый fat; stout [II:4]

то́лько only (I:4)

тот (та, то, те) that (I:5)

не то́т... the wrong . . . ; not the right . . . (I:5)

то́чно exactly; for sure (II:1)

тради́ция tradition [II:3]

тра́нспорт transportation (II:1)

городско́й тра́нспорт public transportation (II:1)

тре́тий third (I:6)

Третьяко́вская галере́я the Tretyakov Gallery [II:1]

три three (I:2)

три́дцать thirty (I:6)

трина́дцать thirteen (I:6)

тролле́йбус trolley bus (I:8)

тру́бка (*gen. pl.* тру́бок) (telephone) receiver

Пове́сь(те) тру́бку. Hang up. [II:4]

тру́дно (it's/that's) difficult; (it's/that's) hard (I:3)

Мне тру́дно говори́ть. I'm having trouble talking. [II:5]

тру́дный difficult; hard (I:3)

трусы́ (*gen.* трусо́в) *pl.* shorts [II:1]

туале́т bathroom; restroom (I:2)

туда́ (*indicates direction*) there (I:8)

тун(е́)ц tuna

сала́т из тунца́ tuna salad (I:7)

тури́ст/тури́стка (*gen. pl.* тури́сток) tourist [II:1]

тури́стский tourist (*adj.*) [II:1]

тут here (I:2)

ту́фли (*gen.* ту́фель) *pl.* (*sing.* ту́фля) shoes [I:5]

ты *informal* you (I:1)

Что́ ты! What are you talking about!; What do you mean! (I:8)

тюльпа́н tulip (II:6)

тяжёлый heavy (I:6)

тяжёлая рабо́та hard work (II:1)

У

у (+ *gen.*) **1.** near (II:8); **2.** (*indicates someone's home, place of work, etc.*) at: **у ба́бушки** at grandma's; **3.** (*indicates possession*): **у меня́ две сестры́** I have two sisters (I:4)

У меня́ к тебе́ (вам) про́сьба. I have a favor to ask of you. (I:8)

убега́ть/убежа́ть (убегу́, убежи́шь) to run away [II:3]

уве́рен (уве́рена, уве́рено, уве́рены) sure; certain (I:8)

увертю́ра overture [II:7]

уви́деть (уви́жу, уви́дишь) *pfv.* (*impfv.* ви́деть) to see (I:8)

увы́ alas [II:6]

уга́дывать/угада́ть to guess (II:1)

Ты не угада́л(а)! You guessed wrong! (II:1)

Ты угада́л(а). You guessed right. (II:1)

у́г(о)л (*gen. sing.* угла́, *prep. sing.* в углу́, на углу́) corner (II:4)

угоща́ть/угости́ть (угощу́, угости́шь) to treat (someone) to [II:5]

уда́ча success; (good) luck (II:2)

Жела́ю (вам) уда́чи! Good luck! (II:2)

удо́бно 1. (it's/that's) comfortable; **2.** (it's/that's) convenient; **3.** (it's/that's) okay; (it's/that's) all right: **Э́то удо́бно?** Is that okay?; Is that all right? (I:7)

удо́бный 1. comfortable; **2.** convenient (I:7)

удово́льствие pleasure

с удово́льствием I'd be glad to; gladly; with pleasure (I:8)

уезжа́ть/уе́хать (уе́ду, уе́дешь) to leave (by vehicle); to depart (II:1)

у́жас horror

Како́й у́жас! That's horrible!; How awful! (I:2)

~~~~~~~ horribly; (it's/that's) horrible; (it's/that's) away (I:8)

у́лица street (I:2)

улыба́ться/улыбну́ться (улыбну́сь, улыбнёшься) to smile [I:7]

умере́ть (умру́, умрёшь; *past* у́мер, умерла́, у́мерло, у́мерли) *pfv.* to die (II:4)

уме́ть (уме́ю, уме́ешь) to know how (to do something); to be able (to) (I:7)

унести́ (унесу́, унесёшь; *past* унёс, унесла́, унесло́, унесли́) *pfv.* (*impfv.* уноси́ть) to carry away (II:2)

университе́т university (I:4)

уноси́ть (уношу́, уно́сишь)/**унести́** (унесу́, унесёшь; *past* унёс, унесла́, унесло́, унесли́) to carry away (II:2)

упа́сть (упаду́, упадёшь; *past* упа́л, упа́ла, упа́ло, упа́ли) *pfv.* (*impfv.* па́дать) to fall [II:2]

ура́ hurrah! (II:5)

уро́к 1. lesson; **2.** (*usu. pl.* уро́ки) homework (I:4)

успева́ть/успе́ть (успе́ю, успе́ешь) (+ *infin.*) to have time (to); to manage (to) (II:7)

успе́х success (II:6)

Жела́ю успе́ха! Best of luck!; Hope you're successful! (II:6)

у́тро (*gen. sing.* у́тра *but* до утра́) morning (I:5): **8 часо́в утра́** 8 a.m.

у́тром in the morning (I:7)

уха́живать (за + *instr.*) to court (someone) [II:7]

уходи́ть (ухожу́, ухо́дишь)/**уйти́** (уйду́, уйдёшь; *past* ушёл, ушла́, ушло́, ушли́) to leave; to go away (I:8)

учи́лище vocational school [I:7]

медици́нское учи́лище nurse-training school [I:7]

учи́тель (*pl.* учителя́)/**учи́тельница** teacher [I:6]

учи́ть (учу́, у́чишь) **1.** *pfv.* **вы́учить** (вы́учу, вы́учишь) to study (something); *usu. pfv.* to learn; (to try) to memorize (I:7); **2.** *pfv.* **научи́ть** (+ *dat. or* + *infin.*) to teach: **Я тебя́ научу́ води́ть маши́ну.** I'll teach you to drive. (II:2)

учи́ться (учу́сь, у́чишься) **1.** *impfv. only* to study; to be a student; **2.** (+ *dat. or* + *infin.*) *pfv.* **научи́ться** to learn (to do something) (I:4)

Где вы у́читесь? Where do you go to school?; Where do you study? (I:4)

февра́ль ~~~~~~~

фиа́лка (*gen. pl.* фиа́лок) violet (*flower*) [II:6]

фильм film; movie (II:4)

фина́л 1. finale; **2.** championship (game) [II:7]

фина́льный final (*adj.*) [II:2] [II:7]

фи́нский Finnish [I:3]

фиоле́товый violet (*color*) [II:6]

фи́рма firm; business; company [I:8]

фойе́ *neut. indecl.* lobby (of a theater) [II:7]

фо́рвард (*in hockey or soccer*) a forward [II:7]

фотогра́фия photograph [I:6]

футбо́л soccer [I:8]

футбо́лка (*gen. pl.* футбо́лок) rugby shirt [II:1] [II:7]

X

хвата́ть/хвати́ть (хва́тит; *past* хвати́ло) (+ *gen.*) *impersonal* to be enough (II:5)

хлеб bread (I:3)

ходи́ть (хожу́, хо́дишь) *multidir. of* идти́ **1.** to go; **2.** to walk (II:4)

ходи́ть в похо́ды to go camping; to go hiking (II:1)

ходи́ть по магази́нам to shop; to go shopping; to go from store to store (II:6)

ходя́чая энциклопе́дия walking encyclopedia [I:5]

хозя́ин landlord; **хозя́йка** landlady (I:7)

хоккеи́ст hockey player [II:7]

хокке́й hockey [I:8]

хо́лодно (it's) cold

Тебе́ не хо́лодно? Aren't you cold? (II:3)

хоро́шее *noun, declines like adj.* good things [II:2]

Всего́ хоро́шего! All the best!; Take care! (II:2)

хоро́ший good; nice (I:2)

хорошо́ well; (it's/that's) good

Всё хорошо́, что хорошо́ конча́ется. All's well that ends well. (II:8)

Им хорошо́! Lucky them! (II:3)

(*in response to* **Как дела́?**) **Хорошо́, спаси́бо.** Fine, thanks. (I:1)

хоте́ть (хочу́, хо́чешь, хо́чет, хоти́м, хоти́те, хотя́т) to want (I:5)

хоте́ться (хо́чется) (+ *dat.* + *infin.*) *impersonal* to want

Такси́стам то́же хо́чется встре́тить Но́вый год. Cab drivers also want to celebrate the New Year. (II:3)

хотя́ бы at least (II:6)

ху́же (*compar. of* плохо́й, пло́хо) worse (II:1)

Ц

цвет(о́)к (*gen. sing.* цветка́, *pl.* цветы́, *gen. pl.* цвето́в) flower (I:5)

целова́ть (целу́ю, целу́ешь)/**поцелова́ть** to kiss

кре́пко целу́ю (*usu. at the end of a letter to a close relative, sweetheart, or friend*) lots of love [I:7]

це́лый whole (II:4)

центр 1. center; **2.** (= центр го́рода) downtown (II:1)

Ч

чай tea (II:5)

ча́йный tea (*adj.*) [II:6]

час (*gen. sing.* ча́са *but* 2, 3, 4 часа́; *prep. sing.* в... часу́; *pl.* часы́) **1.** hour; **2.** (*when telling time*) o'clock (I:7)

в кото́ром часу́? at what time?; when? (I:7)

в семь часо́в at seven o'clock (I:7)

ча́сто often (I:7)

часы́ (*gen.* часо́в) *pl.* clock; watch

ча́шечка (*gen. pl.* ча́шечек) *diminutive* small cup [II:6]

ча́шка (*gen. pl.* ча́шек) cup (II:6)

чей (чья, чьё, чьи) 1. *interrogative* whose?; **2.** *relative* whose (I:2)

челове́к (*pl.* лю́ди, *gen. pl.* люде́й, *but* пять, шесть, etc., челове́к) person; man (I:5)

молодо́й челове́к young man (I:5)

чем than: **Ва́ша кварти́ра лу́чше, чем на́ша.** Your apartment is better than ours. (II:1)

чемпио́н champion [II:7]

чемпио́н Росси́и по хокке́ю Russian hockey champion [II:7]

че́рез (+ *acc.*) **1.** across (II:2); **2.** (*indicates time from the present or from the indicated moment*) in:

че́рез две неде́ли in two weeks (II:2)

чёрный black (II:2)

Че́стное сло́во! Honest! (I:7)

четве́рг (*gen. sing.* четверга́) Thursday (I:7)

четвёртый fourth (I:6)

че́тверть (*gen. pl.* четверте́й) *f.* quarter (II:4)

без че́тверти три a quarter to three

че́тверть седьмо́го a quarter past six

четы́ре four (I:2)

четы́рнадцать fourteen (I:6)

число́ (*pl.* чи́сла, *gen. pl.* чи́сел) **1.** number; **2.** (*day of the month*) date (II:4)

чи́сто cleanly; (it's/that's) clean (II:1)

чи́стый clean (I:5)

чита́ть/прочита́ть 1. to read; **2.** to give (a lecture) (I:3)

Он хорошо́ чита́ет ле́кции. He is a good lecturer. (I:7)

чита́ть ле́кции to give lectures [II:5]

чиха́ть/чихну́ть (чихну́, чихнёшь... — *one-time action*) to sneeze (II:5)

что 1. *interrogative* what? (I:1); **2.** *relative* that; what (I:3)

А что? Why do you ask? [I:8]

(*in response to* **Спаси́бо!**) **Не́ за что!** Don't mention it!; No problem! (I:5)

Что с ва́ми (тобо́й)? What's the matter with you? (II:5)

Что случи́лось? What happened? (II:4)

Что́ ты (вы)!; Ну, что́ ты (вы)! What are you talking about!; What do you mean! (I:8)

Что ты хо́чешь э́тим сказа́ть? What are you trying to say?; What do you mean by that? (II:6)

Что э́то за... ? What sort of . . . is that (are those)? [I:7]

что́бы in order to (I:8)

что́-нибудь something; anything [I:8] (II:2)

что́-то something (II:3)

чу́вство ю́мора sense of humor (II:5)

чу́вствовать себя́ to feel (*some way*) (II:5)

пло́хо себя́ чу́вствовать not to feel well (II:5)

чу́вствовать себя́ как до́ма to feel at home (II:3)

чуде́сный wonderful; gorgeous [II:6]

чужо́й 1. someone else's; **2.** foreign [I:6]

чуть не nearly; almost (II:3)

Ш

ша́йба (hockey) puck [II:7]

забро́сить ша́йбу to score a goal [II:7]

шампа́нское *noun, declines like adj.* champagne [II:3]

шве́дский Swedish [II:4]

швейца́р doorman [II:8]

шестна́дцать sixteen (I:6)

шесто́й sixth (I:6)

шесть six (I:2)

шестьдеся́т sixty (I:6)

шеф *colloquial* chief; boss [II:7]

шкаф (*prep. sing.* в шкафу́, *pl.* шкафы́) cabinet; closet

   кни́жный шкаф bookcase (I:5)

шко́ла school (II:5)

шко́льник schoolboy (I:6)

шко́льница schoolgirl (I:6)

шофёр driver; chauffeur (II:4)

шу́тка joke (I:5)

Э

экза́мен exam (II:2)

эпиде́мия epidemic (II:5)

эта́ж (*gen. sing.* этажа́, *gen. pl.* этажéй) floor; story (I:2)

э́то this (that) is; these (those) are (I:1)

   Как э́то (+ *the word or phrase to which the speaker is reacting*)**?** What do you mean . . . ? (I:8)

   Э́то нева́жно. That doesn't matter. (I:7)

э́тот (э́та, э́то, э́ти) this; that (I:5)

эффекти́вный effective [II:1]

Ю

юг south (II:8)

ENGLISH-RUSSIAN VOCABULARY

Key

acc. = accusative
adj. = adjective
adv. = adverb
compar. = comparative
dat. = dative
f. = feminine
gen. = genitive
impfv. = imperfective
indecl. = indeclinable
infin. = infinitive
instr. = instrumental
m. = masculine
multidir. = multidirectional
neut. = neuter
pers. = person
pfv. = perfective
pl. = plural
prep. = prepositional
sing. = singular
superl. = superlative
unidir. = unidirectional
usu. = usually

A number in parentheses at the end of a Russian equivalent indicates the lesson in which the Russian word was first marked as active. A number in brackets indicates the lesson in which the Russian word first appears as … separate meanings for a

abroad за границей
  go abroad поéхать (поéду, поéдешь) за грани́цу; éздить (éзжу, éздишь) за грани́цу (II:4)
  (a) trip abroad поéздка за грани́цу (II:4)
absolutely обязáтельно (I:7); абсолю́тно (II:3)
accent акцéнт (II:1)
accounting: There's no accounting for taste. О вкýсах не спóрят. (II:7)
ache болéть (боли́т, боля́т) (*3rd pers. only*) *impfv.* (II:5)
acquaintance знакóмый/знакóмая *noun, declines like adj.*
acquainted знакомый (II:6)
  get acquainted (with) знакóмиться (знакóмлюсь, знакóмишься)/познакóмиться (с + *instr.*) (I:2)
  Let's get acquainted. Давáйте познакóмимся. (I:2)
across чéрез (+ *acc.*) (II:2)
act (*in a play, opera, etc.*) дéйствие (II:7)
actually действи́тельно (I:5)
address áдрес (*pl.* адресá) (I:2)
address book записнáя кни́жка [I:6]
admittance: No admittance. Вход воспрещáется. [II:1]
advertisement реклáма (II:4)
advertising реклáма (II:4)
advice совéт (II:2)
advise совéтовать (совéтую, совéтуешь)/посовéтовать (+ *dat.*) [II:6]
afraid (of) боя́ться (+ *gen.*) *impfv.* (II:2)
after пóсле (+ *gen.*) (II:4)
after all 1. в концé концóв (I:8); **2.** *particle* (*used for emphasis*) ведь (I:7); же (I:6)
afternoon:
  afternoon meal обéд (I:7)
  Good afternoon! Дóбрый день! (I:4)
  in the afternoon днём (I:7)

agree 1. соглашáться/согласи́ться (…, согласи́шься) (II:8); **2.** договори́ться (договорю́сь, договори́шься) *pfv.* (II:4)
  Agreed! Договори́лись! (I:7)
ahead впереди́ (II:7)
alas увы́ [II:6]
all 1. весь (вся, всё, все) (I:4); **2.** всё (*neut. sing. of* весь)
  All the best! Всегó хорóшего! (II:2)
  all right (*expression of assent*) лáдно [I:7] (II:4)
  all the same всё-таки (II:1); всё равнó (II:4)
  all the time всё врéмя (II:1)
  All's well that ends well. Всё хорошó, что хорошó кончáется. (II:8)
  Is that all? Э́то всё? [I:4]
  Is that all right? Э́то удóбно? (I:7)
  That's all right! (*in response to an apology*) Ничегó! (I:1)
allow разрешáть/разреши́ть (разрешý, разреши́шь) (+ *dat.*) (II:6)
  Allow me to introduce . . . Познакóмьтесь, э́то... (I:2)
almost почти́ (I:7); чуть не (II:3)
  almost here на носý [II:3]
alone оди́н (однá, однó, одни́) *adj.* (II:1)
along по (+ *dat.*): **along the street** по ýлице
along the way по дорóге (II:6)
already ужé (I:3)
also 1. тóже (I:2); тáкже [II:2]; **2.** и (II:2)
always всегдá (I:8)
ambulance service скóрая пóмощь (I:6)
America Амéрика (I:1)
  American *adj.* америкáнский (I:3); *noun* америкáн(е)ц/америкáнка (*gen. pl.* америкáнок) (I:4)

and 1. и (I:1); **2.** (*indicating contrast*) a (I:1)
  and so ита́к [I:7]
  you and I мы с тобо́й (II:1)
another друго́й (I:5)
  (that's) another matter друго́е де́ло (II:7)
answer *noun* отве́т (I:3); *verb* отвеча́ть/отве́тить
  (отве́чу, отве́тишь) (+ *dat.*) (I:8)
any любо́й; вся́кий (II:5)
  not any никако́й (I:4)
anybody кто́-нибудь (II:3)
anymore: not anymore уже́ не (I:3)
anyone кто́-нибудь (II:3)
anything что́-нибудь [I:8] (II:2)
  not . . . anything else бо́льше ничего́ [I:8]
apartment кварти́ра (I:2)
apartment building дом (I:2)
appetite аппети́т (II:8)
appetizer заку́ска (*gen. pl.* заку́сок) [II:6]
appointment свида́ние (I:8)
appropriate:
  it is (considered) appropriate при́нято [I:7]
  it is not (considered) appropriate не при́нято [I:7]
April апре́ль *m.* (I:8)
architectural архитекту́рный [II:1]
argue ссо́риться (ссо́рюсь, ссо́ришься)/поссо́риться
  [I:8]
argument ссо́ра [II:2]
arm рука́ (*acc. sing.* ру́ку, *pl.* ру́ки) (I:4)
army а́рмия (I:5)
around 1. вокру́г (+ *gen.*) [II:3]; **2.** по (+ *dat.*): **walk**
  around town гуля́ть по го́роду (I:8)
arrival прие́зд [II:4]
arrive 1. приходи́ть (прихожу́, прихо́дишь)/прийти́
  (приду́, придёшь; *past* пришёл, пришла́,
  пришло́, пришли́) (I:7); **2.** (*by vehicle*)
  приезжа́ть/прие́хать (прие́ду, прие́дешь) (II:1)
art print репроду́кция [I:5]
article статья́ (*gen. pl.* стате́й) (I:3)
as:
  as . . . as так же... как и... (II:2)
  as well та́кже; то́же; и (II:2)
ashamed: I'm ashamed. Мне сты́дно. (I:7)
ask 1. (*ask someone*) спра́шивать/спроси́ть
  (спрошу́, спро́сишь) (+ *acc. or* у + *gen.*) (I:7);
  2. (*ask about*) спра́шивать/спроси́ть (+ *acc. or*
  о + *prep.*) (I:7); **3.** (*ask for*) проси́ть (прошу́,
  про́сишь)/ попроси́ть (I:8)
  ask a question задава́ть (задаю́, задаёшь)/зада́ть
  (зада́м, зада́шь, зада́ст, задади́м, задади́те,
  зададу́т; *past* за́дал, задала́, за́дали) вопро́с
  (+ *dat.*) (I:8)
  ask the way спроси́ть доро́гу
  Why do you ask? А что? [I:8]
asphalt асфа́льт [I:5]

assignment зада́ние
at 1. на (+ *prep.*—*to indicate an event, an open*
  space, etc.): **at the concert** на конце́рте; **at the**
  stadium на стадио́не; **2.** в (+ *acc.*—*to indicate a*
  time of day) **at seven o'clock** в семь часо́в; **3.** у
  (+ *gen.*—*to indicate someone's home, place of*
  work, etc.) **at grandma's** у ба́бушки; **4.** за
  (+ *instr.*): **at the table** за столо́м (II:2)
  at fault винова́т (винова́та, винова́то, винова́ты)
  [II:4]
  at first снача́ла (I:7); внача́ле [II:4]; пе́рвое вре́мя
  [II:4]
  at home до́ма (I:1)
  at last наконе́ц (II:6)
  at least хотя́ бы (II:6)
  at once сра́зу (II:3); неме́дленно [II:5]
  At what time? В кото́ром часу́? (I:7)
  feel at home чу́вствовать (чу́вствую, чу́вствуешь)
  себя́ как до́ма (II:3)
  no . . . at all никако́й (I:4)
athlete спортсме́н/спортсме́нка (*gen. pl.*
  спортсме́нок) [II:7]
attempt пыта́ться/попыта́ться [II:4]
attentive внима́тельный (внима́телен, внима́тельна,
  внима́тельно, внима́тельны) (II:6)
attentively внима́тельно [II:4]
auditorium зал (II:7)
August а́вгуст (I:8)
autograph авто́граф [II:7]
available: become available освобожда́ться/
  освободи́ться (освобожу́сь, освободи́шься) (II:8)
  No space available. Мест нет. (II:8)
avenue проспе́кт [II:1] [II:4]
away: go away 1. уходи́ть (ухожу́, ухо́дишь)/уйти́
  (уйду́, уидёшь; *past* ушёл, ушла́, ушло́, ушли́)
  (I:8); **2.** (*of pain, a cough, etc.*) проходи́ть
  (прохо́дит, прохо́дят)/пройти́ (пройдёт,
  пройду́т; *past* прошёл, прошла́, прошло́,
  прошли́) (II:5)
awful: How awful! Како́й у́жас! (I:2)
awkwardly нело́вко

B

back (*body part*) спина́ (*acc. sing.* спи́ну, *pl.* спи́ны)
  (II:5)
  come (*or* **go**) **back** возвраща́ться/верну́ться
  (верну́сь, вернёшься) (II:1)
bad плохо́й (I:2)
  (it's/that's) bad пло́хо (I:4)
  bad luck неуда́ча [II:2]
  bad things плохо́е *noun, declines like adj.* [II:2]
  (it's/that's) not bad непло́хо (I:7)
  (that's) too bad жаль (I:6)
  You had bad luck. Вам не повезло́. (II:2)

badly пло́хо (I:4)

bag паке́т [I:8]; су́мка (*gen. pl.* су́мок) [II:1]

baking soda со́да [II:5]

balcony балко́н (I:5)

basket корзи́на [II:2]

bathroom ва́нная *noun, declines like adj.* (I:4); туале́т (I:2)

bathtub ва́нна (I:4)

be 1. быть (*future* бу́ду, бу́дешь; *past* был, была́, бы́ло, бы́ли) (I:6); 2. (*be located*) стоя́ть (стою́, стои́шь): **The books are in the bookcase.** Кни́ги ̶ ̶ кни́жном шкафу́. (I:5)

bed крова́ть *f.* (I:5)

beets: salad with beets винегре́т [II:3]

before 1. до (+ *gen.*) (I:7); 2. пе́ред (пе́редо) (+ *instr.*) (II:1); 3. ра́ньше (II:5)

  I finished a special school for nurses before the institute. До институ́та я зако́нчила медици́нское учи́лище. (1:7)

  sit down before a trip присе́сть (прися́ду, прися́дешь; *past* присе́л, присе́ла, присе́ло, присе́ли) на доро́гу [II:8]

begin 1. начина́ть/нача́ть (начну́, начнёшь) (I:7); 2. начина́ться/нача́ться (начнётся, начну́тся; *past* начался́, начала́сь, начало́сь, начали́сь) (*3rd pers. only*) (II:5)

beginning нача́ло

behind за (+ *instr.*) (I:8)

believe ве́рить (ве́рю, ве́ришь)/пове́рить (+ *dat.*) (I:8)

  Do you believe her? Ты ей ве́ришь? (I:8)

  You're not going to believe it (this), but . . . Это невероя́тно, но... [I:7]

beloved люби́мый [II:3]

below внизу́ (I:4)

beside во́зле (+ *gen.*) [II:3] [II:6]

besides (that) кро́ме того́ *parenthetical* (I:8)

best лу́чший [II:5]

  All the best! Всего́ хоро́шего! (II:2)

  Best of luck! Жела́ю успе́ха! (II:6)

better 1. (*compar. and superl. of* хоро́ший) лу́чший; 2. (*compar. of* хоро́ший, хорошо́) лу́чше (II:1)

  Better late than never. Лу́чше по́здно, чем никогда́. (II:7)

  Better you didn't. (*in response to a suggestion*) Лу́чше не на́до. (II:5)

between ме́жду (+ *instr.*) (II:1)

big большо́й (I:2)

bigger бо́льше (*compar. of* большо́й) (II:1)

binoculars бино́кль *m.* [II:7]

birth рожде́ние (II:5)

bite: have a bite (to eat) пое́сть (пое́м, пое́шь, пое́ст, поеди́м, поеди́те, поедя́т; *past* пое́л, пое́ла, пое́ло, пое́ли) *pfv.* (II:3)

black чёрный (II:2)

blame: (I am, you are, *etc.*) to blame (я, ты и т. д.) винова́т (винова́та, винова́то, винова́ты) [II:4]

Bless you! (*used when someone sneezes*) Будь здоро́в ̶ ̶ ̶ ̶ ̶ ̶ ̶ Бу́дьте здоро́вы! (II:5)

book кни́га (I:1)

  address book записна́я кни́жка [I:6]

bookcase кни́жный шкаф (I:5)

bookshelf кни́жная по́лка (I:5)

boots сапоги́ (*gen.* сапо́г) *pl.* (*sing.* сапо́г, *gen. sing.* сапога́) (I:5)

bored: I'm bored. Мне ску́чно.

boring ску́чный (II:6); **(it's/that's) boring** ску́чно [I:6]

boringly ску́чно [I:6]

born, be рожда́ться/роди́ться (*past* роди́лся, родила́сь, роди́лись) (I:8)

boss шеф *colloquial* [II:7]

boss around кома́ндовать (кома́ндую, кома́ндуешь) *impfv.* [I:6]

bother 1. меша́ть (+ *dat.*) *impfv.* [I:7]; 2. беспоко́ить (беспоко́ю, беспоко́ишь) *impfv.* (II:5)

  I don't want to bother you. Я не хочу́ вам меша́ть. [I:7]

  I feel uncomfortable bothering you. Мне нело́вко вас беспоко́ить. [II:5]

bottle буты́лка (*gen. pl.* буты́лок) [II:8]

bottom дно [II:3]

  Bottoms up! (Пей) до дна! [II:3]

bouquet буке́т [II:6]

  small bouquet буке́тик *diminutive* [II:6]

box коро́бка (*gen. pl.* коро́бок) [II:6]

boy ма́льчик (I:4)

Brazil Брази́лия [II:4]

bread хлеб (I:3)

breaded meat patty котле́та [II:2]

break разбива́ть/разби́ть (разобью́, разобьёшь) [II:2]

breakfast: to have breakfast за́втракать/
поза́втракать (II:6)
breathe дыша́ть (дышу́, ды́шишь) *impfv.* [II:5]
briefcase портфе́ль *m.* [II:1]
bright све́тлый [I:3]
bring 1. приноси́ть (приношу́, прино́сишь)/
принести́ (принесу́, принесёшь; *past* принёс,
принесла́, принесло́, принесли́) (II:2)/(I:7); **2.** (*by
vehicle*) привози́ть (привожу́, приво́зишь)/
привезти́ (привезу́, привезёшь; *past* привёз,
привезла́, привезло́, привезли́) (II:6); **3.** (*bring
someone along*) приводи́ть (привожу́,
приво́дишь)/привести́ (приведу́, приведёшь;
past привёл, привела́, привело́, привели́) (II:4)
brother брат (*pl.* бра́тья, *gen. pl.* бра́тьев) (I:1)
bucket ведро́ (*pl.* вёдра, *gen. pl.* вёдер) (II:2)
building дом (*pl.* дома́) (I:2); зда́ние (II:2)
bureau бюро́ *neut. indecl.* [II:8]
bus *noun* авто́бус (I:3); *adj.* авто́бусный (I:5)
  bus stop остано́вка авто́буса (I:3); авто́бусная
  остано́вка (I:5)
business 1. би́знес [I:5]; фи́рма [I:8]; **2.** де́ло (I:8);
  3. (*adj.*) делово́й
  It's/That's none of your business. *rather rude* Э́то
  не твоё (ва́ше) де́ло. (I:8)
  on business по де́лу [I:7]
businesslike делово́й (II:3)
businessman бизнесме́н [I:7]
busy за́нятый (за́нят, занята́, за́нято, за́няты)
  (II:5)
but 1. но (I:3); **2.** а (I:1)
  but on the other hand (but then) зато́ (*often* но
  зато́) (II:6)
buy покупа́ть/купи́ть (куплю́, ку́пишь) (I:5)
by 1. во́зле (+ *gen.*) [II:3] (II:6); **2.** ми́мо *adv. or prep.*
  (+ *gen.*): **I passed by.** Я прошла́ ми́мо. (II:6);
  3. (*when expressing time*) к: **by the evening** к
  ве́черу (II:3)
  by mistake по оши́бке [I:7]
  by the way ме́жду про́чим *parenthetical* (I:8)
Bye! *informal* Пока́! (I:1)

C

cab driver такси́ст [II:3]
cabbage капу́ста (II:3)
cabinet шкаф (*prep. sing.* в шкафу́, *pl.* шкафы́)
California Калифо́рния [I:8]
call 1. звони́ть (звоню́, звони́шь)/позвони́ть (+ *dat.*)
  (I:7); **2.** называ́ть *impfv.;* **3.** вызыва́ть/вы́звать
  (вы́зову, вы́зовешь): **to call a doctor (for someone)** вызыва́ть/вы́звать врача́ (II:5)
  call on someone заходи́ть (захожу́, захо́дишь)/
  зайти́ (зайду́, зайдёшь; *past* зашёл, зашла́,
  зашло́, зашли́) (к + *dat.*)

call someone by first name (and patronymic)
  называ́ть по и́мени (и о́тчеству) (I:8)
camping:
  camping trip похо́д (II:1)
  go camping идти́ (иду́, идёшь; *past* шёл, шла,
  шло, шли)/пойти́ (пойду́, поидёшь; *past* пошёл,
  пошла́, пошли́) в похо́д; ходи́ть (хожу́,
  хо́дишь) в похо́ды (II:1)
can: one can мо́жно (I:4)
cancel отменя́ть/отмени́ть (отменю́, отме́нишь)
  [II:5]
candy конфе́ты *pl.* [II:2] [II:6]
  piece of candy конфе́та [II:2] [II:6]
cannot: one cannot нельзя́
capable спосо́бный (II:8)
car маши́на (I:5)
  The car is at your service. Маши́на по́дана. [II:8]
card 1. ка́рточка [I:7]; **2.** (*greeting card*)
  поздрави́тельная откры́тка (II:6)
care: Take care! Всего́ хоро́шего! (II:2)
careful осторо́жный (осторо́жен, осторо́жна,
  осторо́жно, осторо́жны) (II:8)
  Careful! Осторо́жно! (II:1)
carefully внима́тельно [II:4]
carnation гвозди́ка [II:6]
carry нести́ (несу́, несёшь, несу́т; *past* нёс, несла́,
  несло́, несли́) [I:8] (II:2); **2.** относи́ть (отношу́,
  отно́сишь)/отнести́ (отнесу́, отнесёшь; *past*
  отнёс, отнесла́, отнесло́, отнесли́) [II:5]
  carry away уноси́ть (уношу́, уно́сишь)/унести́
  (унесу́, унесёшь; *past* унёс, унесла́, унесло́,
  унесли́) [II:2]
case слу́чай
  in any case всё равно́ (II:8)
  just in case на вся́кий слу́чай (II:7)
cashier:
  cashier's counter ка́сса [II:7]
  I paid the cashier. Я заплати́л(а) в ка́ссу. [II:6]
cassette кассе́та [I:5]
cat ко́шка; кот (*gen. sing.* кота́) (I:2)
catch:
  Catch! (*when throwing something*) Держи́те! [II:2]
  catch a bad cold си́льно простуди́ться
  (простужу́сь, простуди́шься) (II:5)
  catch cold просту́живаться/простуди́ться
  (простужу́сь, просту́дишься) (II:5)
category катего́рия [II:2]
cathedral собо́р [II:1]
celebrate пра́здновать (пра́здную, пра́зднуешь)/
  отпра́здновать (I:6); **2.** отмеча́ть/отме́тить
  (отме́чу, отме́тишь) [II:8]; (*to celebrate a holiday*)
  встреча́ть/встре́тить (встре́чу, встре́тишь) (II:3)
  celebrate New Year's Eve встреча́ть Но́вый год
  (II:3)

cello виолончéль *f.* [II:1]
center центр
   center of town центр (гóрода) (II:1)
certain 1. увéрен (увéрена, увéрено, увéрены) (I:8)
   a certain одúн (однá, однó, однú) *adj.*
chair стул (*pl.* стýлья, *gen. pl.* стýльев) (I:3)
   easy chair крéсло (I:3)
champagne шампáнское *noun, declines like adj.*
   [II:3]
champion чемпиóн [II:7]
   Russian hockey champion чемпиóн Россúи по
   ~~хоккéю~~ [II:7]

change clothes переодевáться/переодéться
   (переодéнусь, переодéнешься) [II:7]
   change one's mind передýмать *pfv.* [II:4]
chauffeur шофёр (II:4)
check 1. проверя́ть/провéрить (провéрю,
   провéришь) [I:4]; **2.** (*of a coat, etc., in a coat
   check room*) сдавáть (сдаю́, сдаёшь)/сдать
   (сдам, сдашь, сдаст, сдадúм, сдадúте, сдадýт;
   past сдал, сдалá, сдáло, сдáли) (II:7)
cheese сыр [I:7]
chief 1. *noun* шеф *colloquial* [II:7]; **2.** *adj.* глáвный
   [I:6] (II:2)
child ребён(о)к (*pl.* ребя́та, *gen. pl.* ребя́т, *or pl.*
   дéти, *gen. pl.* детéй) [II:1]
children дéти (*gen.* детéй, *dat.* дéтям, *instr.* детьмú)
   pl. (*sing.* ребёнок) (I:6) *affectionate* детúшки
   [II:3]; ребя́та (*gen. pl.* ребя́т)
choose выбирáть/вы́брать (вы́беру, вы́берешь) (II:8)
circle кольцевóй (*adj.*) [II:1]
   circle line кольцевáя лúния [II:1]
city гóрод (*pl.* городá) (I:5)
   city square плóщадь (*gen. pl.* площадéй) *f.* (II:1)
class (*a group of students*) класс (*in school*): **We were
   in the same class in school.** Мы учúлись в одно́м
   клáссе. (II:7); грýппа (*at a university, etc.*) (II:4)
classes заня́тия (*pl. only*) (I:7)
classical классúческий [I:3]
   classical music клáссика [I:4]
classics клáссика
clean чúстый (I:5)
   (it's/that's) clean чúсто (II:1)
cleanly чúсто
clear (*easy to understand*) я́сный

clear someone for work выпúсывать/вы́писать
   (вы́пишу, вы́пишешь) на рабóту (II:5)
   Everything is clear. Всё я́сно. (II:1)
   It's/That's clear. Я́сно. (II:1)
clock часы́ (*gen.* часóв) *pl.*
close 1. закрывáть/закры́ть (закрóю, закрóешь;
   past passive participle закры́тый) [I:4] (II:5);
   2. (*be closed*) закрывáться/закры́ться
   (закрóется, закрóются) (*3rd pers. only*) [II:1]
   (it's/that's) close блúзко (I:5)
   close to óколо (+ *gen.*) (II:4)
closed закры́тый (*adj. and past passive participle of*
   закры́ть) [II:2] (II:5)

coincidence совпадéние [II:6]
cold *noun* простýда (II:5)
   Aren't you cold? Тебé не хóлодно? (II:3)
   catch cold простýживаться/простудúться
   (простужýсь, простýдишься) (II:5)
   (it's) cold хóлодно
colleague коллéга *m. and f.* [II:6]
come 1. приходúть (прихожý, прихóдишь)/прийтú
   (придý, придёшь; *past* пришёл, пришлá,
   пришлó, пришлú) (I:7); (*by vehicle*) приезжáть/
   приéхать (приéду, приéдешь) (II:1);
   2. возвращáться/вернýться (вернýсь,
   вернёшься) (II:1)
   come back 1. возвращáться/вернýться (вернýсь,
   вернёшься) (II:1); приходúть (прихожý,
   прихóдишь)/прийтú (придý, придёшь; *past*
   пришёл, пришлá, пришлó, пришлú) (I:7)
   Come in! Заходú(те)! (I:6); Проходú(те)! (II:6)
   come out (of) выходúть (выхожý, выхóдишь)/
   вы́йти (вы́йду, вы́йдешь; *past* вы́шел, вы́шла,
   вы́шло, вы́шли) (II:1)
comfortable удóбный (I:7): **(it's/that's) comfortable**
   удóбно
commercial реклáма (II:4)
company 1. (*group of people*) компáния (I:7);
   2. (*business*) фúрма [I:8]
completely совсéм (I:6)
compliment комплимéнт [II:6]
composer композúтор [I:3]
composition (*writing assignment*) сочинéние [I:3]
concern касáться/коснýться (коснётся, коснýтся)
   (*3rd pers. only*) (+ *gen.*) [I:8]

concert концéрт [I:3]

congratulate поздравля́ть/поздра́вить (поздра́влю, поздра́вишь) [II:3] (II:6)

connect свя́зывать *impfv.* [II:1]; соединя́ть *impfv.* [II:1]

conservatory консервато́рия [I:6] (II:4)

constantly всё вре́мя (II:1)

continue продолжа́ться/продо́лжиться (продо́лжится, продо́лжатся) (*3rd pers. only*) (II:8)

convenient удо́бный [I:7]: **(it's/that's) convenient** удо́бно

cook гото́вить (гото́влю, гото́вишь)/пригото́вить [I:7]

corner ýг(о)л (*gen. sing.* угла́, *prep. sing.* в углу́, на углу́) (II:4)

correct 1. *verb* исправля́ть/испра́вить (испра́влю, испра́вишь) [I:8]; 2. *adj.* пра́вильный (I:6); 3. *adj.* прав (права́, пра́во, пра́вы) (II:2)

  Could you please correct my mistakes? Ты не мог (могла́) бы испра́вить мои́ оши́бки? [I:8]

  That's correct. Пра́вильно. (I:6)

correctly пра́вильно

cosmetics косме́тика (II:6)

cost сто́ить (*usu. 3rd pres.* сто́ит, сто́ят) *impfv.* (I:6)

  How much does this cost? Ско́лько э́то сто́ит? (I:6)

couch дива́н [I:3]

cough *noun* ка́ш(е)ль (*gen. sing.* ка́шля) *m.*; *verb* ка́шлять/ка́шлянуть (ка́шляну, ка́шлянешь) (*one-time action*) (II:5)

could:

  Could you please correct my mistakes? Ты не мог (могла́) бы испра́вить мои́ оши́бки? [I:8]

  Could you tell me . . . ? Вы не ска́жете... ? (I:8)

count счита́ть/посчита́ть [II:4]

counter: cashier's counter ка́сса [II:7]

country страна́ (*pl.* стра́ны) (I:5)

couple па́ра (II:3)

court (someone) уха́живать (за + *instr.*) *impfv.* [II:7]

courtyard двор (*gen. sing.* двора́) (II:3)

cover накрыва́ть/накры́ть (накро́ю, накро́ешь) [I:3]

crab краб [II:8]

creative оригина́льный [II:6]

  (it's/that's) creative оригина́льно [I:3]

creatively оригина́льно [I:3]

cross someone's path перебега́ть/перебежа́ть (перебегу́, перебежи́шь) доро́гу (+ *dat.*) [II:2]

cross-town line ра́диус [II:1]; радиа́льная ли́ния [II:1]

cucumber огур(é)ц (*gen. sing.* огурца́) (II:3)

cultured культу́рный (I:6)

cup ча́шка (*gen. pl.* ча́шек) (II:6); (small cup) ча́шечка (*gen. pl.* ча́шечек) *diminutive* [II:6]

cure (of) выле́чивать/вы́лечить (вы́лечу, вы́лечишь) (от + *gen.*) (II:5)

customary: it is customary (to . . .) при́нято [I:7]

cutlet котле́та [II:2]

D

dad па́па (I:1); па́почка *affectionate* [II:7]

dance 1. *noun* та́н(е)ц (*gen. sing.* та́нца) [II:3]; 2. *verb* танцева́ть (танцу́ю, танцу́ешь)/станцева́ть [II:3] (II:8)

dangerous опа́сный (II:5)

dangerously: You're not dangerously sick. У вас не опа́сная боле́знь. (II:5)

dark blue си́ний (II:4)

date 1. (*day of the month*) число́ (*pl.* чи́сла, *gen. pl.* чи́сел) (II:4); 2. (*social*) свида́ние [I:8]

daughter дочь (*gen., dat., and prep. sing.* до́чери, *pl.* до́чери, *gen. pl.* дочере́й) *f.* (I:2); *affectionate* до́ченька [I:3]

day д(е)нь (*gen. pl.* дней) *m.* (I:7)

  day off нерабо́чий день [II:6]

  days gone by пре́жние дни [II:3]

  Good day! До́брый день! (I:4)

  International Women's Day Междунаро́дный же́нский день (II:6)

  the day after tomorrow послеза́втра (II:5)

daytime: in the daytime днём (I:7)

dear дорого́й (I:2)

December дека́брь (*gen. sing.* декабря́) *m.* (I:8)

decide реша́ть/реши́ть (решу́, реши́шь) (II:4)

  Have you decided? (*when ordering at a restaurant*) Вы уже́ вы́брали? (II:8)

deciding реша́ющий (II:7)

decisive реша́ющий (II:7)

decorated наря́дный [II:3]

definitely обяза́тельно (I:7)

delicious вку́сный [I:8] (II:2)

  (it's/that's) delicious вку́сно (II:3)

depart (*by vehicle*) уезжа́ть/уе́хать (уе́ду, уе́дешь) (II:1)

department факульте́т (I:4)

  history department истори́ческий факульте́т (I:5)

  journalism department факульте́т журнали́стики [I:4]

  What department are you in? На како́м факульте́те вы у́читесь? (I:5)

dessert десе́рт (II:8)

die умере́ть (умру́, умрёшь; *past* у́мер, умерла́, у́мерло, у́мерли) *pfv.* (II:4)

different ра́зный (I:3)

  (that's) a different matter друго́е де́ло (II:7)

difficult тру́дный (I:3)

  (it's/that's) difficult тру́дно (I:3); нелегко́ (II:6)

dining room столо́вая *noun, declines like adj.* (I:5)

dinner обе́д (I:7)

  have dinner обе́дать/пообе́дать (II:6)

diploma дипло́м [I:7]

direction сторона́ (II:2)

director дире́ктор (I:4)
discrimination дискримина́ция [I:5]
disease боле́знь *f.* (II:5)
dish таре́лка (*gen. pl.* таре́лок) (II:6)
dishes посу́да [II:6]
dishware посу́да [II:6]
dispatcher диспе́тчер [II:8]
dissertation диссерта́ция [I:5]
distant отдалённый [II:1]
do де́лать/сде́лать (I:3)/(I:7)
  How are you doing? Как (у тебя́, у вас) дела́? (I:1)
  ~~~~~~~~~ (~~~~~) У нас э́то не при́нято.

что! (I:5)
  Don't worry! Не волну́йся (волну́йтесь)! (I:6)
door дверь (*prep. sing.* о две́ри, на двери́; *gen. pl.* двере́й) *f.* (I:4)
doorman швейца́р [II:8]
doorway подъе́зд (I:6)
dormitory общежи́тие (I:5)
double двойно́й [II:7]
doubt сомне́ние [II:5]
downstairs внизу́ (I:4)
downtown центр (го́рода) (II:1)
drink *verb* пить (пью, пьёшь)/вы́пить (вы́пью, вы́пьешь) (II:3)
  drink up вы́пить *pfv.* (II:3)
drive 1. води́ть (вожу́, во́дишь) (маши́ну) *impfv.* (II:2); **2.** е́хать (е́ду, е́дешь)/пое́хать [I:8]; е́здить (е́зжу, е́здишь) *multidir.* (II:4)
driver 1. води́тель *m.* [I:8]; **2.** шофёр (II:4)
driving вожде́ние [II:2]
driving school автошко́ла [II:2]
drop by заезжа́ть/зае́хать (в *or* на + *acc. or* к + *dat.*)
drugstore апте́ка [I:3] [II:5]
duty: man/woman on duty дежу́рный/дежу́рная *noun, declines like adj.* [II:4]

E

each ка́ждый (I:5)
  (to, about, *etc.*) **each other** друг дру́га (друг дру́гу, друг о дру́ге, *etc.*) (I:6)
earlier ра́ньше (II:5)
  earlier and earlier всё ра́ньше и ра́ньше (II:1)
early *adv.* ра́но (II:1)

earphones нау́шники *pl.* (II:1)
easier ле́гче (*compar. of* лёгкий) (II:1)
easily легко́
east восто́к (II:8)
easy лёгкий: **(it's/that's) easy** легко́ [I:3]
  (it's/that's) not easy нелегко́ (II:6)
easy chair кре́сло (I:3)
eat есть (ем, ешь, ест, еди́м, еди́те, едя́т; *past* ел, е́ла, е́ло, е́ли)/съесть (I:8); пое́сть (II:3)
  eat up съесть (I:8)
  eat well вку́сно пое́сть (II:3)
  have a bite to eat есть/пое́сть (II:3)
  ~~ ~~~~~thing good to eat вку́сно пое́сть (II:3)

electrician эле́ктрик [I:4]
elevator лифт (I:4)
eleven оди́ннадцать (I:2)
eleventh оди́ннадцатый (I:6)
else ещё (I:2)
  not . . . anything else бо́льше ничего́ [I:8]
  nothing else бо́льше ничего́ [I:8]
embarrassing: How embarrassing! Како́й стыд! [II:4]
empty пусто́й (пуст, пуста́, пу́сто, пусты́) (II:2)
encounter встре́ча [II:2]
encyclopedia энциклопе́дия [I:5]
  walking encyclopedia ходя́чая энциклопе́дия [I:5]
end 1. *noun* кон(е́)ц (*gen. sing.* конца́) (II:7); **2.** *verb* конча́ться/ко́нчиться (ко́нчится, ко́нчатся) (*3rd pers. only*) (II:8)
  All's well that ends well. Всё хорошо́, что хорошо́ конча́ется. (II:8)
engaged: be engaged in занима́ться (+ *instr.*) *impfv.* (II:2)
English 1. англи́йский (I:7); **2. (in) English** по-англи́йски, на англи́йском языке́
  speak English говори́ть (говорю́, говори́шь) по-англи́йски
  write in English писа́ть (пишу́, пи́шешь) по-англи́йски
enjoy:
  Enjoy your meal! Прия́тного аппети́та! (II:8)
enough доста́точно (II:7): **(One has/There is) enough time.** Вре́мени доста́точно. (II:7)
  be enough хвата́ть/хвати́ть (хва́тит; *past* хвати́ло) (+ *gen.*) *impersonal* (II:5)

ensemble ансáмбль *m.* [II:1]
entirely совсéм (I:6)
entrance 1. вход (II:1); **2.** подъéзд (I:6)
entryway подъéзд (I:6)
envelope конвéрт (I:6)
epidemic эпидéмия (II:5)
especially осóбенно (II:1)
Eugene Onegin «Евгéний Онéгин» (*a novel in verse by A.S. Pushkin*) [I:7]
even *particle* дáже (I:5)
  even now до сих пор (II:4)
evening вéчер
  Good evening! Дóбрый вéчер! (I:5)
  in the evening вéчером (I:5)
every кáждый (I:5)
everybody все (*pl. of* весь) (I:4)
everyone все (*pl. of* весь) (I:4)
everything всё (I:4)
  Everything is in order; Everything's fine. Всё в порядке (I:6)
  everything one needs всё, что нýжно [I:7]
  Everything's clear. Всё ясно. (II:1)
everywhere вездé (I:5)
exactly рóвно; тóчно (II:1)
exam экзáмен (II:2)
  get ready (*or* prepare) for an exam готóвиться (готóвлюсь, готóвишься) к экзáмену (II:2)
example: for example напримéр (II:2)
excellent отлúчный (I:7): **Excellent!** Отлúчно! (I:7)
excellently отлúчно
excessively слúшком [I:4]
exchange обмéн (II:4)
  as an exchange student по обмéну (II:4)
  on an exchange program по обмéну (II:4)
excursion экскýрсия [II:2]
excuse:
  Excuse me! Извинú(те)! (I:2); Простú(те)! (I:5)
  medical excuse больнúчный лист [II:5]
  write (out) a medical excuse (for someone) вы́писать (вы́пишу, вы́пишешь) больнúчный лист (+ *dat.*) (II:5)
expect ждать (жду, ждёшь; *past* ждал, ждалá, ждáло, ждáли) *impfv.* (I:7)
expedition экспедúция [II:8]
expensive дорогóй (I:5)
experience óпыт (II:1)
explain объяснять/объяснúть (объясню́, объяснúшь) (II:6)
extend: extend greetings (to) поздравля́ть/ поздрáвить (поздрáвлю, поздрáвишь) [II:3] (II:6)
extra лúшний (I:6)

F

fall¹ *noun* óсень *f.* (II:6)
  in the fall óсенью (II:1)

fall² *verb* пáдать/упáсть (упадý, упадёшь; *past* упáл, упáла, упáло, упáли) [II:2]
  fall ill заболéть (заболéю, заболéешь) *pfv.* (II:2)
familiar знакóмый (II:7)
family семья́ (*pl.* сéмьи, *gen. pl.* семéй, *dat. pl.* сéмьям) (I:2)
famous знаменúтый (II:7)
far 1. (*used predicatively*) далекó (I:3); **2.** горáздо (+ *compar.*); намнóго (+ *compar.*) (II:1)
  far (away) далекó (I:3)
  not far from недалекó от (+ *gen.*) (I:6)
farther дáльше (*compar. of* далёкий *and* далекó)
fast 1. *adj.* бы́стрый (II:1); **2.** *adv.* бы́стро (I:6)
fat тóлстый (II:4)
father от(é)ц (*gen. sing.* отцá) (I:1)
fault:
  at fault виновáт (виновáта, виновáто, виновáты) [II:4]
  It's my fault. (Э́то) я виновáт (виновáта). [II:4]
favor: I have a favor to ask of you. У меня́ к тебé (вам) прóсьба (I:8)
favorite любúмый (I:3)
fear боя́ться (+ *gen.*) *impfv.* (II:2)
February феврáль (*gen. sing.* февраля́) *m.* (I:8)
feel (*some way*) чýвствовать (чýвствую, чýвствуешь) себя́ *impfv.* (II:5)
  feel at home чýвствовать себя́ как дóма (II:3)
  feel sorry (for) сочýвствовать (сочýвствую, сочýвствуешь) (+ *dat.*) *impfv.* [II:4]
  not feel well плóхо себя́ чýвствовать (II:5)
fellow пáр(е)нь (*gen. pl.* парнéй) *m.* [I:7] (II:3)
few мáло (+ *gen.*) (I:3)
  a few нéсколько (II:6)
fewer мéньше (*compar. of* мáло) (II:1)
fifteen пятнáдцать (I:6)
fifth пя́тый (I:6)
fifty пятьдеся́т (I:6)
film фильм (II:4)
final (*adj.*) финáльный [II:2] [II:7]
finale финáл [II:7]
finally наконéц (II:6)
find находúть (нахожý, нахóдишь)/найтú (найдý, найдёшь; *past* нашёл, нашлá, нашлó, нашлú) (II:6)
fine:
  Fine, thanks. (*in response to* Как делá?) Хорошó, спасúбо. (I:1)
finish закáнчивать/закóнчить (закóнчу, закóнчишь) (I:7)
Finnish фúнский [I:3]
firm (*business*) фúрма [I:8]
first пéрвый (I:6)
  at first сначáла (I:7); вначáле [II:4]; пéрвое врéмя (II:4)
  in the first place во-пéрвых *parenthetical* (II:7)

five пять (I:2)
five hundred пятьсо́т [I:5]
floor 1. пол (*prep. sing.* на полу́, *pl.* полы́) (I:4);
  2. (*story*) эта́ж (*gen. sing.* этажа́) (I:2)
flower цвет(о́)к (*gen. sing.* цветка́, *pl.* цветы́, *gen. pl.*
  цвето́в) (I:5)
flu грипп (II:5)
foot нога́ (*acc. sing.* но́гу, *pl.* но́ги, *gen. pl.* ног, *dat.*
  pl. нога́м) (II:5)
  on foot пешко́м
  put one's foot in it попада́ть/попа́сть (попаду́,
    попадёшь; *past* попа́л, попа́ла, попа́ло, попа́ли)

friendship дру́жба (II:3)
from 1. от (+ *gen.*) (I:5); **2.** из: **from Moscow** из
  Москвы́; **3.** (*from where*) отку́да: **Where are you**
  from? Отку́да вы?
front: in front of пе́ред (пе́редо) (+ *instr.*) (II:1): **in**
  front of me пе́редо мной [II:1]
full по́лный (II:1)
fun:
  It was a lot of fun. Бы́ло о́чень ве́село. (I:7)
  make fun of смея́ться (смею́сь, смеёшься) (над +
    instr.) *impfv.* (II:4)
  We had a lot of fun. Бы́ло о́чень ве́село. (I:7)
funeral по́хороны *pl.* (*gen.* похоро́н, *dat.*

for a long time до́лго (...)
  for example наприме́р (II:2)
  for free беспла́тно (I:5)
  for instance наприме́р (II:2)
  for sure ве́рно (II:1); то́чно (II:1)
  for the sake of ра́ди (+ *gen.*) (II:4)
forbidden: it is forbidden нельзя́ (I:4)
forecast прогно́з (II:1)
foreign иностра́нный (II:1); чужо́й [I:6]
foreigner иностра́н(е)ц/иностра́нка (*gen. pl.*
  иностра́нок) [I:8] (II:1)
forest лес (*prep. sing.* в лесу́, *pl.* леса́) (II:3)
forget забыва́ть/забы́ть (забу́ду, забу́дешь)
  (II:1)
fork ви́лка (*gen. pl.* ви́лок) (II:2)
formally официа́льно [II:3]
forty со́рок (I:6)
forward 1. *adv.* вперёд; **2.** *noun* (*in hockey or soccer*)
  фо́рвард [II:7]
four четы́ре (I:2)
fourteen четы́рнадцать (I:6)
fourth четвёртый (I:6)
frankly открове́нно (II:5)
  frankly speaking *parenthetical* открове́нно говоря́
    (II:5)
free свобо́дный (свобо́ден, свобо́дна, свобо́дно,
  свобо́дны) (II:4)
  become free освобожда́ться/освободи́ться
    (освобожу́сь, освободи́шься) (II:8)
  for free беспла́тно (I:5)
  free (of charge) беспла́тно (I:5)
Friday пя́тница (I:7)
friend друг (*pl.* друзья́, *gen. pl.* друзе́й) (I:5); (*female*)
  подру́га (I:6)

garage гара́ж (*gen. sing.* гаража́) [I:8]
gather собира́ть/собра́ть (соберу́, соберёшь;
  past собра́л, собрала́, собра́ло, собра́ли) (II:8)
general: in general вообще́ (I:8)
gentleman джентльме́н [II:3]
German *adj.* неме́цкий (II:1)
Gesundheit! Будь здоро́в (здоро́ва)!; Бу́дьте
  здоро́вы! (II:5)
get 1. получа́ть/получи́ть (получу́, полу́чишь) (I:5);
  2. брать (беру́, берёшь)/взять (возьму́,
  возьмёшь; *past* взял, взяла́, взя́ло, взя́ли) (I:6);
  3. достава́ть (достаю́, достаёшь)/доста́ть
  (доста́ну, доста́нешь) (II:7)
  get a doctor (for someone) вызыва́ть/вы́звать
    (вы́зову, вы́зовешь) врача́ (II:5)
  get acquainted (with) знако́миться/
    познако́миться (познако́млюсь,
    познако́мишься) (с + *instr.*) (I:2)
  get in line стать (ста́ну, ста́нешь) в о́чередь (I:8)
  get into (a place or event) попада́ть/попа́сть
    (попаду́, попадёшь; *past* попа́л, попа́ла,
    попа́ло, попа́ли) (в *or* на + *acc.*) (II:7)
  get lost заблуди́ться (заблужу́сь, заблу́дишься)
    pfv. [I:8] (II:1)
  get married (to) (*of a woman*) выходи́ть (выхожу́,
    выхо́дишь)/вы́йти (вы́йду, вы́йдешь; *past*
    вы́шла, вы́шли) за́муж (за + *acc.*) (I:8); (*of a*
    man) жени́ться (женю́сь, же́нишься) (на +
    prep.) *impfv. and pfv.* (I:8)
  get ready for an exam гото́виться (гото́влюсь,
    гото́вишься) к экза́мену (II:2)
  get sick заболе́ть (заболе́ю, заболе́ешь) *pfv.*
    (II:2)

get (*continued*)

get to (a place or event) попада́ть/попа́сть (попаду́, попадёшь; *past* попа́л, попа́ла, попа́ло, попа́ли) (в *or* на + *acc.*) (II:7)

get together (with) встреча́ться/встре́титься (встре́чусь, встре́тишься) (с + *instr.*) (II:7)

get up встава́ть (встаю́, встаёшь)/встать (вста́ну, вста́нешь) (II:1)

get used to привыка́ть/привы́кнуть (привы́кну, привы́кнешь; *past* привы́к, привы́кла, привы́кло, привы́кли) (к + *dat.*) (II:4)

Get well! Выздора́вливай(те)! (II:5)

Get well soon! Скоре́е выздора́вливай(те)! (II:5)

He went back for his cigarettes. Он верну́лся за сигаре́тами. (II:1)

Let's get acquainted! Дава́йте познако́мимся! (I:2)

You got the wrong number. (*over the telephone*) Вы не туда́ попа́ли. (II:5)

gift пода́р(о)к (I:6)

girl (*young woman*) де́вушка (I:5); (*little girl*) де́вочка (I:2); девчо́нка (*gen. pl.* девчо́нок) *colloquial* [II:6]

the girl one is in love with люби́мая де́вушка [II:3]

give 1. дава́ть (даю́, даёшь)/дать (дам, дашь, даст, дади́м, дади́те, даду́т; *past* дал дала́, дало́, да́ли) (+ *dat.* + *acc.*) (I:5); **2.** (*as a present*) дари́ть (дарю́, да́ришь)/подари́ть (+ *dat.* + *acc.*) (I:6); **3.** (*give back*) отдава́ть (отдаю́, отдаёшь)/отда́ть (отда́м, отда́шь, отда́ст, отдади́м, отдади́те, отдаду́т; *past* о́тдал, отдала́, о́тдало, о́тдали) (I:5)/(II:3)

give a ride to довози́ть (довожу́, дово́зишь)/довезти́ (довезу́, довезёшь; *past* довёз, довезла́, довезло́, довезли́) (до + *gen.*) (II:8)

give lectures чита́ть ле́кции [II:5]

glad рад (ра́да, ра́до, ра́ды) (I:2)

I'd be glad to с удово́льствием (I:8)

gladly с удово́льствием (I:8)

glass: to raise a glass (glasses) (to) поднима́ть/подня́ть (подниму́, подни́мешь; *past* по́днял, подняла́, по́дняло, по́дняли) бока́л(ы) (за + *acc.*) [II:3]

go 1. идти́ (иду́, идёшь; *past* шёл, шла, шло, шли)/пойти́ (пойду́, пойдёшь; *past* пошёл, пошла́, пошло́, пошли́) (I:8); ходи́ть (хожу́, хо́дишь) *multidir.* (II:4) **2.** (*by vehicle*) е́хать (е́ду, е́дешь)/пое́хать [I:8]; е́здить (е́зжу, е́здишь) *multidir.* (II:4)

go abroad пое́хать за грани́цу; е́здить за грани́цу (II:4)

go away 1. уходи́ть (ухожу́, ухо́дишь)/уйти́ (уйду́, уйдёшь; *past* ушёл, ушла́, ушло́, ушли́) (I:8); **2.** (*of pain, a cough, etc.*) проходи́ть (прохо́дит, прохо́дят)/пройти́ (пройдёт, пройду́т; *past* прошёл, прошла́, прошло́, прошли́) (II:5)

go back возвраща́ться/верну́ться (верну́сь, вернёшься) (II:1)

go camping идти́ в похо́д; ходи́ть в похо́ды (II:1)

go for a walk гуля́ть (I:4)/погуля́ть (II:4)

go hiking идти́ в похо́д; ходи́ть в похо́ды (II:1)

go on продолжа́ться/продо́лжиться (продо́лжится/продо́лжатся) (*3rd pers. only*) (II:8)

go out (of) выходи́ть (выхожу́, выхо́дишь)/вы́йти (вы́йду, вы́йдешь; *past* вы́шел, вы́шла, вы́шло, вы́шли) (II:1)

go over (to) подходи́ть (подхожу́, подхо́дишь)/подойти́ (подойду́, подойдёшь; *past* подошёл, подошла́, подошло́, подошли́) (к + *dat.*) (II:4)

go shopping ходи́ть по магази́нам (II:6)

Let's go! Пойдём! [I:4]; Вперёд! (II:3); Пое́хали! (II:8)

goal: to score a goal забро́сить (забро́шу, забро́сишь) ша́йбу [II:7]

gold(en) золото́й (II:4)

gone: days gone by пре́жние дни [II:3]

good 1. хоро́ший (I:2); **2.** до́брый

(it's/that's) good хорошо́

Good heavens! Бо́же мой! [I:4] (II:4)

Good job! Молоде́ц! (I:4)

good luck уда́ча (II:2)

Good luck! Жела́ю (вам) уда́чи! (II:2)

good things хоро́шее *noun, declines like adj.* [II:2]

(one is) good with one's hands золоты́е ру́ки (у + *gen.*) (I:4)

Have a good time! Жела́ю (вам) хорошо́ провести́ вре́мя! (II:2)

have good luck везти́ (везёт, *past* везло́)/повезти́ (+ *dat.*) *impersonal* (II:2)

That's not a good idea. Лу́чше не на́до. (II:5)

You had good luck. Вам повезло́. (II:2)

goodbye до свида́ния (I:1)

say good-bye (to someone) проща́ться/попроща́ться (с + *instr.*) (II:3)

good-looking краси́вый (I:2)

goodness: My goodness! Бо́же мой! [I:4] (II:4)

goose гусь (*gen. pl.* гусе́й) *m.* (II:3)

gorgeous чуде́сный [II:6]

got: You got the wrong number. Вы не туда́ попа́ли. (II:5)

gourmet гурма́н [II:3]

grade (*in school*) класс

What grade are you in? Ты в како́м кла́ссе? (I:6)

gradually постепе́нно (II:6)

graduate student аспира́нт/аспира́нтка (*gen. pl.* аспира́нток) (I:2)

granddaughter вну́чка (I:2)

grandfather де́душка (*gen. pl.* де́душек) *m.* (I:2)

Grandfather Frost Дед Моро́з (II:3)

grandmother ба́бушка (*gen. pl.* ба́бушек) (I:2)

grandson внук (I:2)

gray се́рый (II:4)
Great! Замеча́тельно! (I:6)
green зелёный [II:3] (II:4)
greet (someone) здоро́ваться/поздоро́ваться (II:2)
greeting card поздрави́тельная откры́тка (II:6)
groceries проду́кты *pl. only* (I:3)
group 1. гру́ппа (II:4); **2. group of people** компа́ния (I:7)
grow (*to increase in size*) расти́ (расту́, растёшь; *past* рос, росла́, росло́, росли́)/вы́расти [II:3]
   grow up (*to become an adult*) расти́/вы́расти [I:6]
grownup большо́й *noun, declines like adj., colloquial*

guys ребя́та (*gen. pl.* ребя́т) (~~...~~)

H

half полови́на (пол-) (II:4)
   half a year полго́да [II:1]
   half an hour полчаса́ (II:3)
   half past four полови́на пя́того (II:4)
hall зал (II:7)
hand 1. *noun* рука́ (*acc. sing.* ру́ку, *pl.* ру́ки); **2.** *verb* (*hand something to someone*) передава́ть (передаю́, передаёшь)/переда́ть (переда́м, переда́шь, переда́ст, передади́м, передади́те, передаду́т; *past* пе́редал, передала́, пе́редало, пе́редали) (II:3)
   (one is) good with his hands золоты́е ру́ки (у + *gen.*) (I:4)
hang 1. ве́шать/пове́сить (пове́шу, пове́сишь) [I:6]; **2.** висе́ть (*usu. 3rd pers.* виси́т, вися́т) *impfv.* (I:5)
   hang up ве́шать/пове́сить (пове́шу, пове́сишь) [I:6] (II:6)
   Hang up. Пове́сь(те) тру́бку. (II:4)
happen случа́ться/случи́ться (случи́тся, случа́тся) (*3rd pers. only*)
   What happened? Что случи́лось? (II:4)
happiness сча́стье (II:3)
happy:
   Happy New Year! С наступа́ющим (Но́вым го́дом)! (II:3)
   wish (someone) **a happy** (holiday) поздравля́ть/поздра́вить (поздра́влю, поздра́вишь) [II:3] (II:6)
hard тру́дный
   (its/that's) hard тру́дно (I:3)
   hard work тяжёлая рабо́та (II:1)

hate ненави́деть (ненави́жу, ненави́дишь) *impfv.* [II:5]
have име́ть (име́ю, име́ешь) *impfv.* (I:8)
   have (someone do something) пусть (II:5)
   Have a good time! Жела́ю (вам) хорошо́ провести́ вре́мя! (II:2)
   Have a good trip! Счастли́вого пути́! (II:8)
   have breakfast за́втракать/поза́втракать (II:6)
   have dinner обе́дать/пообе́дать (II:6)
   have good luck везти́ (везёт; *past* везло́)/повезти́ (+ *dat.*) *impersonal* (II:2)
   have lunch за́втракать/поза́втракать; обе́дать/пообе́дать (II:6)
   ~~...~~ (I:4)
   I have a favor to ask of you. У меня́ к тебе́ (вам) про́сьба. (I:8)
   I have no time. У меня́ нет вре́мени.
   I (they, *etc.*) **have to . . .** Мне (им, *etc.*) прихо́дится... [I:7]; мне (им, *etc.*) на́до (I:3); мне (им, *etc.*) ну́жно
   I have two sisters. У меня́ две сестры́. (I:4)
have to приходи́ться (прихо́дится)/прийти́сь (придётся; *past* пришло́сь) (+ *dat.* + *infin.*) *impersonal* (II:7)
he он (I:1)
head голова́ (*acc. sing.* го́лову, *pl.* го́ловы, *gen. pl.* голо́в, *dat. pl.* голова́м) (II:5)
health здоро́вье (I:6)
   I wish you good health! Жела́ю вам здоро́вья!
healthy здоро́вый (II:5)
hear слы́шать (слы́шу, слы́шишь) *impfv.* (II:1)
   I (we, etc.) **can hear everything.** Всё слы́шно. [I:4]
heart: to listen to a patient's heart and lungs послу́шать больно́го *pfv.* [II:5]
heating отопле́ние [I:4]
heavens: Good heavens! Бо́же мой! [I:4] (II:4)
heavy тяжёлый (I:6)
Hello! 1. Здра́вствуй(те)!; Приве́т! *informal* (I:1); **2.** Алло́! (*said when answering the phone*) (I:7)
help *noun* по́мощь *f.*; *verb* помога́ть/помо́чь (помогу́, помо́жешь, помо́гут; *past* помо́г, помогла́, помогло́, помогли́) (+ *dat.*) (I:5)
   Help! Помоги́те! (I:4)
her 1. её (*gen. and acc. of* она́), ей (*dat. of* она́), *after prepositions* неё, ней; **2.** *possessive* её; **3.** *when possessor is subject* свой (своя́, своё, свой)

here 1. здесь (I:1); тут (I:2); **2.** (*indicates direction*) сюда́ (II:1)

    almost here на носу́ [II:3]

    Here (is) . . . Вот... (I:2)

    Here you are! Пожа́луйста! (I:1)

heroine геро́иня [I:7]

hers *possessive* её

herself (она́) сама́ *emphatic pronoun* (I:8)

Hi! Приве́т! *informal* (I:1)

high высо́кий

    high temperature высо́кая температу́ра

hike похо́д (II:1)

    go hiking идти́ (иду́, идёшь; *past* шёл, шла, шло, шли)/пойти́ (пойду́, пойдёшь; *past* пошёл, пошла́, пошло́, пошли́) в похо́д; ходи́ть (хожу́, хо́дишь) в похо́ды (II:1)

him его́ (*gen. and acc. of* он), ему́ (*dat. of* он), *after prepositions* него́, нему́, нём

himself (он) сам *emphatic pronoun* (I:8)

his 1. *possessive* его́; **2.** *when possessor is subject* свой (своя́, своё, свой)

historian исто́рик (I:4)

historical истори́ческий (I:5)

history исто́рия; (*adj.*) истори́ческий (I:5)

    history department истори́ческий факульте́т (I:5)

hockey хокке́й [I:8]

    hockey player хоккеи́ст [II:7]

    hockey puck ша́йба [II:7]

    Russian hockey champion чемпио́н Росси́и по хокке́ю [II:7]

hold держа́ть (держу́, де́ржишь) *impfv.* [II:2]

holiday пра́здник (II:3)

    wish (someone) **a happy holiday** поздравля́ть/поздра́вить (поздра́влю, поздра́вишь)

home 1. (*at home*) до́ма (I:1); **2.** (*indicates direction*) домо́й (II:1); **3.** (*adj.*) дома́шний [II:3] (II:5)

    feel at home чу́вствовать (чу́вствую, чу́вствуешь) себя́ как до́ма (II:3)

home-cooked дома́шний [II:3] (II:5)

homemade дома́шний [II:3] (II:5)

    homemade jam дома́шнее варе́нье [II:8]

homework (assignment) дома́шнее зада́ние (I:3); уро́ки (I:4)

Honest! Че́стное сло́во! (I:7)

honey мёд [II:5]

hope *verb* наде́яться *impfv.* (II:3)

    Hope you're successful! Жела́ю успе́ха! (II:6)

horrible ужа́сный (I:4): **(it's/that's) horrible** ужа́сно (I:2)

    That's horrible! Како́й у́жас!; Э́то ужа́сно! (I:2)

horribly ужа́сно (I:2)

horror у́жас (I:2)

hot 1. горя́чий: **(it's/that's) hot** горячо́ (II:5); **2.** жа́ркий: **I'm hot.** Мне жа́рко.; **(it's) hot** жа́рко (II:1)

hour час (*gen. sing.* ча́са *but* 2, 3, 4 часа́; *prep. sing.* в... часу́; *pl.* часы́) (I:7)

    half an hour полчаса́ (II:3)

house дом (*pl.* дома́)

housewarming новосе́лье [I:6]

how 1. как (I:1); **2.** отку́да: **How do you know?** Отку́да ты зна́ешь? (I:6)

    How are things (with you)? Как (у тебя́, у вас) дела́? (I:1)

    How are you? Как ва́ше здоро́вье? (I:6)

    How are you (doing)? Как (у тебя́, у вас) дела́? (I:1); Как (вы) пожива́ете? (I:7)

    How awful! Како́й у́жас! (I:2)

    How embarrassing! Како́й стыд! [II:4]

    How humiliating! Како́й позо́р! [II:4]

    How many . . . **?** Ско́лько (+ *gen.*)? (I:6)

    How much . . . **?** Ско́лько (+ *gen.*)? (I:6)

    How much do I owe? Ско́лько с меня́? (I:8)

    How much is it? Ско́лько с меня́? (I:8)

    How much money do you have? Ско́лько у вас де́нег? (I:8)

    How old is he? Ско́лько ему́ лет? (I:6)

humor: sense of humor чу́вство ю́мора (II:5)

hundred сто (II:6)

hurrah! ура́! (II:5)

Hurry up! Скоре́е! (II:4)

hurt *verb* боле́ть (боли́т, боля́т) (*3rd pers. only*) (II:5)

hurry спеши́ть (спешу́, спеши́шь)/поспеши́ть [I:8]

husband муж (*pl.* мужья́, *gen. pl.* муже́й) (I:2)

    the Kruglovs, husband and wife муж и жена́ Кругло́вы (I:2)

I

I я (I:1)

idea иде́я (I:6)

    It's/That's not a good idea. (*in response to a suggestion*) Лу́чше не на́до. (II:5)

identical одина́ковый [II:6]

if *conjunction* **1.** е́сли (I:4); **2.** ли: **He asked if I had received his letter.** Он спроси́л, получи́ла ли я его́ письмо́. (I:7)

ill больно́й

    be ill боле́ть (боле́ю, боле́ешь) *impfv.* (II:5)

    fall ill заболе́ть (заболе́ю, заболе́ешь) *pfv.* (II:2)

imagine представля́ть/предста́вить (предста́влю, предста́вишь) (себе́) (II:7)

immediately сра́зу (II:3); неме́дленно [II:5]; сро́чно (II:7)

important: the most important thing са́мое гла́вное (II:1)

imported и́мпортный (I:3)

impossible невозмо́жный (II:2)
  (it's/that's) impossible невозмо́жно; нельзя́ (I:4)
  Nothing is impossible. Нет ничего́ невозмо́жного. (II:2)
in 1. в (+ *prep.—to denote locations*): **in Moscow** в Москве́ (I:3); **2.** в (+ *prep.—with time units of a month or more*): **in April** в апре́ле (I:7); **3.** за (+ *acc.—to indicate how long it takes to complete something*) (II:4); **4.** (*indicates time from the present or from the indicated moment*) че́рез: **in two weeks** че́рез две неде́ли (II:2)
  Come in! Проходи́(те)! (II:6)

in the evening ве́чером (I:5)
in the fall о́сенью (II:1)
in the first place во-пе́рвых *parenthetical* (II:7)
in the morning у́тром (I:7)
in the second place во-вторы́х *parenthetical* (II:7)
in the spring весно́й (II:1)
in the summer ле́том (I:7)
in the winter зимо́й (II:1)
just in case на вся́кий слу́чай (II:7)
  What year of college are you in? На како́м вы (ты) ку́рсе? (I:6)
  write in Russian писа́ть (пишу́, пи́шешь) по-ру́сски
incident слу́чай (II:4)
incidentally ме́жду про́чим *parenthetical* (I:8)
inconvenience беспоко́йство
India И́ндия [II:4]
inexpensive недорого́й (I:5)
influenza грипп (II:5)
initials инициа́лы (*usu. pl.*) [I:6]
inquire спра́шивать/спроси́ть (спрошу́, спро́сишь) (+ *acc. or* о + *prep.*) (I:7)
instance: for instance наприме́р (II:2)
institute институ́т (I:6)
instructor (in college) преподава́тель/преподава́тельница (I:6) (II:4)
interest интересова́ть (интересу́ю, интересу́ешь) (*often 3rd pers.*) *impfv.*
interested:
  be interested in интересова́ться (интересу́юсь, интересу́ешься) (+ *instr.*) *impfv.* (II:7)
  I'm interested in sports. Меня́ интересу́ет спорт. (I:8)

interesting интере́сный (I:3)
  in an interesting manner интере́сно (I:3)
  (it's/that's) interesting интере́сно (I:3)
intermission антра́кт (II:7)
international междунаро́дный (II:6)
  International Women's Day Междунаро́дный же́нский день (II:6)
interview интервью́ *neut. indecl.* [II:7] (II:8)
  do an interview (with someone) брать (беру́, берёшь; *past* брал, брала́, бра́ло, бра́ли)/взять (возьму́, возьмёшь; *past* взял, взяла́, взя́ло, взя́ли) интервью́ (у + *gen.*) [II:7]
  interview someone брать/взять интервью́ (у + *gen.*) ... (+ *acc.*) в го́сти (II:4)
isn't: ... isn't that right (isn't that so)? ...не так ли? (II:8)
it он, она́, оно́ (I:1)
it seems ка́жется (I:4)
its 1. *possessive* его́, её; **2.** *when possessor is subject* свой (своя́, своё, свой)
itself сам (сама́, само́) *emphatic pronoun* (I:8)

J

jack-of-all-trades ма́стер на все ру́ки (I:4)
jam варе́нье [II:8]
  homemade jam дома́шнее варе́нье [II:8]
January янва́рь (*gen. sing.* января́) *m.* (I:8)
jazz джаз [I:4]
jeans джи́нсы (*gen.* джи́нсов) *pl.* [II:7]
job рабо́та
joke шу́тка (I:5)
journal журна́л (I:1)
journalism журнали́стика [I:4]
  journalism department факульте́т журнали́стики
journalist журнали́ст/журнали́стка (*gen. pl.* журнали́сток) [I:2]
joy ра́дость *f.* (II:3)
juice сок [II:5]
July ию́ль *m.* (I:8)
June ию́нь *m.* (I:8)
just: just in case на вся́кий слу́чай (II:7)

K

keep (doing something) всё вре́мя (II:1)
key ключ (*gen. sing.* ключа́) (I:5)

kids детишки *affectionate* [II:3]
kind[1] добрый
kind[2] вид (II:1)
  this kind of такой
kindergarten детский сад [II:3]
kiss целовать (целую, целуешь)/поцеловать [I:7]
kitchen кухня (I:2)
knife нож (*gen. sing.* ножа) (II:2)
know знать *impfv.* (I:1)
  you know ведь (I:7)
know how (to do something) уметь (умею, умеешь) *impfv.* (I:7)
Kremlin, the Кремль (*gen. sing.* Кремля) *m.* [II:1]

L

lamp лампа (I:3)
landlady хозяйка (I:7)
landlord хозяин (I:7)
language язык (I:4)
large большой (I:2)
larger больше (*compar. of* большой) (II:1)
last 1. (*preceding the present one*) прошлый (I:7); **2.** (*in a series*) последний (I:7)
  at last наконец (II:6)
last name фамилия (I:2)
late, be 1. опаздывать/опоздать (опоздаю, опоздаешь) (I:7); **2.** *adv.* поздно (II:1)
  Better late than never. Лучше поздно, чем никогда. (II:7)
later потом (I:4)
laugh смеяться (смеюсь, смеёшься) *impfv.*
  laugh at смеяться (над + *instr.*) (II:4)
lay класть (кладу, кладёшь)/положить (положу, положишь) (II:3)
learn 1. учить (учу, учишь)/выучить (выучу, выучишь) (I:7); **2.** (*learn to do something*) учиться (учусь, учишься)/научиться (+ *dat. or* + *infin.*) (I:4)
  Live and learn! Век живи, век учись! (II:7)
least: at least хотя бы (II:6)
leave 1. уходить (ухожу, уходишь)/уйти (уйду, уйдёшь; *past* ушёл, ушла, ушло, ушли) (I:8); **2.** (*by vehicle*) уезжать/уехать (уеду, уедешь) (II:1); выезжать/выехать (выеду, выедешь) (II:8)
lecture лекция (I:7)
  give lectures читать лекции [II:5]
lecturer: He's a good lecturer. Он хорошо читает лекции. [I:7]
left[1]:
  on the left налево (I:3); слева (I:7)
  to the left налево (I:3)
left[2], **to be** оставаться (остаюсь, остаёшься)/остаться (останусь, останешься) (II:3)

leg нога (*acc. sing.* ногу, *pl.* ноги, *gen. pl.* ног, *dat. pl.* ногам) (II:5)
lemon лимон [II:5]
less меньше (*compar. of* мало) (II:1)
lesson урок (I:4)
let . . . пусть: **let her guess** пусть (она) угадает (II:5)
let in пускать/пустить (пущу, пустишь) [II:7]
let's . . . давай(те)... *particle*: **Let's watch TV.** Давай смотреть телевизор. [II:3]
  Let's get acquainted. Давайте познакомимся. (I:2)
  Let's go! Пойдём! [I:4]; Вперёд! [II:3]; Поехали! (II:8)
letter 1. (*of the alphabet*) буква (I:1); **2.** письмо (*pl.* письма, *gen. pl.* писем) (I:1)
library библиотека (I:5)
lid крышка (*gen. pl.* крышек) [II:5]
lie врать (вру, врёшь; *past* врал, врала, врало, врали)/соврать [II:3]
life жизнь *f.* [II:1] (II:4)
light 1. (*of weight*) лёгкий (I:3); **2.** (*of wine, beer, etc.*) лёгкий [II:8]; **3.** (*of brightness*) светлый [I:3]
  light blue голубой (II:4)
lighter легче (*compar. of* лёгкий) (II:1)
likable симпатичный (I:3)
like 1. любить (люблю, любишь) (I:4); **2.** нравиться (нравится, нравятся)/понравиться (*usu. 3rd pers.*) (I:6)
  Did you like the movie? Вам понравился фильм? (I:6)
  I (they, etc.) like this book. Мне (им, *etc.*) эта книга нравится. (I:6)
  like this; like that так (I:2)
  They'll like it. Им это будет приятно. (II:6)
  Would you like . . . ? (*when serving food*) Вам (тебе) положить... ? (II:3)
likely: most likely наверно *parenthetical* (I:6)
line 1. линия (II:1); **2.** очередь (*gen. pl.* очередей) *f.* (I:8)
  circle line кольцевая линия [II:1]
  cross-town line радиальная линия [II:1]
  get in line стать в очередь (I:8)
  stand in line стоять в очереди (I:8)
  What a long line! Какая длинная очередь!
link *verb* соединять *impfv.* [II:1]
list спис(о)к (*gen. sing.* списка) (II:6)
listen (to) слушать/послушать (I:3)/[I:7] (II:1)
  listen to a patient's heart and lungs послушать больного [II:5]
literary литературный [I:7]
literature литература (I:7)
little 1. (*small*) маленький (I:2); **2.** (*a small amount*) мало (+ *gen.*) (I:3)
  a little немного (+ *gen.*) (I:6)
  little girl девочка (I:2)

live жить (живу́, живёшь; *past* жил, жила́, жи́ло, жи́ли) *impfv.* (I:2)
  Live and learn! Век живи́, век учи́сь! (II:7)
lobby (of a theater) фойе́ *neut. indecl.* [II:7]
lock зам(о́)к (*gen. sing.* замка́) [I:5]
long *adj.* дли́нный (I:8); *adv.* до́лго (I:8)
  for a long time до́лго (I:8); давно́ (II:2)
  long ago давно́
look (at) смотре́ть (смотрю́, смо́тришь)/посмотре́ть
  Look! Смотри́(те)! (I:3)
look for иска́ть (ищу́, и́щешь) *impfv.* (II:1)
  ~ ~ ~ like his father. Он похо́ж на

[...]

loudly гро́мко [I:4]
love 1. *noun* люб(о́)вь (*gen.* любви́) *f.* (II:3); **2.** *verb* люби́ть (люблю́, лю́бишь) *impfv.* (I:4)
  lots of love кре́пко целу́ю (*usually at the end of a letter to a close relative, sweetheart, or friend*) [I:7]
  the girl one is in love with люби́мая де́вушка [II:3]
lower *verb* опуска́ть/опусти́ть (опущу́, опу́стишь) [II:5]
luck уда́ча (II:2)
  bad luck неуда́ча [II:2]
  Best of luck! Жела́ю успе́ха! (II:6)
  Good luck! Жела́ю (вам) уда́чи! (II:2)
  have good luck везти́ (везёт; *past* везло́)/повезти́ (+ *dat.*) *impersonal* (II:2)
  You had bad luck. Вам не повезло́. (II:2)
  You had good luck. Вам повезло́. (II:2)
lucky, to be везти́ (везёт; *past* везло́)/повезти́ (+ *dat.*) *impersonal* (II:2)
  Lucky them! Им хорошо́! (II:3)
  You were lucky. Вам повезло́. (II:2)
lunch: to have lunch за́втракать/поза́втракать; обе́дать/пообе́дать (II:6)
lungs: to listen to a patient's heart and lungs послу́шать больно́го *pfv.* [II:5]

M

magazine журна́л (I:1)
mail по́чта (I:6)
mail carrier почтальо́н [I:6]
main гла́вный [I:6] (II:2)
  the main thing гла́вное *noun, declines like adj.* [I:6] (II:1)
maitre d' метрдоте́ль (*pronounced* -тэль) *m.* [II:8]

major in . . . учи́ться на факульте́те... (I:5)
  What are you majoring in? На како́м факульте́те вы у́читесь? (I:5)
make де́лать/сде́лать (I:7)
  make fun of смея́ться (смею́сь, смеёшься) (над + *instr.*) *impfv.* (II:4)
  make-up косме́тика (II:6)
  make use of по́льзоваться (по́льзуюсь, по́льзуешься)/воспо́льзоваться (+ *instr.*)
male мужско́й [I:8]
man 1. мужчи́на (I:6); **2.** челове́к (*pl.* лю́ди, *gen pl.* люде́й *but* пять, шесть, *etc.* челове́к) (I:5)
man on duty дежу́рный *noun, declines like adj.* [II:8]
market ры́н(о)к (II:4)
married (*of a woman*) за́мужем: **She's married.** Она́ за́мужем. (I:8); (*of a man or a couple*) жена́т(ы): **He's married.** Он жена́т. **They're married.** Они́ жена́ты. (I:8)
marry (*of a woman*) выходи́ть (выхожу́, выхо́дишь)/вы́йти (вы́йду, вы́йдешь; *past* вы́шла) за́муж (за + *acc.*) (I:8): **She married Victor.** Она́ вы́шла за́муж за Ви́ктора. (I:8); (*of a man*) жени́ться (женю́сь, же́нишься) (на + *prep.*) *impfv. and pfv.* **He married Lena.** Он жени́лся на Ле́не. (I:8)
marvelous: (it's/that's) marvelous замеча́тельно (I:6)
marvelously замеча́тельно (I:6)
mask ма́ска [II:3]
match (*competition*) матч [II:2] [II:7]
material материа́л (II:8)
matter де́ло (*pl.* дела́, *gen. pl.* дел) (I:8)
  (that's) another matter друго́е де́ло (II:7)
  (that's a) different matter друго́е де́ло (II:7)
  That doesn't matter. Это нева́жно. (I:7)
  What's the matter? В чём де́ло? (I:5)
  What's the matter with you? Что с ва́ми (тобо́й)? (II:5)
May май (I:8)
may:
  May I speak to . . . ? (*on the phone*) Мо́жно попроси́ть... ? [I:7]
  one may мо́жно (I:4)
  one may not нельзя́ (I:4)
maybe мо́жет быть *parenthetical* (I:4)

me меня (*gen. and acc. of* я); мне (*dat. and prep. of* я)

meal:

    afternoon meal обе́д (I:7)

    Enjoy your meal! Прия́тного аппети́та! (II:8)

mean зна́чить (зна́чу, зна́чишь) *impfv.* (II:3)

    by all means обяза́тельно (I:7)

    What do you mean! Что́ ты (вы)!; Ну что́ ты (вы)! (I:8)

    What do you mean (+ *the word or phrase to which the speaker is reacting*) . . . ? Ка́к э́то? (I:8)

    What do you mean by that? Что ты хо́чешь э́тим сказа́ть? (II:6)

means сре́дство (II:5)

measure *verb* ме́рить (ме́рю, ме́ришь) *impfv.*; измеря́ть/изме́рить (изме́рю, изме́ришь) [II:5]

meat мя́со (II:3)

    (breaded) meat patty котле́та [II:2]

    roasted meat жарко́е *noun, declines like adj.* [II:5]

medical медици́нский [I:6]

    medical excuse больни́чный лист; больни́чный *noun, declines like adj.* [II:5]

    write (out) a medical excuse (for someone) вы́писать (вы́пишу, вы́пишешь) больни́чный лист (+ *dat.*) (II:5)

medicine (for something) лека́рство (от + *gen.*) (II:5)

meet 1. встреча́ть/встре́тить (встре́чу, встре́тишь) (I:8); **2.** встреча́ться/встре́титься (встре́чусь, встре́тишься) (с + *instr.*) (II:7)

    (It's/It was) very nice to meet you. О́чень прия́тно познако́миться. (I:1)

memorize вы́учить (вы́учу, вы́учишь) *pfv.* (I:7)

men's мужско́й [I:8]

mention: Don't mention it! (*in response to* Спаси́бо!) Не́ за что! (I:5)

method ме́тод (II:5)

metro метро́ *neut. indecl.*; метрополите́н (*pronounced* -тэн) *formal* (II:1)

milk молоко́ (I:3)

mimosa мимо́за [II:6]

mind:

    change one's mind переду́мать *pfv.* [II:4]

    If you don't mind . . . будь добр (добра́), бу́дьте добры́ (II:4)

    Would you mind . . . будь добр (добра́), бу́дьте добры́ (II:4)

mine *possessive* мой (моя́, моё, мой) (I:1)

mineral water минера́льная вода́ (II:3)

minute мину́та (I:7)

mirror зе́ркало (*pl.* зеркала́) [II:2]

mistake оши́бка (I:6)

Mister (Mr.) (*used before a full name or last name*) господи́н (*pl.* господа́) (II:8)

mom ма́ма (I:1); *affectionate* ма́мочка [I:7]

Monday понеде́льник (I:7)

money де́ньги (*gen.* де́нег, *dat.* деньга́м) *pl.* (I:8)

month ме́сяц (I:7)

mood настрое́ние (I:5)

more бо́льше (*compar. of* мно́го) (II:1); бо́лее (*used to form comparatives*)

    more and more often всё ча́ще и ча́ще (II:1)

    more superstitious бо́лее суеве́рный (II:2)

moreover кро́ме того́ *parenthetical* (I:8)

morning у́тро (*gen. sing.* у́тра *but* до утра́) (I:5)

    in the morning у́тром (I:7)

Moscow Москва́ (I:2); (*adj.*) моско́вский [I:6] (II:1)

    Moscow style по-моско́вски [I:5]

    resident of Moscow москви́ч (*gen. sing.* москвича́)/москви́чка (*gen. pl.* москви́чек) [I:8]

most:

    most likely наве́рно *parenthetical* (I:6)

    the most са́мый (*used to form superlatives*) (II:1)

    the most important thing са́мое гла́вное (II:1)

mother мать (*gen., dat., and prep. sing.* ма́тери, *pl.* ма́тери, *gen. pl.* матере́й) *f.* (I:1)

    mother dear ма́мочка [I:7]

mouth р(о)т (*gen. sing.* рта, *prep. sing.* во рту) (II:5)

movie 1. фильм (II:4); **2. the movies** кино́ *neut. indecl.* (II:5)

    The movie starts at 3 o'clock. Сеа́нс начина́ется в три часа́. (II:5)

Mr. (*used before a full name or last name*) господи́н (*pl.* господа́) (II:8)

    Mr. and Mrs. Kruglov муж и жена́ Кругло́вы (I:2)

much 1. мно́го (+ *gen.*) (I:3); **2.** гора́здо (+ *compar.*); намно́го (+ *compar.*) (II:1)

mud грязь (*prep. sing.* в грязи́) *f.* [I:5]

muddy: (it's) muddy гря́зно [I:7]

Muscovite москви́ч (*gen. sing.* москвича́)/москви́чка (*gen. pl.* москви́чек) [I:8]

mushroom гриб (*gen. sing.* гриба́) (II:3)

music му́зыка (I:3)

musician музыка́нт [I:2] (II:4)

must на́до (+ *dat.*) (I:3); ну́жно; до́лжен (должна́, должно́, должны́) (I:5)

mustard plaster горчи́чник [II:5]

my 1. *possessive* мой (моя́, моё, мой) (I:1); **2.** *when possessor is subject* свой (своя́, своё, свой) (II:4)

    My goodness! Бо́же мой! [I:4] (II:4)

myself (я) сам (сама́) *emphatic pronoun* (I:8)

N

name 1. (*first name*) и́мя (*gen., dat., and prep. sing.* и́мени, *pl.* имена́, *gen. pl.* имён) *neut.* (I:2); **2.** (*last name*) фами́лия (I:2); **3.** назва́ние (I:5)

    call someone by first name (and patronymic) называ́ть по и́мени (и о́тчеству) (I:8)

    My name is . . . Меня́ зову́т... (I:1)

    What's your name? Как тебя́ (вас) зову́т? (I:1)

near о́коло (+ *gen.*) (II:4); во́зле (+ *gen.*) [II:3] (II:6); у (+ *gen.*) (II:8)
  (it's/that's) near бли́зко (I:5)
nearby ря́дом (I:3)
nearly чуть не (II:3)
need:
  everything one needs всё, что ну́жно [I:7]
  I need stamps. Мне нужны́ ма́рки.
  I need to study. Мне ну́жно занима́ться. (I:7)
  one needs ну́жен (нужна́, ну́жно, нужны́) (+ *dat.*) (II:1)
  one needs to ну́жно

new но́вый (I:2)
New Year:
  Happy New Year! С наступа́ющим (Но́вым го́дом)! (II:3)
New Year's (*adj.*) новогодний [II:3]
  celebrate New Year's Eve встреча́ть Но́вый год (II:3)
  New Year's tree ёлка (*gen. pl.* ёлок); ёлочка (*gen. pl.* ёлочек) *diminutive* (II:3)
news но́вость (*pl.* но́вости, *gen. pl.* новосте́й) *f.* [I:6] [II:7]
newspaper газе́та (I:1)
next 1. сле́дующий [II:1]; **2.** да́льше (*compar. of* далёкий *and* далеко́) (II:3)
  next door ря́дом (I:3)
  next to во́зле (+ *gen.*) [II:3] (II:6)
nice 1. симпати́чный (I:3); **2.** хоро́ший (I:2)
  (it's/that's) nice прия́тно
  (It's/It was) very nice to meet you. О́чень прия́тно познако́миться. (I:1)
night ночь (*gen. pl.* ноче́й) *f.* (I:8)
  at night но́чью (I:7)
nightmare кошма́р (I:4)
nine де́вять (I:2)
nineteen девятна́дцать (I:6)
ninety девяно́сто (I:6)
ninth девя́тый (I:6)
no 1. (*used at the beginning of a negative response*) нет (I:1); **2.** нет (+ *gen.* + у + *gen.*): **I (you,** *etc.***) have no . . .** У меня́ (тебя́, *etc.*) нет...
  I have no time. У меня́ нет вре́мени.
  It's no trouble at all. Никако́го беспоко́йства. (II:5)

no . . . (at all) никако́й (I:4)
  No admittance. Вход воспреща́ется. [II:1]
  no longer уже́ не (I:3)
  No problem! (*in response to* Спаси́бо!) Не́ за что! (I:5)
  No space available. Мест нет. (II:8)
nobody никто́ (никого́, никому́, *etc.*) (I:4)
  no one никто́ (никого́, никому́, *etc.*) (I:4)
  There's nobody there. Никого́ нет. (I:4)
normal норма́льный [II:5]
  (it's/that's) pretty normal норма́льно [I:4]
north се́вер (II:8)
nose нос (*prep. sing.* на носу́, *pl.* носы́)
  runny nose на́сморк (II:5)

(it's/that's) not bad непло́хо (I:4)
not . . . either то́же (*with a negated verb*) (I:2)
not far from недалеко́ от (+ *gen.*) (I:6)
not large небольшо́й (I:3)
not the right . . . не тот... (I:5)
not yet ещё нет (I:2)
We don't do that (here). У нас э́то не при́нято. [I:7]
You're not going to believe it (this), but . . . Э́то невероя́тно, но... [I:7]
note запи́ска (*gen. pl.* запи́сок) [II:5]
notebook записна́я кни́жка [I:6]
nothing ничего́ (I:4)
  nothing else бо́льше ничего́ [I:8]
  Nothing is impossible. Нет ничего́ невозмо́жного. (II:2)
notice замеча́ть/заме́тить (заме́чу, заме́тишь) (I:8)
November ноя́брь (*gen. sing.* ноября́) *m.* (I:8)
now тепе́рь (I:3); сейча́с (I:4)
  even now до сих пор (II:4)
  until now до сих пор (II:4)
nowhere 1. нигде́ (I:5); **2.** никуда́ (II:4)
number но́мер (*pl.* номера́) (I:2); число́ (*pl.* чи́сла, *gen. pl.* чи́сел)
  a number of ряд (*prep. sing.* в ря́де)
  You got the wrong number. (*over the telephone*) Вы не туда́ попа́ли. (II:5)
nurse медсестра́; медици́нская сестра́ [I:7]
nurse-training school медици́нское учи́лище [I:7]

O

object *verb* возража́ть/возрази́ть (возражу́, возрази́шь) (I:6)

objection: have an objection возража́ть/возрази́ть
(возражу́, возрази́шь) (I:6)
   I have no objections. Я не возража́ю. (I:6)
obtain доставать (достаю́, достаёшь)/доста́ть
(доста́ну, доста́нешь) (II:7)
occasion раз (*gen. pl.* раз) (I:7)
occupied: be occupied with занима́ться (+ *instr.*)
impfv. (II:2)
occur случа́ться/случи́ться (случи́тся, случа́тся)
(*3rd pers. only*)
o'clock час (*gen. sing.* ча́са *but* 2, 3, 4 часа́; *prep.
sing.* в...часу́; *pl.* часы́) (I:7): **at seven o'clock** в
семь часо́в (I:7)
October октя́брь (*gen. sing.* октября́) *m.* (I:8)
of 1. (*to denote relation, possession, etc. conveyed by
the gen. case*) **the center of Moscow** центр
Москвы́; **2.** о (об, обо) (+ *prep.*); **3.** (*made of*) из:
tuna salad сала́т из тунца́ (I:7)
of course коне́чно *parenthetical* (I:3)
off: day off нерабо́чий день [II:6]
offend обижа́ть/оби́деть (оби́жу, оби́дишь)
[I:7]
offer предлага́ть/предложи́ть (предложу́,
предло́жишь) [I:6]
office бюро́ *neut. indecl.* [II:8]
official официа́льный [II:6]
officially официа́льно [II:3]
often ча́сто (I:7)
   more and more often всё ча́ще и ча́ще (II:1)
okay ла́дно [I:7] (II:4)
   Is it okay that the letter is long? Ничего́, что
письмо́ дли́нное? [I:8]
   Is that okay? Это удо́бно? (I:7)
   (it's/that's) okay э́то удо́бно (I:7)
   Okay. (*in response to* Как дела́?) Ничего́.
   That's okay! (*in response to apology*) Ничего́!
(I:1)
old ста́рый (I:2)
   How old is he? Ско́лько ему́ лет? (I:6)
   old friend (*or* **old man**) старина́ (*usu. used when
addressing a male friend*) *colloquial* [II:3]
omen приме́та (II:2)
on 1. на (+ *prep.*—*to indicate location*): **on the shelf**
на по́лке (I:4); **2.** в (+ *acc.*—*with days of the
week*): **on Friday** в пя́тницу (I:7); **3.** по (+ *dat.*):
   on television по телеви́зору
   books on history кни́ги по исто́рии
   on business по де́лу [I:7]
   on foot пешко́м
   on the left сле́ва (I:7)
   on the right спра́ва (I:7)
   on the way по доро́ге (II:6)
   watch news on TV смотре́ть но́вости по
телеви́зору [I:7]

once:
   at once сейча́с (I:4); неме́дленно [II:5]
   once again ещё раз (I:7)
one *numeral or pronoun* оди́н (одна́, одно́, одни́)
(I:2)
   I have only one watch. У меня́ то́лько одни́ часы́.
   one another: (to, about, *etc.*) **one another** друг
дру́га (друг дру́гу, друг о дру́ге, *etc.*) (I:6)
   one of his businesses оди́н из его́ би́знесов (II:2)
one's свой (I:6)
one's own (свой) со́бственный [I:6]
oneself 1. сам (сама́, само́, са́ми) *emphatic pronoun*
(I:8); **2.** себя́ (II:3)
only 1. то́лько (I:4); **2.** еди́нственный (II:3); **3.** оди́н
(одна́, одно́, одни́)
open *verb* открыва́ть/откры́ть (откро́ю, откро́ешь)
(I:5) (II:3)
opera о́пера [II:7]
opinion: in my opinion по-мо́ему *parenthetical* (I:3)
or и́ли (I:2); ина́че (II:1); а то (II:8)
   either . . . or . . . и́ли... и́ли... (I:7)
orchestra орке́стр (II:8)
   orchestra (seats) парте́р (*pronounced* -тэр) [II:7]
   rear orchestra (seats) амфитеа́тр [II:7]
order *verb* зака́зывать/заказа́ть (закажу́,
зака́жешь) (II:8)
   in order to чтобы (I:8)
organize организова́ть (организу́ю, организу́ешь)
impfv. and pfv. (I:8)
origin происхожде́ние [II:6]
original оригина́льный [II:6]
other друго́й (I:5)
   We're going the other way. Мы идём в другу́ю
сто́рону. (II:2)
otherwise ина́че (II:1); а то (II:8)
our 1. *possessive* наш (на́ша, на́ше, на́ши) (I:1);
   2. *when possessor is subject* свой (своя́, своё,
свои́)
ours *possessive* наш (на́ша, на́ше, на́ши) (I:1)
ourselves (мы) са́ми *emphatic pronoun*
out: to come (go) out of выходи́ть (выхожу́,
выхо́дишь)/вы́йти (вы́йду, вы́йдешь; *past*
вы́шел, вы́шла, вы́шло, вы́шли) (II:1)
outpatient clinic поликли́ника (II:5)
over над (+ *instr.*) (II:4)
over there вон (I:2)
overcoat пальто́ *neut. indecl.* (II:7)
overture увертю́ра [II:7]
own со́бственный [I:6]

P

package (*containing printed matter*) бандеро́ль *f.* (I:6)
page страни́ца [I:8]
pair па́ра (II:3)

paired па́рный [II:2]

paper: term paper курсова́я *noun, declines like adj.;* курсова́я рабо́та (I:3)

parents роди́тели (*gen.* роди́телей) *pl.* (I:2)

park паркова́ть (парку́ю, парку́ешь) *impfv.* [I:5]

pass 1. *noun* про́пуск (*pl.* пропуска́) [II:7]; **2.** *verb (of pain, a cough, etc.)* проходи́ть (прохо́дит, прохо́дят)/пройти́ (пройдёт, пройду́т; *past* прошёл, прошла́, прошло́, прошли́) (II:5); **3.** *verb* передава́ть (передаю́, передаёшь)/переда́ть (переда́м, переда́шь, переда́ст, передади́м, передади́те, передаду́т; *past*

пирожка́) (II:3)

pate паштет [II:3]

path: cross someone's path перебега́ть/перебежа́ть (перебегу́, перебежи́шь) доро́гу (+ *dat.*) [II:2]

patronymic о́тчество (I:2)

    call someone by first name and patronymic называ́ть по и́мени и о́тчеству (I:8)

pay (for) плати́ть (плачу́, пла́тишь)/заплати́ть (за + *acc.*) (I:8)

    I paid the cashier. Я заплати́л(а) в ка́ссу. [II:6]

pay phone телефо́н-автома́т (I:8)

pedestrian пешехо́д [II:1]

pen ру́чка (*gen. pl.* ру́чек) (I:1)

pencil каранда́ш (*gen. sing.* карандаша́) (I:1)

pension пе́нсия (I:6)

people 1. лю́ди *pl.* (*sing.* челове́к, *gen. pl.* люде́й, *dat. pl.* лю́дям *but* пять, шесть, *etc.*, челове́к) (I:6); **2.** (*a people*) наро́д [II:1] [II:2]

    young people молодёжь *f.* [II:2]

percent проце́нт (II:6)

performance спекта́кль *m.* [II:7]

perfume духи́ (*gen.* духо́в) *pl.* (II:6)

perhaps мо́жет быть *parenthetical* (I:4)

period (*of time*) пери́од [II:7]

permit разреша́ть/разреши́ть (разрешу́, разреши́шь) (+ *dat.*) (II:6)

person челове́к (*pl.* лю́ди, *gen. pl.* люде́й *but* пять, шесть, *etc.* челове́к) (I:5)

pharmacy апте́ка [I:3] [II:5]

phone звони́ть (звоню́, звони́шь)/позвони́ть (+ *dat.*) (I:7)

photograph фотогра́фия [I:6]

physician врач (*gen. sing.* врача́) (I:6)

pianist пиани́ст/пиани́стка (*gen. pl.* пиани́сток) [I:2]

piano роя́ль *m.* (I:2)

pick up (someone or something) заезжа́ть/зае́хать (зае́ду, зае́дешь) (за + *instr.*)

pickled солёный [II:3]

picture карти́на (II:5)

piece of candy конфе́та [II:2] [II:6]

pill табле́тка (*gen. pl.* табле́ток) [II:5]

pirozhok пирож(о́)к (*gen. sing.* пирожка́) (II:3)

pity: It's/That's a pity! Жаль! (I:6)

pizza пи́цца [I:7]

place 1. *noun* ме́сто (I:5); **2.** *verb* **(place in a standing**

(баскетбо́л, *etc.*) (I:3)

    play the piano (the guitar, *etc.*) игра́ть на роя́ле (гита́ре, *etc.*) (I:4)

pleasant прия́тный [I:6]

    (it's/that's) pleasant прия́тно

please 1. *verb* нра́виться (нра́вится, нра́вятся)/понра́виться (*usu. 3rd pers.*) (+ *dat.*) (I:6); **2.** *adv.* пожа́луйста (I:1)

    Everyone please come to the table! Прошу́ всех к столу́! (II:3)

pleased рад (ра́да, ра́до, ра́ды) (I:2)

    Pleased to meet you! О́чень прия́тно (познако́миться)! (I:1)

pleasure удово́льствие: **with pleasure** с удово́льствием (I:8)

Polish по́льский [I:3]

poor бе́дный [I:8]

popular популя́рный [II:2]

possibly: How could you possibly do that? Ра́зве так мо́жно? (II:5)

post office по́чта [I:3]

postcard откры́тка (*gen. pl.* откры́ток)

potato (potatoes) карто́шка *colloquial* [II:5]

    potato salad карто́фельный сала́т [I:7]

pour налива́ть/нали́ть (налью́, нальёшь) [II:3]

practice пра́ктика (I:4)

prefer предпочита́ть *impfv.* [II:7]

preparatory подготови́тельный [II:4]

prepare гото́вить (гото́влю, гото́вишь) *impfv.* (I:7)

    prepare for an exam гото́виться (гото́влюсь, гото́вишься) к экза́мену (II:2)

prescription реце́пт (II:5)
  write out a prescription выпи́сывать/вы́писать (вы́пишу, вы́пишешь) реце́пт (II:5)
present[1] *noun* пода́р(о)к (I:6)
present[2] *adj.* настоя́щий (II:1)
pretty
  (it's/that's) pretty краси́во (II:6)
  pretty well непло́хо (I:7)
probably наве́рно *parenthetical* (I:6)
problem пробле́ма (I:4)
  No problem! (*in response to* Спаси́бо) Не́ за что! (I:5)
  What's the problem? В чём де́ло? (I:5)
profession профе́ссия (I:3)
professor профе́ссор (I:1)
program програ́мма; програ́ммка (*gen. pl.* програ́ммок) *diminutive* [II:7]
promise обеща́ть *impfv. and pfv.* (II:2)
Prospekt проспе́кт [II:1] [II:4]
proud: be proud of горди́ться (горжу́сь, горди́шься) (+ *instr.*) *impfv.* [II:1]
public transportation городско́й тра́нспорт (II:1)
puck ша́йба [II:7]
put 1. класть (кладу́, кладёшь)/положи́ть (положу́, поло́жишь) (II:3); **2.** ста́вить (ста́влю, ста́вишь)/поста́вить (II:1)
  put on (*clothes, shoes, etc.*) надева́ть/наде́ть (наде́ну, наде́нешь) (I:7)
  put one's foot in it попада́ть/попа́сть (попаду́, попадёшь; *past* попа́л, попа́ла, попа́ло, попа́ли) впроса́к (II:4)
  Put up a sign. Пове́сьте объявле́ние. [I:6]

Q

quarrel 1. *noun* ссо́ра [II:2]; **2.** *verb* ссо́риться (ссо́рюсь, ссо́ришься)/поссо́риться [I:8]
quarter че́тверть (*gen. pl.* четверте́й) *f.* (II:4)
  (a) quarter past six че́тверть седьмо́го (II:4)
  (at a) quarter to three без че́тверти три (II:4)
question вопро́с (I:3)
  ask a question задава́ть (задаю́, задаёшь)/зада́ть (зада́м, зада́шь, зада́ст, задади́м, задади́те, зададу́т; *past* за́дал, задала́, за́дало, за́дали) вопро́с (+ *dat.*) (I:8)
quick бы́стрый (II:1)
quicker скоре́е (*compar.* of ско́ро)
quickly бы́стро (I:6)
  (*as quickly as possible*) скоре́е
quietly ти́хо [I:4]
quite: quite well непло́хо (I:7)
quiz контро́льная *noun, declines like adj.* (II:4)

R

radio ра́дио (I:5)
railroad station вокза́л (II:1)

rain дождь (*gen. sing.* дождя́) *m.* (II:1)
  It's raining. Идёт дождь. (I:7)
raise *verb* поднима́ть/подня́ть (подниму́, подни́мешь; *past* по́днял, подняла́, по́дняло, по́дняли) [II:3]
  raise a glass (glasses) (to) поднима́ть/подня́ть бока́л(ы) (за + *acc.*) [II:3]
rarely ре́дко (I:8)
read чита́ть (I:3)/прочита́ть (I:7)
  read (for a while) почита́ть *pfv.* [II:7]
ready гото́в (гото́ва, гото́во, гото́вы) (I:8)
  get ready for an exam гото́виться (гото́влюсь, гото́вишься) к экза́мену (II:2)
real настоя́щий (II:1)
  a real . . . тако́й (*with noun*)
really 1. действи́тельно (I:5); **2. Really?** Пра́вда? (I:7); неуже́ли? (II:1); ра́зве? (II:5)
rear: rear orchestra (seats) амфитеа́тр [II:7]
recall вспомина́ть/вспо́мнить (вспо́мню, вспо́мнишь) [I:7] (II:4)
receive получа́ть/получи́ть (получу́, полу́чишь) (I:5)
  I received . . . Мне присла́ли... (II:6)
receiver (on a telephone) тру́бка (*gen. pl.* тру́бок)
recently неда́вно (I:6)
recognize узнава́ть (узнаю́, узнаёшь)/узна́ть (узна́ю, узна́ешь) (I:8)
red кра́сный (II:4)
Red Square Кра́сная пло́щадь [II:1]
refuse отка́зываться/отказа́ться (откажу́сь, отка́жешься) (II:8)
relate расска́зывать/рассказа́ть (расскажу́, расска́жешь) (I:7)
remain 1. (*to stay*) остава́ться (остаю́сь, остаёшься)/оста́ться (оста́нусь, оста́нешься) (I:7); **2.** (*to be left*) остава́ться/оста́ться (II:3)
remedy сре́дство (II:5)
remember по́мнить (по́мню, по́мнишь) *impfv.* (I:5)
  I'll remember that. (*in response to receiving some information*) Бу́ду знать. [II:6]
rent *verb* снима́ть/снять (сниму́, сни́мешь; *past* снял, сняла́, сня́ли) (I:5)
  rent out (*an apartment*) сдава́ть (сдаю́, сдаёшь)/сдать (сдам, сдашь, сдаст, сдади́м, сдади́те, сдаду́т; *past* сдал, сдала́, сда́ли) [I:6]
reproduction репроду́кция [I:5]
request 1. *noun* про́сьба; **2.** *verb* проси́ть (прошу́, про́сишь)/попроси́ть (+ *acc.* or у + *gen.*) (I:8)
resemble: She resembles her mother. Она́ похо́жа на мать. (I:6)
reserve зака́зывать/заказа́ть (закажу́, зака́жешь) (II:8)
  He's the one who reserved a table for us. Э́то он заказа́л нам сто́лик. [II:8]
  We have a table reserved. У нас зака́зан сто́лик. [II:8]

resident: resident of Moscow москви́ч (*gen. sing.* москвича́)/москви́чка (*gen. pl.* москви́чек) [I:8]

restaurant рестора́н [I:8] (II:8)

restroom туале́т (I:2)

return 1. возвраща́ться/верну́ться (верну́сь, вернёшься) (II:1); **2.** (*give back*) отдава́ть (отдаю́, отдаёшь)/отда́ть (отда́м, отда́шь, отда́ст, отдади́м, отдади́те, отдаду́т; *past* о́тдал, отдала́, о́тдало, о́тдали) (I:5)/(II:3)

...tionary революцио́нный [II:6]

have the right име́ть (име́ю, име́~~~, ~~~) (I:8)

I'll be right there! Я сейча́с! (I:4)

... isn't that right? ...не так ли? (II:8)

not the right ... не тот... (I:5)

on the right напра́во (I:3); спра́ва (I:7)

Right. Пра́вильно. (I:6); Ве́рно. (I:7)

right away сейча́с (I:4); сро́чно (II:7)

right nearby ря́дом (I:3)

right now сейча́с (I:4)

That's right. Пра́вильно. (I:6); Ве́рно. (I:7)

to the right напра́во (I:3)

rink: skating rink като́к (*gen. sing.* катка́) [II:5]

risk 1. *noun* риск [II:2]; **2.** *verb* рискова́ть *impfv.* (II:2)

roasted meat жарко́е *noun, declines like adj.* [II:5]

robber граби́тель *m.* [II:2]

room 1. ко́мната (I:2); **2.** ме́сто (I:5)

rose ро́за [II:4] (II:6)

row ряд (*gen. sing.* ря́да but 2, 3, 4 ряда́, *prep. sing.* в ряду́; *pl.* ряды́) (II:7)

rubber *adj.* рези́новый [I:5]

ruble рубль (*gen. sing.* рубля́) *m.* (I:5)

rugby shirt футбо́лка (*gen. pl.* футбо́лок) [II:1] [II:7]

run бежа́ть (бегу́, бежи́шь, бегу́т) *unidir.* [I:8] (II:1)

run away убега́ть/убежа́ть (убегу́, убежи́шь) [II:3]

runny: runny nose на́сморк (II:5)

Russia Росси́я (I:1)

Russian 1. ру́сский (I:5); **2.** ру́сский/ру́сская *noun, declines like adj.*; **3. (in) Russian** по-ру́сски (I:4); на ру́сском языке́ (I:6)

Russian hockey champion чемпио́н Росси́и по хокке́ю [II:7]

speak Russian говори́ть по-ру́сски

write in Russian писа́ть по-ру́сски

Russian-American ру́сско-америка́нский [I:8]

S

sacrifice же́ртва [II:7]

sad гру́стный (II:6)

Saint (St.) Petersburg Санкт-Петербу́рг (I:1)

sake: for the sake of ра́ди (+ *gen.*) (II:4)

salad сала́т (I:7)

potato salad карто́фельный сала́т (I:7)

salad with beets винегре́т [II:3]

**~~~ ~~~~ тунца́ (I:7)

the same ~~~~

The same to you! (*in response to* Жела́ю вам/тебе́...) И вам (тебе́) та́кже. (II:2)

Saturday суббо́та (I:7)

saucer блю́дце (*gen. pl.* блю́дец) [II:6]

sauerkraut ки́слая капу́ста [II:3]

sausage колбаса́ (I:3)

say говори́ть (говорю́, говори́шь)/сказа́ть (скажу́, ска́жешь) (I:4)/(I:6)

say good-bye (to someone) проща́ться/попроща́ться (с + *instr.*) (II:3)

What are you trying to say? Что ты хо́чешь э́тим сказа́ть? (II:6)

school шко́ла (II:5)

driving school автошко́ла [II:2]

nurse-training school медици́нское учи́лище [I:7]

vocational school учи́лище [I:7]

Where do you go to school? Где вы у́читесь? (I:4)

schoolboy шко́льник (I:6)

schoolgirl шко́льница (I:6)

score a goal забро́сить (забро́шу, забро́сишь) ша́йбу [II:7]

season сезо́н [II:2]

seat:

orchestra seats парте́р (*pronounced* -тэр) [II:7]

rear orchestra seats амфитеа́тр [II:7]

take a seat сади́ться (сажу́сь, сади́шься)/сесть (ся́ду, ся́дешь; *past* сел, се́ла, се́ло, се́ли) (II:3)

second второ́й (I:6)

in the second place во-вторы́х *parenthetical* (II:7)

secret секре́т [I:8] (II:1)

section гру́ппа (II:4)

see ви́деть (ви́жу, ви́дишь)/уви́деть (I:6)

I see. Поня́тно. (I:7)

see (*continued*)

    See! Вот ви́дишь (ви́дите)! (I:4)

    see (someone) **off** (*to the airport, train station, and so on*) провожа́ть/проводи́ть (провожу́, прово́дишь) (в аэропо́рт, на вокза́л и т. д.) (II:8)

    see out the old year провожа́ть/проводи́ть (провожу́, прово́дишь) ста́рый год [II:3]

    You see! Вот ви́дишь (ви́дите)! (I:4)

seem каза́ться (кажу́сь, ка́жешься)/показа́ться (II:6)

    it seems ка́жется *parenthetical* (I:4)

select выбира́ть/вы́брать (вы́беру, вы́берешь) (II:8)

sell продава́ть (продаю́, продаёшь)/прода́ть (прода́м, прода́шь, прода́ст, продади́м, продади́те, продаду́т; *past* про́дал, продала́, про́дало, про́дали) (+ *dat.* + *acc.*) (I:5)

    What are they selling? Что даю́т? *colloquial* (II:6)

seminar семина́р [II:5]

send 1. посыла́ть/посла́ть (пошлю́, пошлёшь) (II:6); **2.** присыла́ть/присла́ть (пришлю́, пришлёшь) (II:6)

    They sent me . . . Мне присла́ли... (II:6)

sense of humor чу́вство ю́мора (II:5)

September сентя́брь (*gen. sing.* сентября́) *m.* (I:8)

series ряд (*prep. sing.* в ряде́) (II:1)

seriously серьёзно (II:2)

    You're not seriously sick. У вас не опа́сная боле́знь. (II:5)

service:

    tea service ча́йный серви́з [II:6]

    The car is at your service. Маши́на по́дана. [II:8]

serving по́рция (II:8)

set *noun* набо́р [II:6]

    set the table накрыва́ть на стол [II:6]

    tea set ча́йный серви́з [II:6]

set out 1. пойти́ (пойду́, пойдёшь) *pfv.* (I:8); **2.** (*by vehicle*) пое́хать *pfv.* [I:8]

settled: It's settled! Договори́лись! (I:7)

seven семь (I:2)

seventeen семна́дцать (I:6)

seventh седьмо́й (I:6)

seventy се́мьдесят (I:6)

several не́сколько (II:6)

shame:

    it's a shame сты́дно

    Shame on you! Как тебе́ (вам) не сты́дно! (II:3)

sharp: at seven o'clock sharp ро́вно в семь часо́в [I:7]

she она́ (I:1)

shelf по́лка (I:4)

shirt руба́шка (*gen. pl.* руба́шек) [II:5]

    rugby shirt футбо́лка (*gen. pl.* футбо́лок) [II:1] [II:7]

shoes ту́фли (*gen.* ту́фель) *pl.* (*sing.* ту́фля) [I:5]

shop 1. *noun* магази́н (I:3); **2.** *verb* ходи́ть по магази́нам (II:6)

shopper покупа́тель *m.* [I:8]

shorts трусы́ (*gen.* трусо́в) *pl.* [II:1]

should до́лжен (должна́, должно́, должны́) (I:5)

show 1. *noun* спекта́кль *m.* [II:7]; (*in a movie theater*) сеа́нс [II:5]; **2.** *verb* пока́зывать/показа́ть (покажу́, пока́жешь) (+ *dat.* + *acc.*) (I:8)

    I showed him the way. Я показа́л ему́ доро́гу. (I:8)

shower душ (I:4)

showing (of a film) сеа́нс [II:5]

shut *verb* закрыва́ть/закры́ть (закро́ю, закро́ешь; *past passive participle* закры́тый) [I:4] (II:5)

sick больно́й (бо́лен, больна́, больно́, больны́) (II:2)

    get sick заболе́ть (заболе́ю, заболе́ешь) *pfv.* (II:2)

    You're not dangerously (or **seriously**) **sick.** У вас не опа́сная боле́знь. (II:5)

sickness боле́знь *f.* (II:5)

sight вид (II:1)

    What a sight you are! Что за вид?! [II:7]

sign 1. объявле́ние [I:6]; табли́чка (*gen. pl.* табли́чек) [II:4]; **2.** приме́та (II:2)

    Put up a sign! Пове́сьте объявле́ние! [I:6]

similar to похо́ж на (+ *acc.*) (I:6)

simple просто́й (I:3): **(it's/that's) simple** про́сто [I:3] (II:3)

simply про́сто [I:3] (II:3)

since *conjunction* раз (II:7)

sing петь (пою́, поёшь)/спеть [I:7] (II:3)

single: not a single ни оди́н (ни одного́, *etc.*) (II:7)

sister сестра́ (*pl.* сёстры, *gen. pl.* сестёр, *dat. pl.* сёстрам) (I:1)

sit (be sitting) сиде́ть (сижу́, сиди́шь) (II:3)

    sit down сади́ться (сажу́сь, сади́шься)/сесть (ся́ду, ся́дешь; *past* сел, се́ла, се́ло, се́ли)

    sit down before a trip присе́сть (прися́ду, прися́дешь; *past* присе́л, присе́ла, присе́ло, присе́ли) на доро́гу [II:8]

six шесть (I:2)

sixteen шестна́дцать (I:6)

sixth шесто́й (I:6)

sixty шестьдеся́т (I:6)

size разме́р (I:5)

skating rink кат(о́)к (*gen. sing.* катка́) [II:5]

sky не́бо (II:2)

sleep спать (сплю, спишь) *impfv.* (I:4)

slender стро́йный [II:3]

slowly ме́дленно (I:8)

small ма́ленький (I:2)

    It's a small world. Мир те́сен. (II:8)

    small bouquet буке́тик *diminutive* [II:6]

    small cup ча́шечка (*gen. pl.* ча́шечек) *diminutive* [II:6]

smaller ме́ньше (*compar. of* ма́ленький)

smell (good, bad, etc.) *verb* па́хнуть (*usu. 3rd pers.* па́хнет, па́хнут; *past* пах *and* па́хнул, па́хла, па́хло, па́хли) (+ *adverb*) *impfv.* (II:3)

smile улыба́ться/улыбну́ться (улыбну́сь, улыбнёшься) [I:7]

sneeze *verb* чиха́ть/чихну́ть (чихну́, чихнёшь) *(one-time action)* (II:5)

snow maiden снегу́рочка [II:3]

so 1. так (I:2); **2.** тако́й *(with adj.)*; **3.** зна́чит *parenthetical* (I:6); **4.** ита́к [I:7]; **5.** поэ́тому (I:5)

  . . . isn't that so? ...не так ли? (II:8)

  so much так *(with verbs)* (I:2)

soccer футбо́л [I:8]

  ̵ ⁓⁓⁓(ó)к *(gen. sing.* носка́) [II:5]

sometimes иногда́ (I:5)

son сын *(pl.* сыновья́, *gen. pl.* сынове́й) (I:1)

song пе́сня *(gen. sing.* пе́сен) (II:3)

soon ско́ро (II:1)

  Get well soon! Скоре́е выздора́вливайте! (II:5)

sort вид (II:1)

sound звук (I:1)

south юг (II:8)

space ме́сто (I:5)

  No space available. Мест нет. (II:8)

spare ли́шний (I:6)

speak 1. говори́ть (говорю́, говори́шь) *impfv.* (I:4); **2.** разгова́ривать *impfv.* (II:1)

  frankly speaking *parenthetical* открове́нно говоря́ (II:5)

  May I speak to . . . ? *(on the phone)* Мо́жно попроси́ть... ? [I:7]

  speak English говори́ть по-англи́йски

  speak Russian говори́ть по-ру́сски

  speaking of . . . кста́ти о (+ *prep.*)... (II:3)

specialist специали́ст (I:3)

speech речь (in this meaning—no *pl.*) *f.* [II:4]

spider пау́к [II:2]

spill рассыпа́ть/рассы́пать (рассы́плю, рассы́плешь) [II:2]

spoon ло́жка *(gen. pl.* ло́жек) (II:2)

sports спорт [II:1]

spring весна́ (II:6)

  in the spring весно́й (II:1)

square: city square пло́щадь *(gen. pl.* площаде́й) *f.* (II:1)

St. Basil's Cathedral собо́р Васи́лия Блаже́нного [II:1]

stamp ма́рка *(gen. pl.* ма́рок) (I:6)

stand 1. стоя́ть (стою́, стои́шь) *impfv.* (I:6); **2.** станови́ться² (становлю́сь, стано́вишься)/стать (ста́ну, ста́нешь) (I:8); **3.** *(transitive)* ста́вить (ста́влю, ста́вишь)/поста́вить (II:1)

  stand in line стоя́ть в о́череди (I:8)

start 1. *noun* нача́ло; **2.** *verb (intransitive)* начина́ться/нача́ться (начнётся, начну́тся; *past* начался́, начала́сь, начало́сь, начали́сь) *(3rd pers. only)* (II:5)

station ста́нция (II:1)

  train/railroad station вокза́л (II:1)

  ⁓⁓⁓ся (остаю́сь, остаёшься)/оста́ться

3. stop at, stop by (at), stop ⁓⁓ (⁓⁓, (захожу́, захо́дишь)/зайти́ (зайду́, зайдёшь; *past* зашёл, зашла́, зашло́, зашли́); заезжа́ть/зае́хать (в *or* на + *acc. or* к + *dat.*)

store магази́н (I:3)

story *(floor)* эта́ж *(gen. sing.* этажа́) (I:2)

stout то́лстый (II:4)

strange стра́нный (I:3)

strangers незнако́мые лю́ди [I:8]

street у́лица (I:2)

strict стро́гий [I:6]

student студе́нт/студе́нтка *(gen. pl.* студе́нток) (I:1)

  graduate student аспира́нт/аспира́нтка *(gen. pl.* аспира́нток) (I:2)

  She's a second-year student. Она́ на второ́м ку́рсе. (I:6)

study 1. *(of a subject)* учи́ть (учу́, у́чишь) *impfv.* (I:7); **2.** *(in depth)* изуча́ть/изучи́ть (изучу́, изу́чишь) [I:8] (II:2); **3.** *(be a student)* учи́ться (учу́сь, у́чишься) *impfv.*: **Where do you go to school?** Где вы у́читесь? (I:4); **4.** *(do one's homework)* занима́ться (+ *instr.*) *impfv.* (I:7)

stupid глу́пый [II:2]

style: Moscow style по-моско́вски [I:5]

subject те́ма (I:3)

subway метро́ *neut. indecl.*; метрополите́н *(pronounced* -тэн) *formal* (II:1)

success успе́х (II:6); уда́ча (II:2)

successful: Hope you're successful! Жела́ю успе́ха! (II:6)

such тако́й

suddenly вдруг (II:8)

suggest 1. предлага́ть/предложи́ть (предложу́, предло́жишь) [I:7] (II:2); **2.** (*suggest that someone do something*) сове́товать (сове́тую, сове́туешь)/посове́товать (+ *dat.*) [II:6]

summer ле́то (II:6)
  in the summer ле́том (I:7)

Sunday воскресе́нье (I:7)

superstition суеве́рие (II:2)

superstitious суеве́рный (суеве́рен, суеве́рна, суеве́рно, суеве́рны) [II:2]

supper: to have supper у́жинать/поу́жинать [II:6]

supposed: be supposed to до́лжен (должна́, должно́, должны́) (I:5)

sure уве́рен (уве́рена, уве́рено, уве́рены) (I:8)
  for sure то́чно (II:1)

surely же *particle* (*used for emphasis*) (I:6)

surprise сюрпри́з (II:8)

Swedish шве́дский [II:4]

sweetie ми́ленький *affectionate* [II:4]

symbol си́мвол [II:6]

sympathize (with) сочу́вствовать (сочу́вствую, сочу́вствуешь) (+ *dat.*) *impfv.* [II:4]

system систе́ма [I:7]

T

table стол (*gen. sing.* стола́) (I:3); сто́лик (*in a restaurant*) [II:8]
  Everyone please come to the table! Прошу́ всех к столу́! (II:3)
  set the table накрыва́ть на стол [II:6]
  We have a table reserved. У нас зака́зан сто́лик. [II:8]

take 1. брать (беру́, берёшь)/взять (возьму́, возьмёшь; *past* взял, взяла́, взя́ло, взя́ли) (I:6) (II:1); **2.** относи́ть (отношу́, отно́сишь)/отнести́ (отнесу́, отнесёшь; *past* отнёс, отнесла́, отнесло́, отнесли́): **Take this book to the library.** Отнеси́ э́ту кни́гу в библиоте́ку. [II:5]; **3.** довози́ть (довожу́, дово́зишь)/довезти́ (довезу́, довезёшь; *past* довёз, довезла́, довезло́, довезли́) (до + *gen.*): **I'll take you to the train station.** Я довезу́ тебя́ до вокза́ла. (II:8)
  take a walk гуля́ть/погуля́ть (I:4)
  Take care! Всего́ хоро́шего! (II:2)
  take chances (a chance) рискова́ть (риску́ю, риску́ешь) *impfv.* (II:2)
  take medicine принима́ть/приня́ть (приму́, при́мешь; *past* при́нял, приняла́, при́няло, при́няли) лека́рство (II:5)
  take off снима́ть/снять (сниму́, сни́мешь): **Take off your coat.** Сними́те пальто́. (II:5)
  take someone's temperature измеря́ть/изме́рить (изме́рю, изме́ришь) температу́ру (+ *dat.*) [II:5]
  takes: it takes . . . за (+ *acc.—to indicate how long it takes to complete something*) (II:4)

talented спосо́бный (II:8)

talk 1. говори́ть (говорю́, говори́шь) *impfv.* (I:4); **2.** разгова́ривать *impfv.* (II:1)
  have a talk поговори́ть (поговорю́, поговори́шь) *pfv.* [II:4]
  I'm having trouble talking. Мне тру́дно говори́ть. [II:5]
  What are you talking about? Что́ ты (вы)!; Ну что́ ты (вы)! (I:8)

tall высо́кий (II:3)

tape player магнитофо́н (I:5)

tape recorder магнитофо́н (I:5)

taste 1. *noun* вкус; **2.** *verb* про́бовать (про́бую, про́буешь)/попро́бовать (II:3)
  There's no accounting for taste. О вку́сах не спо́рят. (II:7)

tasty вку́сный [I:8] (II:2)
  (it's/that's) tasty вку́сно (II:3)

taxi такси́ *neut. indecl.* (II:3)
  taxi stand стоя́нка такси́ [II:4]
  The taxi is on the way. Такси́ уже́ вы́ехало. (II:8)

tea чай (II:5); (*adj.*) ча́йный [II:6]
  tea service ча́йный серви́з [II:6]

teach 1. преподава́ть (преподаю́, преподаёшь) *impfv.* [I:6]; **2.** учи́ть (учу́, у́чишь)/научи́ть: **I'll teach you to drive.** Я тебя́ научу́ води́ть маши́ну. (II:2)

teacher учи́тель (*pl.* учителя́)/учи́тельница; преподава́тель/преподава́тельница (I:6) (II:4)

telephone телефо́н (I:6)
  pay telephone телефо́н-автома́т (I:8)
  telephone receiver тру́бка (*gen. pl.* тру́бок)

television (set) телеви́зор (I:3)
  television company телекомпа́ния (II:8)

tell 1. расска́зывать/рассказа́ть (расскажу́, расска́жешь) (I:7); **2.** говори́ть (говорю́, говори́шь)/сказа́ть (скажу́, ска́жешь) (I:4)/(I:6)
  Could you tell me . . . ? Вы не ска́жете... ?
  I told him how to get there. Я показа́л ему́ доро́гу.
  tell someone (to do something) сове́товать (сове́тую, сове́туешь)/посове́товать (+ *dat.*) [II:6]

temperature температу́ра (II:5)
  take someone's temperature измеря́ть/изме́рить (изме́рю, изме́ришь) температу́ру (+ *dat.*) [II:5]
  (high) temperature высо́кая температу́ра

ten де́сять (I:2)

tent пала́тка (*gen. pl.* пала́ток) (II:1)

tenth деся́тый (I:6)

term paper курсова́я *noun, declines like adj.*; курсова́я рабо́та (I:3)

terrible ужа́сный (I:4); **(it's/that's) terrible** ужа́сно (I:2)

test контро́льная *noun, declines like adj.* (II:4)

than чем: **Your apartment is better than ours.** Ва́ша кварти́ра лу́чше, чем на́ша. (II:1)

thank благодари́ть (благодарю́,
благодари́шь)/поблагодари́ть (II:8)

  thank you спаси́бо (I:1); Благодарю́ вас. (II:8)

  Thank you very much! Большо́е спаси́бо (Спаси́бо
большо́е)! (I:5)

thanks спаси́бо (I:1)

that 1. тот (та, то, те); э́тот (э́та, э́то, э́ти) (I:5);
  2. (that is) э́то: **That is my brother.** Э́то мой брат
  (I:1); 3. *conjunction* что; 4. кото́рый (I:5)

  like that 1. так (I:2); 2. тако́й

  Now, *that's* **(what I call) a . . . !** Вот э́то да! (II:3)

    (often abbreviated т.е.)

theme те́ма (I:3)

themselves (они́) са́ми *emphatic pronoun* (I:8)

then 1. тогда́ (I:7); 2. зна́чит *parenthetical* (I:6);
  3. так (I:2)

there 1. там (I:1); 2. (*indicates direction*) туда́ (I:8);
  3. вон (I:2)

  There's nobody there. Там никого́ нет. (I:4)

there is (are) есть (*3rd person sing., present of* быть)

  There's nobody there. Там никого́ нет. (I:4)

therefore поэ́тому (I:5)

these are э́то (I:1)

thesis диссерта́ция [I:5]

they они́ (I:1)

thing вещь (*gen. pl.* веще́й) *f.* (II:1)

  good things хоро́шее *noun, declines like adj.* [II:2]

  the main thing гла́вное *noun, declines like adj.*
  [I:6] (II:1)

  the most important thing са́мое гла́вное (II:1)

  the same thing одно́ и то же (II:3); то же са́мое (II:8)

things:

  How are things (with you)? Как (у тебя́, у вас)
  дела́? (I:1)

think ду́мать/поду́мать (I:5)

third тре́тий (I:6)

thirteen трина́дцать (I:6)

thirty три́дцать (I:6)

this 1. э́тот (э́та, э́то, э́ти) (I:5); 2. (this is) э́то (I:1)

  like this так (I:2)

  this kind of тако́й

  (in) this way так (I:2)

this way (*indicates direction*) сюда́ (II:1)

those are э́то (I:1)

three три (I:2)

threshold поро́г [II:2]

throat го́рло (II:5)

throw забра́сывать/забро́сить (заброшу́,
забро́сишь) [II:7]

Thursday (*gen. sing.* четверга́) четве́рг (I:7)

thus так (I:2)

ticket биле́т (I:8); биле́тик *diminutive* [II:7]

till до (+ *gen.*): **We'll be here till April.** Мы бу́дем тут
до апре́ля. (II:3)

time 1. вре́мя (*gen., dat.,* and *prep. sing.* вре́мени)
  neut. (I:6); 2. раз (*gen. pl.* раз) (I:7): **five times**
  пять раз

  a long time давно́ (II:2)

  all the time всё вре́мя (II:1)

  There is enough time. Вре́мени д...
  (II:7)

to 1. (*to denote a destination*) в, на (+ *acc.*): **We're
going to Moscow.** Мы е́дем в Москву́. (I:8); **She
is going to the post office.** Она́ идёт на по́чту.
  2. (*to somebody's home, office, etc.*) к (+ *dat.* —
to indicate a person): **I'm going to the doctor.** Я
иду́ к врачу́. (I:8)

  get to (a place or event) попада́ть/попа́сть
  (попаду́, попадёшь; *past* попа́л, попа́ла,
  попа́ло, попа́ли) (II:7)

  to my place (office) ко мне

  to the left нале́во (I:3)

  to the right напра́во (I:3)

today сего́дня (I:6)

together вме́сте (I:7)

  get together with встреча́ться/встре́титься (с +
  instr.) (II:7)

tomato помидо́р (II:3)

tomcat кот (*gen. sing.* кота́) [I:2]

tomorrow за́втра (I:7)

  the day after tomorrow послеза́втра (II:5)

too 1. (*excessively*) сли́шком [I:4]: **too expensive**
сли́шком до́рого [I:4]; 2. (*also*) то́же (I:2); та́кже
[II:2]

  (that's) too bad жаль (I:6)

tool инструме́нт [I:4]

topic те́ма (I:3)

tour экску́рсия [II:2]

tourist тури́ст/тури́стка (*gen. pl.* тури́сток) [II:1];
adj. тури́стский [II:1]

town го́род (*pl.* города́) (I:5)

tradition традиция [II:3]

train поезд (*pl.* поезда) (II:1)

train station вокзал (II:1)

transportation транспорт (II:1)

    public transportation городской транспорт (II:1)

treat 1. (*medicinally*) лечить (лечу, лечишь) *impfv.* (II:5); (*for a while*) полечить *pfv.* (II:5); **2.** (*treat someone to something*) угощать/угостить (угощу, угостишь) [II:5]

tree:

    New Year's tree ёлка (*gen. pl.* ёлок); ёлочка (*gen. pl.* ёлочек) *diminutive* (II:3)

    Tretyakov Gallery Третьяковская галерея [II:1]

trip поездка (*gen. pl.* поездок) [II:4] (II:8)

    Have a good trip! Счастливого пути! (II:8)

    sit down before a trip присесть (присяду, присядешь; *past* присел, присела, присело, присели) на дорогу [II:8]

    (a) trip abroad поездка за границу (II:4)

trolley bus троллейбус (I:8)

trouble:

    I'm having trouble talking. Мне трудно говорить. [II:5]

    It's no trouble at all. Никакого беспокойства. (II:5)

true 1. правда *parenthetical* (I:7); **2.** так; **3.** настоящий (II:1)

    That's true! Это правда; Верно! (I:7)

truth правда (I:7)

try 1. стараться/постараться (II:6); **2.** пытаться/ попытаться (II:4); **3.** пробовать (пробую, пробуешь)/попробовать [1:5] (II:1)

    What are you trying to say? Что ты хочешь этим сказать? (II:6)

Tuesday вторник (I:7)

    on Tuesday во вторник (I:7)

tulip тюльпан (II:6)

tuna тун(е)ц (*gen. sing.* тунца)

    tuna salad салат из тунца (I:7)

turn очередь (*gen. pl.* очередей) *f.* (II:3)

    turn down отказываться/отказаться (откажусь, откажешься) (от + *gen.*) (II:3)

    turn out получаться/получиться (получится, получатся) (*3rd pers. only*) [II:4]

    wait one's turn ждать своей очереди (II:3)

TV (set) телевизор (I:3)

twelfth двенадцатый (I:6)

twelve двенадцать (I:2)

twenty двадцать (I:6)

two два (*f.* две) (I:2)

type вид (II:1)

typical типичный [II:5]

U

Unbelievable! Не может быть! (I:7)

    (it's/that's) unbelievable невероятно

uncomfortable: I feel uncomfortable bothering you. Мне неловко вас беспокоить. [II:5]

underground подземный [II:1]

understand понимать/понять (пойму, поймёшь; *past* понял, поняла, поняло, поняли) (I:3)

    I understand. Понятно. (I:7); Всё ясно. (II:1)

    They can't understand us! Им нас не понять! (II:4)

unfamiliar незнакомый

unfortunately к сожалению *parenthetical* (I:6)

university университет (I:7)

unknown 1. незнакомый; **2.** неизвестный [II:2]

unpleasant 1. неприятный [II:1]; **2.** несимпатичный (I:4)

until до (+ *gen.*)

    until now до сих пор (II:4)

unusual: (it's/that's) not unusual нормально [I:4]

up:

    Hang up. Повесьте трубку. [II:4]

    up to до (+ *gen.*) (II:8)

urgent: (it's/that's) urgent срочно

urgently срочно

us нас (*gen., acc., and prep.* of мы); нам (*dat.* of мы)

use (make use of) пользоваться (пользуюсь, пользуешься)/воспользоваться (+ *instr.*) (II:6)

    use «ты» («вы») with someone говорить «ты» («вы») (+ *dat.*)

used: get used to привыкать/привыкнуть (привыкну, привыкнешь; *past* привык, привыкла, привыкло, привыкли) (к + *dat.*) (II:4)

usher билетёр/билетёрша [II:7]

usually обычно (I:4)

V

vacation каникулы (*gen.* каникул) *pl.* (II:5)

various разный (I:5)

very очень (I:1)

victory победа (II:7)

Vietnam Вьетнам [II:4]

Vietnamese *noun* вьетнам(е)ц/вьетнамка (*gen. pl.* вьетнамок) [II:4]

violet (*flower*) фиалка (*gen. pl.* фиалок) [II:6]; (*color*) фиолетовый [II:6]

visiting: (to be) visiting (быть) в гостях (II:4)

vocational school училище [I:7]

W

wait (for) ждать (жду, ждёшь; *past* ждал, ждала, ждало, ждали) (I:4)/подождать (II:2)

  wait one's turn ждать своей очереди (II:3)

waiter официант (II:8)

waitress официантка (*gen. pl.* официанток) (II:8)

walk 1. идти (иду, идёшь; *past* шёл, шла, шло, шли) (пешком) (I:8); ходить (хожу, ходишь) (II:4) *multidir.*; **2.** гулять (I:4)/погулять (II:4)

  go for a walk гулять (I:4)/погулять (II:4)

  ~~**take a walk**~~ гулять (I:4)/погулять (II:4)

  ~~~~ пройти (пройду,

want 1. хотеть (хочу, ~~~~ хотят) *impfv.* (I:5); **2.** хотеться (хочется) (+ *dat.* + *infin.*) *impfv. impersonal*

  Cab drivers also want to celebrate the New Year. Таксистам тоже хочется встретить Новый год. (II:3)

watch 1. *noun* часы (*gen.* часов) *pl.*; **2.** *verb* смотреть (смотрю, смотришь)/посмотреть (I:4)

  watch the news on TV смотреть новости по телевизору [I:7]

water вода (*acc. sing.* воду) (I:4)

  mineral water минеральная вода (II:3)

watermelon арбуз [II:3]

way 1. дорога (I:8); **2.** путь (*gen., dat.,* and *prep. sing.* пути, *instr. sing.* путём) *m.*

  along the way по дороге (II:6)

  by the way между прочим *parenthetical* (I:8)

  I showed him the way. Я показал ему дорогу.

  on the way по дороге (II:6)

  The taxi is on the way. Такси уже выехало. (II:8)

  (in) this way так (I:2)

  We're going the other way. Мы идём в другую сторону. (II:2)

we мы (I:1)

weather погода (II:1)

  weather forecast прогноз погоды (II:1)

Wednesday среда (*acc. sing.* среду) (I:7)

week неделя (I:7)

welcome: You're welcome! Пожалуйста!

well хорошо (I:1)

  All's well that ends well. Всё хорошо, что хорошо кончается. (II:8)

  Get well soon! Скорее выздоравливайте! (II:5)

not to feel well плохо себя чувствовать (чувствую, чувствуешь) (II:5)

pretty well неплохо (I:7)

quite well неплохо (I:7)

  Well done! Молодец! (I:4)

well-known известный (известен, известна, известно, известны) (II:4)

west запад (II:8)

what 1. *interrogative* что (I:1); **2.** (*what sort of*) какой

  at what time? в котором часу? (I:7)

  What are you talking about? Что ты (вы)!; Ну что ~~~~ (I:8)

  ~~~~ этим

  What happened? Что случилось. ~~~~

  What is (are) ... like? Какой... ?

  What sort of ... is that (are those)? Что это за... ? [I:7]

  What's the matter with you? Что с вами (тобой)? (II:5)

  What's your name? Как тебя (вас) зовут? (I:1)

when 1. когда (I:5); **2.** в котором часу (I:7)

where 1. где (I:1); **2.** (*to indicate direction*) куда (I:4):

  Where are you going? Куда ты? (I:4)

  Where are you from? Откуда вы?

whether *conjunction* ли: **He asked whether I had received his letter.** Он спросил, получила ли я его письмо. (I:7)

which 1. какой; **2.** который (I:5)

white белый (II:4)

who 1. кто (I:1); **2.** который (I:5)

  Who is he? Кто он такой?

whole 1. целый (II:4); **2. the whole** весь (вся, всё, все) (I:4)

whose чей (чья, чьё, чьи) (I:2)

why 1. почему (I:3); зачем (I:4); **2.** *particle* (*used for emphasis*) ведь (I:7)

  Why do you ask? А что? [I:8]

wife жена (*pl.* жёны, *gen. pl.* жён) (I:2)

  the Kruglovs, husband and wife муж и жена Кругловы (I:2)

window окно (*pl.* окна, *gen. pl.* окон) (I:2)

wine вино [I:7] (II:3)

wineglass бокал [II:3]

winter зима (*acc. sing.* зиму, *pl.* зимы) [II:6]

  in the winter зимой (II:1)

wish (someone something) жела́ть (+ *dat.* + *gen.*) (II:2)

  I wish you good health! Жела́ю вам здоро́вья!

wish (someone) **a happy (holiday)** поздравля́ть/поздра́вить (поздра́влю, поздра́вишь)

with с (со) (+ *instr.*) [I:8] (II:1)

  How are things with you? Как (у вас) дела́? (I:1)

  with me (*you, and so on*) с собо́й (II:1)

  with pleasure с удово́льствием (I:8)

without без (+ *gen.*) (II:3)

woman же́нщина (I:4); тётка (*gen. pl.* тёток) *rather rude* [II:4]

  woman on duty дежу́рная *noun, declines like adj.* [II:4]

  young woman де́вушка (I:5)

woman's (women's) же́нский (II:6)

  International Women's Day Междунаро́дный же́нский день (II:6)

wonder: I wonder where . . . (**when . . .**, *etc.*) Интере́сно, где... (когда́... и т. д.) (II:6)

wonderful замеча́тельный (I:3); прекра́сный (I:6); чуде́сный [II:6]

  (It's/That's) wonderful! Замеча́тельно! (I:6); Прекра́сно! (I:4)

wonderfully замеча́тельно (I:6); прекра́сно (I:4)

word сло́во (I:1)

work 1. *noun* рабо́та [I:4] (II:1); **2.** *verb* рабо́тать *impfv.* (I:3)

  clear someone for work выпи́сывать/вы́писать (вы́пишу, вы́пишешь) на рабо́ту (II:5)

  hard work тяжёлая рабо́та (II:1)

world мир (*pl.* миры́) (II:1); свет (II:7)

  It's a small world. Мир те́сен. (II:8)

worry 1. волнова́ться (волну́юсь, волну́ешься) *impfv.;* **2.** беспоко́иться (беспоко́юсь, беспоко́ишься) *impfv.* [II:5]

  Don't worry! Не волну́йся (волну́йтесь)! (I:6)

worse ху́же (*compar.* of плохо́й, пло́хо) (II:1)

would: would you mind . . . будь добр (добра́), бу́дьте добры́ (II:4)

wreath вен(о́)к (*gen. sing.* венка́) [II:4]

write писа́ть (пишу́, пи́шешь)/написа́ть (I:3)

write out выпи́сывать/вы́писать (вы́пишу, вы́пишешь) (II:5)

  write (out) a medical excuse (for someone) вы́писать больни́чный лист (+ *dat.*) (II:5)

write out a prescription вы́писать реце́пт (II:5)

wrong: the wrong . . . не тот... (I:5)

  You got the wrong number. (*over the telephone*) Вы не туда́ попа́ли. (II:5)

Y

year 1. год (*prep. sing.* в году́, *pl.* го́ды, *gen. pl.* лет) (I:6); **2.** (*of college*) курс: **She's a second-year student; She's in her second year.** Она́ на второ́м ку́рсе. (I:6)

  half a year полго́да [II:1]

  see out the old year провожа́ть/проводи́ть (провожу́, прово́дишь) ста́рый год [II:3]

yearn (for) грусти́ть (грущу́, грусти́шь) (о + *prep.*) *impfv.* [II:3]

yellow жёлтый [II:4]

yes да (I:1)

yesterday вчера́ (I:6)

yet ещё (I:2)

  not yet ещё нет (I:2)

you ты, тебя́ (*gen.* and *acc.* of ты), тебе́ (*dat.* and *prep.* of ты) *informal;* вы, вас (*gen., acc.,* and *prep.* of вы), вам (*dat.* of вы) *formal or pl.*

  Could you tell me . . . ? Вы не ска́жете... ? (I:8)

  What are you talking about! Что́ ты (вы)!; Ну что́ ты (вы)! (I:8)

  What do you mean! Что́ ты (вы)!; Ну что́ ты (вы)! (I:8)

  You're welcome! Пожа́луйста!

young молодо́й (I:3)

  young man молодо́й челове́к (I:5)

  young people молодёжь *f.* [II:2]

  young woman де́вушка (I:5)

younger мла́дший (I:2)

your 1. *possessive* твой (твоя́, твоё, твои́) *informal;* ваш (ва́ша, ва́ше, ва́ши) *formal or pl.* (I:1); **2.** *when possessor is subject* свой (своя́, своё, свои́)

  What's your name? Как тебя́ (вас) зову́т? (I:1)

yours *possessive* твой (твоя́, твоё, твои́) *informal;* ваш (ва́ша, ва́ше, ва́ши) *formal or pl.* (I:1)

yourself (ты) сам (сама́) *informal;* вы са́ми *formal or pl., emphatic pronoun* (I:8)

Z

zero ноль *or* нуль (*gen. sing.* ноля́ *or* нуля́) *m.* (I:2)

Index

Boldface Roman numerals **I:** and **II:** denote Books 1 and 2, respectively, followed by page numbers. The *n* notation indicates a footnote; the page number precedes the *n* and the note number follows. Terms indexed in Russian follow the English alphabetically.

Grateful acknowledgment is made for use of the following:

Page xxxiv Aleksandr Zudin; *xxxv* Aleksandr Zudin; *1* (*top left*) © Jim Harrison/ Stock, Boston; (*top right*) © N. Moshkin/TASS/Sovfoto; (*bottom center*) © Jay Dickman; *16* (*photo*) © Jay Dickman; (*map*) Adapted from "Nevskoe vremia," 6 January 1996, p. 11 (published in St. Petersburg); *17* From "Nedelya," 4 June 1995; *29* (*top left*) © Steve Vidler/Tony Stone Images; (*top right*) © N. & M. Jansen/Superstock, Inc.; (*bottom left*) © Helya Lade/Peter Arnold, Inc.; (*bottom right*) © G. Anderson/The Stock Market; *30* "Moskva putevoditel'," © Izdatel'stvo "Aist," Moskva, 1993; *42* (*left*) © Vince Streano/Tony Stone Images; (*top right*) © Peter Arnold/Peter Arnold, Inc.; (*bottom right*) © Peter Arnold/Peter Arnold, _____ "Sovetskiy khudozhnik"; *70* From "Trud," 6 April _____ *right*) © Steve Small; (*bot-

TASS/Sovfoto, ___ Dhimitri/Viesti Associates, Inc.; (*top right*) ___ Inc.; (*bottom right*) © Peter Arnold/ Peter Arnold, Inc.; *194* © Ministerstvo ___ SSSR; *199* From "Rossiyskaya gazeta," 4 April 1995, p. 5; *203* © Jeff Greenberg/ International Stock Photo; *207* © Jim Harrison/Stock, Boston; *228* (*top left*) © Dave Bartruff/Stock, Boston; (*top right*) © K. Scholz/Superstock; (*bottom center*) © V. Rodionov/Ria-Novosti/Sovfoto; *239* From "Rossiyskaya gazeta," 4 April 1995, p. 5; *263* (*left*) © Jay Dickman; (*top right*) © Paul Chesley/Photographers Aspen; (*bottom right*) © V. Sozinov/ITAR-TASS/Sovfoto; *273* © David J. Cross; *286* From "Nedelya," 4 June 1995, p. 44; *287* © V. Koshevoi/ITAR-TASS/Sovfoto.